資治通鑑

第六册

魏邵陵厲公正始七年丙寅起
晉愍帝建興四年丙子止

卷七十五至八十九

中華書局

資治通鑑卷第七十五

翰林學士兼侍讀學士朝散大夫右諫議大夫知制誥判尚書都省兼提舉萬壽觀公事柱國河内郡開國侯食邑一千三百戶食實封二百戶賜紫金魚袋臣　司馬光　奉敕編集

後學天台　胡三省　音註

魏紀七 起柔兆攝提格（丙寅），盡玄黓涒灘（壬申），凡七年。

邵陵厲公中

正始七年（丙寅、二四六）

1 春，二月，吳車騎將軍朱然寇柤中，柤，讀如祖；楊正衡側瓜翻。殺略數千人而去。

2 幽州刺史毌丘儉以高句驪王位宮數爲侵叛，句，如字，又音駒。驪，力知翻。數，所角翻；下同。督諸軍討之；位宮敗走，儉遂屠丸都，高句驪都於丸都之下，多大山深谷，毌丘儉傳謂懸車束馬以上丸都，可知矣。唐志：自鴨淥江口舟行百餘里，乃小舫泝流東北行，凡五百三十里而至丸都城。斬獲首虜以千數。句驪之臣得來數諫位宮，位宮不從；得來歎曰：「立見此地將生蓬蒿。」遂不食而死。儉令諸軍不壞其墓，壞，音怪。不伐其樹，得其妻子，皆放遣之。位宮單將妻子逃竄，儉引軍還；未幾，復擊之，幾，居豈翻。復，扶又翻。位宮遂奔買溝。後漢書東夷傳：買溝婁，北沃沮之地，去南沃沮八百餘里，句驪名城爲溝婁。杜佑曰：北沃沮一名買溝婁。又曰：高句麗居紇升骨城，漢爲縣，屬玄菟郡，賜以衣幘、朝服、鼓吹，常從郡受之；後稍驕恣，不復詣郡，但於東界築小城以受之，遂名此城爲幘溝漊。溝漊者，高麗名城也。建安中，其王伊夷模更作新國都於丸都山下，在沸流水西。魏正始中，毌丘儉屠丸都，銘不耐城而還。又曰：東沃沮在蓋馬大山之東。北沃沮一名買溝漊，去南沃沮八百餘里，與挹婁接。儉遣玄菟太守王頎追之，過沃沮千有餘里，沃沮之地，在蓋馬大山之東。漢武帝滅朝鮮，開置玄菟郡，治沃沮城。後玄菟內徙，沃沮更屬樂浪。光武廢省，就以其渠帥爲縣侯。其國小，迫於句驪，遂臣屬焉。菟，同都翻。頎，渠希翻。沮，千余翻。至肅愼氏南界，魏東夷挹婁之國，卽古肅愼氏也。刻石紀功而還，所誅納八千餘口。言誅殺者及納降者，總八千餘口。還，從宣翻，又如字。論功受賞，侯者百餘人。

3 秋，九月，吳主以驃騎將軍步騭爲丞相，驃，匹妙翻。車騎將軍朱然爲左大司馬，衞將軍全琮爲右大司馬。分荊州爲二部：以鎭南將軍呂岱爲上大將軍，督右部，自武昌以西至蒲圻；水經註：陸水出長沙下雋縣，西逕蒲圻縣北，又逕蒲磯山北入大江，謂之陸口。江水又逕蒲磯山北對蒲磯洲，洲頭卽蒲圻縣治。武昌志曰：蒲磯山今在嘉魚縣境，蓋蒲圻縣初置于此。宋白曰：蒲圻縣，漢沙羡縣地，吳黃武二年，於沙羡縣置蒲圻縣，在荊江口，因湖以稱，故曰蒲圻。以威北將軍諸葛恪爲大將軍，督左部，代陸遜鎭武昌。

4漢大赦。大司農河南孟光光，河南洛陽人，漢末逃入蜀。於衆中責費禕曰：「夫赦者，偏枯之物，木之一邊碩茂一邊焦槁者，謂之偏枯。赦者，赦有罪也。有罪者赦，則姦惡之人抵法而獲免於罪，良善之人受抑而不獲伸，故謂之偏枯之物。非明世所宜有也。衰敝窮極，必不得已，然後乃可權而行之耳。今主上仁賢，百僚稱職，何有旦夕之急而數施非常之恩，稱，尺證翻。數，所角翻。以惠姦宄之惡乎！」禕但顧謝，踧踖而已。踧，子六翻。踖，資息翻。

初，丞相亮時，有言公惜赦者，亮答曰：「治世以大德，不以小惠，治，直之翻。故匡衡、吳漢不願爲赦。匡衡疏見三十八卷元帝永光二年。吳漢言見四十三卷光武建武二十年。先帝亦言：『吾周旋陳元方、鄭康成間，陳紀，字元方。鄭玄，字康成。每見啓告治亂之道悉矣，曾不語赦也。治，直吏翻。若劉景升、季玉父子，劉琮，字季玉。歲歲赦宥，何益於治！』」治，直吏翻。由是蜀人稱亮之賢，知禕不及焉。蜀人賢孔明而劣費禕，固不特惜赦一事而已。

陳壽評曰：諸葛亮爲政，軍旅數興而赦不妄下，數，所角翻；下同。下，遐稼翻。不亦卓乎！

5吳人不便大錢，乃罷之。青龍四年，吳鑄大錢，一當五百。景初二年，吳又鑄大錢，一當千。

6漢主以涼州刺史姜維爲衞將軍，與大將軍費禕並錄尚書事。費，父沸翻。汶山平康夷反，維討平之。漢武帝元封二年，分蜀郡北部置汶山郡；宣帝地節三年，合蜀郡；蜀又分爲汶山郡，又立平康縣屬焉。杜佑曰：汶山郡今蜀郡西北通化郡地，冉駹所居也。宋白曰：茂州通化郡，古汶山郡。劉昫曰：維州薛城縣，蜀將姜維討汶山叛羌，卽此地也，今州城卽姜維故壘。汶，讀曰岷。

漢主數出遊觀，增廣聲樂。太子家令巴西譙周上疏諫曰：「昔王莽之敗，豪桀並起以爭神器，才智之士思望所歸，未必以其勢之廣陿，惟其德之厚薄也。於時更始、公孫述等多已廣大，更，工衡翻。然莫不快情恣欲，怠於爲善。世祖初入河北，馮異等勸之曰：『當行人所不能爲者。』遂務理冤獄，崇節儉，北州歌歎，聲布四遠。於是鄧禹自南陽追之，事見三十九卷漢更始元年。吳漢、寇恂素未之識，舉兵助之；其餘望風慕德，邳肜、耿純、劉植之徒，至於輿病齎棺，襁負而至，不可勝數；事並見更始二年。肜，余中翻。勝，音升。故能以弱爲強而成帝業。及在洛陽，嘗欲小出，銚期進諫，卽時還車。銚期傳曰：光武嘗與期門近出，期頓首車前曰：臣聞古今之誡，變生不意，誠不願陛下微行數出。帝爲之回輿而還。銚，音姚。及潁川盜起，寇恂請世祖身往臨賊，聞言卽行。事見四十二卷建武八年。故非急務，欲小出不敢；至於急務，欲自安不爲；帝者之欲善如此！故傳曰：『百姓不徒附』，誠以德先之也。傳，直戀翻。先，悉薦翻。今漢遭厄運，天下三分，雄哲之士思望之時也，言思望賢主混一。臣願陛下復行人所不能爲者以副人望！復，扶又翻。且承事宗廟，所以率民尊上也；今四時之祀或有不臨，而池苑之觀或有仍出，臣之愚滯，私不自安。夫憂責在身者，不暇盡樂，樂，音洛；下同。先帝之志，堂構未成，書大誥曰：若考作室，既底法，厥子乃弗肯堂，矧肯構。誠非盡樂之時。願省減樂官、後宮，凡所增造，但奉修先帝所施，施，式支翻，設也。下爲子孫節儉之教。」漢主不聽。

八年（丁卯、二四七）

1 春，正月，吳全琮卒。

2 二月，日有食之。

時尚書何晏等朋附曹爽，好變改法度。太尉蔣濟上疏曰：「昔大舜佐治，戒在比周；舜之佐堯也，驩兜、共工自相稱引則流放之，讒說殄行則堲之，戒比周也。好，呼到翻。治，直吏翻；下同。比，毗至翻。周公輔政，慎於其朋。書洛誥：周公戒成王曰：孺子其朋，孺子其朋，其往。孔安國註曰：少子慎其朋黨，少子慎其朋黨，戒其自今已往。夫爲國法度，惟命世大才，乃能張其綱維以垂於後，豈中下之吏所宜改易哉！終無益於治，適足傷民。宜使文武之臣，各守其職，率以清平，則和氣祥瑞可感而致也！」

3 吳主詔徙武昌宮材瓦繕修建業宮。有司奏言：「武昌宮已二十八歲，吳以漢獻帝建安二十四年都武昌，至是已二十八年。恐不堪用，宜下所在，下，遐稼翻。通更伐致。」伐致，謂伐材木而致之。通者，凡吳境內悉然也。吳主曰：「大禹以卑宮爲美。今軍事未已，所在賦斂，斂，力贍翻。若更通伐，妨損農桑，徙武昌材瓦，自可用也。」乃徙居南宮。三月，改作太初宮，晉太康地記曰：吳有太初宮，方三百丈。令諸將及州郡皆義作。以下奉上，義當助作宮室。

4 大將軍爽用何晏、鄧颺、丁謐之謀，遷太后於永寧宮，據後魏起永寧寺於銅駝街西，意卽前魏永寧殿故處也。又據陳壽志，太后稱永寧宮，非徙也。意者晉諸臣欲增曹爽之惡，以遷字加之耳。晉書五行志曰：爽遷太后於永寧宮，太后與帝相泣而別。蓋亦承晉諸臣所記也。專擅朝政，朝，直遙翻。多樹親黨，屢改制度。太傅懿不能禁，與爽有隙。五月，懿始稱疾，不與政事。爲司馬懿誅曹爽等張本。與，讀曰預。

5 吳丞相步騭卒。

6 帝好褻近羣小，近，其靳翻。遊宴後園。秋，七月，尙書何晏上言：「自今御幸式乾殿參考魏、晉所記，式乾殿當在皇后宮。坤爲母，乾爲父，言皇后爲天下母，以乾爲式，從夫之義也。及遊豫後園，宜皆從大臣，詢謀政事，講論經義，爲萬世法。」冬，十二月，散騎常侍、諫議大夫孔乂上言：秦置諫大夫，掌論議；後漢增爲諫議大夫。「今天下已平，陛下可絕後園習騎乘馬，騎，奇寄翻。出必御輦乘車，天下之福，臣子之願也。」帝皆不聽。

7 吳主大發衆集建業，揚聲欲入寇，揚州刺史諸葛誕使安豐太守王基策之。安豐縣，漢屬六安國，後漢屬廬江郡，魏分置安豐郡，屬豫州。策之者，計之也。基曰：「今陸遜等已死，孫權年老，內無賢嗣，中無謀主。權自出則懼內釁卒起，卒，讀曰猝。癰疽發潰；遣將則舊將已盡，新將未信。疽，千余翻。將，卽亮翻。此不過欲補綻支黨，綻，丈澗翻，縫也。還自保護耳。」已而吳果不出。

8 是歲，雍、涼羌胡叛降漢，雍，於用翻。降，戶江翻。漢姜維將兵出隴右以應之，與雍州刺史郭淮、討蜀護軍夏侯霸戰于洮西。水經註：洮水與蜀白水俱出西傾山，山南即白水源，山東即洮水源。洮水東流逕吐谷渾中，又東逕臨洮、安故、狄道，又北至枹罕，入于河。諸縣皆在洮東，若洮西則羌虜所居也。洮，土刀翻。胡王白虎文、治無戴等率部落降維，維徙之入蜀。蜀志曰：居于繁縣。據姜維傳，則白虎文與治無戴二人也。又魏志，曹眞討破叛胡治元多，蓋諸胡有治姓也。淮進擊羌胡餘黨，皆平之。

九年（戊辰、二四八）

1 春，二月，中書令孫資，癸巳，中書監劉放，三月，甲午，司徒衞臻各遜位，以侯就第，位特進。鷄棲樹之言固中，而三馬食一槽矣。

2 夏，四月，以司空高柔爲司徒，光祿大夫徐邈爲司空。邈嘆曰：「三公論道之官，無其人則缺，書曰：三公論道經邦，燮理陰陽，官不必備，惟其人。豈可以老病忝之哉！」忝，辱也。遂固辭不受。

3 五月，漢費禕出屯漢中。自蔣琬及禕，雖身居於外，慶賞刑威，皆遙先諮斷，斷，丁亂翻。諮斷者，諮之使斷決也。然後乃行。禕雅性謙素，當國功名，略與琬比。

4 秋，九月，以車騎將軍王淩爲司空。

5 涪陵夷反，涪陵縣，漢屬巴郡，蜀分置涪陵郡，唐之涪州。宋白曰：涪州涪陵郡，漢爲涪陵縣地；蜀先主以地控江源，於此立涪陵郡，領漢平、漢葭二縣。四夷縣道記云：故城在蜀江之南，涪江之西。其涪江南自黔中來，由城之西泝蜀江十五里，有雞鳴峽，上有枳城，卽漢枳縣也。李雄據蜀後，枳縣荒廢；桓溫定蜀，別立枳縣於今郡東北十里。周武帝保定四年，涪陵首領田思鶴歸化，於故枳城立涪陵鎭；隋開皇三年，移漢平縣於鎭城，仍改漢平爲涪陵縣，因鎭爲名。唐爲涪州，元和三年，以涪州疆理與黔中接近，敕隸黔中。按華陽國志云：涪陵，巴之南鄙。從枳縣入，泝涪水，秦司馬錯由之取楚黔中地，漢興常爲都尉理。山險水灘，人多獽、蜑，唯出丹漆蜜枳；縣卽涪州所理。漢建安中，涪陵謝本以涪陵廣大，白州牧劉璋分置丹興、漢葭二縣以爲郡。璋乃分涪陵，立永寧，兼丹興、漢葭，合四縣置屬國都尉，理涪陵。蜀先主改爲郡，改永寧曰萬寧，又增立漢復縣。後主又立漢平縣。晉太康地志省丹興縣，郡移理漢復。又言萬寧在郡南，水道九百里，其萬寧蓋今費州是。蜀後主延熙中，涪陵大姓徐巨反，鄧芝討平之。漢涪陵蓋在今涪州東南三百三十里，黔州是其故理，在江之東。又言：漢復縣北至涪陵九十里，蓋今黔州所管洪杜縣是其故理。又言：漢葭在郡東百里，澧源出界，蓋今州東九十里故黔州城是。其丹興縣蓋在今黔州東二百里黔江縣是。又按漢平縣，在今涪州東百二十里，羅浮山之北，岷江之南，白水入江處側近。又按十三州志，枳在郡東北，涪陵在郡東。按今黔州亦與巴郡東南相抵。據謝本所論，晉志所云，今夷、費、思、播及黔府等五州，悉是涪陵故地。又隋圖經，黔中是武陵郡酉陽縣地。按漢酉陽在今溪州大鄉縣界，與黔州約相去千餘里，今三亭縣西北九百餘里別有酉陽城，乃劉蜀所置，非漢之酉陽。隋圖經及貞觀地志並言蜀所置酉陽爲漢酉陽，蓋誤認漢涪陵之地也。自永嘉後，沒於夷獠。元魏後圖記不傳，至後周田思鶴歸化，初於其地立奉州，續改黔州；大業中，又改黔安郡；因問隋州郡名，遂與秦、漢黔中郡交互難辨。其秦黔中郡理，在今辰州西二十里黔中故城是。漢改黔中爲武陵郡，移治義陵，卽今辰州漵浦縣是。後漢移理臨沅，卽今朗州所理是。今辰、錦、敍、獎、溪、澧、朗、施八州，是秦、漢黔中郡地，與今黔州及夷、費、思、播隔越峻嶺，東有沅江水及諸溪並合，而東注洞庭湖；嶺西有巴江水，一名涪陵江，自牂柯北歷播、費、思、黔等州，北注岷江。以山川言之，巴郡之涪陵與黔中故地，炳然自分矣。漢車騎將軍鄧芝討平之。

6 大將軍爽，驕奢無度，飲食衣服，擬於乘輿；乘，繩證翻。尚方珍玩，充牣其家；又私取先帝才人以爲伎樂。伎，渠綺翻。作窟室，綺疏四周，窟室，掘地爲室也。賢曰：綺疏，謂鏤爲綺文。數與其黨何晏等縱酒其中。弟羲深以爲憂，數涕泣諫止之，爽不聽。爽兄弟數俱出遊，數，所角翻。司農沛國桓範謂曰：「總萬機，典禁兵，不宜並出，若有閉城門，誰復内入【章：甲十六行本「入」作「人」；乙十一行本同；孔本同。】者？」復，扶又翻；下同。爽曰：「誰敢爾邪！」

初，清河、平原爭界，八年不能決。冀州刺史孫禮請天府所藏烈祖封平原時圖以決之；烈祖，明帝也，封平原王。畫壤分國，有地圖在天府。周禮有天府，鄭玄註云：掌祖廟之寶藏；又賢能之書及功書皆藏于天府。爽信清河之訴，云圖不可用，禮上疏自辨，辭頗剛切。爽大怒，劾禮怨望，結刑五歲。結刑五歲者，但結以徒作五歲之罪而不使之輸作也。劾，戶概翻，又戶得翻。久而【章：甲十六行本「而」作「之」；乙十一行本同；孔本同；張校同；退齊校同。】復爲幷州刺史，往見太傅懿，有忿色而無言。懿曰：「卿得幷州少邪？恚理分界失分乎？」魏幷州統太原、上黨、西河、鴈門、新興。冀州大於諸州，幷州遠接荒外，故意其觖望。懿多權數，以此言擿發禮耳。少，詩沼翻。恚，於避翻。分，扶問翻。禮曰：

「何明公言之乖也！禮雖不德，豈以官位往事爲意邪！本謂明公齊蹤伊、呂，匡輔魏室，上報明帝之託，下建萬世之勳。今社稷將危，天下兇兇，兇，許拱翻。此禮之所以不悅也！」因涕泣橫流。懿曰：「且止，忍不可忍！」至此，禮入懿數中矣。

冬，河南尹李勝出爲荆州刺史，過辭太傅懿。懿令兩婢侍。持衣，衣落；指口言渴，婢進粥，懿不持杯而飲，粥皆流出霑胸。勝曰：「衆情謂明公舊風發動，魏武之辟懿也，懿辭以風痹，故勝以爲舊風發動。何意尊體乃爾！」懿使聲氣纔屬，詐爲羸憊之狀也。屬，之欲翻。說：「年老枕疾，死在旦夕。枕，之鴆翻。君當屈并州，并州近胡，近，其靳翻。好爲之備！恐不復相見，以子師、昭兄弟爲託。」勝曰：「當還忝本州，李勝，南陽人，故謂荆州爲本州。非并州。」懿乃錯亂其辭曰：「君方到并州？」勝復曰：「當忝荆州。」懿曰：「年老意荒，不解君言。解，戶買翻，曉也。今還爲本州，盛德壯烈，好建功勳！」勝退，告爽曰：「司馬公尸居餘氣，形神已離，不足慮矣。」言其形神已離，惟尸在而餘殘喘耳。他日，又向爽等垂泣曰：無聲而出涕，曰垂泣。「太傅病不可復濟，令人愴然！」故爽等不復設備。

何晏聞平原管輅明於術數，請與相見。十二月，丙戌，輅往詣晏，晏與之論易。時鄧颺在坐，坐，徂臥翻。謂輅曰：「君自謂善易，而語初不及易中辭義，何也？」輅曰：「夫善易者不言易也。」晏含笑贊之曰：「可謂要言不煩也！」因謂輅曰：「試爲作一卦，爲，于僞翻。知位當至三公不？」不，讀曰否。又問：「連夢見青蠅數十，來集鼻上，驅之不去，何也？」輅曰：「昔元、凱輔舜，左傳：高陽氏有才子八人，蒼舒、隤敳、檮戭、大臨、尨降、庭堅、仲容、叔達，齊聖廣淵，明允篤誠，天下之民謂之「八愷」。高辛氏有才子八人，伯奮、仲堪、叔獻、季仲、伯虎、仲熊、叔豹、季貍，忠肅共懿，宣慈惠和，天下之民謂之「八元」。周公佐周，皆以和惠謙恭，享有多福，此非卜筮所能明也。今君侯位尊勢重，而懷德者鮮，鮮，息淺翻。畏威者衆，殆非小心求福之道也。又，鼻者天中之山，相書以鼻爲天中，自脣以上爲人中。裴松之曰：相書謂鼻之所在爲天中，鼻有山象，故曰天中之山。『高而不危，所以長守貴。』今青蠅臭惡，而集之，位峻者顛，輕豪者亡，不可不深思也！願君侯裒多益寡，裒，蒲侯翻，與掊同，取也。爾雅：裒、鳩、樓，聚也。徐云：樓歛也。此言晏據權勢，掊分爲多，當思自減損也。非禮勿履，然後三公可至，青蠅可驅也。」颺曰：「此老生之常譚。」輅曰：「夫老生者見不生，常譚者見不譚。」言必見其死也。譚，與談同。輅還邑舍，邑舍，平原邑邸也。具以語其舅；語，牛倨翻。舅責輅言太切至。輅曰：「與死人語，何所畏邪！」舅大怒，以輅爲狂。

7 吳交趾、九眞夷賊攻沒城邑，交部騷動。吳主以衡陽督軍都尉陸胤爲交州刺史、安南校尉。胤入境，喻以恩信，降者五萬餘家，州境復清。

8 太傅懿陰與其子中護軍師、散騎常侍昭謀誅曹爽。懿雖稱疾，先已置二子於要地矣。

嘉平元年（己巳、二四九）是年四月方改元。

1春，正月，甲午，帝謁高平陵，高平陵，明帝陵也。水經註：大石山在洛陽南，山阿有魏明帝高平陵。孫盛曰：高平陵去洛城九十里。大將軍爽與弟中領軍羲、武衛將軍訓、散騎常侍彥皆從。從，才用翻。太傅懿以皇太后令，閉諸城門，勒兵據武庫，授兵出屯洛水浮橋；水經註：洛城南出西頭第二門曰宣陽門，漢之小苑門也，對閶闔，南直洛水浮桁。召司徒高柔假節行大將軍事，據爽營；太僕王觀行中領軍事，據羲營。因奏爽罪惡於帝曰：「臣昔從遼東還，先帝詔陛下、秦王及臣升御牀，把臣臂，深以後事爲念。事見上卷明帝景初三年。臣言『太祖、高祖亦屬臣以後事，屬，之欲翻。按晉紀，懿自爲文帝所信重，太祖未嘗以後事屬之也，若文帝則以明帝屬懿。此自陛下所見，無所憂苦。萬一有不如意，臣當以死奉明詔。』今大將軍爽，背棄顧命，背，蒲妹翻。陸德明曰：顧，音古。敗亂國典，內則僭擬，外則專權，破壞諸營，敗，補邁翻。壞，音怪。盡據禁兵，羣官要職，皆置所親，殿中宿衛，易以私人，根據盤互，縱恣日甚。又以黃門張當爲都監，監，古銜翻。伺察至尊，離間二宮，伺，相吏翻。間，古莧翻。傷害骨肉，天下洶洶，人懷危懼。陛下便爲寄坐，寄坐，謂雖處天子之位，猶寄寓也。豈得久安！此非先帝詔陛下及臣升御牀之本意也。臣雖朽邁，朽邁，謂年老衰朽，日月已過也。敢忘往言！太尉臣濟等皆以爽爲有無君之心，兄弟不宜典兵宿衛，奏永寧宮，皇太后令敕臣如奏施行。臣輒敕主者及黃門令『罷爽、羲、訓吏兵，以侯就第，不得逗留，以稽車駕；敢有稽留，便以軍法從事！』臣輒力疾將兵屯洛水浮橋，伺察非常。」輒，專也。懿雖挾太后以臨爽，而其奏自言輒者至再，以天子在爽所也。爽得懿奏事，不通；迫窘不知所爲，留車駕宿伊水南，水經註：來儒之水，出于半石之山，西南流逕大石山，又西至高都城東，西入伊水。伊水又東北過伊闕中，又東北至洛陽縣南，北入于洛。伐木爲鹿角，發屯田兵數千人以爲衞。魏武創業，令州郡例置田官，故洛陽亦有屯田兵。

懿使侍中高陽許允及尚書陳泰說爽，宜早自歸罪，說，輸芮翻。又使爽所信殿中校尉尹大目謂爽，唯免官而已，魏、晉之制，有殿中將軍、中郎、校尉、司馬。尹大目說爽，猶未疑司馬氏也，至其追語文欽乃覺耳。以洛水爲誓。泰，羣之子也。

初，爽以桓範鄉里老宿，範，沛國人，譙、沛鄉里也。老，耆也。宿，舊也。於九卿中特禮之，然不甚親也。及懿起兵，以太后令召範，欲使行中領軍。範欲應命，其子止之曰：「車駕在外，不如南出。」範乃出。至平昌城門，水經註：平昌門，故平門也，洛城南出西頭第三門。城門已閉。門候司蕃，故範舉吏也，司，姓也。左傳鄭有司臣。範舉手中版示之，矯曰：「有詔召我，卿促開門！」蕃欲求見詔書，以此觀之，此時猶用版詔，至晉時則有青紙詔矣。範呵之曰：「卿非我故吏邪，何以敢爾？」乃開之。範出城，顧謂蕃曰：「太傅圖逆，卿從我去！」蕃徒行不能及，遂避側。避於道旁也。懿謂蔣濟曰：「智囊往矣！」濟曰：「範則智矣；然駑馬戀棧豆，爽必不能用也。」駑，音奴。言爽顧戀室家而慮不及遠，必不能用範計。棧，士限翻。

範至，勸爽兄弟以天子詣許昌，發四方兵以自輔。爽疑未決，範謂羲曰：「此事昭然，卿用讀書何爲邪！於今日卿等門戶，求貧賤復可得乎！復，扶又翻。且匹夫質一人，尚欲望活；此謂漢末劫質也。質，音致。卿與天子相隨，令於天下，誰敢不應也！」俱不言。範又謂羲曰：「卿別營近在闕南，中領軍營，懿已遣王觀據之，惟別營在耳。洛陽典農治在城外，洛陽典農中郎將、典農都尉所治也。呼召如意。今詣許昌，不過中宿，中宿，次宿也。左傳曰：命汝三宿，汝中宿至。陸德明曰：中，丁仲翻。許昌別庫，足相被假；許昌別庫貯兵甲；洛陽有武庫，故曰別庫。被假，謂授兵也。被，皮義翻。所憂當在穀食，而大司農印章在我身。」羲兄弟默然不從，自甲夜至五鼓，甲夜，初夜也。夜有五更：一更爲甲夜，二更爲乙夜，三更爲丙夜，四更爲丁夜，五更爲戊夜。爽乃投刀於地曰：「我亦不失作富家翁！」範哭曰：「曹子丹佳人，生汝兄弟，㹠犢耳！曹眞，字子丹。㹠，與豚同。小豕曰㹠，小牛曰犢。何圖今日坐汝等族滅也！」

爽乃通懿奏事，白帝下詔免己官，奉帝還宮。爽兄弟歸家，懿發洛陽吏卒圍守之；洛陽令所主吏卒也。四角作高樓，令人在樓上察視爽兄弟舉動。爽挾彈到後園中，彈，徒案翻。樓上便唱言：「故大將軍東南行！」爽愁悶不知爲計。

戊戌，有司奏「黃門張當私以所擇才人與爽，疑有姦。」收當付廷尉考實，辭云：「爽與尙書何晏、鄧颺、丁謐、司隸校尉畢軌、荆州刺史李勝等陰謀反逆，須三月中發。」於是收爽、羲、訓、晏、颺、謐、軌、勝并桓範皆下獄，劾以大逆不道，下，遐稼翻。劾，戶概翻，又戶得翻。與張當俱夷三族。考異曰：魏氏春秋曰：「宣王使晏典治爽等獄，晏窮治黨與，冀以獲宥。宣王曰：『凡有八族。』晏疏丁、鄧等七姓。宣王曰：『未也。』晏窮急，乃曰：『豈謂晏乎？』宣王曰：『是也。』乃收晏。」按宣王方治爽黨，安肯使晏典其獄！就令有之，晏豈不自知與爽最親而冀獨免乎！此殆孫盛承說者之妄耳。

初，爽之出也，司馬魯芝留在府，聞有變，將營騎斫津門出赴爽。營騎，大將軍營騎士也。津門，洛城南出西頭第一門也，亦曰建城門。騎，奇寄翻。及爽解印綬，綬，音受。將出，主簿楊綜止之曰：「公挾主握權，捨此以至東市乎？」言必將見誅於市也。有司奏收芝、綜治罪，治，直之翻。太傅懿曰：「彼各爲其主也，爲，于僞翻。宥之。」頃之，以芝爲御史中丞，綜爲尚書郎。

魯芝將出，呼參軍辛敞欲與俱去。敞，毗之子也，其姊憲英爲太常羊耽妻，敞與之謀曰：「天子在外，太傅閉城門，人云將不利國家，於事可得爾乎？」爾，猶云如此也。憲英曰：「以吾度之，度，徒洛翻。太傅此舉，不過以誅曹爽耳。」敞曰：「然則事就乎？」憲英曰：「得無殆就！殆，近也。爽之才非太傅之偶也。」偶，匹也。敞曰：「然則敞可以無出乎？」憲英曰：「安可以不出！職守，人之大義也。凡人在難，難，乃旦翻。猶或卹之；爲人執鞭而棄其事，不祥莫大焉。且爲人任，爲人死，親昵之職也，昵，尼質翻。左傳：晏子曰：君爲社稷死則死之，若爲己死，非其私昵，誰敢任之！昵，私愛也。此言親者則可爲質任，愛昵者則可爲之死。從衆而已。」敞遂出。事定之後，敞歎曰：「吾不謀於姊，幾不獲於義！」幾，居希翻。

先是，爽辟王沈及太山羊祜，沈勸祜應命。祜曰：「委質事人，復何容易！」先，悉薦翻。沈，持林翻；下同。質，如字。復，扶又翻。易，以豉翻。沈遂行。及爽敗，沈以故吏免，乃謂祜曰：「吾不忘卿前語。」祜曰：「此非始慮所及也！」言始慮亦不料爽至此，不欲受知幾之名也。

爽從弟文叔妻夏侯令女，夏侯氏之女名令女。夏，戸雅翻。早寡而無子，其父文寧欲嫁之；令女刀截兩耳以自誓，居常依爽。爽誅，其家上書絕昏，強迎以歸，復將嫁之；強，其兩翻。復，扶又翻；下同。令女竊入寢室，引刀自斷其鼻，斷，丁管翻。其家驚惋，惋，烏貫翻，驚歎也。謂之曰：「人生世間，如輕塵棲弱草耳，何至自苦乃爾！且夫家夷滅已盡，守此欲誰爲哉！」爲，于僞翻。令女曰：「吾聞仁者不以盛衰改節，義者不以存亡易心。曹氏前盛之時，尚欲保終，況今衰亡，何忍棄之！此禽獸之【章：甲十六行本「之」作「不」；乙十一行本同；孔本同；熊校同。】行，吾豈爲乎！」司馬懿聞而賢之，聽使乞子字養爲曹氏後。

何晏等方用事，自以爲一時才傑，人莫能及。晏嘗爲名士品目曰：「『唯深也故能通天下之志』，夏侯泰初是也。『唯幾也故能成天下之務』，司馬子元是也。『唯神也不疾而速，不行而至』，吾聞其語，未見其人。」蓋欲以神況諸己也。夏侯玄，字泰初。司馬師，字子元。晏引易大傳之辭以爲品目。幾，居希翻。

選部郎劉陶，曄之子也，少有口辯，少，詩照翻。鄧颺之徒稱之以爲伊、呂。陶嘗謂傅玄曰：「仲尼不聖。何以知之？智者於羣愚，如弄一丸於掌中；而不能得天下，何以爲聖！」玄不復難，難，乃旦翻。但語之曰：語，牛倨翻。「天下之變無常也，今見卿窮。」及曹爽敗，陶退居里舍，乃謝其言之過。

管輅之舅謂輅曰：「爾前何以知何、鄧之敗？」輅曰：「鄧之行步，筋不束骨，脈不制肉，起立傾倚，若無手足，此爲鬼躁；何之視候則魂不守宅，血不華色，精爽煙浮，容若槁木，此爲鬼幽；二者皆非遐福之象也。」管輅之與何、鄧言也，其陳義近於古人；至答其舅論何、鄧之所以敗，則相者之說耳，何前後之相戾也！

何晏性自喜，喜，許記翻。粉白不去手，以自塗澤也。行步顧影。尤好老、莊之書，好，呼到翻。與夏侯玄、荀粲及山陽王弼之徒，競爲清談，祖尚虛無，謂六經爲聖人糟粕。莊子曰：桓公讀書於堂上，輪扁斲輪於堂下，釋椎鑿而上，問桓公曰：「敢問公所讀者何言邪？」公曰：「聖人之言也。」曰：「聖人在乎？」公曰：「已死矣。」曰：「然則君之所讀者，古人之糟粕已矣，古之人與其不可傳者死矣。」糟，酒滓也。司馬云：爛食曰粕。又云：糟爛爲粕。許慎曰：粕，已漉粗糟也。音匹各翻，又普白翻。由是天下士大夫爭慕效之，遂成風流，不可復制焉。清談之禍始此。粲，彧之子也。

2 丙午，大赦。

3 丁未，以太傅懿爲丞相，加九錫；懿固辭不受。

4 初，右將軍夏侯霸爲曹爽所厚，以其父淵死於蜀，事見六十八卷漢獻帝建安二十四年。常切齒有報仇之志，爲討蜀護軍，屯於隴西，統屬征西。屬征西將軍府所統。征西將軍夏侯玄，霸之從子，爽之外弟也。曹氏，夏侯氏之出也，玄父尚又娶於曹氏，故玄於爽爲外弟。爽既誅，司馬懿召玄詣京師，爲後司馬師殺玄張本。以雍州刺史郭淮代之。霸素與淮不叶，以爲禍必相及，大懼，遂奔漢。漢主謂曰：「卿父自遇害於行間耳，行，戶剛翻。非我先人之手刃也。」遇之甚厚。姜維問於霸曰：「司馬懿既得彼政，當復有征伐之志不？」復，扶又翻。不，讀曰否。霸曰：「彼方營立家門，未遑外事。有鍾士季者，其人雖少，少，詩照翻。若管朝政，吳、蜀之憂也。」朝，直遙翻。士季者，鍾繇之子尚書郎會也。爲司馬昭用會以伐蜀張本。

5 三月，吳左大司馬朱然卒。然長不盈七尺，氣候分明，內行脩潔。行，下孟翻。終日欽欽，若【章：甲十六行本「若」上有「常」字；乙十一行本同。】在戰場，毛萇曰：欽欽，言使人樂進也。臨急膽定，過絕於人。雖世無事，每朝夕嚴鼓，嚴鼓，疾擊鼓也，今人謂之擂鼓。兵在營者，咸行裝就隊。以此玩敵，使不知所備，故出輒有功。雖不出兵，而常爲行備，敵人之覘者玩以爲常，則不知所以備豫矣。然寢疾增篤，吳主晝爲減膳，夜爲不寐，爲，于僞翻；下同。中使醫藥口食之物，相望於道。然每遣使表疾病消息，吳主輒召見，口自問訊，入賜酒食，出賜布帛。及卒，吳主爲之哀慟。

6 夏，四月，乙丑，改元。曹爽誅後，方改元嘉平。

7 曹爽之在伊南也，昌陵景侯蔣濟與之書，諡法：由義而濟曰景；耆意大慮曰景。言太傅之旨，不過免官而已。爽誅，濟進封都鄉侯，上疏固辭，不許。濟病其言之失，以失言於爽爲己病也。遂發病，丙子，卒。

8 秋，漢衞將軍姜維寇雍州，依麴山築二城，麴山，蓋在羌中，魏雍州西南界。據郭淮傳，麴山在翅上。翅，爲翅也，爲翅，要地也，魏屯兵守之。使牙門將句安、李歆等守之，句，音鉤，又古候翻；姓也。姓譜：句芒氏之後。史記有句彊，今蜀中猶有句姓。聚羌胡質任，侵偪諸郡；質，音致。征西將軍郭淮與雍州刺史陳泰禦之。泰曰：「麴城雖固，去蜀險遠，當須運糧；羌夷患維勞役，必未肯附。今圍而取之，可不血刃而拔其城；雖其有救，山道阻險，非行兵之地也。」淮乃使泰率討蜀護軍徐質、南安太守鄧艾進兵圍麴城，斷其運道及城外流水。安等挑戰，不許，斷，丁管翻。挑，徒了翻。將士困窘，分糧聚雪以引日月。窘，巨隕翻。維引兵救之，出自牛頭山，牛頭山蓋在洮水之南，以形名山。魏收地形志：後魏眞君四年，置仇池郡，治階陵縣，縣有牛頭山。五代志：牛頭山在成州上祿縣界。與泰相對。泰曰：「兵法貴在不戰而屈人。孫子曰：百戰百勝，非善之善者也；不戰而屈人，善之善者也。今絕牛頭，維無反道，則我之禽也。」敕諸軍各堅壘勿與戰，遣使白淮，使淮趣牛頭截其還路。趣，七喩翻。淮從之，進軍洮水。洮，土刀翻。維懼，遁走，安等孤絕，遂降。淮因西擊諸羌。鄧艾曰：「賊去未遠，或能復還，復，扶又翻。宜分諸軍以備不虞。」於是留艾屯白水北。水經註：白水出隴西臨洮縣西南西傾山，東南流逕鄧至城南，卽艾所屯地，以鄧艾至此，故以名城。三日，維遣其將廖化自白水南向艾結營。廖，力救翻，今力弔翻。艾謂諸將：「維今卒還，卒，讀曰猝。吾軍人少，少，詩照翻。法當來渡；而不作橋，此維使化持吾令不得還，維必自東襲取洮城。」洮城在水北，去艾屯六十里，艾卽夜潛軍徑到；維果來渡，而艾先至據城，得以不敗。漢軍遂還。

9 兗州刺史令狐愚，姓譜：周文王之子高封於畢，其後有畢萬。萬子犨封於魏，爲魏氏。犨子顆封於令狐，爲令狐氏。令，力呈翻。司空王淩之甥也，屯於平阿，水經註：淮水過當塗縣北，又北沙水注之，淮之西有平阿縣故城。晉志，平阿縣屬淮南郡，有塗山。甥舅並典重兵，專淮南之任。淩與愚陰謀，以帝闇弱，制於強臣，聞楚王彪有智勇，欲共立之，迎都許昌。九月，愚遣其將張式至白馬，與彪相聞。楚王彪，武帝子，黃初三年，徙王白馬。白馬縣屬東郡。淩又遣舍人勞精詣洛陽，勞，姓也；精，名也。姓譜：其先居東海勞山，因氏焉。後漢有琅邪勞丙。語其子廣，語，牛倨翻。廣曰：「凡舉大事，應本人情。曹爽以驕奢失民，何平叔虛華不治，何晏，字平叔。丁、畢、桓、鄧雖並有宿望，皆專競於世。加變易朝典，朝，直遙翻；下同。政令數改，數，所角翻。所存雖高而事不下接，言雖存心於高曠而不切事情，與下不接也。民習於舊，衆莫之從，故雖勢傾四海，聲震天下，同日斬戮，名士減半，而百姓安之，莫之或哀，失民故也。今司馬懿情雖難量，量，音良。事未有逆，而擢用賢能，廣樹勝己，謂蔣濟、高柔、孫禮、陳泰、郭淮、鄧艾等。脩先朝之政令，朝，直遙翻。副衆心之所求。爽之所以爲惡者，彼莫不必改，「必」，當作「畢」。夙夜匪懈，以恤民爲先，懈，古隘翻。父子兄弟，並握兵要，未易亡也。」易，以豉翻。淩不從。

冬，十一月，令狐愚復遣張式詣楚王，復，扶又翻。未還，會愚病卒。

10 十二月，辛卯，即拜王淩爲太尉。即拜者就壽春拜爲太尉。庚子，以司隸校尉孫禮爲司空。

11 光祿大夫徐邈卒。邈以清節著名。盧欽嘗著書稱邈曰：「徐公志高行潔，行，下孟翻。才博氣猛，其施之也，高而不狷，狷，吉掾翻。潔而不介，博而守約，猛而能寬。聖人以清爲難，而徐公之所易也！」易，以豉翻。或問欽：「徐公當武帝之時，人以爲通；自爲涼州刺史，明帝太和初，邈爲涼州刺史。及還京師，人以爲介，何也？」欽答曰：「往者毛孝先、崔季珪用事，貴清素之士，于時皆變易車服以求名高，事見六十五卷漢獻帝建安十三年。毛玠，字孝先。崔琰，字季珪。而徐公不改其常，故人以爲通。比來天下奢靡，轉相倣傚，比，毗寐翻，近也。比來，猶言近來也。而徐公雅尚自若，不與俗同。故前日之通，乃今日之介也；是世人之無常而徐公之有常也。」欽，毓之子也。毓，余六翻。

二年（庚午、二五〇）

1夏，五月，以征西將軍郭淮爲車騎將軍。

2初，會稽潘夫人有寵於吳主，會，古外翻。生少子亮，少，詩照翻。吳主愛之。全公主既與太子和有隙，事見上卷正始六年。欲豫自結，數稱亮美，以其夫之兄子尚女妻之。爲後孫綝殺尚廢亮還全公主張本。數，所角翻。妻，七細翻。吳主以魯王霸結朋黨以害其兄，心亦惡之，惡，烏路翻。謂侍中孫峻曰：「子弟不睦，臣下分部，分部，謂各分部黨，若漢甘陵南北部。將有袁氏之敗，事見六十四卷建安七年。爲天下笑。若使一人立者，安得不亂乎！」遂有廢和立亮之意，然猶沈吟者歷年。沈吟者，欲決而未決之意，今人猶有此語。沈，持林翻。峻，靜之曾孫也。孫靜，堅之季弟，見六十二卷建安元年。

秋，吳主遂幽太子和。驃騎將軍朱據諫曰：「太子，國之本根；加以雅性仁孝，天下歸心。昔晉獻用驪姬而申生不存，註已見前。漢武信江充而戾太子冤死，事見二十二卷漢武帝征和二年。臣竊懼太子不堪其憂，雖立思子之宮，無所復及矣！」吳主不聽。據與尚書僕射屈晃屈，居勿翻。率諸將吏泥頭自縛，連日詣闕請和；吳主登白爵觀，見，甚惡之，白爵觀在建業宮中。觀，古玩翻。敕據、晃等「無事怱怱！」怱怱，急遽不諦細也。無難督陳正、五營督陳象各上書切諫，吳主置左右無難營兵，又置五營營兵，各置督領之。據、晃亦固諫不已；吳主大怒，族誅正、象。

牽據、晃入殿，據、晃猶口諫，叩頭流血，辭氣不撓；撓，奴教翻。吳主杖之各一百，左遷據爲新都郡丞，晃斥歸田里，羣司坐諫誅放者以十數。遂廢太子和爲庶人，徙故鄣，故鄣縣屬丹陽郡。賢曰：秦鄣郡所治也，在今湖州安吉縣界。師古曰：鄣，音章。賜魯王霸死。殺楊竺，流其尸於江，又誅全寄、吳安、孫奇，皆以其黨霸譖和故也。黨霸譖和事，見上卷正始六年。初，楊竺少獲聲名，少，詩照翻。而陸遜謂之終敗，勸竺兄穆令與之別族。別，彼列翻，分也。及竺敗，穆以數諫戒竺得免死。數，所角翻。朱據未至官，中書令孫弘以詔書追賜死。

3 冬，十月，廬江太守文【章：甲十六行本「文」上有「譙郡」二字；乙十一行本同；孔本同；張校同。】欽僞叛，以誘吳偏將軍朱異，誘，音酉。欲使異自將兵迎己。異知其詐，表吳主，以爲欽不可迎。吳主曰：「方今北土未一，欽欲歸命，宜且迎之。若嫌其有譎者，譎，古穴翻。但當設計網以羅之，盛重兵以防之耳。」乃遣偏將軍呂據督二萬人與異幷力至北界，北界，謂魏、吳分界之地，在魏廬江郡南，於吳爲北。欽果不降。降，戶江翻。異，桓之子；據，範之子也。

4 十一月，大利景侯孫禮卒。據孫禮傳，禮封大利亭侯。

5 吳主立子亮爲太子。

6 吳主遣軍十萬作堂邑塗塘以淹北道。堂邑縣，前漢屬臨淮郡，後漢屬廣陵郡，魏、吳在兩界之間爲棄地。賢曰：堂邑，今揚州六合縣。杜佑曰：揚州六合縣，春秋楚之棠邑，漢爲堂邑。淹北道以絕魏兵之窺建業，吳主老矣，良將多死，爲自保之規摹而已。「塗」，當作「涂」；讀曰滁。

7十二月，甲辰，東海定王霖卒。諡法：純行不爽曰定；安民法古曰定。

8征南將軍王昶上言：「孫權流放良臣，良臣，謂朱據等。昶，丑兩翻。適庶分爭，適，讀曰嫡。可乘釁擊吳。」朝廷從之，遣新城太守南陽州泰襲巫、秭歸，州，姓也；泰，名也。晉有州綽。風俗通云：其先食采於州，因氏焉。荊州刺史王基向夷陵。魏荊州刺史與征南府並屯宛，時已徙屯新野。昶向江陵，引竹絙爲橋，渡水擊之。絙，居登翻，大索也。吳引沮漳之水浸江陵以北之地，以限魏兵，故昶爲橋以渡水。吳大將施績，夜遁入江陵，績，朱然之子也。然本施氏，朱治以爲子，魏人本其所自出之姓稱之。昶欲引致平地與戰，乃先遣五軍按大道發還，使吳望見而喜，又以所獲鎧馬甲首環城以怒之，鎧，可亥翻。環，音宦。設伏兵以待之。績果來追，昶與戰，大破之，斬其將鍾離茂、許旻。

9漢姜維復寇西平，不克。復，扶又翻。

三年（辛未、二五一）

1春，正月，王基、州泰擊吳兵，皆破之，降者數千口。

2二【章：乙十一行本「二」作「三」；張校同；退齋校同。】月，以尚書令司馬孚爲司空。

3夏，四月，甲申，以王昶爲征南大將軍。以破吳兵進律也。

4壬辰，大赦。

5 太尉王淩聞吳人塞涂水，即前所作堂邑塗塘也。楊正衡曰：涂，音滁。據今滁河，自滁州至眞州。塞，悉則翻。欲因此發兵，大嚴諸軍，表求討賊；詔報不聽。淩遣將軍楊弘以廢立事告兗州刺史黃華，華、弘連名以白司馬懿，懿將中軍乘水道討淩，先下赦赦淩罪，又爲書諭淩，已而大軍掩至百尺。水經註：沙水東南過陳縣，又東南流注于潁，謂之交口。水次有大堰，即古百尺堰；司馬宣王討王淩，大軍掩至百尺，即此地。杜佑曰：百尺在陳州宛丘縣。不意其至而至曰掩至；掩者，掩其不備也。我朝析汝陰之百尺鎭置萬壽縣。淩自知勢窮，乃乘船單出迎懿，遣掾王彧謝罪，送印綬、節鉞。掾，俞絹翻。懿軍到丘頭，水經：潁水過南頓縣，又東逕丘頭，丘頭南枕水。魏書郡國志曰：王淩面縛於此，故號武丘。杜佑曰：即今潁州沈丘縣。淩面縛水次，懿承詔遣主簿解其縛。

淩旣蒙赦，加恃舊好，不復自疑，好，呼到翻。復，扶又翻。徑乘小船欲趨懿。趨，逡遇翻。懿使人逆止之，住船淮中，水經註：潁水自丘頭東南至愼縣，又東南入于淮。懿蓋進軍已近淮。相去十餘丈。淩知見外，淩與懿同爲公，初以爲蒙赦而欲趨懿；懿逆拒之，乃知以罪而見外。乃遙謂懿曰：「卿直以折簡召我，我當敢不至邪，而乃引軍來乎！」懿曰：「以卿非肯逐折簡者故也。」古者簡長二尺四寸，短者半之。漢制，簡長二尺，短者半之。蓋單執一札謂之簡；折簡者，折半之簡，言其禮輕也。又按南史，孔闓爲孔珪草表，珪以示謝脁，脁嗟吟良久，手自折簡寫之。淩曰：「卿負我！」懿曰：「我寧負卿，不負國家！」遂遣步騎六百送淩西詣京師，自潁河泝流而西，詣洛陽。淩試索棺釘以觀懿意，懿命給之。給棺釘者，示之以必死。索，山客翻。釘，音丁。五月，甲寅，淩行到項，遂飲藥死。懿進至壽春，張式等皆自首。首，式救翻。懿窮治其事，治，直之翻。諸相連者悉夷三族。發淩、愚冢，剖棺暴尸於所近市三日，近，其靳翻。燒其印綬、章服，親土埋之。孟子曰：比化者毋使土親膚。親土者，羸葬也。綬，音受。

初，令狐愚爲白衣時，常有高志，衆人謂愚必興令狐氏。令，力呈翻。族父弘農太守邵獨以爲：「愚性倜儻，倜，他歷翻。倜儻，卓異也。不修德而願大，必滅我宗。」愚聞之，心甚不平。及邵爲虎賁中郎將，而愚仕進已多所更歷，更，工衡翻。所在有名稱。稱，昌孕翻。凡名號謂之稱。孟子題辭曰：子者，男子之通稱。愚從容謂邵曰：從，千容翻。「先時聞大人謂愚爲不繼，先，悉薦翻。今竟云何邪？」邵熟視而不答，私謂妻子曰：「公治性度，猶如故也。令狐愚，字公治。以吾觀之，終當敗滅，但不知我久當坐之不邪，不，讀曰否。將逮汝曹耳。」邵沒後十餘年而愚族滅。此晉人作魏史所書云爾。

愚在兗州，辟山陽單固爲別駕，單，音善。與治中楊康並爲愚腹心。及愚卒，康應司徒辟，至洛陽，露愚陰事，愚由是敗。懿至壽春，見單固，問曰：「令狐反乎？」曰：「無有。」楊康白事，事與固連，康所白愚陰事，事與固連也。遂收捕固及家屬皆繫廷尉，考實數十，固固云無有。上固，其名；下固，固執也。懿錄楊康，錄，收也。與固對相詰，詰，去吉翻。固辭窮，乃罵康曰：

「老傭！傭，雇也。奴僕受雇者曰傭。老傭，猶言老奴也。既負使君，又滅我族，使君，謂令狐愚也。顧汝當活邪！」康初自冀封侯，後以辭頗參錯，言獄辭與單固參雜也。亦幷斬之。臨刑，俱出獄，固又罵康曰：「老奴！汝死自分耳。分，扶問翻。若令死者有知，汝何面目以行地下乎！」

詔以揚州刺史諸葛誕爲鎮東將軍，都督揚州諸軍事。王淩死而用諸葛誕，誕亦終於爲魏。以司馬懿之明達，豈不知誕之乃心魏氏哉！大敵在境，帥難其才也。

6 吳主立潘夫人爲皇后，大赦，改元太元。

7 六月，賜楚王彪死。盡錄諸王公置鄴，使有司察之，不得與人交關。慮復如楚王彪爲變也。

8 秋，七月，壬戌，皇后甄氏殂。甄，之人翻。

9 辛未，以司馬孚爲太尉。

10 八月，戊寅，舞陽宣文侯司馬懿卒。史以懿死爲王淩之祟，信乎？儻其果能然，固忠勇之鬼也。通鑑不語怪，今著之，以示爲人臣者。詔以其子衞將軍師爲撫軍大將軍，錄尚書事。魏、晉之制，驃騎、車騎、衞將軍，伏波、撫軍、都護、鎭軍、中軍、四征、四鎭、龍驤、典軍、上軍、輔國等大將軍，位皆從公；至錄尚書事，則專制朝政矣。

11 初，南匈奴自謂其先本漢室之甥，因冒姓劉氏。太祖留單于呼廚泉於鄴，分其衆爲五部，居幷州境內。事見六十七卷漢獻帝建安二十一年。左賢王豹，單于於扶羅之子也，爲左部帥，部族最強。帥，所類翻。城陽太守鄧艾前漢置城陽國，後漢省入琅邪國，魏武帝平青州，復置城陽郡。上言：「單于在內，羌夷失統，合散無主。今單于之尊日疏而外土之威日重，謂南單于留鄴，雖有尊名，日與部落疏；而左賢王豹居外，部族最強，其威日重也。則胡虜不可不深備也。聞劉豹部有叛胡，可因叛割爲二國，以分其勢。去卑功顯前朝謂去卑侍衞漢獻帝東還也，事見六十一卷興平元年。朝，直遥翻。而子不繼業，宜加其子顯號，使居鴈門。離國弱寇，離國者，離匈奴劉豹之國爲二也。追錄舊勳，此御邊長計也。」又陳「羌胡與民同處者，處，昌呂翻。宜以漸出之，使居民表，表，外也。使居編民之外也。以崇廉恥之教，塞姦宄之路。」塞，悉則翻。司馬師皆從之。鄧艾所陳，先於徙戎論。司馬師既從之矣，然卒不能杜其亂華之漸，抑所謂「漸出之」者行之而不究邪？豈天將啓胡、羯、氐、羌，非人之所能爲也！

12吳立節中郎將陸抗屯柴桑，詣建業治病。病差，差，楚懈翻，病瘳也。當還，吳主涕泣與別，謂曰：「吾前聽用讒言，與汝父大義不篤，以此負汝；前後所問，一焚滅之，莫令人見也。」一焚滅之，言一切悉焚滅之也。責問陸遜事，見上卷正始六年。

是時，吳主頗寤太子和之無罪，冬，十一月，吳主祀南郊還，得風疾，欲召和還；全公主及侍中孫峻、中書令孫弘固爭之，爭者，恐和復立，爲己患也。乃止。

吳主以太子亮幼少，議所付託，孫峻薦大將軍諸葛恪可付大事。此時通吳國上下皆以恪爲才，而峻薦之。峻本無殺恪之心也，恪死於峻手，其罪在恪。峻既竊權，授之弟綝以亂吳國，其罪在峻。讀史者其審諸！吳主嫌恪剛很自用，很，戶懇翻。峻曰：「當今朝臣之才，無及恪者。」乃召恪於武昌。恪將行，上大將軍呂岱戒之曰：「世方多難，難，乃旦翻。子每事必十思。」恪曰：「昔季文子三思而後行，夫子曰：『再思可矣。』見論語。季文子，魯大夫季孫行父也。今君令恪十思，明恪之劣也！」岱無以答，時咸謂之失言。

虞喜論曰：夫託以天下，至重也；以人臣行主威，至難也；兼二至而管萬機，能勝之者鮮矣。勝，音升。鮮，息淺翻。呂侯，國之元耆，元耆，猶言元老也。志度經遠，甫以十思戒之，而便以示劣見拒；此元遜之疏，機神不倶者也！諸葛恪，字元遜。疏，讀曰踈。機者，逢事會而發；神者，人之靈明；逢事會而靈明無以應之，則爲不倶矣。若因十思之義，廣諮當世之務，聞善速於雷動，從諫急於風移，豈得隕身殿堂，死於凶豎之刃！謂恪後爲孫峻所殺也。世人奇其英辯，造次可觀，造，七到翻。而哂呂侯無對爲陋，哂，矢忍翻。不思安危終始之慮；是樂春藻之繁華，樂，音洛。忘秋實之甘口也。昔魏人伐蜀，蜀人禦之，精嚴垂發，而費禕方與來敏對棋，意無厭倦。敏以爲必能辦賊，事見上卷正始五年。言其明略內定，貌無憂色也。況長寧以爲君子臨事而懼，好謀而成，臨事而懼，好謀而成，論語記孔子之言，而所謂長寧者，未知其爲誰也。蜀爲蕞爾之國，蕞，祖外翻。而方向大敵，所規所圖，唯守與戰，何可矜己有餘，晏然無戚！斯乃禕性之寬簡，不防細微，卒爲降人郭循【章：甲十六行本作「循」；乙十一行本同；下均同。】所害，「循」，當作「脩」，註見後。卒，子恤翻。豈非兆見於彼而禍成於此哉！見，賢遍翻。往聞長寧之甄文偉，甄，別也。今覩元遜之逆呂侯，二事體同，皆足以爲世鑒也。

13 恪至建業，見吳主於臥內，受詔牀下，以大將軍領太子太傅，孫弘領少傅；詔有司諸事一統於恪，惟殺生大事，然後以聞。爲制羣官百司拜揖之儀，各有品序。諸葛恪本盛氣者也；吳主既任之，又爲制百司拜揖之儀品，是其氣愈盛矣。使無東關之捷、合肥之敗，恪亦不能濟吳之國事也。爲，于僞翻。又以會稽太守北海滕胤爲太常。胤，吳主壻也。爲恪、胤皆敗張本。會，古外翻。

14 十二月，以光祿勳滎陽鄭沖爲司空。

15 漢費禕還成都，費，父沸翻。望氣者云：「都邑無宰相位。」乃復北屯漢壽。以禕之才識，乃復信望氣者之說邪！葭萌縣，漢屬廣漢郡，蜀先主改曰漢壽縣，屬梓潼郡。

16 是歲，漢尚書令呂乂卒，以侍中陳祗守尚書令。祗爲尚書令，黃皓自此愈用事矣。

四年（壬申、二五二）

1 春，正月，癸卯，以司馬師爲大將軍。

2 吳主立故太子和爲南陽王，使居長沙；仲姬子奮爲齊王，居武昌；王夫人子休爲琅邪王，居虎林。虎林濱大江，吳置督守之。其後孫綝遣朱異自虎林襲夏口，兵至武昌，而夏口督孫壹奔魏，則虎林又在武昌之下。

3 二月，立皇后張氏，大赦。后，故涼州刺史既之孫，東莞太守緝之女也。東莞縣，漢屬琅邪郡，魏分爲郡。沈約曰：晉武帝泰始元年，分琅邪立東莞郡，當是魏既分而復合於琅邪，晉又分也。莞，音官。召緝拜光祿大夫。爲下司馬師殺緝張本。

4 吳改元神鳳，大赦。

5 吳潘后性剛戾，吳主疾病，后使人問孫弘以呂后稱制故事。左右不勝其虐，勝，音升。伺其昏睡，縊殺之，託言中惡。縊，於賜翻，又於計翻。中惡，暴病而死也。中，竹仲翻。後事泄，坐死者六七人。斯事也，實吳用事之臣所爲也。潘后欲求稱制，左右小人正當相與從臾爲之，安有不勝其虐而縊殺之之理！吳史緣飾，後人遂因而書之云爾。孟子曰：盡信書，不如無書。誠哉！

吳主病困，召諸葛恪、孫弘、滕胤及將軍呂據、侍中孫峻入臥內，屬以後事。屬，之欲翻。夏，四月，吳主殂。年七十一。孫弘素與諸葛恪不平，懼爲恪所治，治，直之翻。祕不發喪，欲矯詔誅恪；孫峻以告恪。恪請弘咨事，謀事曰咨。於坐中殺之。坐，徂臥翻。乃發喪，謚吳主曰大皇帝。沈約曰：謚大，謚法所不載。太子亮卽位。孫亮，字子明，權少子也，卽位時，年十歲。大赦，改元建興。閏月，以諸葛恪爲太傅，滕胤爲衛將軍，呂岱爲大司馬。恪乃命罷視聽，息校官，吳主權置校官，典校諸官府及州郡文書，專任以爲耳目。今息校官，即所謂罷視聽也。原逋責，除關稅，古者關譏而不征，後世始征之，關之有稅，非古也，除之是也。崇恩澤，衆莫不悅。恪每出入，百姓延頸思見其狀。

恪不欲諸王處濱江兵馬之地，處，昌呂翻。乃徙齊王奮於豫章，琅邪王休於丹陽。奮、休，皆吳主亮之兄也。奮不肯徙，恪【章：甲十六行本「恪」上有「又數越法度」五字；乙十一行本同；退齋校同；張校同，云無註本亦無此五字。】爲牋以遺奮曰：遺，于季翻。「帝王之尊，與天同位，是以家天下，臣父兄；仇讎有善，不得不舉，親戚有惡，不得不誅，所以承天理物，先國後家，先、後，皆去聲。蓋聖人立制，百代不易之道也。昔漢初興，多王子弟，至於大強，輒爲不軌，上則幾危社稷，謂吳、楚七國，淮南、濟北、燕、廣陵也。王，于況翻。幾，居希翻。下則骨肉相殘，謂如廣川王去之類。其後懲戒以爲大諱。自光武以來，諸王有制，惟得自娛於宮內，不得臨民，干與政事，其與交通，皆有重禁，光武設科禁，藩王不得交通賓客。干與，讀曰預。遂以全安，各保福祚，此則前世得失之驗也。大行皇帝覽古戒今，防牙遏萌，牙，與芽同。慮於千載，載，于亥翻。是以寢疾之日，分遣諸王各早就國，詔策勤渠，科禁嚴峻，其所戒敕，無所不至。誠欲上安宗廟，下全諸王，各早就國，承【章：甲十六行本作「使百世相承」五字；乙十一行本同；孔本同；熊校同。】無凶國害家之悔也。書洪範曰：凶于而國，害于而家。「承」，當作「永」。大王宜上惟太伯順父之志，周太王三子，長曰太伯，次曰仲雍，次曰季歷。季歷之子曰昌，有聖德，太王欲傳國季歷以及昌，太伯、仲雍遂逃之荆蠻，讓國季歷以成父之志。惟，思也。中念河間獻王、東海王彊恭順之節，漢河間獻王德，於武帝兄也；東海王彊，於明帝異母兄也。二王之事二帝，極爲恭順；事並見漢紀。下存前世驕恣荒亂之王以爲警戒。而聞頃至武昌以來，多違詔敕，不拘制度，擅發諸將兵治護宮室。治，直之翻。又左右常從有罪過者，當以表聞，公付有司；而擅私殺，事不明白。吳諸王有常從吏兵，置常從督以領之。明，顯也；白，奏也；謂不顯奏其罪而擅殺之也。從，才用翻。中書楊融，親受詔敕，所當恭肅，乃云『正自不聽禁，謂不聽禁約也。當如我何！』聞此之日，小大驚怪，莫不寒心。里語曰：『明鑑所以照形，古事所以知今。』大王宜深以魯王爲戒，謂魯王霸也。改易其行，行，下孟翻。戰戰兢兢，盡禮朝廷，如此，則無求不得。若棄忘先帝法教，懷輕慢之心，臣下寧負大王，不敢負先帝遺詔；寧爲大王所怨疾，豈敢忘尊主之威而令詔敕不行於藩臣邪！向使魯王早納忠直之言，懷驚懼之慮，驚，當作兢。則享祚無窮，豈有滅亡之禍哉！夫良藥苦口，唯病者能甘之；忠言逆耳，唯達者能受之。今者恪等慺慺，慺，盧侯翻。慺慺，恭謹貌。欲爲大王除危殆於萌牙，爲，于僞翻。廣福慶之基原，是以不自知言至，至，極也，切也。願蒙三思！」王得牋，懼，遂移南昌。南昌縣，豫章郡治所。

6 初，吳大帝築東興隄以遏巢湖，吳主權黃龍二年築東興隄。其後入寇淮南，敗，以內船，遂廢不復治。謂正始二年芍陂之敗也。遏巢湖所以利舟師，而反爲湖內之船所敗，故廢而不治。復，扶又翻。治，直之翻。冬，十月，太傅恪會衆於東興，更作大隄，左右結山，俠築兩城，今柵江口有兩山，濡須山在和州界，謂之東關；七寶山在無爲軍界，謂之西關。兩山對峙，中爲石梁，鑿石通水。唐志：廬州巢縣東南四十里，有故東關。俠，讀曰夾；古者俠、夾二字通。漢靈帝光和二年華山亭碑，其文有云「吏卒俠路」，晉、宋書諸王有俠轂隊，皆以夾爲俠。各留千人，使將軍全端守西城，都尉留略守東城，留，姓也。漢功臣表有強圉〔圉〕侯留肸。姓譜曰：衛大夫留封人之後，漢末避地會稽，遂居東陽，爲郡豪族。引軍而還。

鎮東將軍諸葛誕言於大將軍師曰：「今因吳內侵，使文舒逼江陵，仲恭向武昌，王昶，字文舒，毌丘儉，字仲恭。以羈吳之上流；然後簡精卒攻其兩城，比救至，可大獲也。」比，必寐翻。是時征南大將軍王昶、征東將軍胡遵、鎮南將軍毌丘儉等各獻征吳之計。朝廷以三征計異，漢置四征將軍，謂征東、征西、征南、征北也。其後又置四鎮將軍，有功進號，則自鎮爲征。毌丘儉方爲鎮南，而曰三征，史概言之。詔問尚書傅嘏。嘏對曰：「議者或欲汎舟徑濟，橫行江表；或欲四道並進，攻其城壘；或欲大佃疆埸，佃，讀曰田。觀釁而動；誠皆取賊之常計也。然自治兵以來，出入三載，非掩襲之軍也。治，直之翻。賊之爲寇，幾六十年矣，自漢建安十三年赤壁之戰，吳、魏始爲寇敵；至是年凡五十五年，吳、魏通者三年耳。幾，居希翻。君臣相保，吉凶共患，又喪其元帥，喪，息浪翻。上下憂危，設令列船津要，堅城據險，橫行之計，其殆難捷。今邊壤之守，與賊相遠，賊設羅落，又特重密，謂設烽燧，遠候望，以羅落邊面也。羅，布也。落，與絡同，聯絡也。莊子曰：牛馬四足，是謂天。落馬首，穿牛鼻，是謂人。用此落字。重，直龍翻。間諜不行，間，古莧翻；下同。諜，達協翻。耳目無聞。夫軍無耳目，校察未詳，而舉大衆以臨巨險，此爲希幸徼功，徼，一遥翻。先戰而後求勝，非全軍之長策也。唯有進軍大佃，最差完牢；可詔昶、遵等擇地居險，審所錯置，錯，倉故翻。及令三方一時前守。奪其肥壤，使還堉土，一也；堉，秦昔翻。兵出民表，寇鈔不犯，二也；鈔，楚交翻。招懷近路，降附日至，三也；降，户江翻。羅落遠設，間構不來，四也；賊退其守，羅落必淺，佃作易立，五也；易，以豉翻。坐食積穀，士不運輸，六也；釁隙時聞，討襲速決，七也；凡此七者，軍事之急務也。不據則賊擅便資，據之則利歸於國，不可不察也。夫屯壘相偪，形勢已交，智勇得陳，巧拙得用，策之而知得失之計，角之而知有餘不足，虜之情僞，將焉所逃！焉，於虔翻。夫以小敵大，則役煩力竭；以貧敵富，則斂重財匱。斂，力贍翻。故曰：『敵逸能勞之，飽能飢之』，孫武子兵法之言也。此之謂也。」司馬師不從。

十一月，詔王昶等三道擊吳。十二月，王昶攻南郡，毌丘儉向武昌，胡遵、諸葛誕率衆七萬攻東興。甲寅，吳太傅恪將兵四萬，晨夜兼行，救東興。胡遵等敕諸軍作浮橋以渡，陳於堤上，陳，讀曰陣。分兵攻兩城；城在高峻，不可卒拔。卒，讀曰猝。諸葛恪使冠軍將軍丁奉與呂據、留贊、唐咨爲前部，從山西上。上，時掌翻；下同。奉謂諸將曰：「今諸軍行緩，若賊據便地，則難以爭鋒，我請趨之。」趨，七喻翻。乃辟諸軍使下道，辟，讀如闢。辟諸軍使避路而己軍前進也。奉自率麾下三千人徑進。時北風，奉舉帆二日，卽至東關，遂據徐塘。徐塘，蓋近東關。時天雪，寒，胡遵等方置酒高會。奉見其前部兵少，謂其下曰：「取封侯爵賞，正在今日！」乃使兵皆解鎧，去矛戟，去，羌呂翻。但兜鍪刀楯，倮身緣堨。兜鍪，首鎧。鍪，莫侯翻。楯，食尹翻。倮，魯果翻。堨，阿葛翻。魏人望見，大笑之，不卽嚴兵。吳兵得上，便鼓譟，斫破魏前屯，呂據等繼至；魏軍驚擾散走，爭渡浮橋，橋壞絕，自投於水，更相蹈藉。更，工衡翻。前部督韓綜、樂安太守桓嘉等皆沒，死者數萬。綜故吳叛將，綜叛吳事見七十卷明帝太和元年。數爲吳害，數，所角翻。吳大帝常切齒恨之，諸葛恪命送其首以白大帝廟。獲車乘、牛馬、騾驢各以千數，乘，繩證翻。騾，盧戈翻。資器山積，振旅而歸。

7 初，漢姜維寇西平，見上卷嘉平二年。獲中郎將郭循，循，偏考字書無其字。又考三國志三少帝紀作「郭脩」，蜀志張嶷傳亦作「郭脩」，裴松之註亦云：脩，字孝先。費禕傳作「郭循」，後主傳亦然。今三國志舊本，凡書「循」者多從「循」，余謂此「循」卽「脩」字之誤也，後人以「循」字無所出，又改「亻」爲「彳」，遂爲「循」字耳。盤洲洪氏曰：自東漢以來，凡「盾」字皆作「循」字。又曰：漢隸「循」、「脩」頗相近，隸法「[illegible]」、「[illegible]」只爭一畫。漢人以爲左將軍。循欲刺漢主，不得親近，每因上壽，且拜且前，刺，七亦翻。近，其靳翻。上，時掌翻。爲左右所遏，事輒不果。爲下循殺費禕張本。

資治通鑑卷第七十六

翰林學士兼侍讀學士朝散大夫右諫議大夫知制誥判尚書都省兼提舉萬壽觀公事柱國河内郡開國侯食邑一千三百户食實封二百户賜紫金魚袋臣司馬光奉敕編集

後學天台胡三省音註

魏紀八 起昭陽作噩（癸酉），盡旃蒙大淵獻（乙亥），凡三年。

邵陵厲公下

嘉平五年（癸酉、二五三）

1春，正月，朔，蜀大將軍費禕與諸將大會於漢壽，郭循在坐；費，父沸翻。坐，徂卧翻。「循」當作「脩」；下同。蜀先主改葭萌爲漢壽。禕歡飲沈醉，沈，持林翻。循起刺禕，殺之。刺，七亦翻。禕資性汎愛，汎，孚梵翻；廣也，言無所不愛也。不疑於人。越巂太守張嶷巂，音髓。嶷，魚力翻。嘗以書戒之曰：「昔岑彭率師，來歙杖節，咸見害於刺客。岑彭、來歙事見四十二卷漢光武建武十一年。歙，許及翻。今明將軍位尊權重，待信新附太過，宜鑒前事，少以爲警。」少，詩沼翻。禕不從，故及禍。

2 詔追封郭脩爲長樂鄉侯，樂，音洛。使其子襲爵。

3 王昶、毌丘儉聞東軍敗，時三道伐吳，東關最在東，故曰東軍。昶，丑兩翻。各燒屯走。朝議欲貶黜諸將，朝，直遙翻；下同。大將軍師曰：「我不聽公休，諸葛誕，字公休。以至於此。此我過也，諸將何罪！」悉宥之。師弟安東將軍昭時爲監軍，唯削昭爵而已。監，工銜翻。以諸葛誕爲鎮南將軍，都督豫州；毌丘儉爲鎮東將軍，都督揚州。

是歲，雍州刺史陳泰求敕并州并力討胡，雍，於用翻。師從之。未集，而新興、鴈門二郡胡以遠役，遂驚反。雍州在并州西南，而鴈門、新興二郡，并州北鄙也，其道里相去遠。漢末，曹公集塞下荒地爲新興郡。宋白曰：曹公立新興郡於樓煩郡，唐爲嵐州，漢爲汾陽縣地。師又謝朝士曰：「此我過也，非陳雍州之責！」是以人皆愧悅。司馬師承父懿之後，大臣未附，引咎責躬，所以愧服天下之心而固其權耳。盜亦有道，況盜國乎！

習鑿齒論曰：司馬大將軍引二敗以爲己過，二敗，謂東關師敗及并州胡反也。過消而業隆，可謂智矣。若乃諱敗推過，推，吐雷翻。歸咎萬物，常執其功而隱其喪，喪，息浪翻。上下離心，賢愚解體，謬之甚矣！嗚呼，此賈相國之所以敗也！君人者，苟統斯理以御國，行失而名揚，行，下孟翻。兵挫而戰勝，雖百敗可也，況於再乎！

4 光祿大夫張緝言於師曰：「恪雖克捷，見誅不久。」師曰：「何故？」緝曰：「威震其主，功蓋一國，求不死，得乎！」緝料恪雖中，緝亦卒爲師所殺。師方專政，忌才智而疾異己，況以緝而耀明於師乎！

二月，吳軍還自東興。進封太傅恪陽都侯，加荊、揚州牧，督中外諸軍事。恪遂有輕敵之心，復欲出軍，復，扶又翻。諸大臣以爲數出罷勞，數，所角翻。罷，讀曰疲。同辭諫恪，恪不聽。中散大夫蔣延固爭，漢制，大夫、議郎皆掌顧問應對，無常事。中散大夫秩六百石，在諫議大夫上。按中散大夫，王莽所置，後漢因之。散，悉亶翻。恪命扶出。因著論以諭衆曰：「凡敵國欲相吞，即仇讎欲相除也。有讎而長之，長，知兩翻。左傳：晉先軫曰：墮軍實而長寇讎。禍不在己，則在後人，不可不爲遠慮也。昔秦但得關西耳，謂函谷關以西也。尚以幷吞六國。今以魏比古之秦，土地數倍；以吳與蜀，比古六國，不能半也。然今所以能敵之者，但以操時兵衆，於今適盡，而後生者未及長大，正是賊衰少未盛之時。是時，魏興三十餘年，生聚教訓，精兵良將，分鎮方面。諸葛、蔣、費、陸遜、朱然相繼凋謝，吳、蜀蓋小懦矣。恪不能兢懼以保勝，恃一戰之捷，遽謂魏人爲衰少未盛之時，其輕敵甚矣。長，知兩翻。少，詩沼翻。加司馬懿先誅王淩，續自隕斃，事見上卷嘉平三年。其子幼弱而專彼大任，雖有智計之士，未得施用。當今伐之，是其厄會；既以司馬師爲幼弱，又謂其未能用人，茲可謂不善料敵者矣。聖人急於趨時，趨，七喻翻。誠謂今日。若順衆人之情，懷偷安之計，以爲長江之險可以傳世，不論魏之終始而以今日遂輕其後，此吾所以長歎息者也！恪自謂其才足以辦魏，不欲以賊遺後人；吾不知其自視與叔父亮果何如也！孔明累出師以攻魏，每言一州之地不足以與賊支久，卒無成功，齎志以沒。恪無孔明之才而輕用其民，不唯不足以強吳，適足以滅其身，滅其家而已。今聞衆人或以百姓尚貧，欲務閒息，此不知慮其大危而愛其小勤者也。昔漢祖幸已自有三秦之地，何不閉關守險以自娛樂，空出攻楚，身被創痍，事見漢高帝紀。樂，音洛。被，皮義翻。創，初良翻。介胄生蟣蝨，蟣，居豈翻。將士厭困苦，豈甘鋒刃而忘安寧哉？慮於長久不得兩存者耳。每鑒荆邯說公孫述以進取之圖，事見四十二卷漢光武建武六年。邯，下甘翻。說，輸芮翻。近見家叔父表陳與賊爭競之計，家叔父，謂諸葛亮。亮表見七十一卷明帝太和二年。未嘗不喟然歎息也！夙夜反側，所慮如此，故聊疏愚言，以達一二【章：甲十一行本作「二三」；乙十一行本同；孔本同。】君子之末。若一朝隕沒，志畫不立，貴令來世知我所憂，可思於後耳。」衆人雖皆心以爲不可，然莫敢復難。復，扶又翻；下同。難，乃旦翻。

丹陽太守聶友素與恪善，以書諫恪曰：「大行皇帝本有遏東關之計，吳主之喪未踰年，故稱之爲大行皇帝。聶，尼輒翻。計未施行；【章：甲十一行本「行」下有「今公輔贊大業成先帝之志」十一字；乙十一行本同；張校同；退齋校同；孔本同，「成」字作「承」。】寇遠自送，謂魏兵遠來而自送死也。將士憑賴威德，出身用命，一旦有非常之功，豈非宗廟神靈社稷之福邪！聶友此言，所以抑恪之盛氣者，婉而當，有古朋友切偲之義焉。宜且按兵養銳，按，抑也。觀釁而動。今乘此勢欲復大出，復，扶又翻。天時未可而苟任盛意，私心以爲不安。」恪題論後，爲書答友曰：即前所著以喻衆之論也。「足下雖有自然之理，然未見大數，謂勝負存亡之大數也。熟省此論，可以開悟矣。」恪之所以待舊友者，驕倨如此；吳主權嫌其剛狠自用，蓋已見之矣。省，悉景翻。

滕胤謂恪曰：「君受伊、霍之託，入安本朝，朝，直遥翻。出摧強敵，名聲振於海內，天下莫不震動，萬姓之心，冀得蒙君而息。今猥以勞役之後，勞役，謂內有山陵營作，外有東關之師也。興師出征，民疲力屈，遠主有備。左傳：秦大夫蹇叔諫穆公曰：勞師以襲遠，師勞力屈，遠主備之，無乃不可乎！若攻城不克，野略無獲，是喪前勞而招後責也。喪，息浪翻。不如按甲息師，觀隙而動。且兵者大事，左傳曰：國之大事，在祀與戎。事以衆濟，衆苟不悅，君獨安之！」胤之言，可謂深切矣。恪曰：「諸云不可，皆不見計算，懷居苟安者也；而子復以爲然，復，扶又翻；下同。吾何望乎！夫以曹芳闇劣，劣，弱也。而政在私門，私門，謂司馬氏。彼之民臣，固有離心。今吾因國家之資，藉戰勝之威，則何往而不克哉！」談何容易！三月，恪大發州郡二十萬衆復入寇，復，扶又翻。以滕胤爲都下督，掌統留事。

6 夏，四月，大赦。

7 漢姜維自以練西方風俗，姜維本天水冀人，故自以爲練西方風俗。練，習也。兼負其才武，欲誘諸羌、胡以爲羽翼，誘，音酉。謂自隴以西，可斷而有。斷，丁管翻。每欲興軍大舉，費禕常裁制不從，與其兵不過萬人，曰：「吾等不如丞相亦已遠矣；丞相，謂諸葛亮。丞相猶不能定中夏，況吾等乎！不如且保國治民，謹守社稷，治，直之翻。如其功業，以俟能者，無爲希冀徼倖，徼，堅堯翻。決成敗於一舉；若不如志，悔之無及。」及禕死，維得行其志，費禕死，蜀諸臣皆出維下，故不能裁制之。及將數萬人出石營，圍狄道。石營在董亭西南，維蓋自武都出石營也。狄道縣屬隴西郡，爲維以勞民亡蜀張本。

8吳諸葛恪入寇淮南，驅略民人。諸將或謂恪曰：「今引軍深入，疆埸之民，必相率遠遁，恐兵勞而功少；埸，音亦。少，詩沼翻。不如止圍新城，合肥新城也。新城困，救必至，至而圖之，乃可大獲。」此即諸葛誕言於司馬師之計也。見上卷上年。恪從其計，五月，還軍圍新城。

詔太尉司馬孚督軍二十萬往赴之。大將軍師問於虞松曰：「今東西有事，二方皆急，謂吳攻淮南，蜀攻隴西也。而諸將意沮，若之何？」沮，在呂翻。松曰：「昔周亞夫堅壁昌邑而吳、楚自敗，事見十六卷漢景帝三年。事有似弱而強，不可不察也。今恪悉其鋭衆，足以肆暴，而坐守新城，欲以致一戰耳。致者，猶古所謂致師也。若攻城不拔，請戰不可，師老衆疲，勢將自走，諸將之不徑進，乃公之利也。姜維有重兵而縣軍應恪，縣，讀曰懸。投食我麥，謂維軍後無轉餉，投兵魏地，擬其麥以爲食耳。非深根之寇也。且謂我并力於東，西方必虛，是以徑進。今若使關中諸軍倍道急赴，出其不意，殆將走矣。」師曰：「善！」乃使郭淮、陳泰悉關中之衆，解狄道之圍；敕毌丘儉按兵自守，以新城委吳。毌，音無。陳泰進至洛門，卽天水冀縣落門聚。姜維糧盡，退還。果如虞松所料。

揚州牙門將涿郡張特守新城，吳人攻之連月，城中兵合三千人，疾病戰死者過半，而恪起土山急攻，城將陷，不可護。特乃謂吳人曰：「今我無心復戰也。復，扶又翻。然魏法，被攻過百日而救不至者，雖降，家不坐；言雖身降而其家不坐罪也。被，皮義翻。降，戶江翻。自受敵以來，已九十餘日矣，此城中本有四千餘人，戰死者已過半，城雖陷，尚有半人不欲降，我當還爲相語，條別善惡，爲，于僞翻。語，牛倨翻。別，彼列翻。明日早送名，且以我印綬去爲信。」乃投其印綬與之。吳人聽其辭而不取印綬。綬，音受。特乃投夜徹諸屋材栅，補其缺爲二重，重，直龍翻。明日，謂吳人曰：「我但有鬭死耳！」吳人大怒，進攻之，不能拔。

會大暑，吳士疲勞，飲水，泄下、流腫，病者太半，死傷塗地。諸營吏日白病者多，恪以爲詐，欲斬之，自是莫敢言。恪內惟失計，惟，思也。而恥城不下，忿形于色。將軍朱異以軍事迕恪，迕，五故翻，逆也。恪立奪其兵，斥還建業。都尉蔡林數陳軍計，數，所角翻。恪不能用，策馬來奔。諸將伺知吳兵已疲，乃進救兵。伺，相吏翻。秋，七月，恪引軍去，士卒傷病，流曳道路，或頓仆坑壑，流者，放而不能自收也。曳者，羸困不能自扶，相牽引而行。顛仆，顛頓而僵仆也。壑，溝也。或見略獲，存亡哀痛，大小嗟呼。而恪晏然自若，出住江渚一月，渚，水中洲也。圖起田於潯陽；漢尋陽故縣地也，在大江之北。尋陽記曰：尋陽，春秋爲吳之西境，楚之東境，本在大江之北，今蘄州界古蘭城是也。詔召相銜，言召命相繼也。舟行以舳艫不絶爲相銜，陸行以馬首尾相接爲相銜。徐乃旋師。由是衆庶失望，怨讟興矣。痛怨而謗曰讟。讟，徒木翻。

汝南太守鄧艾言於司馬師曰：「孫權已沒，大臣未附，吳名宗大族皆有部曲，阻兵仗勢，足以違命。諸葛恪新秉國政，而內無其主，不念撫恤上下以立根基，競於外事，虛【章：甲十一行本「虛」作「虐」，虐下空一格；乙十一行本均同。】用其民，悉國之衆，頓於堅城，死者萬數，載禍而歸，此恪獲罪之日也。昔子胥、吳起、商鞅、樂毅皆見任時君，主沒猶敗，伍子胥見任於吳王闔閭，闔閭死，夫差不能用其言而殺之。吳起事見一卷周安王二十一年。商鞅事見二卷顯王三十一年。樂毅事見四卷赧王三十六年。況恪才非四賢，而不慮大患，其亡可待也。」張緝、鄧艾皆料諸葛恪必誅，緝死而艾存者，緝附李豐而艾爲師用也。然艾不死於師而死於昭者，功名之際難居，重以鍾會之搆間也。

八月，吳軍還建業，諸葛恪陳兵導從，從，才用翻。歸入府館，府館，卽府舍也。卽召中書令孫嘿，厲聲謂曰：「卿等何敢數妄作詔！」怒其數作詔召之也。數，所角翻。嘿惶懼辭出，因病還家。

恪征行之後，曹所奏署令長職司，一更罷選，曹，選曹也。罷選者，罷而更選也。長，知兩翻。愈治威嚴，多所罪責，當進見者無不竦息。治，直之翻。又改易宿衞，用其親近；復敕兵嚴，欲向靑、徐。凡此者，皆恪所以速死。復敕兵嚴者，戒兵士使嚴裝也。復，扶又翻。

孫峻因民之多怨，衆之所嫌，構恪於吳主，云欲爲變。冬，十月，孫峻與吳主謀置酒請恪。恪將入之夜，精爽擾動，左傳：鄭子產曰：人生始化曰魄，既生魄，陽曰魂。用物精多，則魂魄強，是以有精爽至於神明。杜預曰：爽，明也。擾動，言不安也。通夕不寐；死期將至，故然。又，家數有妖怪，數，所角翻。恪疑之。旦日，駐車宮門，峻已伏兵於帷中，恐恪不時入，事泄，乃自出見恪曰：「使君若尊體不安，自可須後，須，待也。峻當具白主上。」欲以嘗知恪意，嘗，試也。恪曰：「當自力入。」言當自力疾而入見吳主也。散騎常侍張約、朱恩等密書與恪曰：「今日張設非常，張，竹亮翻。疑有他故。」恪以書示滕胤，胤勸恪還。恪曰：「兒輩何能爲！正恐因酒食中人耳。」中，竹仲翻。考異曰：恪傳曰：「恪省張約等書而去，未出路門，逢太常滕胤。恪曰：『卒腹痛，不任入。』胤不知峻陰計，謂恪曰：『君自行旋未見上，今上置酒請君，君已至門，宜當力進。』恪躊躇而還。」孫盛以爲不然。今從吳曆。恪入，劍履上殿，進謝還坐。設酒，恪疑未飲。孫峻曰：「使君病未善平，言病未良已也。有常服藥酒，可取之。」恪意乃安。別飲所齎酒，數行，吳主還內；峻起如廁，解長衣，著短服，著，陟略翻。出曰：「有詔收諸葛恪。」恪驚起，拔劍未得，而峻刀交下，張約從旁斫峻，裁傷左手，峻應手斫約，斷右臂。斷，丁管翻。武衛之士皆趨上殿，武衛之士，武衛將軍領之。峻曰：「所取者恪也，今已死！」悉令復刃，令內刃於鞘也。乃除地更飲。恪二子竦、建聞難，難，乃旦翻。

載其母欲來奔，峻使人追殺之。以葦席裹恪尸，篾束腰，投之石子岡。恪傳曰：建業南有長陵，名石子岡，葬者依焉。按今高座寺後卽石子岡，寺在建康城南門外。宋白曰：石子岡在臺城南四十里，蓋今建康城，非臺城也。又遣無難督施寬就將軍施績、孫壹軍，施績，時在江陵；孫壹，時在夏口。殺恪弟奮威將軍融於公安，及其三子。恪外甥都鄉侯張震、常侍朱恩，皆夷三族。

臨淮臧均表乞收葬恪曰：「震雷電激，不崇一朝；鄭康成曰：崇，終也；言不終朝也。大風衝發，希有極日；然猶繼之以雲雨，因以潤物。是則天地之威，不可經日浹辰；浹，卽協翻，周也。辰，十二辰也。十二日辰一周，曰浹辰。帝王之怒，不宜訖情盡意。訖，亦盡也，音居乞翻。臣以狂愚，不知忌諱，敢冒破滅之罪，謂破家滅身之罪。以邀風雨之會。伏念故太傅諸葛恪，罪積惡盈，自致夷滅，父子三首，梟市積日，梟，堅堯翻。觀者數萬，詈聲成風；國之大刑，無所不震，長老孩幼，無不畢見。長，知兩翻。人情之於品物，品，衆也，庶也。樂極則哀生，樂，音洛。見恪貴盛，世莫與貳，身處台輔，處，昌呂翻。中間歷年，今之誅夷，無異禽獸，觀訖情反，能不憯然！憯，七感翻，痛也。且已死之人，與土壤同域，鑿掘斫刺，無所復加。刺，七亦翻。復，扶又翻；下同。願聖朝稽則乾坤，稽，考也；法，則也。怒不極旬，使其鄉邑若故吏民收以士伍之服，秦、漢之制，奪官爵者爲士伍。惠以三寸之棺。禮記曰：夫子制於中都，四寸之棺，五寸之椁。鄭康成註云：此庶人之制也。按禮，上大夫棺八寸，椁六寸，下大夫棺六寸，椁四寸，無三寸棺制也。孟子曰：中古棺七寸，椁稱之。墨子尚儉，桐棺三寸。左傳趙簡子曰：桐棺三寸，不設屬辟，下卿之罰也。昔項籍受殯葬之施，韓信獲收斂之恩，斯則漢高發神明之譽也。葬項籍事，見十一卷漢高帝五年。斂韓信事，今史無所考，史云：「帝聞信死，且喜且憐之」，是必收斂之也。施，式智翻。斂，力贍翻。惟陛下敦三皇之仁，上古送死，棄之中野，後世聖人易之以棺槨，此所謂三皇之仁也。垂哀矜之心，使國澤加於辜戮之骸，復受不已之恩，於以揚聲遐方，沮勸天下，豈不大哉！沮，在呂翻。昔欒布矯命彭越，事見十二卷漢高帝十一年。臣竊恨之，不先請主上而專名以肆情，其得不誅，實爲幸耳。今臣不敢章宣愚情以露天恩，謹伏手書，冒昧陳聞，古之人臣進言於君，率曰冒死，曰昧死，謂人君之威難犯，冒昧其死罪而言也。乞聖明哀察。」於是吳主及孫峻聽恪故吏斂葬。斂，力贍翻。

初，恪少有盛名，少，詩照翻。大帝深器重之，而恪父瑾常以爲戚，曰：「非保家之主也。」戚，憂也。瑾，渠吝翻。父友奮威將軍張承亦以爲恪必敗諸葛氏。敗，補邁翻。陸遜嘗謂恪曰：「在我前者吾必奉之同升，在我下者則扶接之；今觀君氣陵其上，意蔑乎下，蔑者，視之若無。非安德之基也。」漢侍中諸葛瞻，亮之子也。恪再攻淮南，越嶲太守張嶷與瞻書曰：「東主初崩，吳在蜀東，故謂其君爲東主。嶲，音髓。嶷，魚力翻。帝實幼弱，帝謂吳主亮。太傅受寄託之重，諸葛恪爲吳太傅，故稱之。亦何容易！易，以豉翻。親有周公之才，猶有管、蔡流言之變，謂周公之才，而有叔父之親，且不能免於管、蔡之流言。霍光受任，亦有燕、蓋、上官逆亂之謀，事見二十三卷漢昭帝元鳳元年。賴成、昭之明以免斯難耳。難，乃旦翻。昔每聞東主殺生賞罰，不任下人，又今以垂沒之命，卒召太傅，屬以後事，卒，讀曰猝。屬，之欲翻。誠實可慮。加吳、楚剽急，乃昔所記，周亞夫曰：吳、楚剽輕。太史公曰：楚俗剽輕易發怒，自漢以來，皆有是言。剽，匹妙翻。而太傅離少主，離，力智翻。少，詩照翻。履敵庭，恐非良計長算也。雖云東家綱紀肅然，上下輯睦，東家，亦謂吳立國於東也。百有一失，非明者之慮也。取古則今，今則古也，則，子德翻。則，刌劘也，様也，言取古事以刌劘今之事，今猶古也。自非郎君進忠言於太傅，自漢以來，門生故吏，率稱恩門子弟爲郎君。誰復有盡言者邪！復，扶又翻。旋軍廣農，務行德惠，數年之中，東西並舉，實爲不晚，願深採察！」恪果以此敗。

吳羣臣共議上奏，推孫峻爲太尉，滕胤爲司徒。上，時掌翻。有媚峻者言曰：「萬機宜在公族，若承嗣爲亞公，滕胤字承嗣。司徒位亞太尉，故曰亞公。聲名素重，衆心所附，不可量也。」量，音良。乃表峻爲丞相、大將軍，督中外諸軍事，又不置御史大夫；由是士人失望。漢承秦制，置御史大夫以副丞相理衆事；今峻爲丞相而不置御史大夫，則專吳國之政，故國人失望。滕胤女爲恪子竦妻，胤以此辭位。孫峻曰：「鯀、禹罪不相及，舜之罪也，殛鯀；其舉也，興禹。滕侯何爲！」峻與胤雖內不沾洽，言其情不浹洽也。而外相苞容，進胤爵高密侯，共事如前。

齊王奮聞諸葛恪誅，下住蕪湖，欲至建業觀變。傅相謝慈等諫，奮殺之，坐廢爲庶人，徙章安。章安，前漢治縣也，故閩越地，光武更名章安，屬會稽郡。沈約宋志曰：臨海太守，本會稽東部都尉，前漢治鄞，後漢分會稽爲吳郡，疑是都尉徙治章安也。晉太康記曰：章安本鄞縣南之回浦鄉。余謂太康志所云，卽吳臨海郡之章安縣地，今台州黃巖縣章安鎮是也。奮徙章安，卽臨海之章安也。

南陽王和妃張氏，諸葛恪之甥也。先是恪有遷都之意，先，悉薦翻。使治武昌宮，治，直之翻。民間或言恪欲迎和立之。及恪被誅，丞相峻因此奪和璽綬，南陽王璽綬也。璽，斯氏翻。綬，音受。徙新都，又遣使者追賜死。初，和妾何氏生子晧，諸姬子德、謙、俊。和將死，與張妃別，妃曰：「吉凶當相隨，終不獨生。」亦自殺。何姬曰：「若皆從死，誰當字孤！」從，才用翻。說文曰：字，乳也，愛也。遂撫育晧及其三弟，皆賴以獲全。爲後吳人立晧張本。

高貴鄉公上

諱髦，字彥士，文帝孫，東海定王霖子也。正始五年，封高貴鄉公。高貴鄉，屬郯縣。

正元元年（甲戌、二五四）是年，嘉平六年也，冬，十月，高貴鄉公方改元正元，通鑑以是年繫之高貴鄉公，因書正元元年。

1 春，二月，殺中書令李豐。初，豐年十七、八，已有清名，海內翕然稱之。其父太僕恢不願其然，敕使閉門斷客。斷，讀曰短。曹爽專政，司馬懿稱疾不出，事見上卷邵陵厲公正始八年、九年。豐爲尚書僕射，依違二公間，故不與爽同誅。豐子韜，以選尚齊長公主。帝之姊妹曰長公主，齊主蓋明帝女。長，知兩翻。司馬師秉政，以豐爲中書令。是時，太常夏侯玄有天下重名，以曹爽親，【章：甲十一行本「親」下有「故」字；乙十一行本同；孔本同；張校同。】不得在勢任，居常怏怏；邵陵厲公嘉平元年，玄自關右召詣京師。勢任，權勢之任也。怏，於兩翻。張緝以后父去郡家居，緝自東莞召，見上卷嘉平四年。亦不得意。豐皆與之親善。師雖擢用豐，豐私心常在玄。豐在中書二歲，帝數召豐與語，數，所角翻。不知所說。師知其議己，請豐相見以詰豐，詰，去吉翻。豐不以實告；師怒，以刀鐶築殺之，鐶，戶關翻。刀把上有鐶；築，擣也。送尸付廷尉，遂收豐子韜及夏侯玄、張緝等皆下廷尉，下，遐稼翻；下及下同。鍾毓按治，云：「豐與黃門監蘇鑠、永寧署令樂敦，漢有黃門令，宦者爲之。黃門監，蓋魏置也。永寧宮，魏太后宮名。永寧署令，太后宮官也，亦宦者爲之。治，直之翻。宂從僕射劉賢等漢制，中宮宂從僕射，宦者爲之，主黃門宂從，秩六百石。沈約志曰：漢東京有中黃門宂從僕射，魏世因其名而置宂從僕射。宂，而隴翻，散也。謀曰：『拜貴人日，諸營兵皆屯門，屯宮城門也。陛下臨軒，檐宇之末曰軒。促御坐前臨殿陛曰臨軒。因此同奉陛下，將羣僚人兵，就誅大將軍；下將，卽亮翻。陛下儻不從人，便當劫將去耳。』」又云：「謀以玄爲大將軍，緝爲車【章：甲十一行本「車」作「驃」；乙十一行本同；張校同；孔本作「票」。】騎將軍；玄、輯【章：甲十一行本「輯」作「緝」；乙十一行本同。】皆知其謀。」此上皆獄辭也。庚戌，誅韜、玄、緝、鑠、敦、賢，皆夷三族。

夏侯霸之入蜀也，見上卷嘉平四年。邀玄欲與之俱，玄不從。及司馬懿薨，中領軍高陽許允謂玄曰：「無復憂矣！」復，扶又翻。玄歎曰：「士宗，卿何不見事乎！許允字士宗。不見事，猶今人言不曉事也。此人猶能以通家年少遇我，少，詩照翻。子元、子上不吾容也。」司馬師，字子元。司馬昭，字子上。及下獄，玄不肯下辭，鍾毓自臨治之。治，直之翻。玄正色責毓曰：「吾當何罪！卿爲令史責人也，自漢以來，公府有令史，廷尉則有獄史耳。玄蓋責毓以身爲九卿，乃承公府指，自臨治我，是爲公府令史而責人也。卿便爲吾作！」爲，于僞翻；下同。毓以玄名士，節高，不可屈，而獄當竟，竟，結竟也。夜爲作辭，令與事相附，爲作獄辭，使與所按之事相附合也。流涕以示玄；玄視，頷之而已。及就東市，顏色不變，舉動自若。

李豐弟翼，爲兗州刺史，司馬師遣使收之。翼妻荀氏謂翼曰：「中書事發，可及詔書未至赴吳，何爲坐取死亡！左右可同赴水火者爲誰？」赴水火者，入必焦沒，自非誓同生死，安肯相從，故以爲言。翼思未答，妻曰：「君在大州，不知可與同死生者，雖去亦不免！」翼曰：「二兒小，吾不去，今但從坐身死耳，謂從兄坐罪止一身，若奔吳不達，禍及妻子也。二兒必免。」乃止，死。

初，李恢與尚書僕射杜畿及東安太守郭智善，東安縣，前漢屬城陽國，後漢屬琅邪國，魏分爲郡。沈約曰：晉惠帝分東莞爲東安郡；蓋魏既分而又省併，既省併而晉又分屬東莞，又自東莞分爲郡也。智子沖，有內實而無外觀，州里弗稱也。沖嘗與李豐俱見畿，既退，畿歎曰：「孝懿無子；非徒無子，殆將無家。君謀爲不死也，其子足繼其業。」李恢，字孝懿。郭智，字君謀。時人皆以畿爲誤，及豐死，沖爲代郡太守，卒繼父業。卒，子恤翻。

正始中，夏侯玄、何晏、鄧颺俱有盛名，欲交尚書郎傅嘏，嘏不受。嘏友人荀粲怪而問之，嘏曰：「太初志大其量，能合虛聲而無實才。夏侯玄，字太初。何平叔言遠而情近，好辯而無誠，所謂利口覆邦國之人也。論語：孔子曰：惡利口之覆邦家者。何晏，字平叔。好，呼到翻。鄧玄茂有爲而無終，外要名利，內無關鑰，貴同惡異，多言而妬前；多言多釁，妬前無親。鄧颺字玄茂。妬前者，忌前也。人忌勝己，則無親之者。要，一遙翻。惡，烏路翻。以吾觀此三人者，皆將敗家；遠之猶恐禍及，敗，補邁翻。遠，于願翻。況昵之乎！」昵，尼質翻，近也，比也。嘏又與李豐不善，謂同志曰：「豐飾僞而多疑，矜小智而昧於權利，若任機事，其死必矣！」

2 辛亥，大赦。

3 三月，廢皇后張氏；曹操殺漢后伏氏，而司馬師殺魏后張氏；此不惟天道，亦操之有以教之也。夏，四月，立皇后王氏，奉車都尉夔之之女也。

4 狄道長李簡密書請降於漢。長，知兩翻。降，戶江翻。六月，姜維寇隴西。

5 中領軍許允素與李豐、夏侯玄善。秋，允爲鎮北將軍、假節、都督河北諸軍事。晉有假節都督者，與四征鎮加大將軍不開府爲都督者同。四征、鎮、安、平，加大將軍不開府持節都督者，品秩第二。帝以允當出，詔會羣臣，帝特引允以自近；近，其靳翻。允當與帝別，涕泣歔欷。君臣不密，遂並蹈失臣、失身之禍。歔，音虛。欷，音希，又許既翻。允未發，有司奏允前放散官物，收付廷尉，徙樂浪，樂浪，音洛琅。未至，道死。

6吳孫峻驕矜淫暴，國人側目。司馬桓慮謀殺峻，立太子登之子吳侯英；不克，皆死。

7帝以李豐之死，意殊不平。安東將軍司馬昭鎮許昌，詔召之使擊姜維。九月，昭領兵入見，帝幸平樂觀以臨軍過。見，賢遍翻。樂，音洛。觀，古玩翻。左右勸帝因昭辭，殺之，勒兵以退大將軍；已書詔於前，帝懼，不敢發。

昭引兵入城，大將軍師乃謀廢帝。平樂觀在洛陽城西，昭已過軍，復引入城，帝事去矣。甲戌，師以皇太后令召羣臣會議，矯太后令以召羣臣。以帝荒淫無度，褻近倡優，倡，齒良翻。倡優，女樂也。近，其靳翻。不可以承天緒；羣臣皆莫敢違。乃奏收帝璽綬，歸藩于齊。璽，斯氏翻。綬，音受。使郭芝入白太后，太后方與帝對坐，芝謂帝曰：「大將軍欲廢陛下，立彭城王據！」彭城王據，文帝子。此何等語！芝，太后之從父也，故使之入脅太后。帝乃起去。太后不悅。芝曰：「太后有子不能教，今大將軍意已成，又勒兵于外以備非常，但當順旨，將復何言！」復，扶又翻。太后曰：「我欲見大將軍，口有所說。」芝曰：「何可見邪！但當速取璽綬！」王莽篡漢，遣王舜求璽於元后，其辭氣何至如此！太后意折，折，屈也；音之列翻。乃遣傍侍御取璽綬著坐側。太后侍御非止一人，傍侍御，謂當時侍御之在傍側者。著，直略翻。坐，徂臥翻。芝出報師，師甚喜。王莽、司馬師、蕭鸞，同是心也。國之姦賊，必有羽翼，有天下者其戒之哉！又遣使者授帝齊王印綬，出就西宮。帝與太后垂涕而別，人【章：甲十一行本「人」作「遂」；乙十一行本同；孔本同；熊校同。】乘王車，從太極殿南出，王車，諸王所乘青蓋車也。羣臣送者數十人，司馬孚悲不自勝，勝，音升。餘多流涕。廢帝時年二十一。

師又使使者請璽綬於太后。太后曰：「彭城王，我之季叔也，今來立，我當何之！之，往也。且明皇帝當永絕嗣乎？高貴鄉公，文【章：甲十一行本「文」下有「皇」字；乙十一行本同。】帝之長孫，明皇帝之弟子，太后謂明帝絕嗣，蓋謂以據爲後，則兄死弟及；又禮兄弟不得相入廟也。文帝黃初三年，初制封王之庶子爲鄉公，嗣王之庶子爲侯，公、侯之庶子爲亭伯。於禮，小宗有後大宗之義，其詳議之。」世嫡爲大宗支子之子，各宗其父爲小宗。禮，王后無嗣，擇建支子以繼大宗。丁丑，師更召羣臣，以太后令示之，乃定迎高貴鄉公髦於元城。定迎者，議始定而迎之也。元城縣，漢屬魏郡，魏屬陽平郡；時魏王公皆錄置鄴，故出髦而就元城迎之。髦者，東海定王霖之子也，時年十四，使太常王肅持節迎之。師又使請璽綬，太后曰：「我見高貴鄉公，小時識之，太后欲立高貴鄉公，必見其小時意氣異於諸王子，故欲立之，豈知祿去帝室，而終無益乎！我自欲以璽綬手授之。」冬，十月，癸【章：甲十一行本「癸」作「己」；乙十一行本同；張校同；云無註本作「癸」，誤。】丑，高貴鄉公至玄武館，酈道元曰：魏氏立玄武館於芒垂。蓋館在芒山之尾，其地直洛城北。公以先帝舊處，避止西廂；羣臣又請以法駕迎，公不聽。庚寅，公入于洛陽，羣臣迎拜西掖門南，公下輿答拜，儐者請曰：「儀不拜。」儐，必刃翻；贊導者也。儀不拜者，謂於儀不當答拜也。公曰：「吾人臣也。」遂答拜。至止車門下輿，左右曰：「舊乘輿入。」公曰：「吾被皇太后徵，未知所爲。」言唯天子可乘輿入止車門，吾方被徵，未知何如，不可以天子自居也。以余觀高貴鄉公，蓋小慧而知書，故能爲此。若以爲習於禮，則余以爲猶魯昭公也。被，皮義翻。遂步至太極東堂，見太后。其日，卽皇帝位於太極前殿，百僚陪位者皆欣欣焉。謂公之足與有爲也，而卒死於權臣之手。嗚呼！余觀漢文帝入立之後，夜拜宋昌爲衞將軍，領南北軍，張武爲郎中令，行殿中，周勃、陳平、朱虛、東牟雖有大功，其權去矣，夫然後能自固。魏朝百官皆欣欣者，果何所見邪！大赦，改元。自此，方是正元元年。爲齊王築宮于河內。爲，于僞翻。

8 漢姜維自狄道進拔河間、臨洮。「河間」，當作「河關」。河關縣，前漢屬金城郡，後漢屬隴西郡。以地里考之，河關、臨洮在狄道西，姜維自狄道西拔河關、臨洮，意欲收魏之邊縣以自廣耳。將軍徐質與戰，殺其盪寇將軍張嶷，沈約志：四十號將軍，盪寇第二十二。嶷，魚力翻。漢兵乃還。

9 初，揚州刺史文欽，驍果絕人，曹爽以其鄉里故愛之。欽，爽邑人也。驍，堅堯翻。欽恃爽勢，多所陵傲。及爽誅，【章：甲十一行本「誅」下有「欽已內懼」四字；乙十一行本同；孔本同；張校同；退齋校同。】爽誅見上卷嘉平元年。又好增虜級以邀功賞，好，呼到翻。司馬師常抑之，由是怨望。鎭東將軍毌丘儉素與夏侯玄、李豐善，玄等死，儉亦不自安，乃以計厚待欽。儉子治書侍御史甸謂儉曰：「大人居方嶽重任，古者，天子巡狩四方，其方之諸侯，各會朝于方嶽之下。堯、舜有四岳之官。孔安國曰：堯命羲和四子分掌四方之諸侯，故曰四岳。魏、晉之時，征、鎮、安、平，總督諸軍，任專方面，時因謂之方嶽重任。國家傾覆而晏然自守，將受四海之責矣！」儉然之。

二年（乙亥、二五五）

1春，正月，儉、欽矯太后詔，起兵於壽春，移檄州郡以討司馬師，乃表言：「相國懿，忠正，有大勳於社稷，宜宥及後世，請廢師，以侯就第，以弟昭代之。太尉孚，忠孝小心，護軍望，忠公親事，皆宜親寵，授以要任。」望，孚之子也。儉又遣使邀鎮南將軍諸葛誕，誕斬其使。時誕都督豫州。儉、欽將五六萬衆渡淮，西至項；儉堅守，使欽在外爲游兵。

司馬師問計於河南尹王肅，肅曰：「昔關羽虜于禁於漢濱，有北向爭天下之志，後孫權襲取其將士家屬，羽士衆一旦瓦解。事見六十八卷漢獻帝建安二十四年。今淮南將士父母妻子皆在內州，魏制，諸將出征及鎮守方面，皆留質任。時淮南將士皆自內州出戍，故家屬皆留內。但急往禦衛，禦儉、欽之衆，使不得進；又衛其家屬。使不得前，必有關羽土崩之勢矣。」時師新割目瘤，創甚，瘤，音留，肬也。肉起疾腫曰瘤。創，初良翻。或以爲大將軍不宜自行，不如遣太尉孚拒之。唯王肅與尚書傅嘏、中書侍郎鍾會魏初中書既置監、令，又置通事郎，次黃門郎；黃門郎已署事過，通事郎乃署名；已署，奏以入，爲帝省讀，書可。後改曰中書侍郎。勸師自行，師疑未決。嘏曰：「淮、楚兵勁，壽春，故楚都，時爲淮南重鎮以南備吴，勁兵聚焉。而儉等負力遠鬬，其鋒未易當也。易，以豉翻。若諸將戰有利鈍，大勢一失，則公事敗矣。」師蹶然起曰：「我請輿疾而東。」蹶然，急遽而起之貌。蹶，音厥，又音姑衞翻。戊午，師率中外諸軍以討儉、欽，中，謂中軍；外，謂城外諸營兵。以弟昭兼中領軍，留鎮洛陽，召三方兵會于陳、許。三方，東、西、北也。

師問計於光祿勳鄭袤，袤，莫候翻。袤曰：「毌丘儉好謀而不達事情，好，呼到翻。文欽勇而無算。今大軍出其不意，江、淮之卒，鋭而不能固，宜深溝高壘以挫其氣，此亞夫之長策也。」漢周亞夫堅壁以破吴、楚。師稱善。

師以荆州刺史王基爲行監軍，假節，統許昌軍。魏、晉之制，使持節都督諸軍爲上，假節都督次之，假節監諸軍又次之，假節行監軍又次之。魏受漢禪，以許昌爲别宫，屯重兵，以爲東、南二方根本。監，古銜翻。基言於師曰：「淮南之逆，非吏民思亂也，儉等誑誘迫脅，畏目下之戮，是以尚屯聚耳。誑，居況翻。誘，音酉。若大兵一臨，必土崩瓦解，儉、欽之首不終朝而致於軍門矣。」師從之。以基爲前軍，既而復敕基停駐。復，扶又翻。基以爲：「儉等舉軍足以深入，而久不進者，是其詐僞已露，衆心疑沮也。沮，在呂翻。今不張示威形以副民望，而停軍高壘，有似畏懦，非用兵之勢也。若儉、欽虜略民人以自益，又州郡兵家爲賊所得者，更懷離心，言州郡兵其家有爲賊所得者，必懷反顧，而有離散之心也。儉等所迫脅者，自顧罪重，不敢復還，此爲錯兵無用之地，錯，倉故翻，置也。停軍不進，是置之於無用之地。而成姦宄之源，吳寇因之，則淮南非國家之有，譙、沛、汝、豫危而不安，豫，即潁川也，豫州時治潁川，故曰譙、沛、汝、豫四郡，皆屬豫州。此計之大失也。軍宜速進據南頓，南頓縣，屬汝南郡，故頓子國。應劭曰：頓迫於陳，其後南徙，故號南頓。南頓有大邸閣，計足軍人四十日糧。保堅城，因積穀，先人有奪人之心，左傳，楚令尹孫叔敖之言也。杜預註曰：奪敵戰心。先，悉薦翻。此平賊之要也。」基屢請，乃聽，進據濦水。水經註：汝水東南過定陵縣，又東南逕奇雒城，枝分別出，世謂之大濦水。濦水東流至南頓縣北，入于潁。師古曰：濦，於謹翻，又音殷。

閏月，甲申，師次于濦橋，儉將史招、李績相次來降。王基復言於師曰：復，扶又翻。「兵聞拙速，未覩爲巧之久也。孫子之言。方今外有強寇，內有叛臣，若不時決，則事之深淺未可測也。言儉、欽之變若不以時定，恐吳寇乘之而來，則禍之深淺有未可測者。議者多言將軍持重。將軍持重，是也；停軍不進，非也。持重，非不行之謂也，進而不可犯耳。今保壁壘以積實資虜而遠運軍糧，甚非計也。」師猶未許。基曰：「將在軍，君令有所不受。孫子及司馬穰苴皆有是言。彼得亦利，我得亦利，是謂爭地，孫子之言，所謂九地，爭地其一也。南頓是也。」遂輒進據南頓，儉等從項亦欲往爭，發十餘里，發兵而行十餘里。聞基先到，乃復還保項。

2 癸未，征西將軍郭淮卒，以雍州刺史陳泰代之。雍，於用翻。

3吳丞相峻率驃騎將軍呂據、左將軍會稽留贊襲壽春，驃，匹妙翻。會，工外翻。司馬師命諸軍皆深壁高壘，以待東軍之集。東軍，青、徐、兗之軍也。諸將請進軍攻項，師曰：「諸軍【張：「軍」作「君」。】知其一，未知其二。「諸軍」，當作「諸君」。淮南將士本無反志，儉、欽說誘與之舉事，說，輸芮翻。謂遠近必應；而事起之日，淮北不從，淮北，謂豫、兗也。史招、李續前後瓦解，內乖外叛，自知必敗。困獸思鬭，左傳：吳夫槩王曰：困獸猶鬭。速戰更合其志，雖云必克，傷人亦多。且儉等欺誑將士，詭變萬端，小與持久，詐情自露，此不戰而克之術也。」乃遣諸葛誕督豫州諸軍自安風向壽春；安風縣，前漢屬六安國，後漢併屬廬江郡；魏分安風等五縣置安豐郡，屬豫州。征東將軍胡遵督青、徐諸軍出譙、宋之間，宋，謂梁國之地，梁國都睢陽，故宋都也。絕其歸路；師屯汝陽。汝陽縣，屬汝南郡，在汝水之北。毌丘儉、文欽進不得鬭，退恐壽春見襲，計窮不知所爲；淮南將士家皆在北，衆心沮散，降者相屬，果如王肅之計。屬，之欲翻。惟淮南新附農民爲之用。

儉之初起，遣健步齎書至兗州，健步，能疾走者；今謂之急脚子，又謂之快行子。兗州刺史鄧艾斬之，將兵萬餘人，兼道前進，先趨樂嘉城，水經註：潁水過汝陽縣北，又東南過南頓縣，灃水注之，又南逕博陽故城東；城在南頓縣北四十里，漢宣帝封丙吉爲侯國，王莽更名樂嘉。趨，七喻翻。作浮橋以待師。儉使文欽將兵襲之。師自汝陽潛兵就艾於樂嘉，欽猝見大軍，驚愕未知所爲。欽子鴦，年十八，勇力絕人，謂欽曰：「及其未定，擊之可破也。」於是分爲二隊，夜夾攻軍，鴦帥壯士先至鼓譟，帥，讀曰率。軍中震擾。師驚駭，所病目突出，恐衆知之，嚙被皆破。齧被以忍疼。齧，魚結翻。欽失期不應，會明，鴦見兵盛，乃引還。還，從宣翻，又如字。師與諸將曰：「賊走矣，可追之！」諸將曰：「欽父子驍猛，未有所屈，何苦而走？」師曰：「夫一鼓作氣，再而衰。左傳魯曹劌之言。鴦鼓譟失應，其勢已屈，不走何待！」欽將引而東，鴦曰：「不先折其勢，不得去也。」乃與驍騎十餘摧鋒陷陳，陳，讀曰陣。所向皆披靡，披，普彼翻。遂引去。師使左長史司馬班率驍騎八千翼而追之，魏公府及諸大將軍位從公者，各置長史一人，惟大將軍府及司徒府加置左右長史各一人。翼者，張左右翼而追之。鴦以匹馬入數千騎中，輒殺傷百餘人，乃出，如此者六七，追騎莫敢逼。

殿中人尹大目小爲曹氏家奴，常在天子左右，大目時爲殿中校尉。師將與俱行，將，讀如鳳將雛、雞冠距鳴將之將，音如字。大目知師一目已出，啓云：「文欽本是明公腹心，但爲人所誤耳；又天子鄉里，文欽，譙人，故曰天子鄉里。素與大目相信，乞爲公追解語之，謂追欽而爲師自解釋言之也。爲，于僞翻。語，牛倨翻。令還與公復好。」復，還也，反也。好，善也。謂還復相善也。好，讀如字。師許之。大目單身乘大馬，被鎧冑，被，皮義翻。追欽，遙相與語，大目心實欲爲曹氏，爲，于僞翻。謬言：「君侯何苦不可復忍數日中也！」蓋謂文欽何不堅忍數日，與師相持，師病已篤，必當有變也。復，扶又翻。欲使欽解其旨。解，胡買翻；喻也，曉也。欽殊不悟，乃更厲聲罵大目曰：「汝先帝家人，不念報恩，反與司馬師作逆，不顧上天，天不祐汝！」張弓傅矢欲射大目，傅，讀曰附。射，而亦翻。大目涕泣曰：「世事敗矣，善自努力！」

是日，毌丘儉聞欽退，恐懼夜走，衆遂大潰。欽還至項，以孤軍無繼，不能自立，欲還壽春，壽春已潰，遂奔吳。吳孫峻至東興，聞儉等敗，壬寅，進至橐皋，春秋：會吴于橐皋。杜預曰：在九江逡遒縣東南，今其地在巢縣界，亦謂之柘皋。橐，音託，又讀爲柘。文欽父子詣軍降。降，戶江翻。毌丘儉走，北至慎縣，慎縣，漢屬汝南郡，魏分屬汝陰郡。賢曰：慎縣故城在今潁州潁上縣西北。余按儉自項走至慎，慎在項南，非北也；「北」乃「比」字之誤。比，必寐翻。左右人兵稍棄儉去，儉藏水邊草中。甲辰，安風津民張屬就殺儉，水經註：淮水東過安豐縣東北，又東爲安豐津，水南有城，故安豐都尉治，後立霍丘戍。杜佑曰：安風津，在壽州霍丘城北。傳首京師，封屬爲侯。諸葛誕至壽春，壽春城中十餘萬口，懼誅，或流迸山澤，或散走入吳。迸，北孟翻。詔以誕爲鎭東大將軍、儀同三司，都督揚州諸軍事。

夷毌丘儉三族。儉黨七百餘人繫獄，侍御史杜友治之，治，直之翻。惟誅首事者十餘人，餘皆奏免之。儉孫女適劉氏，當死，以孕繫廷尉。司隸主簿程咸議曰：魏、晉之制，列卿各置丞、功曹、主簿、五官等員。「女適人者，若已產育，則成他家之母，於防不足以懲姦亂之源，防，謂禁防也。於情則傷孝子之恩。男不遇罪於他族，而女獨嬰戮於二門，嬰，當也。二門，謂父母之家及夫家也。非所以哀矜女弱，女，陰類，稟氣柔弱，在室從父母，既嫁從夫，故曰女弱。均法制之大分也，分，扶問翻。臣以爲在室之女，可從父母之刑，既醮之婦，使從夫家之戮。」毛晃曰：醮，冠娶祭名，酌而無酬酢曰醮。禮記曰：醮於客位，冠禮也。父親醮子而命之，迎婚禮也。晉志曰：古者昏冠皆有醮。鄭氏醮文三首具存。醮，子肖翻。朝廷從之，仍著於律令。

4 舞陽忠武侯司馬師疾篤，還許昌，留中郎將參軍事賈充監諸軍事。充，逵之子也。賈逵事武帝、文帝。監，古銜翻。衞將軍昭自洛陽往省師，魏制，衞將軍，班車騎將軍下，位從公。省，悉景翻。師令昭總統諸軍。辛亥，師卒于許昌。卒，子恤翻。中書侍郎鍾會從師典知密事，中詔敕尚書傅嘏，詔自中出，上意也。是時詔命皆以司馬氏之意行之，此詔出於禁中之意，故曰中詔。以東南新定，權留衞將軍昭屯許昌爲內外之援，令嘏率諸軍還。會與嘏謀，使嘏表上，上，時掌翻。輒與昭俱發，還到洛水南屯住。二月，丁巳，詔以司馬昭爲大將軍、錄尚書事。會由是常有自矜之色，嘏戒之曰：「子志大其量，而勳業難爲也，可不慎哉！」爲後鍾會作亂張本。

5 吳孫峻聞諸葛誕已據壽春，乃引兵還。以文欽爲都護、鎮北大將軍、幽州牧。漢置都護於西域，於西域稱都護將軍，然未嘗以爲將軍號；至光武遂有都護將軍之官，三國位從公，晉制在撫軍下、鎮軍上。吳置左右都護，亦不以爲將軍號；今以欽爲都護，蓋又在左右都護之上矣。

6 三月，立皇后卞氏，大赦。后，武宣皇后弟秉之曾孫女也。

7秋，七月，吳將軍孫儀、張怡、林恂謀殺孫峻，不克，死者數十人。全公主譖朱公主於峻，曰「與儀同謀」。峻遂殺朱公主。朱公主，吳主權之女，適朱據者也。

峻使衞尉馮朝城廣陵，魏之廣陵郡治淮陰，漢之廣陵故城廢棄不治。功費甚衆，舉朝莫敢言，唯滕胤諫止之，峻不從，功卒不成。卒，子恤翻。

8漢姜維復議出軍，復，扶又翻；下同。征西大將軍張翼廷爭，爭，讀曰諍。以爲：「國小民勞，不宜黷武。」維不聽，率車騎將軍夏侯霸及翼同進。八月，維將數萬人至枹罕，枹罕縣，前漢屬金城郡，後漢屬隴西郡，魏時廢省。枹，音膚。趨狄道。趨，七喻翻。

征西將軍陳泰敕雍州刺史王經進屯狄道，須泰軍到，東西合勢乃進。泰軍陳倉，經所統諸軍於故關與漢人戰不利，故關，謂漢時故邊關也，在洮水西。經輒渡洮水。泰以經不堅據狄道，必有他變，率諸軍以繼之。經已與維戰於洮西，大敗，洮，土刀翻。以萬餘人還保狄道城，餘皆奔散，死者萬計。張翼請維曰：「可以止矣，不宜復進，或毀此大功，爲蛇畫足。」戰國策曰：昭陽爲楚伐魏，覆軍殺將，移師攻齊。陳軫爲齊王使，見昭陽曰：楚有祠者賜其舍人酒一巵，舍人相謂曰：「數人飲之不足，一人飲之有餘，請各畫地爲蛇，先成者飲酒。」一人先成，引酒飲之，乃左手持巵，右手畫蛇曰：「吾能爲之足。」爲足未成，一人之蛇後成，奪其巵曰：「蛇固無足，子安能爲之足！」遂飲酒。今君攻魏既勝，復移師攻齊，是爲蛇足者也。昭陽悟，乃還軍。維大怒，遂進圍狄道。

辛未，詔長水校尉鄧艾行安西將軍，與陳泰并力拒維，晉志曰：四安起於魏初。在四鎮之下。戊辰，復以太尉孚爲後繼。泰進軍隴西，諸將皆曰：「王經新敗，賊衆大盛，將軍以烏合之衆，繼敗軍之後，當乘勝之鋒，殆必不可。古人有言：『蝮蛇螫手，壯士解腕。』漢書田榮傳曰：蝮蠚手則斬手，蠚足則斬足。應劭曰：蝮，一名虺，螫人手足，則割去其肉；不然則死。師古曰：爾雅及說文皆以爲蝮卽虺也，博三寸，首大如擘，而郭璞云各自一種蛇，其蝮蛇細頸大頭焦尾，色如綬文，文間有毛，如豬鬣，鼻上有針，大者長七八尺，一名反鼻，非虺之類也。今以俗名證之，郭說得矣。虺若土色，所在有之。蝮蛇唯出南方。蝮，芳六翻。螫，式亦翻。腕，烏貫翻。陸佃埤雅：蝮蛇怒時，毒在頭尾，螫手則手斷，螫足則足斷，蛇之尤毒烈者也。孫子曰：『兵有所不擊，地有所不守。』蓋小有所失而大有所全故也。不如據險自保，觀釁待敝，然後進救，此計之得者也。」泰曰：「姜維提輕兵深入，正欲與我爭鋒原野，求一戰之利。王經當高壁深壘，挫其鋭氣，今乃與戰，使賊得計。經既破走，維若以戰克之威，進兵東向，據櫟陽積穀之實，櫟陽縣，前漢屬左馮翊，後漢、魏省。余謂櫟陽在長安東北，維兵方至狄道，安得便可東據櫟陽！泰蓋言略陽耳。櫟，音藥，藥、略聲相近，因語訛而致傳寫字訛耳。放兵收降，降，戶江翻。招納羌、胡，東爭關、隴，傳檄四郡，四郡，謂隴西、南安、天水、略陽。略陽時爲廣魏郡，及晉乃更名略陽。此我之所惡也。惡，烏路翻。而乃以乘勝之兵，挫峻城之下，鋭氣之卒，屈力致命，攻守勢殊，客主不同。兵書曰：『脩櫓轒轀，三月乃成，拒堙三月而後已。』此孫子之言也。孫子之說，以攻城爲不得已。魏武註曰：脩，治也；櫓，大楯也。轒轀者，轒牀也。轒牀其下四輪，從中推之至城下也。杜佑曰：攻城戰具，作四輪車，車上以繩爲脊，生牛皮蒙之，下可藏十人，塡隍推之，直抵城下，可以攻掘，金火木石所不能敗，謂之轒轀車。註又曰：距堙者，踊土稍高而前以附其城也。杜佑曰：土山，卽孫子所謂距闉也。應劭曰：轒轀，匈奴車，非也，蓋攻城之車耳。師古曰：轒，扶云翻。轀，於云翻。誠非輕軍遠入之利也。今維孤軍遠僑，僑，音喬，寄也，客也。糧穀不繼，是我速進破賊之時，所謂疾雷不及掩耳，文子之言，淮南子亦有是言。自然之勢也。洮水帶其表，維等在其內，今乘高據勢，臨其項領，不戰必走。寇不可縱，圍不可久，君等何言如是！」遂進軍度高城嶺，水經註曰：隴西首陽縣有高城嶺，嶺上有城曰渭源城。潛行，夜至狄道東南高山上，多舉烽火，鳴鼓角。狄道城中將士見救至，皆憤踊。維不意救兵卒至，卒，讀曰猝。緣山急來攻之，泰與交戰，維退。泰引兵揚言欲向其還路，維懼，九月，甲辰，維遁走，城中將士乃得出。王經歎曰：「糧不至旬，向非救兵速至，舉城屠裂，覆喪一州矣！」隴西、略陽、天水、南安，秦州也。喪，息浪翻。泰慰勞將士，前後遣還，更差軍守，差，擇也，遣還王經所統將士，更擇軍以守狄道。勞，力到翻。差，初佳翻。幷治城壘，治，直之翻。還屯上邽。

泰每以一方有事，輒以虛聲擾動天下，故希簡上事，上，時掌翻。驛書不過六百里。狄道東至洛陽二千二百餘里，而驛書不過六百里，蓋傳入近裏郡縣，使如常郵筒以達洛陽也。大將軍昭曰：「陳征西沈勇能斷，沈，持林翻。荷方伯之重。荷，下可翻。救將陷之城，而不求益兵，又希簡上事，必能辦賊者也。都督大將不當爾邪！」

姜維退駐鍾提。鍾提當在羌中，蜀之涼州界也。

9 初，吳大帝不立太廟，以武烈嘗爲長沙太守，立廟於臨湘，吳大帝謚其父堅曰武烈皇帝。長沙郡治臨湘縣。使太守奉祠而已。冬，十【章：甲十一行本「十」下有「二」字；乙十一行本同；退齋校同；熊校同。】月，始作太廟於建業，尊大帝爲太祖。考異曰：吳曆：「太平元年正月，立太祖廟。」沈約宋書：「孫亮立，明年正月，立權廟。」今從吳志。

王崇武標點容肇祖聶崇岐覆校

資治通鑑卷第七十七

翰林學士兼侍讀學士朝散大夫右諫議大夫知制誥判尚書都省兼提舉萬壽觀公事柱國河内郡開國侯食邑一千三百户食實封二百户賜紫金魚袋臣司馬光 奉敕編集

後學天台胡三省 音註

魏紀九 起柔兆困敦（丙子），盡重光大荒落（辛巳），凡六年。

高貴鄉公下

甘露元年（丙子、二五六）是年六月，改元。

1 春，正月，漢姜維進位大將軍。

2 二月，丙辰，帝宴羣臣於太極東堂，與諸儒論夏少康、漢高祖優劣，以少康爲優。帝謂少康生於滅亡之後，降爲諸侯之隸，能布其德而兆其謀，卒滅過、戈，克復禹績，祀夏配天，不失舊物，非至德弘仁，豈濟斯勳！漢祖因土崩之勢，杖一時之權，專任智力以成功業，行事動靜多違聖檢。爲人子則數危其親，爲人君則囚繫賢相，爲人父則不能衛子，身沒之後，社稷幾傾，若與少康易時而處，未必能復大禹之績。嗚呼！帝固有志於少康矣，然而不能殲澆、豷而身死人手者，不能布其德而兆其謀也。余觀帝之所以論二君優劣，書生之譚耳，未能如石勒辭氣之雄爽也。夏，户雅翻。少，詩照翻。

3 夏，四月，【章：甲十一行本「月」下有「庚戌」二字；乙十一行本同；孔本同；張校同。】賜大將軍昭袞冕之服，赤舄副焉。九錫之漸也。

4 丙辰，帝幸太學，與諸儒論書、易及禮，諸儒莫能及。時帝與博士淳于俊論易，庾峻論書，馬照論禮記，考其難疑答問，不過擿抉經義及王、鄭之異同耳，非人君之學也。帝嘗與中護軍司馬望、侍中王沈、散騎常侍裴秀、黃門侍郎鍾會等講宴於東堂，幷屬文論，沈，持林翻。散，悉亶翻。騎，奇寄翻。屬，之欲翻。特加禮異，謂秀爲儒林丈人，沈爲文籍先生。帝性急，請召欲速，以望職在外，特給追鋒車、虎賁五人，望爲中護軍，其職在外。傅子曰：追鋒車，施通幰，遽則乘之，令虎賁五人舁之也。晉志曰：追鋒車去小平蓋，加通幰，如軺車，駕二馬。追鋒之名，取其迅速也。施於戎陳之間，是爲傳乘。賁，音奔。每有集會，輒奔馳而至。秀，潛之子也。裴潛事武帝，守代郡著名。

5 六月，丙午，改元。蓋以甘露降而改元也。

6 姜維在鍾提，議者多以爲維力已竭，未能更出。安西將軍鄧艾曰：「洮西之敗，見上卷上年。非小失也，士卒凋殘，倉廩空虛，百姓流離。今以策言之，彼有乘勝之勢，我有虛弱之實，一也。彼上下相習，五兵犀利，管子曰：蚩尤受盧山之金而作五兵。孔穎達曰：步卒之五兵，謂弓矢一，殳二，矛三，戈四，戟五也；鄭司農所謂戈、矛、戟、酋矛、夷矛，車之五兵也。犀，堅也，古以犀兕爲甲，故謂堅爲犀。我將易兵新，器仗未復，二也。將易，艾自謂初代王經也。兵新，謂遣還洮西敗卒，更差軍守也。將，即亮翻。彼以船行，吾以陸軍，勞逸不同，三也。言蜀船自涪戍白水，可以上沮水，由沮水入武都下辨，自此而西北，水路漸峻陿，小舟猶可入也，魏軍度隴而西，皆陸行。狄道、隴西、南安、祁山各當有守，彼專爲一，我分爲四，四也。從南安、隴西因食羌穀，若趣祁山，趣，七喻翻；下同。熟麥千頃，爲之外倉。【章：甲十一行本「倉」下有「五也」二字；乙十一行本同；孔本同；張校同；退齋校同。】賊有黠計，其來必矣。」黠，下八翻，桀黠也。

秋，七月，姜維復率衆出祁山，復，扶又翻。聞鄧艾已有備，乃回，從董亭趣南安；水經註：董亭在南安郡西南，谷水歷其下，東北注于渭。艾據武城山以拒之。水經註：渭水過獂道南。獂道，南安郡治也。又東，逕武城縣西，武城川水入焉。蓋以山名縣也。酈道元，後魏人，武城縣必後魏所立，而魏收地形志無之，蓋廢省也。維與艾爭險不克，其夜，渡渭東行，緣山趣上邽，艾與戰於段谷，水經註：上邽之南有段溪水，水出西南馬門溪，東北流，合籍水。杜佑曰：秦州上邽縣有段谷水。趣，七喻翻。大破之。以艾爲鎮西將軍、都督隴右諸軍事。維與其鎮西大將軍胡濟期會上邽，濟失期不至，故敗，士卒星散，死者甚衆，言士卒迸散如星，不能收拾成隊伍。蜀人由是怨維。維上書謝，求自貶黜，乃以衞將軍行大將軍事。

7 八月，庚午，詔司馬昭加號大都督，奏事不名，假黃鉞。癸酉，以太尉司馬孚爲太傅。

九月，以司徒高柔爲太尉。

8 文欽說吳人以伐魏之利，說，輸芮翻。孫峻使欽與驃騎將軍呂據驃，匹妙翻。及車騎將軍劉纂、鎮南將軍朱異、前將軍唐咨自江都入淮、泗，江都縣屬廣陵郡。此自邗溝入淮，自淮入泗也。以圖青、徐。魏青州統齊、濟南、樂安、城陽、東萊，徐州統下邳、彭城、東海、琅邪、東莞、東安、廣陵、臨淮。晉志曰：周禮曰：正東曰青州，蓋取土居少陽，其色爲青。徐州取舒緩之義。或云，因徐丘以立名。峻餞之於石頭，遇暴疾，以後事付從父弟偏將軍綝。從，才用翻。綝，丑林翻。丁亥，峻卒。吳人以綝爲侍中、武衞將軍、都督中外諸軍事，召呂據等還。還，從宣翻，又如字。

9 己丑，吳大司馬呂岱卒，年九十六。始，岱親近吳郡徐原，慷慨有才志，岱知其可成，賜巾褠，釋名：巾，謹也。二十成人，士冠，庶人巾，言當自謹脩於四教。褠，單衣，漢、魏以來，士庶以爲禮服。褠，古侯翻。與共言論，後遂薦拔，官至侍御史。原性忠壯，好直言，好，呼到翻。岱時有得失，原輒諫爭，爭，讀曰諍。又公論之；公然於衆中論其得失。人或以告岱，岱歎曰：「是我所以貴德淵者也！」徐原，字德淵。及原死，岱哭之甚哀，曰：「徐德淵，呂岱之益友，論語：孔子曰：益者三友：友直，友諒，友多聞。今不幸，論語曰：不幸短命死矣。岱復於何聞過！」復，扶又翻。談者美之。

10 呂據聞孫綝代孫峻輔政，大怒，與諸督將連名共表薦滕胤爲丞相；將，卽亮翻。綝更以胤爲大司馬，代呂岱駐武昌。據引兵還，使人報胤，欲共廢綝。冬，十月，綝【章：甲十一行本「綝」上有「丁未」二字；乙十一行本同；孔本同；退齋校同。】遣從兄憲將兵逆據於江都，使中使敕文欽、劉纂、唐咨等共擊取據，又遣侍中左將軍華融、中書丞丁晏魏、晉之制，中書無丞，此吳所置。華，戶化翻。告喻胤宜速去意。言宜速往武昌，否則且有誅罰。胤自以禍及，因留融、晏勒兵自衞，召典軍楊崇、將軍孫咨楊崇，蓋胤帳下典軍。告以綝爲亂，迫融等使有【章：乙十一行本「有」作「作」。】書難綝，有者，對無之稱，於此則文義不爲通。通鑑既因三國志舊文，今亦不欲輕改。難，乃旦翻。綝不聽，表言胤反，許將軍劉丞以封爵，使率兵騎攻圍胤。胤又劫融等使詐爲詔發兵，融等不從，皆殺之。或勸胤引兵至蒼龍門，蒼龍門，吳建業宮之東門也。將士見公出，必委綝就公。委，棄也。時夜已半，胤恃與據期，又難舉兵向宮，乃約令部曲，約，勒而號令之。說呂侯兵已在近道，故皆爲胤盡死，無離散者。爲，于僞翻。胤顏色不變，談笑如常。時大風，比曉，據不至，比，必寐翻。綝兵大會，遂殺胤及將士數十人，夷胤三族。己酉，大赦，改元太平。或勸呂據奔魏者，據曰：「吾恥爲叛臣。」遂自殺。據父範，佐孫策以造吳，故恥爲叛臣，自殺以明節。

11 以司空鄭沖爲司徒，左僕射盧毓爲司空。晉志曰：尚書僕射，漢本置一人；至漢獻帝建安四年，以執金吾榮郃爲尚書左僕射，僕射分置左右蓋自此始。經魏至晉，迄于江左，省置無常，置二則爲左右僕射，或不兩置，但曰尚書僕射，令闕則左爲省主，若左右並闕，則置尚書僕射以主省事。毓，余六翻。毓固讓驃騎將軍王昶、光祿大夫王觀、司隸校尉琅邪王祥，詔不許。

祥性至孝，繼母朱氏遇之無道，祥愈恭謹。朱氏子覽，年數歲，每見祥被楚撻，楚，荆也；

撻，擊也。被，皮義翻。輒涕泣抱持母；母以非理使祥，覽輒與祥俱往。及長，娶妻，長，知兩翻。母虐使祥妻，覽妻亦趨而共之，母患之，爲之少止。爲，于僞翻。祥漸有時譽，母深疾之，密使酖祥。覽知之，徑起取酒，祥爭而不與，母遽奪反之。漢書齊悼惠王傳：奪反孝惠卮。師古曰：反，音幡。自後，母賜祥饌，饌，雛戀翻，又雛皖翻。覽輒先嘗，母懼覽致斃，遂止。漢末遭亂，祥隱居三十餘年，不應州郡之命，母終，毀瘁，瘁，秦醉翻，病勞也。杖而後起。徐州刺史呂虔檄爲別駕，委以州事，州界清靜，政化大行，時人歌之曰：「海沂之康，實賴王祥；徐州之地，東際海，西北距泗、沂，故曰海沂。邦國不空，別駕之功！」

12 十一月，吳孫綝遷大將軍。綝負貴倨傲，多行無禮。峻從弟憲嘗與誅諸葛恪，與，讀曰預。峻厚遇之，官至右將軍、無難督，平九官事。九官，卽九卿也。魏明帝太和二年，吳主還建業，留尚書九官於武昌。綝遇憲薄於峻時，憲怒，與將軍王惇謀殺綝，事泄，綝殺惇，憲服藥死。

二年（丁丑、二五七）

1 春，三月，大梁成侯盧毓卒。

2 夏，四月，吳主臨正殿，大赦，始親政事。孫綝表奏，多見難問，難，乃旦翻。又科兵子弟十八已下、十五以上三千餘人，科，程也；程其長短小大也。或曰：「科」，當作「料」，音聊，量度也。選大將子弟年少有勇力者，使將之，少，詩照翻。將，卽亮翻。日於苑中教習，曰：「吾立此軍，欲與之俱長。」長，丁丈翻；今知兩翻。又數出中書視大帝時舊事，問左右侍臣曰：「先帝數有特制，特制，謂特出上意，以手詔宣行也。數，所角翻。今大將軍問事，問事，猶言奏事；不言奏者，自卑挹之意。但令我書可邪？」書可，畫可也。嘗食生梅，使黃門至中藏取蜜，中藏，中藏府也，掌幣帛金銀諸貨物。蜜，蜂餹也。藏，徂浪翻；下同。蜜中有鼠矢；召問藏吏，藏吏叩頭。吳主曰：「黃門從爾求蜜邪？」吏曰：「向求，謂向者嘗求蜜也。實不敢與。」黃門不服。吳主令破鼠矢，矢中燥，因大笑謂左右曰：「若矢先在蜜中，中外當俱濕；今外濕裏燥，此必黃門所爲也。」詰之，果服；詰，去吉翻。左右莫不驚悚。

3 征東大將軍諸葛誕素與夏侯玄、鄧颺等友善，玄等死，玄死見上卷正元元年。颺死見七十五卷邵陵厲公嘉平元年。颺，余章翻，又余亮翻。王淩、毌丘儉相繼誅滅，王淩死見七十五卷嘉平三年。毌丘儉死見上卷正元二年。誕內不自安，乃傾帑藏振施，帑，他朗翻。施，式智翻。曲赦有罪以收衆心，畜養揚州輕俠數千人以爲死士。畜，許六翻。因吳人欲向徐堨，徐堨，卽徐塘，在東關之東。堨，烏葛翻。請十萬衆以守壽春，又求臨淮築城以備吳寇。司馬昭初秉政，長史賈充請遣參佐慰勞四征，魏置征東將軍屯淮南，征南將軍屯襄、沔以備吳；征西將軍屯關、隴以備蜀；征北將軍屯幽、幷以備鮮卑；皆授以重兵。司馬昭初當國，故充請慰勞以觀其志趣。勞，力到翻。且觀其志。昭遣充至淮南，充見誕，論說時事，因曰：「洛中諸賢，皆願禪代，君以爲如何？」誕厲聲曰：「卿非賈豫州子乎？

充父逵，先爲豫州而卒，故稱之。世受魏恩，豈可欲以社稷輸人乎！若洛中有難，難，乃旦翻。吾當死之。」充默然；還，言於昭曰：「諸葛誕再在揚州，誕先督揚州，東關之敗，改督豫州，毌丘儉既死，復督揚州。得士衆心。今召之，必不來，然反疾而禍小；不召，則反遲而禍大，不如召之。」昭從之。甲子，詔以誕爲司空，召赴京師。誕得詔書，愈恐，疑揚州刺史樂綝間己，遂殺綝，征東將軍與揚州刺史同治壽春。魏四征之任，率以其州刺史爲儲帥，故誕疑綝間己。間，古莧翻。斂淮南及淮北郡縣屯田口十餘萬官兵，魏郡縣皆置屯田，凡屯田口悉官兵也。揚州新附勝兵者四五萬人，勝，音升。聚穀足一年食，爲閉門自守之計。遣長史吳綱將少子靚至吳，將，如字。少，詩照翻。靚，疾郢翻，又疾正翻。稱臣請救，幷請以牙門子弟爲質。牙門，諸將之子弟也。質，音致。

4 吳滕胤、呂據之妻，皆夏口督孫壹之妹也。壹，孫奐庶子也。夏，戶雅翻。六月，孫綝使鎮南將軍朱異自虎林將兵襲壹。異至武昌，壹將部曲來奔。乙巳，詔拜壹車騎將軍、交州牧，封吳侯，開府辟召，儀同三司，袞冕赤舄，事從豐厚。崇異孫壹者，以招攜貳也。

5 司馬昭奉帝及太后討諸葛誕。昭若自行，恐後有挾兩宮爲變者，故奉之以討誕。

吳綱至吳，吳人大喜，使將軍全懌、全端、唐咨、王祚將三萬衆，與文欽同救誕；以誕爲左都護，假節、大司徒、驃騎將軍、青州牧，封壽春侯。懌，琮之子；端，其從子也。

六月，甲子，車駕次項，司馬昭督諸軍二十六萬進屯丘頭，是役也，司馬昭改丘頭曰武丘，以旌武功。武丘，唐爲沈丘縣。以鎮南將軍王基行鎮東將軍、都督揚・豫諸軍事，與安東將軍陳騫等圍壽春。基始至，圍城未合，文欽、全懌等從城東北，因山乘險，得將其衆突入城。壽春城外他無山，唯城北有八公山耳。昭敕基斂軍堅壁。基累求進討，會吳朱異率三萬人進屯安豐，爲文欽外勢，安豐縣，漢屬廬江郡，魏分屬安豐郡。今安豐縣在壽春南八十里。詔基引諸軍轉據北山。基謂諸將曰：「今圍壘轉固，兵馬向集，但當精脩守備以待越逸，而更移兵守險，使得放縱，雖有智者，不能善其後矣！」遂守便宜，上疏曰：「今與賊家對敵，當不動如山，若遷移依險，人心搖蕩，於勢大損。諸軍並據深溝高壘，衆心皆定，不可傾動，此御兵之要也。」書奏，報聽。報基聽行其策。時帝在軍，故諸軍節度皆稟詔指，而裁其可否者實司馬昭也。於是基等四面合圍，表裏再重，重，直龍翻。塹壘甚峻。文欽等數出犯圍，數，所角翻。逆擊，走之。司馬昭又使奮武將軍監青州諸軍事石苞監，古銜翻。督兗州刺史州泰、徐州刺史胡質簡銳卒爲游軍，以備外寇。泰擊破朱異於陽淵，水經註：決水出廬江雩婁縣北，過安豐縣東，又北，右會陽泉水。水西有陽泉縣故城，故陽泉鄉也，漢靈帝封黃琬爲侯國。決水又北入于淮。異走，泰追之，殺傷二千人。

秋，七月，吳大將軍綝大發兵出屯鑊里，後吳王責孫綝以留湖中不上岸一步，則鑊里當在巢縣界。復遣朱異帥將軍丁奉、黎斐等五人前解壽春之圍。復，扶又翻。帥，讀曰率。異留輜重於都陸，水經註：博鄉縣，王莽改曰楊陸，泄水出焉，北過芍陂，又西北入于淮。意者都陸卽楊陸歟？又據晉紀，都陸在黎漿南。重，直用翻。進屯黎漿，水經註：芍陂瀆水東注黎漿水，水東逕黎漿亭南，又東注肥水，謂之黎漿水口也。石苞、州泰又擊破之。太山太守胡烈以奇兵五千襲都陸，盡焚異資糧，異將餘兵食葛葉，走歸孫綝；綝使異更死戰，異以士卒乏食，不從綝命。綝怒，九月，己巳，綝斬異於鑊里。辛未，引兵還建業。壽春之圍已固，雖使周瑜、呂蒙、陸遜復生，不能解也。若孫綝能舉荆、揚之衆出襄陽以向宛、洛，壽春城下之兵必分歸以自救，諸葛誕、文欽等於此時決圍力戰，猶庶幾焉。綝既不能拔出諸葛誕，而喪敗士衆，喪，息浪翻。敗，補邁翻。自戮名將，由是吳人莫不怨之。爲後吳誅孫綝張本。

司馬昭曰：「異不得至壽春，而吳人殺之，非其罪也，【章：甲十一行本作「非其罪也，而吳人殺之」；乙十一行本同；退齋校同；張校同，云無註本亦同，下「非其罪也」四字衍。】欲以謝壽春而堅誕意，使其猶望救耳。今當堅圍，備其越逸，而多方以誤之。」乃縱反間，間，古莧翻。揚言「吳救方至，大軍乏食，分遣羸疾就穀淮北，勢不能久。」誕等益寬恣食，俄而城中乏糧，外救不至。將軍蔣班、焦彝，皆誕腹心謀主也，言於誕曰：「朱異等以大衆來而不能進，孫綝殺異而歸江東，外以發兵爲名，內實坐須成敗。須，待也。今宜及衆心尚固，士卒思用，并力決死，攻其一面，雖不能盡克，猶有可全者，空坐守死，無爲也。」言不若決死而求生，無爲坐守而待斃。文欽曰：「公今舉十餘萬之衆歸命於吳，而欽與全端等皆同居死地，父兄子弟盡在江表，就孫綝不欲來，主上及其親戚豈肯聽乎！且中國無歲無事，軍民並疲，今守我一年，內變將起，柰何舍此，舍，讀曰捨。欲乘危徼倖乎！」徼，堅堯翻。班、彝固勸之，欽怒。誕欲殺班、彝，二人懼，十一月，棄誕踰城來降。全懌兄子輝、儀在建業，輝、儀，懌兄全緒之二子；「輝」，一作「禕」。與其家內爭訟，攜其母將部曲數十家來奔。於是懌與兄子靖及全端弟翩、緝皆將兵在壽春城中，司馬昭用黃門侍郎鍾會策，密爲輝、儀作書，爲，于僞翻。使輝、儀所親信齎入城告懌等，說「吳中怒懌等不能拔壽春，言不能拔壽春之衆於重圍也。欲盡誅諸將家，故逃來歸命。」十二月，懌等帥其衆數千人開門出降，帥，讀曰率。降，戶江翻。城中震懼，不知所爲。詔拜懌平東將軍，封臨湘侯，端等封拜各有差。

6 漢姜維聞魏分關中兵以赴淮南，欲乘虛向秦川，秦地四塞以爲固，渭水貫其中。渭川左右，沃壤千里，世謂之秦川。率數萬人出駱谷，至沈嶺。時長城積穀甚多，而守兵少，征西將軍都督雍、涼諸軍事司馬望雍，於用翻。及安西將軍鄧艾進兵據之，以拒維。維壁於芒水，水經註：駱谷水出鄠塢東南山駱谷，北流逕長城西，又北流注于渭，渭水又東，芒水從南來注之；水出南山芒谷，北逕盩厔縣竹圃中，又北流注于渭。余按駱谷在今洋州眞符縣，屈回八十里，凡八十四盤。數挑戰，數，所角翻。挑，徒了翻。望、艾不應。

是時，維數出兵，蜀人愁苦，中散大夫譙周作仇國論以諷之，續漢志曰：中散大夫，秩六百石；漢官曰：秩比二千石。胡廣曰：光祿大夫，本爲中大夫，武帝元狩五年，置諫大夫爲光祿大夫，世祖中興，以爲諫議大夫。又有太中、中散大夫。此四等於古者爲天子之下大夫，視列國之上卿。曰：「或問往古能以弱勝強者，其術如何？曰：吾聞之，處大無患者常多慢，處小有憂者常思善；處，昌呂翻。多慢則生亂，思善則生治，理之常也。故周文養民，以少取多，句踐卹衆，以弱斃強，此其術也。文王治岐，由方百里起，三分天下有其二，所謂以少取多也。句踐歸越，弔死問疾，十年生聚，十年教訓，以弱越斃強吳。或曰：曩者，項強漢弱，相與戰爭，項羽與漢約分鴻溝，各歸息民，張良以爲民志已定，則難動也，率兵追羽，終斃項氏。事見十卷漢高帝四年。豈必由文王之事乎？曰：當商、周之際，王侯世尊，言世世居尊位也。君臣久固，民習所專；民習見君臣之分明，故專於戴上。深根者難拔，據固者難遷。當此之時，雖漢祖安能杖劍鞭馬而取天下乎！及秦罷侯置守之後，謂罷列國諸侯分置三十六郡，郡置守也。民疲秦役，天下土崩，或歲易主，或月易公，鳥驚獸駭，莫知所從，於是豪強並爭，虎裂狼分，疾搏者獲多，遲後者見吞。今我與彼皆傳國易世矣，既非秦末鼎沸之時，實有六國並據之勢，故可爲文王，難爲漢祖。夫民之疲勞，則騷擾之兆生，上慢下暴，則瓦解之形起。諺曰：『射幸數跌，不如審發。』跌，差也，射數差而不中，不如審而後發也。書曰：若虞機張，往省括于度則釋。是故智者不爲小利移目，不爲意似改步，孔穎達曰：舉足謂之步。爲，于僞翻。時可而後動，數合而後舉，故湯、武之師不再戰而克，湯伐桀，鳴條一戰，而革夏命；武王伐紂，一戎衣而天下大定。誠重民勞而度時審也。度，徒洛翻。如遂極武黷征，征伐不欲數，數則黷。

土崩勢生，不幸遇難，難，乃旦翻。雖有智者將不能謀之矣。」姜維以數戰亡蜀，卒如譙周之言。

三年（戊寅、二五八）

1春，正月，文欽謂諸葛誕曰：「蔣班、焦彝謂我不能出而走，全端、全懌又率衆逆降，逆，迎也。降，戶江翻。此敵無備之時也，可以戰矣。」誕及唐咨等皆以爲然，遂大爲攻具，晝夜五六日攻南圍，欲決圍而出。圍上諸軍臨高發石車火箭，石車，卽砲車也。車，昌遮翻。逆燒破其攻具，矢石雨下，死傷蔽地，血流盈塹，塹，七豔翻。復還城。城內食轉竭，出降者數萬口。欽欲盡出北方人省食，與吳人堅守，誕不聽，由是爭恨。欽素與誕有隙，徒以計合，事急愈相疑。言誕、欽初以詭計苟合，事急愈相猜疑。欽見誕計事，誕遂殺欽。欽子鴦、虎將兵在小城中，鴦、虎，欽二子也；時壽春蓋別有小城。聞欽死，勒兵赴之，衆不爲用，遂單走踰城出，自歸於司馬昭。軍吏請誅之，昭曰：「欽之罪不容誅，其子固應就戮；然鴦、虎以窮歸命，且城未拔，殺之是堅其心也。」乃赦鴦、虎，使將數百騎巡城，呼曰：呼，火故翻。「文欽之子猶不見殺，其餘何懼！」又表鴦、虎皆爲將軍，賜爵關內侯。城內皆喜，且日益饑困。司馬昭身自臨圍，見城上持弓者不發，曰：「可攻矣！」知其衆無拒守之心也。乃四面進軍，同時鼓譟登城。二月，乙酉，克之。誕窘急，單馬將其麾下突小城欲出，司馬胡奮部兵擊斬之，夷其三族。誕麾下數百人，皆拱手爲列，不降，每斬一人，輒降之，降，戶江翻，下同。卒不變，以至於盡。史言諸葛誕得人心，人蒙其恩而爲之死。卒，子恤翻。吴將于詮曰：詮，且緣翻。「大丈夫受命其主，以兵救人，既不能克，又束手於敵，吾弗取也。」乃免胄冒陳而死。陳，讀曰陣。唐咨、王祚等皆降。唐咨本魏人降吴，見七十卷文帝黄初六年。吴兵萬衆，器仗山積。

司馬昭初圍壽春，王基、石苞等皆欲急攻之，昭以爲「壽春城固而衆多，攻之必力屈；若有外寇，表裏受敵，此危道也。今三叛相聚於孤城之中，三叛，謂諸葛誕、文欽、唐咨也。天其或者使同就戮，吾當以全策縻之。但堅守三面，若吴賊陸道而來，軍糧必少；吾以游兵輕騎絶其轉輸，可不戰而破也。吴賊破，欽等必成禽矣！」乃命諸軍按甲而守之，卒不煩攻而破。卒，子恤翻。議者又以爲「淮南仍爲叛逆，仍，相因也。吴兵室家在江南，不可縱，宜悉坑之。」昭曰：「古之用兵，全國爲上，戮其元惡而已。言全其國之人民，止戮其君；所謂誅其君而弔其民也。吴兵就得亡還，適可以示中國之大度耳。」一無所殺，分布三河近郡以安處之。河南，都也；河東、河内皆近京師。處，昌呂翻。拜唐咨安遠將軍，其餘裨將，咸假位號，衆皆悦服。其淮南將士吏民爲誕所脅略者，皆赦之。聽文鴦兄弟收斂父喪，給其車牛，致葬舊墓。文欽，譙人也，舊墓在焉。斂，力贍翻。

昭遺王基書曰：遺，于季翻。「初議者云云，求移者甚衆，謂前詔諸軍轉據北山。時未臨履，亦謂宜然。臨履，謂親臨其地而履行營壘處所也。將軍深算利害，獨秉固志，上違詔命，下拒衆議，終至制敵禽賊，雖古人所述，不是過也。」昭欲遣諸軍輕兵深入，招迎唐咨等子弟，因釁有滅吳之勢。王基諫曰：「昔諸葛恪乘東關之勝，竭江表之兵以圍新城，城既不拔，而衆死者大半。事見上卷邵陵厲公嘉平五年。姜維因洮西之利，輕兵深入，糧餉不繼，軍覆上邽。謂段谷之敗也。夫大捷之後，上下輕敵，輕敵則慮難不深。難，乃旦翻。今賊新敗於外，又內患未弭，謂孫綝君臣相猜。是其脩備設慮之時也。且兵出踰年，人有歸志，今俘馘十萬，罪人斯得，謂禽諸葛誕也。書曰：周公居東二年，則罪人斯得。自歷代征伐，未有全兵獨克如今之盛者也。武皇帝克袁紹於官渡，自以所獲已多，不復追奔，復，扶又翻。懼挫威也。」事見六十三卷漢獻帝建安五年。昭乃止。以基爲征東將軍、都督揚州諸軍事，進封東武侯。

習鑿齒曰：君子謂司馬大將軍於是役也，可謂能以德攻矣。左傳：晉文公城濮之勝，君子謂晉於是役也能以德攻。夫建業者異道，各有所尚而不能兼并也。故窮武之雄，斃於不仁；如夫差、智伯是也。存義之國，喪於懦退。如宋襄公是也。喪，息浪翻。今一征而禽三叛，大虜吳衆，席卷淮浦，俘馘十萬，生虜爲俘，截耳爲馘。古者戰勝，馘所格之左耳而獻之。可謂壯矣。而未及安坐，賞王基之功；種惠吳人，結異類之情；書曰：皋陶邁種德。孔安國註曰：種，布也。夫種則有穫，種惠於吳人，使歸心中國，以成他日混一之功，如種藝之有秋也。寵鴦葬欽，忘疇昔之隙；不咎誕衆，使揚土懷愧。功高而人樂其成，業廣而敵懷其德。樂，音洛翻。

武昭既敷，文算又洽，推是道也，天下其孰能當之哉！鑿齒，晉人，其辭蓋有溢美者。

2 司馬昭之克壽春，鍾會謀畫居多；昭親待日隆，委以腹心之任，時人比之子房。比之張良也。

3 漢姜維聞諸葛誕死，復還成都，復拜大將軍。維以段谷之敗，貶行大將軍事。

4 夏，五月，詔以司馬昭爲相國，漢書百官表曰：相國、丞相，皆秦官。又按蕭何傳，何自丞相拜相國；則相國尊於丞相。封晉公，食邑八郡，晉書帝紀曰：以并州之太原、上黨、西河、樂平、新興、鴈門，司州之河東、平陽，凡八郡，封爲晉公。加九錫；昭前後九讓，乃止。

5 秋，七月，吴主封故齊王奮爲章安侯。奮徙章安，見上卷邵陵厲公嘉平五年。

6 八月，以驃騎將軍王昶爲司空。昶，丑兩翻。

7 詔以關内侯王祥爲三老，鄭小同爲五更，帝率羣臣詣太學，行養老乞言之禮。記曰：凡養老，五帝憲，三王又乞言。五帝憲，養氣體而不乞言，有善則記之，以爲惇史。三王亦憲，既養老而後乞言，亦微其禮，皆有惇史。鄭玄註曰：憲，法也；養之爲法其德行，三王又從之求善言可施行也。惇史，惇厚者也。微其禮者，依違言之。更，工衡翻。小同，玄之孫也。鄭玄别傳曰：玄有子爲孔融吏，舉孝廉，融之被圍，往赴，爲賊所害；有遺腹子，以丁卯日生，而玄以丁卯歲生，故名曰小同。

8 吴孫綝以吴主親覽政事，多所難問，難，乃旦翻。甚懼；返自鑊里，遂稱疾不朝，朝，直遥翻。使弟威遠將軍據入倉龍門宿衛，古倉、蒼字通用。武衛將軍恩、偏將軍幹、長水校尉闓，闓，音開，又苦亥翻。分屯諸營，欲以自固。吴主惡之，惡，烏路翻。乃推朱公主死意，朱公主死見上卷正元二年。推，尋也，尋問公主所以見殺之意。全公主懼曰：「我實不知，皆朱據二子熊、損所白。」是時熊爲虎林督，損爲外部督，吴外部督建業外營兵。吴主皆殺之。損妻，卽孫峻妹也。綝諫，不從，由是益懼。

吴主陰與全公主及將軍劉丞謀誅綝。全后父尚爲太常、衛將軍，吴主謂尚子黄門侍郎紀曰：「孫綝專勢，輕小於孤。謂輕視之以爲幼小也。孤前敕之使速上岸，爲唐咨等作援，而留湖中不上岸一步；上，時掌翻。又委罪於朱異，擅殺功臣，不先表聞；築第橋南，綝蓋築第於朱雀橋南。不復朝見。此爲自在，無所復畏，自在，謂居處自如，不復知有君上。復，扶又翻。見，賢遍翻。不可久忍，今規取之。規，圖也。卿父作中軍都督，衛將軍督中軍。使密嚴整士馬，孤當自出臨橋，率宿衛虎騎、左右無難一時圍之，吴有左右無難督，督無難營兵。作版詔敕綝所領皆解散，不得舉手。正爾，自當得之；正爾，猶言正如此也。卿去，但當使密耳！卿宣詔卿父，勿令卿母知之；女人既不曉大事，且綝同堂姊，邂逅漏泄，誤孤非小也！」解，戶廨翻。逅，戶茂翻。紀承詔以告尚。尚無遠慮，以語紀母，母使人密語綝。語，牛倨翻。

九月，戊午，綝夜以兵襲尚，執之，遣弟恩殺劉承於蒼龍門外，劉承，卽劉丞。比明，遂圍宮。比，必寐翻。吳主大怒，上馬帶鞬執弓欲出，鞬，居言翻。戢，弓矢器。曰：「孤大皇帝適子，適，讀曰嫡。在位已五年，誰敢不從者！」侍中近臣及乳母共牽攀止之，不得出，嘆咤不食，咤，陟駕翻。罵全后曰：「爾父憒憒，憒，烏外翻。類篇曰：悶也。敗我大事！」敗，補邁翻。又遣呼紀，紀曰：「臣父奉詔不謹，負上，無面目復見。」復，扶又翻，下同。因自殺。綝使光祿勳孟宗告太廟，廢吳主爲會稽王。吳主亮時年十六。會，丁外翻。召羣臣議曰：「少帝荒病昏亂，不可以處大位，承宗廟，少，詩昭翻。處，昌呂翻，下同。已告先帝廢之。諸君若有不同者，下異議。」皆震怖，怖，普布翻。曰：「唯將軍令！」綝遣中書郎李崇奪吳主璽綬，璽，斯氏翻。綬，音受。以吳主罪班告遠近。尚書桓彝不肯署名，綝怒，殺之。典軍施正勸綝迎立琅邪王休，綝從之。吳制，中營置左右典軍。己未，綝使宗正楷與中書郎董朝楷以吳同姓爲宗正。中書郎，即晉中書侍郎之職。迎琅邪王於會稽。吳建興元年，休徙丹陽，既又徙會稽。會，工外翻。遣將軍孫耽送會稽王亮之國，亮時年十六。徙全尚於零陵，尋追殺之；遷全公主於豫章。

冬，十月，戊午，琅邪王行至曲阿，杜佑曰：曲阿，今丹陽郡丹陽縣。有老公遮王叩頭曰：「事久變生，天下喁喁。」喁，魚容翻。師古曰：喁喁，衆口向上也，又相應和聲。是日，進及布塞亭。孫綝以琅邪王未至，欲入居宮中，召百官會議，皆惶怖失色，徒唯唯而已。唯，以水翻，諾也。選曹郎虞汜曰：「明公爲國伊、周，處將相之任，汜，音祀。處，昌呂翻。擅廢立之威，將上安宗廟，下惠百姓，大小踴躍，自以伊、霍復見。今迎王未至而欲入宮，如是，羣下搖蕩，衆聽疑惑，非所以永終忠孝，揚名後世也。」綝不懌而止。汜，翻之子也。

綝命弟恩行丞相事，率百僚以乘輿法駕迎琅邪王於永昌亭。【章：甲十一行本「亭」下有「築宮，以武帳爲便殿，設御坐。己卯，王至便殿，止東廂」二十字；乙十一行本同；張校同；退齋校同。】孫恩奉上璽符，乘，繩證翻。上，時掌翻。王三讓，乃受。羣臣以次奉引，引，讀曰靷。王就乘輿，百官陪位。綝以兵千人迎於半野，拜于道側；王下車答拜。即日，御正殿，大赦，改元永安。吳主休，字子烈，吳主權第六子。孫綝稱「草莽臣」，詣闕上書，上印綬、節鉞，求避賢路。謂他有賢者進用，恐妨其路，求引身避之。吳主引見慰諭，見，賢遍翻。下詔以綝爲丞相、荆州牧，增邑五縣；綝遷大將軍，封永寧侯，今休以援立之功，增其封邑。以恩爲御史大夫、衞將軍、中軍督，封縣侯。孫據、幹、闓皆拜將軍，封侯。又以長水校尉張布爲輔義將軍，封永康侯。初，休爲王時，布爲左右督，素見信愛，及即位，遂寵任之。爲布擅吳立孫皓以亡國喪身張本。宋白曰：吳赤烏八年，分烏傷之上浦，立永康縣，屬東陽郡。

先是，丹陽太守李衡數以事侵琅邪王，休徙丹陽，見七十五卷邵陵厲公嘉平四年。先，悉薦翻。數，所角翻，下同。其妻習氏諫之，習，姓。按風俗通：漢有外黃令習一。衡不聽。琅邪王上書乞徙他郡，詔徙會稽。及琅邪王即位，李衡憂懼，謂妻曰：「不用卿言，以至於此。吾欲奔魏，何如？」妻曰：「不可。君本庶民耳，先帝相拔過重，既數作無禮，而復逆自猜嫌，復，扶又翻。

逃叛求活，以此北歸，何面目見中國人乎！【章：甲十一行本「乎」下有「衡曰：『計何所出？』妻曰」八字；乙十一行本同；張校同；退齋校同。】琅邪王素好善慕名，好，呼到翻。方欲自顯於天下，終不以私嫌殺君明矣。可自囚詣獄，表列前失，顯求受罪。如此，乃當逆見優饒，逆，迎也，言將優加其官以饒益之。非但直活而已。」衡從之。吳主詔曰：「丹陽太守李衡，以往事之嫌，自拘司敗。左傳：楚箴尹克黃，自拘於司敗。司敗，卽司寇也。夫射鉤、斬袪，在君爲君，齊桓公與公子糾爭國，管仲射桓公，中帶鉤。子糾死，桓公以管仲爲相，遂霸諸侯。晉獻公使寺人披伐蒲，公子重耳踰垣而走，披斬其袪。及重耳反國，與披謀國事，發呂、郤之謀，薦趙衰守原。爲，于僞翻。其遣衡還郡，勿令自疑。」又加威遠將軍，授以棨戟。果如習氏所料。

己丑，吳主封故南陽王和子皓爲烏程侯。和死，皓全，見上卷邵陵厲公嘉平五年。羣臣奏立皇后、太子，吳主曰：「朕以寡德，奉承洪業，涖事日淺，恩澤未敷，后妃之號，嗣子之位，非所急也。」有司固請，吳主不許。

孫綝奉牛酒詣吳主，吳主不受，齎詣左將軍張布；酒酣，出怨言曰：「初廢少主時，多勸吾自爲之者；吾以陛下賢明，故迎之。帝非我不立，今上禮見拒，是與凡臣無異，當復改圖耳。」上，時掌翻。復，扶又翻。布以告吳主，綝以布爲吳主所信倚，故詣之，酒酣失言，遂以賈禍。綝之凶愚，其赤族宜矣。吳主銜之，恐其有變，數加賞賜。數，所角翻。戊戌，吳主詔曰：「大將軍掌中外諸軍事，事統煩多，其加衞將軍、御史大夫恩侍中，與大將軍分省諸事。」分綝之權也。或有告綝懷怨侮上，欲圖反者，吳主執以付綝，綝殺之，由是益懼，因孟宗求出屯武昌，吳主許之。綝盡敕所督中營精兵萬餘人，皆令裝載；中營兵，卽中軍也。吳人謂裝船爲裝載。綝欲以此兵自隨，上武昌。載，才再翻。車船裝物皆曰載，詩云：載輸爾載。又取武庫兵器，吳主咸令給與。綝求中書兩郎典知荆州諸軍事，主者奏中書不應外出，吳主特聽之。其所請求，一無違者。

將軍魏邈說吳主曰：「綝居外，必有變。」說，輸芮翻。武衞士施朔又告綝謀反。武衞士，武衞之士也。吳主將討綝，密問輔義將軍張布，布曰：「左將軍丁奉，雖不能吏書，而計略過人，能斷大事。」斷，丁亂翻。吳主召奉告之，且問以計畫，奉曰：「丞相兄弟支黨甚盛，恐人心不同，不可卒制；卒，讀曰猝。可因臘會有陛兵以誅之。」陛兵，宿衞之兵夾殿陛者，所謂「陛戟之士」。吳主從之。

十二月，丁卯，建業中謠言明會有變，明會，明日臘會也。吳以土德王，用辰臘。綝聞之，不悅。夜，大風，發屋揚沙，綝益懼。戊辰，臘會，綝稱疾不至；吳主强起之，强，其兩翻。使者十餘輩，綝不得已，將入，衆止焉。綝曰：「國家屢有命，不可辭。可豫整兵，令府内起火，因是可得速還。」遂入，尋而火起，尋，繼時也。綝求出，吳主曰：「外兵自多，不足煩丞相也。」綝起離席，離，力智翻。奉、布目左右縛之。綝叩頭曰：「願徙交州。」吳主曰：「卿何不徙滕胤、呂據於交州乎！」綝復曰：復，扶又翻。「願没爲官奴。」吴主曰：「卿何不以胤、據爲奴乎！」胤、據死，見上甘露元年。遂斬之。以綝首令其衆曰：「諸與綝同謀者，皆赦之。」放仗者五千人。孫闓乘船欲降北，追殺之。闓，音開，又可亥翻。綝之諸弟據、恩、幹、蓋已就誅，獨闓走，欲投北。降，戶工翻。夷綝三族，發孫峻棺，取其印綬，斲其木而埋之。古者棺椁厚薄皆有度，斲而薄之以示貶。

己巳，吴主以張布爲中軍督。改葬諸葛恪、滕胤、呂據等，其罹恪等事遠徒【章：甲十一行本「徒」作「徙」；乙十一行本同；張校同。】者，一切召還。朝臣有乞爲諸葛恪立碑者，爲，于僞翻。吴主詔曰：「盛夏出軍，士卒傷損，無尺寸之功，不可謂能；受託孤之任，死於豎子之手，不可謂智。」遂寢。恪死見上卷嘉平五年。

9 初，漢昭烈留魏延鎮漢中，事見六十八卷漢獻帝建安二十四年。皆實兵諸圍以禦外敵，敵若來攻，使不得入。及興勢之役，王平捍拒曹爽，事見七十四卷邵陵厲公正始五年。皆承此制。及姜維用事，建議以爲「錯守諸圍，錯，倉故翻。適可禦敵，不獲大利。不若使敵至，諸圍皆斂兵聚穀，退就漢、樂二城，諸葛亮築漢、樂二城，見七十一卷明帝太和三年。聽敵入平，謂縱敵使入平地也。重關頭鎮守以捍之，令游軍旁出以伺其虚。敵攻關不克，野無散穀，千里運糧，自然疲乏；引退之日，然後諸城並出，與游軍幷力搏之，此殄敵之術也。」於是漢主令督漢中胡濟卻住漢壽，監軍王含守樂城，樂城，在沔陽東山上，周三十里，甚嶮固，諸葛亮所築。沔水逕其北，又北逕西樂城東，而北流注于漢。護軍蔣斌守漢城。姜維自棄險要以開狡焉啓疆之心，書此爲亡蜀張本。斌，音彬。

四年（己卯、二五九）

1 春，正月，黄龍二見寧陵井中。見，賢遍翻，下同。先是，頓丘、冠軍、陽夏井中屢有龍見，陳壽志曰：去年青龍仍見頓丘、冠軍、陽夏縣界井中。寧陵縣，前漢屬陳留郡，後漢、魏屬梁國。頓丘縣，漢屬東郡，魏屬魏郡。冠軍縣，屬南陽郡。陽夏縣，漢屬陳國，魏屬梁國。先，悉薦翻。夏，音賈。羣臣以爲吉祥，帝曰：「龍者，君德也。上不在天，下不在田，而數屈於井，數，所角翻。非嘉兆也。」作潛龍詩以自諷，司馬昭見而惡之。帝有誅昭之志，不務養晦，而憤鬱之氣見於辭而不能自揜，蓋亦淺矣，此其所以死於權臣之手乎！惡，烏路翻。

2 夏，六月，京陵穆侯王昶卒。

3 漢主封其子諶爲北地王，諶，時壬翻。恂爲新興王，虔爲上黨王。尚書令陳祗以巧佞有寵於漢主，姜維雖位在祗上，而多率衆在外，希親朝政，權任不及祗。秋，八月，丙子，祗卒；漢主以僕射義陽董厥爲尚書令，尚書諸葛瞻爲僕射。

4 冬，十一月，車騎將軍孫壹爲婢所殺。二年，孫壹來降。

5 是歲，以王基爲征南將軍，都督荆州諸軍事。據晉書文帝紀，時分荆州爲二都督，基鎮新野，州泰鎮襄陽。

元皇帝上諱奐，字景明，武帝之孫，燕王宇之子也。甘露二年，封安次縣常道鄉公。謚法：行義說民曰元。

帝本名璜，即位，改名奐。

景元元年（庚辰、二六〇）是年六月，方改元。

1春，正月，朔，日有食之。

2夏，四月，詔有司率遵前命，復進大將軍昭位相國，封晉公，加九錫。遵前年之命也。復，扶又翻。

3帝見威權日去，不勝其忿。勝，音升。五月，己丑，召侍中王沈、沈，持林翻，下同。尚書王經、散騎常侍王業，謂曰：「司馬昭之心，路人所知也。言路人亦知其將篡。吾不能坐受廢辱，今日當與卿自出討之。」卿下當有等字。王經曰：「昔魯昭公不忍季氏，敗走失國，爲天下笑。魯季氏世執魯國之政。至昭公時，伐之，不勝，公孫于齊，次于陽州，死于乾侯。事見左傳。今權在其門，爲日久矣，朝廷四方皆爲之致死，爲，于僞翻。不顧逆順之理，非一日也。且宿衛空闕，兵甲寡弱，陛下何所資用；而一旦如此，無乃欲除疾而更深之邪！禍殆不測，宜見重詳。」重，直用翻。重，再也。詳，審也。帝乃出懷中黃素詔投地說文曰：素，白緻繒也。此黃素詔者，蓋以白緻繒染爲黃色以書詔。曰：「行之決矣！正使死何懼，況不必死邪！」於是入白太后。沈、業奔走告昭，呼經欲與俱，經不從。帝禮遇王沈，呼爲文籍先生，而臨變乃爾，吁！考異曰：世語曰：經因沈、業申意。今從晉諸公贊。帝遂拔劍升輦，率殿中宿衞蒼頭官僮鼓譟而出。昭弟屯騎校尉伷遇帝於東止車門，左右呵之，伷衆奔走。伷，讀曰胄。中護軍賈充自外入，逆與帝戰於南闕下，帝自用劍。衆欲退，騎督成倅弟太子舍人濟問充曰：「事急矣，當云何？」充曰：「司馬公畜養汝等，畜，許六翻。騎督，督騎兵。晉志：太子舍人職比散騎、中書等侍郎。時未立太子，不應置東宮官屬；濟本昭之私人，授以是官耳。騎，奇寄翻。倅，七內翻。正爲今日。爲，于僞翻。今日之事，無所問也！」濟卽抽戈前刺帝，殞于車下。時年二十。刺，七亦翻。昭聞之，大驚，自投於地。太傅孚奔往，枕帝股而哭甚哀，枕帝於股也。左傳：齊崔杼弑其君光，晏子枕尸股而哭之，三踊而出。枕，職任翻。曰：「殺陛下者，臣之罪也！」

昭入殿中，召羣臣會議。尚書左僕射陳泰不至，昭使其舅尚書荀顗召之，泰曰：「世之論者以泰方於舅，方，比也。今舅不如泰也。」言顗阿附司馬氏，而己忠於魏室。子弟內外咸共逼之，乃入，見昭，悲慟，昭亦對之泣曰：「玄伯，陳泰，字玄伯。卿何以處我？」處，昌呂翻。泰曰：「獨有斬賈充，少可以謝天下耳。」少，詩沼翻。考異曰：魏氏春秋曰：「帝之崩也，太傅司馬孚、尚書右僕射陳泰枕帝尸於股，號哭盡哀。大將軍入禁中，泰見之悲慟，大將軍亦對之泣，謂曰：『玄伯其如我何？』泰曰：『獨有斬賈充，少可以謝天下耳。』大將軍久之曰：『卿更思其他。』泰曰：『豈可使泰復發後言！』遂歐血薨。」裴松之以爲違實。今從干寶晉紀。昭久之曰：「卿更思其次。」泰曰：「泰言惟有進於此，言當以弑君之罪罪昭。

不知其次。」昭乃不復更言。復，扶又翻。顗，彧之子也。彧，於六翻。

太后下令，罪狀高貴鄉公，廢爲庶人，葬以民禮。收王經及其家屬付廷尉。經謝其母，母顏色不變，笑而應曰：「人誰不死，正恐不得其所；以此幷命，何恨之有！」非此母不生此子。及就誅，故吏向雄哭之，哀動一市。向，姓也，音式亮翻。王沈以功封安平侯。庚寅，太傅孚等上言，請以王禮葬高貴鄉公，太后許之。

使中護軍司馬炎迎燕王宇之子常道鄉公璜於鄴，水經註曰：白祀溝水出廣陽縣之婁城東，東南逕常道城西，故鄉亭也，西去良鄉城四十里，魏少帝璜所封也。廣陽，故燕國。以爲明帝嗣。炎，昭之子也。

4 辛卯，羣公奏太后自今令書皆稱詔制。羣公，自上公、三公至諸從公也。

5 癸卯，司馬昭固讓相國、晉公、九錫之命，太后詔許之。

6 戊申，昭上言：「成濟兄弟大逆不道，夷其族。」

7 六月，癸丑，太后詔常道鄉公更名奐。更，工衡翻。甲寅，常道鄉公入洛陽，是日，卽皇帝位，年十五，大赦，改元。

8 丙辰，詔進司馬昭爵位九錫如前，昭固讓，乃止。

9 癸亥，以尚書右僕射王觀爲司空。

10 吳都尉嚴密建議作浦里塘，據范書方術傳：浦里塘在丹陽郡宛陵縣界。陳志濮陽興傳亦云：嚴密建丹陽湖田，作浦里塘。羣臣皆以爲難；唯衞將軍陳留濮陽興以爲可成，濮陽，以邑爲姓。陳留風俗傳，漢有長沙太守濮陽逸。吳主休居會稽時，興爲太守，深與相結，及卽位，遂與張布並見信用。遂會諸軍民就作，功費不可勝數。勝，音升。士卒多死亡，民大愁怨。

11 會稽郡謠言王亮當還爲天子，而亮宮人告亮使巫禱祠，有惡言，有司以聞。吳主黜亮爲候官侯，遣之國；晉志曰：建安郡，故秦閩中郡，漢高祖以封閩越王。及武帝滅之，徙其人，名爲東冶，後漢改爲候官都尉。吳置建安郡，以候官爲縣屬焉。宋白曰：漢武帝元鼎六年，立都尉，居候官以禦兩越，所謂南北一候也。亮自殺，衞送者皆伏罪。

12 冬，十月，陽鄉肅侯王觀卒。謚法：剛德克就曰肅。

13 十一月，詔尊燕王，待以殊禮。

14 十二月，甲午，以司隸校尉王祥爲司空。

15 尚書王沈爲豫州刺史。初到，下教敕屬城及士民曰：「若有能陳長吏可否，長，知兩翻。說百姓所患者，給穀五百斛。若說刺史得失，朝政寬猛者，給穀千斛。」主簿陳廞、褚䂮廞，許今翻，䂮，力灼翻。入白曰：「教旨思聞苦言，示以勸賞。竊恐拘介之士或憚賞而不言，貪昧之人將慕利而妄舉。苟不合宜，賞不虛行，則遠聽者未知當否之所在，當，丁浪翻。徒見言之不用，因謂設而不行。愚以爲告下之事，可少須後。」須，待也。沈又教曰：「夫興益於上，受分於下，興益，謂進言有益於上也。受分，謂受賞也。斯乃君子之操，何不言之有！」褚䂮復白曰：復，扶又翻。下同。「堯、舜、周公所以能致忠諫者，以其款誠之心著也。冰炭不言而冷熱之質自明者，以其有實也。若好忠直，好，呼到翻。如冰炭之自然，則諤諤之言將不求而自至。若德不足以配唐、虞，配，合也。明不足以並周公，實不可以同冰炭，雖懸重賞，忠諫之言未可致也。」沈乃止。

二年（辛巳、二六一）

1春，三月，襄陽太守胡烈襄陽縣，漢屬南郡。沈約曰：魏武平荆州，分南郡編以北及南陽之山都立襄陽郡。表言：「吳將鄧由、李光等十八屯同謀歸化，遣使送質任，質，音致。欲令郡兵臨江迎拔。」詔王基部分諸軍徑造沮水以迎之。造，七到翻。應劭曰：沮水出漢中房陵東入江。師古曰：沮，千余翻。南郡臨沮縣以臨沮水得名。水經註曰：自臨沮界東南過枝江縣，又東南入于江。「若由等如期到者，便當因此震蕩江表。」基馳驛遺司馬昭書，遺，于季翻，下同。說由等可疑之狀，「且當清澄，謂事之虛實未定，如水之混濁，莫測其淺深，且當清澄以俟之；蓋亦當時常語也。未宜便舉重兵深入應之。」又曰：「夷陵東西皆險陿，陿，與狹同。竹木叢蔚，卒有要害，弩馬不陳。蔚，音尉，又紆勿翻。卒，讀曰猝。謂猝然敵人於要害之地設伏邀擊，弩馬不得陳其力也。今者筋角濡弱，考工記：弓人爲弓，冬析幹，春液角，夏治筋，秋合三材。春液角，夏治筋，以陽煦而筋角濡滑也。冬析幹，秋合三材，以陰凝而堅緻也。春夏之交，陽氣蒸潤，筋角濡弱，則弓弩之力不勁。水潦方降，廢盛農之務，要難必之利，此事之危者也。要，一遙翻。姜維之趣上邽，趣，七喻翻。文欽之據壽春，皆深入求利，以取覆沒，此近事之鑒戒也。嘉平已來，累有內難，謂曹爽兄弟既死，累有廢立之事，毌丘儉、諸葛誕相繼而舉兵也。難，乃旦翻。當今之宜，當務鎮安社稷，撫寧上下，力農務本，懷柔百姓，未宜動衆以求外利也。」昭累得基書，意狐疑，敕諸軍已上道者，且權停住所在，令各就其所至之地而住軍也。須候節度。須，待也。基復遺昭書曰：「昔漢祖納酈生之説，欲封六國，寤張良之謀而趣銷印。事見十卷漢高帝三年。復，扶又翻；下同。趣，讀曰促。基謀慮淺短，誠不及留侯，亦懼襄陽有食其之謬。」食其，音異基。昭於是罷兵，報基書曰：「凡處事者多曲相從順，鮮能確然共盡理實，處，昌呂翻。鮮，息淺翻。誠感忠愛，每見規示，輒依來旨，已罷軍嚴。」既而由等果不降。降，戶江翻。烈，奮之弟也。

2 秋，八月，甲寅，復命司馬昭進爵位如前，不受。

3 冬，十月，漢主以董厥爲輔國大將軍，諸葛瞻爲都護、衞將軍，共平尚書事，以侍中樊建爲尚書令。時中常侍黃皓用事，厥、瞻皆不能矯正，揉曲使直曰矯。士大夫多附之，唯建不與皓往來。祕書令郤正久在內職，與皓比屋，比，毗至翻，近也，並也，聯也；又簿必翻，相次也。周旋三十餘年，澹然自守，以書自娛，既不爲皓所愛，亦不爲皓所憎，故官不過六百石，祕書令，秩六百石。而亦不罹其禍。漢主弟甘陵王永憎皓，皓譖之，使十年不得朝見。朝，直遙翻。見，賢遍翻。

吳主使五官中郎將薛珝聘于漢，珝，況羽翻。及還，吳主問漢政得失，對曰：「主闇而不知其過，臣下容身以求免罪，入其朝不聞直言，經其野民皆菜色。臣聞燕雀處堂，子母相樂，以爲至安也，突決棟焚，而燕雀怡然不知禍之將及，其是之謂乎！」魏相子順引先人之言也。嗚呼！蜀之亡形成矣，薛珝見而知之。濮陽興、張布用事，浦里塘之役，吳民愁怨，韋昭、盛沖以切直而不得居王所，珝亦知之否邪？知而不言，無亦容身而求免罪邪？處，昌呂翻。樂，音洛。珝，綜之子也。薛綜見七十二卷明帝青龍元年。

4 是歲，鮮卑索頭部大人拓跋力微始遣其子沙漠汗入貢，因留爲質。索，昔各翻。汗，音寒。質，音致。力微之先，世居北荒，不交南夏。魏收曰：魏之先出自黃帝，黃帝子曰昌意，昌意少子受封北國，有大鮮卑山，因以爲號。黃帝以土德王，北人謂土爲「托」，謂后爲「拔」，故以爲氏。或曰：自謂托天而生，拔地而長，故爲托拔氏。蕭子顯曰：匈奴女名托跋，妻李陵，胡俗以母爲姓，故爲李陵之後而甚諱之，有言其是陵後者，輒見殺。夏，戶雅翻。至可汗毛，始強大，可汗，北方之尊稱，猶漢時之單于也。宋白曰：虜俗呼天爲汗。可，讀如渴。汗，何干翻。統國三十六，大姓九十九；後五世至可汗推寅，魏書曰：漢桓帝時，鮮卑檀石槐分其地爲東西三部，其大人曰置鞬落羅，曰律推演、宴荔游等，皆爲大帥。推演，蓋卽推寅也。按魏收魏書帝紀：毛死，貸立；貸死，觀立；觀死，樓立；樓死，越立；越死，推寅立。推寅，蓋俗云鑽研之義。南遷大澤；又七世至可汗鄰，推寅死，利立；利死，俟立；俟死，肆立；肆死，機立；機死，蓋立；蓋死，儈立；儈死，鄰立。使其

兄弟七人及族人乙旃氏、車焜氏車，昌遮翻。焜，胡昆翻，又公渾翻，又古本翻。**分統部衆爲十族，**按魏書官氏志：毛統國有九十九姓，至鄰，七分國人，使諸兄弟各攝領之。乃分其氏，以兄爲紇骨氏，後改爲胡氏；次兄爲普氏，後改爲周氏；次兄爲拔拔氏，後改爲長孫氏。弟爲達奚氏，後改爲奚氏；次弟爲伊婁氏，後改爲伊氏；次弟爲丘敦氏，後改爲丘氏；次弟爲俟氏，後改爲亥氏。七族之興，自此始也。又命叔父之胤曰乙旃氏，後改爲叔孫氏。又命疏族爲車焜氏，後改爲車氏。凡與托拔氏爲十姓，百世不通婚。**鄰老，以位授其子詰汾，使南遷，遂居匈奴故地。詰汾卒，力微立，復徙居定襄之盛樂，**漢定襄郡有成樂縣，後漢屬雲中郡。建安二十年，併雲中、定襄、五原、朔方爲新興郡，郡止置一縣，以屬新興；而盛樂故縣棄之荒外，故力微得居之。後魏既盛，南都平城，置盛樂宮於其地，永熙中，又置盛樂郡。復，扶又翻。**部衆浸盛，諸部皆畏服之。**拓跋氏始見于此。鮮卑軻比能與魏爲敵者也。軻比能死，北邊差安，而拓跋氏盛矣，爲後魏張本。

王崇武標點容肇祖聶崇岐覆校

資治通鑑卷第七十八

翰林學士兼侍讀學士朝散大夫右諫議大夫知制誥判尚書都省兼提舉萬壽觀公事柱國河内郡開國侯食邑一千三百户食實封二百户賜紫金魚袋臣司馬光　奉敕編集

後學天台胡三省　音註

魏紀十

起玄黓敦牂（壬午），盡閼逢涒灘（甲申），凡三年。涒，音暾。

元皇帝下

景元三年（壬午、二六二）

1 秋，八月，乙酉，吳主立皇后朱氏，朱公主之女也。戊子，立子䨻爲太子。䨻，烏關翻。據吳志，吳主休爲四子作名字，䨻，音湖水灣澳之灣，非先有此音也。

2 漢大將軍姜維將出軍，右車騎將軍廖化曰：「兵不戢，必自焚，伯約之謂也。左傳，魯衆仲曰：兵，猶火也，不戢，將自焚。姜維，字伯約。廖，力救翻，今力弔翻。智不出敵而力小於寇，用之無厭，將何以存！」謂較智則不出於敵人之上，而較力則又弱小也。厭，於鹽翻。冬，十月，維入寇洮陽，洮陽，洮水之陽也。洮水之陰，魏不置郡縣，維渡洮而攻之也。沙州記曰：嵹城東北三百里有曾城，臨洮水，曰洮陽城。杜佑曰：臨洮郡城本洮陽城，臨洮水。洮，土刀翻。鄧艾與戰於侯和，破之，維退住沓中。水經註：

洮水逕洮陽城，又東逕共和山南，城在四山中，又東逕迷和城北。意侯和即此地也。沓中在諸羌中，即沙漒之地。晉張駿據河西，因前趙之亂，收河南地，至于狄道，置武街、石門、侯和、漒川、甘松五屯護軍，與後趙分境。乞伏熾盤攻漒川，師次沓中。則侯和之地在塞內，沓中之地在羌中明矣。初，維以羈旅依漢，維降漢見七十一卷明帝太和元年。身受重任，興兵累年，功績不立。黄皓用事於中，與右大將軍閻宇親善，陰欲廢維樹宇。維知之，言於漢主曰：「皓姦巧專恣，將敗國家，請殺之！」敗，補邁翻。漢主曰：「皓趨走小臣耳，往董允每切齒，事見七十四卷邵陵厲公正始六年。吾常恨之，君何足介意！」維見皓枝附葉連，懼於失言，遜辭而出。漢主敕皓詣維陳謝。維由是自疑懼，此維未出洮陽以前事也。返自洮陽，因求種麥沓中，不敢歸成都。司馬昭因是決計絆維於沓中而伐蜀。

3 吳主以濮陽興爲丞相，廷尉丁密、光禄勳孟宗爲左右御史大夫。漢成帝綏和元年，罷御史大夫，置大司空，世祖中興因之。獻帝建安十三年，罷司空，復置御史大夫，未嘗分左右也，蓋吳分之。初，興爲會稽太守，會，工外翻。守，式又翻。吳主在會稽，興遇之厚；左將軍張布嘗爲會稽王左右督將，吳主休先封琅邪王，徙居會稽，自會稽入立，未嘗封會稽王也。「會稽」，當作「琅邪」。將，即亮翻。故吳主即位，二人皆貴寵用事，布典宮省，興關軍國，以佞巧更相表裏，更，工衡翻。吳人失望。

吳主喜讀書，喜，許記翻。欲與博士祭酒韋昭、博士盛沖講論，前漢五經博士有僕射一人，東漢轉爲祭酒。胡廣曰：官名祭酒，皆一位之元長也。古禮賓客得主人饌，老者一人舉酒以祭於地，舊說以爲示有先。

沈約志曰：吳王濞爲劉氏祭酒。夫祭祀以酒爲本，長者主之，故以祭酒爲稱。漢侍中、魏散騎常侍高功者並爲祭酒。公府祭酒，漢末有之。張布以昭、沖切直，恐其入侍，言己陰過，固諫止之。吳主曰：「孤之涉學，羣書略徧，但欲與昭等講習舊聞，亦何所損！君特當恐昭等道臣下姦慝，故不欲令入耳。如此之事，孤已自備之，不須昭等然後乃解也。」布皇恐陳謝，且言懼妨政事，吳主曰：「王務、學業，其流各異，不相妨也，王務，猶言王事也。此無所爲非，而君以爲不宜，是以孤有所及耳。不圖君今日在事更行此於孤也，良甚不取！」布拜表叩頭。據陳壽志，自孤之涉學已下，皆詔答之語，布得詔惶恐，以表陳謝，重自序述，吳主又面答之。自王務學業以下，皆面答之語也。所謂今日在事更行此於孤，蓋比之孫綝，以綝擅權之時，不使吳主親近儒生也。於是布拜叩頭，未嘗再上表也。此「表」字衍。在事者，在官任事也。吳主曰：「聊相開悟耳，何至叩頭乎！如君之忠誠，遠近所知，吾今日之巍巍，皆君之功也。詩云：『靡不有初，鮮克有終。』詩大雅蕩之辭。鮮，息淺翻。終之實難，君其終之。」然吳主恐布疑懼，卒如布意，卒，子恤翻。廢其講業，不復使昭等入。復，扶又翻。

4 譙郡嵇康，晉書曰：康之先姓奚，會稽上虞人，以避怨徙譙郡銍縣，銍有嵇山，家於其側，因以命氏。文辭壯麗，好言老、莊而尚奇任俠，俠，戶頰翻。與陳留阮籍、籍兄子咸，姓譜：殷有阮國，在岐、渭之間。周詩有侵阮徂共之辭，子孫以國爲姓。後漢有已吾令阮敦。河內山濤、河南向秀、向，式亮翻。琅邪王戎、沛國劉伶特相友善，號竹林七賢。皆崇尚虛無，輕蔑禮法，縱酒昏酣，遺落世事。

阮籍爲步兵校尉，其母卒，籍方與人圍碁，對者求止，籍留與決賭。與決勝負也。既而飲酒二斗，舉聲一號，吐血數升，毀瘠骨立。骨立者，言其瘠甚，身肉俱消，唯骨立也。號，戶刀翻。吐，土故翻。居喪，飲酒無異平日。司隸校尉何曾惡之，惡，烏路翻。面質籍於司馬昭座質，正也，面以正義責之也。曰：「卿，縱情、背禮、敗俗之人，今忠賢執政，綜核名實，若卿之曹，不可長也！」背，蒲妹翻。敗，補邁翻。長，知兩翻。因謂昭曰：「公方以孝治天下，治，直之翻。而聽阮籍以重哀飲酒食肉於公座，何以訓人！宜擯之四裔，無令汙染華夏。」汙，烏故翻。昭愛籍才，常擁護之。昭之讓九錫也，籍爲公卿爲勸進牋，辭甚清壯，故昭愛其才。曾，夔之子也。何夔見六十三卷漢獻帝建安五年。

阮咸素幸姑婢；姑將婢去，咸方對客，遽借客馬追之，累騎而還。累，重也，兩人共馬，謂之累騎。還，音旋，又如字。

劉伶嗜酒，常乘鹿車，賢曰：鹿車，言其小僅可容鹿也。攜一壺酒，使人荷鍤隨之，荷，下可翻。鍤，側洽翻，鍫也。曰：「死便埋我。」當時士大夫皆以爲賢，爭慕效之，謂之放達。

鍾會方有寵於司馬昭，聞嵇康名而造之，造，七到翻。康箕踞而鍛，康性巧而好鍛。鍛，都玩翻。小冶也。不爲之禮。會將去，康曰：「何所聞而來，何所見而去？」會曰：「聞所聞而來，見所見而去！」遂深銜之。

山濤爲吏部郎，魏尚書郎有二十三員，吏部其一也。舉康自代；康與濤書，自說不堪流俗，而非薄湯、武。昭聞而怒之。湯、武革命，而康非薄之，故昭聞而怒。康與東平呂安親善，安兄巽誣安不孝，康爲證其不然。爲，于僞翻。會因譖「康嘗欲助毌丘儉，言毌丘儉反，而康欲助之。毌，音無。且安、康有盛名於世，而言論放蕩，害時亂教，宜因此除之。」昭遂殺安及康。康嘗詣隱者汲郡孫登，晉泰始二年，始分河內爲汲郡，史追書也。登曰：「子才多識寡，難乎免於今之世矣！」

司馬昭患姜維數爲寇，官騎路遺求爲刺客入蜀，官騎，騶騎也。數，所角翻。騎，奇寄翻。從事中郎荀勖曰：「明公爲天下宰，宜杖正義以伐違貳，違，離也，背也。貳，攜貳也，兩屬也。而以刺客除賊，非所以刑于四海也。」毛萇曰：刑，法也。韓嬰曰：刑，正也。昭善之。勖，爽之曾孫也。荀爽，淑之子也，漢末爲公。

昭欲大舉伐漢，朝臣多以爲不可，獨司隸校尉鍾會勸之。昭諭衆曰：「自定壽春以來，息役六年，治兵繕甲以擬二虜。治，直之翻。今吳地廣大而下濕，攻之用功差難，不如先定巴蜀，三年之後，因順流之勢，水陸並進，此滅虢取虞之勢也。春秋，晉獻公滅虢，因以滅虞，此言滅蜀乘勢可以滅吳也。計蜀戰士九萬，居守成都及備他境不下四萬，然則餘衆不過五萬。今絆姜維於沓中，絆，博漫翻。縶足曰絆。使不得東顧，直指駱谷，出其空虛之地以襲漢中，以劉禪之闇，而邊城外破，士女內震，其亡可知也。」乃以鍾會爲鎭西將軍，都督關中。征西將軍鄧艾以爲蜀未有釁，屢陳異議；善用兵者，觀釁而動，此艾所以陳異議也。昭使主簿師纂爲艾司馬以諭之，姓譜：師，古者掌樂之官，因以爲氏。艾乃奉命。

姜維表漢主：「聞鍾會治兵關中，欲規進取，宜並遣左右車騎張翼、廖化，時張翼爲左車騎將軍，廖化爲右車騎將軍。督諸軍分護陽安關口陽安關口，意卽陽平關也。及陰平之橋頭，杜佑曰：陰平橋頭在文州界。以防未然。」黄皓信巫鬼，謂敵終不自致，致，至也，又詣也，送也。啓漢主寢其事，羣臣莫知。

四年（癸未、二六三）

1春，正【章：甲十一行本「正」作「二」；乙十一行本同；孔本同；張校同；退齋校同。】月，復命司馬昭進爵位如前；如元年之詔也。復，扶又翻。又辭不受。

2吳交趾太守孫諝貪暴，諝，私呂翻。爲百姓所患；會吳主遣察戰鄧荀至交趾，裴松之曰：察戰，吳官號，今揚都有察戰巷。荀擅調孔爵三十頭送建業，調，徒弔翻。民憚遠役，因謀作亂。夏，五月，郡吏呂興等殺諝及荀，遣使來請太守及兵，九眞、日南皆應之。

3詔諸軍大舉伐漢，遣征西將軍鄧艾督三萬餘人自狄道趣甘松、沓中，甘松，本生羌之地，張駿置甘松護軍，乞伏國仁置甘松郡。後魏時，白水羌朝貢，置甘松縣，太和六年，改置扶州。隋改甘松爲嘉誠縣，屬同昌郡。唐武德初，置松州，取甘松嶺爲名，且其地產甘松也。杜佑曰：甘松嶺，江水發源之地，甘松山在今交川郡境，今臨洮和政郡之南及合川郡之地。新唐書曰：甘松山在洮水之西，吐谷渾居山之陽。以連綴姜維；雍州刺史諸葛緒督三萬餘人自祁山趣武街橋頭，絕維歸路。賢曰：下辨縣屬武都郡，今城州同谷縣，舊名武街城。水經註：濁水逕武街城南。又曰：白水出臨洮縣西傾山東南，逕陰平故城南，又東北逕橋頭。雍，於用翻。鍾會統十餘萬衆分從斜谷、駱谷、子午谷趣漢中。斜，余遮翻。谷，音浴。趣，七喻翻。以廷尉衛瓘持節監艾、會軍事，行鎮西軍司。鍾會時爲鎮西將軍，瓘既監艾、會軍，又行會軍司。監，古銜翻。瓘，覬之子也。衛覬歷事武帝、文帝、明帝。覬，音冀。

會過幽州刺史王雄之孫戎，王雄刺幽州，遣勇士刺殺軻比能。問：「計將安出？」戎曰：「道家有言，『爲而不恃。』老子道經之言。非成功難，保之難也。」或以問參相國軍事平原劉寔曰：「鍾、鄧其平蜀乎？」寔曰：「破蜀必矣，而皆不還。」客問其故，寔笑而不答。鍾、鄧之禍，識者固知之矣。

秋，八月，軍發洛陽，大賚將士，賚，來代翻，賜也。陳師誓衆。將軍鄧敦謂蜀未可討，司馬昭斬以徇。

漢人聞魏兵且至，乃遣廖化將兵詣沓中爲姜維繼援，張翼、董厥等詣陽安關口爲諸圍外助。大赦，改元炎興。敕諸圍皆不得戰，退保漢、樂二城，用姜維之言也。城中各有兵五千人。翼、厥北至陰平，聞諸葛緒將向建威，留住月餘待之。鍾會率諸軍平行至漢中。九月，鍾會使前將軍李輔統萬人圍王含於樂城，護軍荀愷圍蔣斌於漢城。斌，音彬。考異曰：晉書文紀作「部將易愷」，今從魏志。會徑過西趣陽安口，遣人祭諸葛亮墓。諸葛亮葬沔陽。

初，漢武興督蔣舒在事無稱，宋白曰：武興，漢武都沮縣地。元和郡國志曰：興州城卽古武興城也，蜀以處當衝要，置武興督以守之。無稱，言其庸庸無可稱者。漢朝令人代之，朝，直遙翻。使助將軍傅僉守關口，舒由是恨。鍾會使護軍胡烈爲前鋒，攻關口。舒詭謂僉曰：「今賊至不擊而閉城自守，非良圖也。」僉曰：「受命保城，惟全爲功；今違命出戰，若喪師負國，喪，息浪翻。死無益矣。」舒曰：「子以保城獲全爲功，我以出戰克敵爲功，請各行其志。」遂率其衆出；僉謂其戰也，不設備。使舒果迎戰，亦未可保其必勝，僉何爲不設備邪？關城失守，僉亦有罪焉。舒率其衆迎降胡烈，降，戶江翻。烈乘虛襲城，僉格鬬而死。僉，肜之子也。傅肜死事見六十九卷文帝黃初三年。肜，余中翻。鍾會聞關口已下，長驅而前，大得庫藏積穀。藏，徂浪翻。

鄧艾遣天水太守王頎直攻姜維營，前漢天水郡，後漢改曰漢陽郡，魏復曰天水。頎，渠希翻。隴西太守牽弘邀其前，金城太守楊欣趣甘松。維聞鍾會諸軍已入漢中，引兵還，欣等追躡於強川口，大戰，強川口，在彊臺山南。彊臺山，卽臨洮之西傾山。闞駰曰：強水出陰平西北強山，一曰強川。姜維之還也，鄧艾遣王頎追敗之於強口，卽是地也。維敗走。聞諸葛緒已塞道屯橋頭，塞，悉則翻。乃從孔函谷入北道，欲出緒後；緒聞之，卻還三十里。維入北道三十餘里，聞緒軍卻，尋還，從橋頭過，緒趣截維，較一日不及。言較遲一日，遂不及維也。維遂還至陰平，合集士衆，欲赴關城；【章：甲十一行本「城」下有「未到」二字；乙十一行本同；孔本同；張校同；退齋校同。】聞其已破，退趣白水，遇廖化、張翼、董厥等，合兵守劍閣以拒會。水經註：小劍戍西去大劍山三十里，連山絕險，飛閣通衢，故謂之劍閣。華陽國志曰：廣漢郡德陽縣有劍閣道三十里，至險。祝穆曰：劍門，漢屬廣漢郡，爲葭萌縣地，蜀先主以霍峻爲梓潼太守，有劍閣縣。苻秦使徐成寇蜀，攻二劍，克之，始有二劍之號。

4 安國元侯高柔卒。

5 冬，十月，漢人告急於吳。甲申，吳主使大將軍丁奉督諸軍向壽春；將軍留平就施績於南郡，議兵所向；將軍丁封、孫異如沔中以救漢。沔中，時爲魏境，吳兵未能至也，擬其所向耳。吳之巫、秭歸等縣，皆在江北，與魏之新城接境，自此行兵，亦可以發沔中，然亦猶激西江之水以救涸轍之魚耳。

6 詔以征蜀諸將獻捷交至，復命大將軍昭進位，爵賜一如前詔，復，扶又翻。昭乃受命。始受相國、晉公、九錫之命。

昭辟任城魏舒爲相國參軍。任，音壬。初，舒少時遲鈍，【章：甲十一行本「鈍」下有「質朴」二字；乙十一行本同；孔本同；張校同。】不爲鄉親所重，鄉里、親戚也。少，詩照翻。從叔父吏部郎衡，有名當世，從，才用翻。亦不知之，使守水碓，爲碓水側，置輪碓後，以橫木貫輪，橫木之兩頭，復以木長二尺許，交午貫之，正直碓尾。木激水灌輪，輪轉則交午木戛擊碓尾木而自舂，不煩人力，謂之水碓。碓，都內翻。每歎曰：「舒堪數百戶長，謂小邑長也。長，知兩翻。我願畢矣！」舒亦不以介意，不爲皎厲之事。皎者，求以暴白於世。厲，危行也。唯太原王乂謂舒曰：「卿終當爲台輔。」常振其匱乏，舒受而不辭。年四十餘，郡舉上計掾，上，時掌翻。掾，于絹翻。察孝廉。宗黨以舒無學業，勸令不就，可以爲高。舒曰：「若試而不中，中，竹仲翻。其負在我，安可虛竊不就之高以爲己榮乎！」於是自課，百日習一經，因而對策升第，累遷後將軍鍾毓長史。毓每與參佐射，參佐，參軍及諸佐吏也。毓，余六翻。舒常爲畫籌而已；射之畫籌，猶投壺之釋算也。爲，于僞翻；下徐爲同。後遇朋人不足，以舒滿數，射以兩人爲朋。射之有朋，猶古射儀之有耦也。周禮：王以六耦射三侯，諸侯以四耦射二侯，卿大夫以三耦射一侯，士以三耦射豻侯。左傳：魯襄公享范獻子，射者三耦，公臣不足，取於家臣。杜預註云：二人爲耦。舒容範閑雅，發無不中；中，竹仲翻。舉坐愕然，莫有敵者。坐，徂臥翻。毓歎而謝曰：「吾之不足以盡卿才，有如此射矣，豈一事哉！」及爲相國參軍，府朝碎務，未嘗見是非；府朝，猶言府庭也。朝，直遙翻。見，賢遍翻。至於廢興大事，衆人莫能斷者，斷，丁亂翻。舒徐爲籌之，多出衆議之表。昭深器重之。

7 癸卯，立皇后卞氏，昭烈將軍秉之孫也。

8 鄧艾進至陰平，簡選精銳，欲與諸葛緒自江油趣成都。水經註：涪水出廣漢屬國剛氐道徼外，東南流，逕緜竹縣北，又東南逕江油戍北。鄧艾自陰平、景谷步道懸兵束馬入蜀，逕江油、廣漢者也。宋白曰：龍州江油郡北踰山至文州三百三十里。文州，漢陰平地也。鄧艾自陰平行無人之地七百里至江油，卽此。九域志：龍州北至文州四百三十里。元豐九域志：龍州治江油縣，南至綿州二百餘里。緒以本受節度邀姜維，西行非本詔，遂引軍向白水，此白水關也。賢曰：在今梁州金牛縣西，東北至關城百八十里。與鍾會合。會欲專軍勢，密白緒畏懦不進，檻車徵還，軍悉屬會。

姜維列營守險，會攻之不能克，糧道險遠，軍食乏，欲引還。鄧艾上言：「賊已摧折，宜遂乘之，若從陰平由邪徑經漢德陽亭按前漢無德陽縣。後漢志：廣漢郡始有德陽縣，蓋因漢故亭而置縣也。自蜀分廣漢置梓潼郡之後，劍閣縣屬梓潼，德陽縣屬廣漢。續漢志以爲德陽縣有劍閣。今姜維守劍閣拒鍾會，而鄧艾欲從德陽亭趣涪，則此時分爲兩縣明矣。然德陽亭亦非此時德陽縣治，蓋前漢德陽亭故處也。此道卽所謂陰平、景谷道。趣涪，趣，七喻翻。涪，音浮。出劍閣西百里，去成都三百餘里，奇兵衝其腹心，出其不意，劍閣之守必還赴涪，則會方軌而進；劍閣之軍不還，則應涪之兵寡矣。」趣，七喻翻。涪，音浮。遂自陰平行無人之地七百餘里，鑿山通道，造作橋閣。今隆慶府陰平縣北六十里有馬閣山，峻峭崚嶒，極爲艱險。鄧艾軍行至此，路不得通，乃懸車束馬，造作棧閣，始通江油，因名馬閣。又自文州青塘嶺至龍州百五十里，自北而南者，右肩不得易所負，謂之左擔路，亦艾伐蜀路也。據鍾會傳，艾自漢德陽亭入江油左擔道，則德陽亭蓋當馬閣山之路。山谷高深，至爲艱險，又糧運將匱，瀕於危殆，艾以氈自裹，推轉而下。推，吐雷翻。將士皆攀木緣崖，魚貫而進。山崖險陘，單行相繼而進，如貫魚然。先登至江油，江油，今龍州江油縣地，南至綿州二百餘里。綿州，古涪城也。蜀守將馬邈降。降，戶江翻；下同。諸葛瞻督諸軍拒艾，至涪，停住不進。陳壽曰：涪去成都三百六十里。尚書郎黃崇，權之子也，黃權，劉璋所用，先主伐吳而敗，權隔在江北，遂降魏。屢勸瞻宜速行據險，無令敵得入平地，瞻猶豫未納；崇再三言之，至于流涕，瞻不能從。艾遂長驅而前，擊破瞻前鋒，瞻退住緜竹。緜竹縣，屬廣漢郡。今綿竹縣東北至綿州百餘里。艾以書誘瞻曰：「若降者，必表爲琅邪王。」諸葛氏，本琅邪人，故以此誘之。誘，音酉。瞻怒，斬艾使，列陳以待艾。使，疏吏翻。陳，讀曰陣；下同。艾遣子惠唐亭侯忠出其右，司馬師纂等出其左。忠、纂戰不利，並引還，曰：「賊未可擊！」艾怒曰：「存亡之分，在此一舉，何不可之有！」叱忠、纂等，將斬之。忠、纂馳還更戰，大破，斬瞻及黄崇。瞻子尚歎曰：「父子荷國重恩，荷，下可翻。不早斬黄皓，使敗國殄民，用生何爲！」策馬冒陳而死。杜佑曰：漢州德陽縣，鄧艾破諸葛瞻於此，因爲京觀。敗，補邁翻。

漢人不意魏兵卒至，不爲城守調度；卒，讀曰猝。調，徒弔翻。聞艾已入平土，百姓擾擾，皆迸山澤，不可禁制。迸，比孟翻。漢主使羣臣會議，或以蜀之與吳，本爲與國，宜可奔吳；或以爲南中七郡，南中七郡：越嶲、朱提、牂柯、雲南、興古、建寧、永昌也。阻險斗絕，易以自守，易，以豉翻。宜可奔南。光禄大夫譙周以爲：「自古以來，無寄他國爲天子者，若入吳國，亦當臣服。且治政不殊，則大能吞小，此數之自然也。治，直吏翻。由此言之，則魏能并吳，吳不能并魏明矣。等爲稱臣，爲小孰與爲大，爲，于僞翻。再辱之恥何與一辱！謂今降魏，一辱而已。若奔吳稱臣，是一辱矣；與吳俱亡，又將臣服於魏，是爲再辱。且若欲奔南，則當早爲之計，然後可果；

果，決也，克也。今大敵已近，禍敗將及，羣小之心，無一可保，恐發足之日，其變不測，何至南之有乎！」謂衆心已離，既行之後，中道潰散，必不能至南中。或曰：「今艾已不遠，恐不受降，如之何？」降，戶江翻；下同。周曰：「方今東吳未賓，事勢不得不受，受之不得不禮。若陛下降魏，魏不裂土以封陛下者，周請身詣京都，京都，謂洛陽，魏都。晉景王諱師，晉人避之，率謂京師爲京都。蜀方議降，譙周已爲晉人諱矣，吁！以古【張：「古」作「大」。】義爭之。」衆人皆從周議。漢主猶欲入南，狐疑未決。周上疏曰：「南方遠夷之地，平常無所供爲，言其民既不出稅租以供上用，又不出力爲上有所施爲。猶數反叛，自丞相亮以兵威偪之，窮乃率從。事見七十卷文帝黃初六年。數，所角翻。今若至南，外當拒敵，內供服御，費用張廣，他無所取，耗損諸夷，其叛必矣！」漢主乃遣侍中張紹等奉璽綬以降於艾。璽，斯氏翻。綬，音受。北地王諶怒曰：「若理窮力屈，禍敗將及，便當父子君臣背城一戰，同死社稷，以見先帝可也，諶，時壬翻。背，蒲妹翻。奈何降乎！」漢主不聽。是日，諶哭於昭烈之廟，先殺妻子而後自殺。曾謂庸禪有子如此乎！

張紹等見鄧艾於雒，雒縣屬廣漢郡，西南至成都八十餘里。艾大喜，報書褒納。漢主遣太僕蔣顯別敕姜維使降鍾會，又遣尚書郎李虎送士民簿於艾，戶二十八萬，口九十四萬，甲士十萬二千，吏四萬人。艾至成都城北，漢主率太子諸王及羣臣六十餘人，面縛輿櫬詣軍門。杜預曰：面縛，縛手於後，唯見其面也。櫬，棺也，示將受死。櫬，初覲翻。後主時年四十八。艾持節解縛焚櫬，延請相見；檢御將士，無得虜略，綏納降附，使復舊業；輒依鄧禹故事，承制拜漢王禪行驃騎將軍，太子奉車、諸王駙馬都尉，漢羣司各隨高下拜爲王官，或領艾官屬；依鄧禹承制授隗囂故事也，後艾由此得罪。驃，匹妙翻。以師纂領益州刺史，隴西太守牽弘等領蜀中諸郡。艾聞黃皓姦險，收閉，將殺之，皓賂艾左右，卒以得免。卒，子恤翻。

姜維等聞諸葛瞻敗，未知漢主所嚮，乃引軍東入于巴。巴，卽巴中也。鍾會進軍至涪，遣胡烈等追維。維至郪，郪縣屬廣漢郡。劉昫曰：梓州飛烏縣，漢郪縣地，隋取飛烏山以名縣。師古曰：郪，音妻，又音千私翻。得漢主敕命，乃令兵悉放仗，送節傳於胡烈，傳，株戀翻。自從東道與廖化、張翼、董厥等同詣會降。將士咸怒，拔刀斫石。觀此，則蜀之將士豈肯下人哉，其主不能用之耳！於是諸郡縣圍守皆被漢主敕罷兵降。圍守，卽魏延所置漢中諸圍之守兵也。鍾會厚待姜維等，皆權還其印綬節蓋。漢先主以獻帝建安十九年得蜀，魏文帝黃初二年卽帝位，傳二世、四十三年而亡。

9 吳人聞蜀已亡，乃罷丁奉等兵。吳中書丞吳郡華覈魏有中書監、令，無中書丞，此官蓋吳置也。華，戶化翻。覈，戶革翻。詣宮門上表曰：「伏聞成都不守，臣主播越，社稷傾覆，失委附之土，棄貢獻之國。臣以草芥，竊懷不寧，陛下聖仁，恩澤遠撫，卒聞如此，必垂哀悼。臣不勝忡悵之情，卒，讀曰猝。勝，音升。忡，丑中翻，憂也。謹拜表以聞！」左傳：楚人滅江，秦伯爲之降服，出次不舉過，數大夫諫，公曰：「同盟滅，敢不矜乎！吾自懼也！」蜀，吳之與國；蜀亡，岌岌乎爲吳矣。吳之君臣不知懼，故華覈拜表以儆之。

魏之伐蜀也，吳人或謂襄陽張悌曰：「司馬氏得政以來，大難屢作，難，乃旦翻。謂王淩、毌丘儉、諸葛誕舉兵也。百姓未服，今又勞力遠征，敗於不暇，何以能克！」悌曰：「不然。曹操雖功蓋中夏，夏，戶雅翻。民畏其威而不懷其德也。丕、叡承之，刑繁役重，東西驅馳，無有寧歲。司馬懿父子累有大功，除其煩苛而布其平惠，爲之謀主而救其疾苦，民心歸之亦已久矣。故淮南三叛，而腹心不擾；邵陵厲公嘉平元年，王淩叛；高貴鄉公正元元年，毌丘儉叛；甘露二年，諸葛誕叛。曹髦之死，四方不動。任賢使能，各盡其心，其本根固矣，姦計立矣。今蜀閹宦專朝，朝，直遙翻。國無政令，而玩戎黷武，民勞卒敝，競於外利，不脩守備。彼強弱不同，智算亦勝，因危而伐，殆無不克。噫！彼之得志，我之憂也。」吳人笑其言，至是乃服。

10 吳人以武陵五溪夷與蜀接界，蜀亡，懼其叛亂，乃以越騎校尉鍾離牧領武陵太守。魏已遣漢葭縣長郭純試守武陵太守，率涪陵民入遷陵界，沈約曰：漢獻帝建安六年，劉璋以涪陵縣分立丹興、漢葭二縣，立巴東屬國都尉，後爲涪陵郡。遷陵縣，屬武陵郡，吳境也。長，知兩翻。屯于赤沙，誘動諸夷進攻酉陽，赤沙，蓋在遷陵、酉陽之間。酉陽縣屬武陵郡，縣在酉溪之陽。劉昫曰：黔州彭水縣，漢酉陽縣地，吳分酉陽置黔陽郡，隋於郡置彭水縣，尋爲黔州。九域志曰：漢武陵郡酉陽縣古城，在今辰州界。杜佑曰：思州治務川縣，亦漢酉陽地。郡中震懼。牧問朝吏曰：朝，郡朝也。朝，直遙翻。「西蜀傾覆，邊境見侵，何以禦之？」皆對曰：「今二縣山險，諸夷阻兵，不可以軍驚擾，驚擾則諸夷盤結；宜以漸安，可遣恩信吏宣教慰勞。」勞，力到翻。牧曰：【章：甲十一行本「曰」下有「不然」二字；乙十一行本同；孔本同；張校同。】「外境內侵，誑誘人民，誑，居況翻。當及其根柢未深而撲取之，柢，典禮翻，又丁計翻。撲，普卜翻。此救火貴速之勢也。」敕外趣嚴。趣，讀曰促，嚴裝也。撫夷將軍高尙謂牧曰：「昔潘太常督兵五萬，然後討五溪夷。事見七十二卷明帝太和五年。是時劉氏連和，諸夷率化。今既無往日之援，而郭純已據遷陵，而明府欲以三千兵深入，尙未見其利也。」牧曰：「非常之事，何得循舊！」卽帥所領，晨夜進道，帥，讀曰率。緣山險行垂二千里，斬惡民懷異心者魁帥百餘人，帥，所類翻。及其支黨凡千餘級。純等散走，五谿皆平。

11 十二月，庚戌，以司徒鄭沖爲太保。

12 壬子，分益州爲梁州。益州統蜀、犍爲、汶山、漢嘉、江陽、朱提、越嶲、牂柯。梁州統漢中、梓潼、廣漢、涪陵、巴、巴西、巴東。梁，古州也。言西方金剛之氣強梁，故因名焉。

13 癸丑，特赦益州士民，復除租稅之半五年。復，方目翻。

14 乙卯，以鄧艾爲太尉，增邑二萬戶；鍾會爲司徒，增邑萬戶。賞平蜀之功也。

15 皇太后郭氏殂。

16 鄧艾在成都，頗自矜伐，謂蜀士大夫：「諸君賴遭艾，故得有今日耳，如遇吳漢之徒，已殄滅矣。」吳漢屠成都事見四十二卷漢光武建武十二年。艾以書言於晉公昭曰：「兵有先聲而後實者，漢初，李左車以是說韓信，艾祖其說以言於晉公。司馬昭既受封錫，遂書其爵。今因平蜀之勢以乘吳，吳人震恐，席卷之時也。然大舉之後，將士疲勞，不可便用，且徐緩之。留隴右兵二萬人、蜀兵二萬人，煮鹽興冶，爲軍農要用。蜀有鹽井，朱提出銀，嚴道、邛都出銅，武陽、南安、臨邛、沔陽皆出鐵，漢置鹽官、鐵官，艾欲復其利。並作舟船，豫爲順流之事。然後發使告以利害，吳必歸化，可不征而定也。使，疏吏翻。今宜厚劉禪以致孫休，封禪爲扶風王，錫其資財，供其左右。郡有董卓塢，董卓築塢於扶風郿縣。爲之宮舍，爵其子爲公侯，食郡內縣，以顯歸命之寵；開廣陵、城陽以待吳人，開廣陵、城陽爲王國以待孫休也。廣陵屬徐州，城陽屬青州，蓋魏廣陵郡治淮陰故城，城陽郡治莒，二郡壤界實相接也。則畏威懷德，望風而從矣！」昭使監軍衞瓘喻艾：「事當須報，不宜輒行。」艾重言曰：重，直用翻。「銜命征行，奉指授之策，元惡既服，至於承制拜假，以安初附，謂合權宜。今蜀舉衆歸命，地盡南海，南中之地，東南帶海，接于交趾。東接吳、會，宜早鎭定。若待國命，往復道途，延引日月。春秋之義，『大夫出疆，有可以安社稷、利國家，專之可也。』春秋公羊傳之言。今吳未賓，勢與蜀連，不可拘常，以失事機。兵法：『進不求名，退不避罪。』孫子曰：將之至任，不可不察也，進不求名，退不避罪。唯人是保，而利於主，國之寶也。艾雖無古人之節，終不自嫌以損國家計也！」

鍾會內有異志，姜維知之，欲搆成擾亂，乃說會曰：「聞君自淮南已來，算無遺策，謂平諸葛誕也。說，輸芮翻。晉道克昌，皆君之力。今復定蜀，復，扶又翻。威德振世，民高其功，主畏其謀，欲以此安歸乎！何不法陶朱公汎舟絕迹，全功保身邪！」越大夫范蠡既與越王句踐滅吳以雪會稽之恥，乃扁舟五湖，汎海而止於陶，欲絕其跡，乃號曰陶朱公。會曰：「君言遠矣，我不能行。且爲今之道，或未盡於此也。」維曰：「其他則君智力之所能，無煩於老夫矣。」言爲亂也。維之智固足以玩弄鍾會於掌股之上，迫於時，制於命，柰之何哉！由是情好歡甚，好，呼到翻。出則同轝，坐則同席。會因鄧艾承制專事，乃與衞瓘密白艾有反狀。會善效人書，於劍閣要艾章表、白事，要，一遙翻。章表，上之魏朝；白事，白之晉公。皆易其言，令辭指悖傲，多自矜伐；悖，蒲內翻，又蒲沒翻。又毀晉公昭報書，手作以疑之。既以怒昭，又以疑艾。

咸熙元年（甲申、二六四）是年五月，始改元咸熙，此猶是景元五年。

1 春，正月，壬辰，詔以檻車徵鄧艾。晉公昭恐艾不從命，敕鍾會進軍成都，又遣賈充將兵入斜谷。斜，昌遮翻。谷，音浴，又古祿翻。昭自將大軍從帝幸長安，將，卽亮翻。以諸王公皆在鄴，乃以山濤爲行軍司馬，鎭鄴。楚王彪之死，盡錄諸王公置鄴，事見七十五卷邵陵厲公嘉平三年。行軍司馬之號始此。

初，鍾會以才能見任，昭夫人王氏言於昭曰：昭夫人王氏，肅之女也，生晉武帝、齊王攸，後諡文明皇后。「會見利忘義，好爲事端，好，呼到翻。寵過必亂，不可大任。」及會將伐漢，西曹屬邵悌言於晉公曰：自漢以來，丞相有東、西曹掾屬。「今遣鍾會率十餘萬衆伐蜀，愚謂會單身無任，魏制，凡遣將帥，皆留其家以爲質任。會單身無子弟，故曰單身無任。不若使餘人行也。」晉公笑曰：「我寧不知此邪！蜀數爲邊寇，師老民疲，我今伐之，如指掌耳，指掌，言易也。數，所角翻。而衆言蜀不可伐。夫人心豫怯則智勇並竭，智勇並竭而強使之，強，其兩翻。適所以爲敵禽耳。惟鍾會與人意同，今遣會伐蜀，蜀必可滅。滅蜀之後，就如卿慮，何憂其不能辦邪！言會若爲亂，自能辦之也。夫蜀已破亡，遺民震恐，不足與共圖事；中國將士各自思歸，不肯與同也。會若作惡，作，爲也。惡，不善也。作惡，作亂也，所爲不善也。衹自滅族耳。卿不須憂此，慎勿使人聞也！」及晉公將之長安，悌復曰：「鍾會所統兵，五六倍於鄧艾，但可敕會取艾，不須自行。」晉公曰：「卿忘前言邪，忘，巫放翻。而云不須行乎？雖然，所言不可宣也。我要自當以信意待人，但人不當負我耳，我豈可先人生心哉！先，悉薦翻。近日賈護軍問我『頗疑鍾會不？』賈護軍，賈充也，時爲中護軍。不，讀曰否。我答言：『如今遣卿行，寧可復疑卿邪？』復，扶又翻。賈亦無以易我語也。我到長安，則自了矣。」了，辨也，決也。

鍾會遣衞瓘先至成都收鄧艾，會以瓘兵少，欲令艾殺瓘，因以爲艾罪。瓘知其意，然不可得距，瓘監艾、會軍，遣之收艾，是以職分使之，故不可得而距。乃夜至成都，檄艾所統諸將，稱：「奉詔收艾，其餘一無所問；若來赴官軍，爵賞如先；謂復加爵賞，如先平蜀時也。敢有不出，誅及三族！」比至雞鳴，比，必寐翻。悉來赴瓘，唯艾帳內在焉。平旦，開門，瓘乘使者車，續漢志，有大使車、小使車、諸使車。大使車，立乘，駕駟，赤帷，持節者重導，從賊曹車、斧車、督車、功曹車皆兩大車，伍伯，璅弩十二人，辟車四人，從車四乘，無節，單導，從者減半。小使車，不立乘，有騑，赤屏泥，油，重絳帷，導無斧車。近小使車，蘭輿，赤轂，白蓋，赤帷，從騶騎四十人。此謂追捕考案，有所敕取者之所乘也。諸使車，皆朱班輪，四輻，赤衡軛。徑入至艾所；艾尚臥未起，遂執艾父子，置艾於檻車。諸將圖欲劫艾，整仗趣瓘營；趣，七喻翻。瓘輕出迎之，僞作表草，將申明艾事，詭言將申明艾無反心。諸將信之而止。

丙子，會至成都，送艾赴京師。會所憚惟艾，艾父子既禽，會獨統大衆，威震西土，遂決意謀反。會欲使姜維將五萬人出斜谷爲前驅，會自將大衆隨其後。既至長安，令騎士從陸道，步兵從水道，順流浮渭入河，以爲五日可到孟津，與騎兵會洛陽，一旦天下可定也。談何容易！會得晉公書云：「恐鄧艾或不就徵，今遣中護軍賈充將步騎萬人徑入斜谷，屯樂城，諸葛亮所築成固之樂城也。吾自將十萬屯長安，相見在近。」會得書驚，呼所親語之曰：「但取鄧艾，相國知我獨辦之；謂昭知會之足以辦取艾之事。語，牛倨翻。今來大重，大，讀曰太。必覺我異矣，異，變也。便當速發。事成，可得天下；不成，退保蜀、漢，不失作劉備也！」蜀、漢，謂漢蜀郡、漢中郡之地。丁丑，會悉請護軍、郡守、牙門騎督以上此皆從會軍在成都者也。及蜀之故官，爲太后發哀於蜀朝堂，明元郭太后去年殂。蜀都成都有朝堂。朝，直遥翻。矯太后遺詔，使會起兵廢司馬昭，皆班示坐上人，坐，徂臥翻。使下議訖，書版署置，更使所親信代領諸軍；所請羣官，悉閉著益州諸曹屋中，著，直略翻。城門宮門皆閉，嚴兵圍守。衞瓘詐稱疾篤，出就外廨。廨，古隘翻，舍也。會信之，無所復憚。

姜維欲使會盡殺北來諸將，己因殺會，盡坑魏兵，復立漢主，密書與劉禪曰：「願陛下忍數日之辱，臣欲使社稷危而復安，日月幽而復明。」姜維之心，始終爲漢，千載之下，炳炳如丹。陳壽、孫盛、干寶之譏貶皆非也。會欲從維言誅諸將，猶豫未決。

會帳下督丘建風俗通：丘，魯左丘明之後。又云：齊太公封於營丘，支孫以地爲氏。本屬胡烈，會愛信之。建愍烈獨坐，啓會，使聽內一親兵出取飲食，諸牙門隨例各內一人。烈紿語親兵及疏與子淵曰：「丘建密說消息，會已作大坑，白棓數千，紿，徒亥翻。語，牛倨翻。棓，步項翻。欲悉呼外兵入，人賜白帢，帢，魏武帝所製，狀如弁，缺四角。帢，苦洽翻。拜散將，將，卽亮翻。以次棓殺，內坑中。」諸牙門親兵亦咸說此語，一夜，轉相告，皆徧。己卯，日中，胡淵率其父兵雷鼓出門，雷，盧對翻。諸軍不期皆鼓譟而出，曾無督促之者，而爭先赴城。時會方給姜維鎧杖，杖，與仗同，直亮翻。白外有匈匈聲，似失火者，匈，許容翻，又許勇翻。毛晃曰：匈匈，喧擾之聲。有頃，白兵走向城。會驚，謂維曰：「兵來似欲作惡，當云何？」維曰：「但當擊之耳！」會遣兵悉殺所閉諸牙門郡守，內人共舉机以拄門，內人，謂會所閉在屋內者。机，舉綺翻，机案也。兵斫門，不能破。斯須，城外倚梯登城，斯，此也；須，待也；言其間無多時，於此可待也。或燒城屋，蟻附亂進，矢下如雨，牙門郡守各緣屋出，與其軍士相得。姜維率會左右戰，手殺五六人，衆格斬維，爭前殺會。考異曰：衛瓘傳曰：「會留瓘謀議，乃書版云：『欲殺胡烈等』，舉以示瓘，不許，因相疑貳。瓘如廁，見胡烈故給使，使宣語三軍，言會反。會逼瓘定議，經宿不眠，各橫刀膝上。在外諸軍已潛欲攻會，瓘既不出，未敢先發。會使瓘慰勞諸軍，瓘便下殿。會悔遣之，使呼瓘；瓘辭眩疾動，詐仆地；比出閤，數十信追之。瓘至外廨，服鹽湯，大吐。會遣所親人及醫視之，皆言不起，會由是無所憚。及暮，門閉，瓘作檄，宣告諸軍並已唱義。陵旦，共攻會，殺之。」常璩華陽國志曰：「會命諸將發喪，因欲誅之；諸將半入，而南安太守胡烈等知其謀，燒成都東門以襲殺會及維。」今從魏志。又世語曰：「維死時見剖，膽如斗大。」如斗非身所能容，恐當作「升」。會將士死者數百人，殺漢太子璿及姜維妻子，軍衆鈔略，死喪狼籍。璿，從宣翻。鈔，楚交翻。衛瓘部分諸將，數日乃定。分，扶問翻。

鄧艾本營將士追出艾於檻車，迎還。衛瓘自以與會共陷艾，恐其爲變，乃遣護軍田續等將兵襲艾，遇於緜竹西，斬艾父子。艾之入江油也，田續不進，艾欲斬續，既而捨之，及瓘遣續，謂曰：「可以報江油之辱矣。」鎮西長史杜預言於衆曰：「伯玉其不免乎！衛瓘行鎮西軍司，而杜預爲鎮西長史，則爲同僚，而軍事則瓘任之也。瓘，字伯玉。身爲名士，位望已高，既無德音，又不御下以正，謂激田續使報鄧艾而行其私也。將何以堪其責乎！」瓘聞之，不俟駕而謝預。預，恕之子也。杜恕見七十三卷明帝景初元年。鄧艾餘子在洛陽者悉伏誅，徙其妻及孫於西城。西城縣屬魏興郡。爲晉武帝敍艾孫灼張本。

鍾會兄毓嘗密言於晉公曰：「會挾術難保，不可專任。」及會反，毓已卒，卒，子恤翻。晉公思鍾繇之勳與毓之賢，鍾繇有定關中之功。特原毓子峻、辿，官爵如故。裴松之曰：辿，敕連翻。會功曹向雄收葬會尸，晉公召而責之曰：「往者王經之死，卿哭於東市而我不問，事見上卷景元元年。鍾會躬爲叛逆，又輒收葬，若復相容，當如王法何！」復，扶又翻。雄曰：「昔先王掩骼埋胔，仁流朽骨，記月令：孟春之月，掩骼埋胔。鄭玄註曰：骨枯曰骼，肉腐曰胔。陸德明曰：露骨曰骼，有肉曰胔。骼，江百翻。胔，才賜翻。周文王澤及朽骨。當時豈先卜其功罪而後收葬哉！今王誅既加，於法已備，雄感義收葬，教亦無闕。法立於上，教弘於下，以此訓物，不亦可乎，何必使雄背死違生，以立於世！背，蒲妹翻。明公讎對枯骨，言會已誅，晉公復以枯骨爲讎對，不令收葬。捐之中野，豈仁賢之度哉！」晉公悅，與宴談而遣之。

2 二月，丙辰，車駕還洛陽。

3 庚申，葬明元皇后。

4 初，劉禪使巴東太守襄陽羅憲將兵二千人守永安，姓譜：羅本顓頊末胤，受封於羅國，今房州也，爲楚所滅，子孫以爲氏。譙周巴記曰：漢獻帝初平六年，益州司馬趙韙建議分巴郡諸縣漢安以下爲永寧郡。建安六年，劉璋改永寧爲巴東郡，治魚復縣；蜀先主章武二年，改魚復曰永安。聞成都敗，吏民驚擾，憲斬稱成都亂者一人，百姓乃定。及得禪手敕，乃帥所統臨于都亭三日。帥，讀曰率。都亭，永安之都亭也。臨，力鴆翻。吳聞蜀敗，起兵西上，上，時掌翻。外託救援，內欲襲憲。憲曰：「本朝傾覆，朝，直遙翻。吳爲脣齒，不恤我難而背盟徼利，難，乃旦翻。徼，一遙翻。不義甚矣。且漢已亡，吳何得久，我寧能爲吳降虜乎！」降，戶江翻。保城繕甲，告誓將士，厲以節義，莫不憤激。吳人聞鍾、鄧敗，百城無主，有兼蜀之志，而巴東固守，兵不得過，乃使撫軍步協率衆而西。協，步騭子，吳以爲撫軍將軍。憲力弱不能禦，遣參軍楊宗突圍北出，告急於安東將軍陳騫，又送文武印綬、任子詣晉公。協攻永安，憲與戰，大破之。吳主怒，復遣鎮軍陸抗等帥衆三萬人增憲之圍。時吳以陸抗爲鎮軍將軍，都督西陵。帥，讀曰率。

5 三月，丁丑，以司空王祥爲太尉，征北將軍何曾爲司徒，左僕射荀顗爲司空。顗，魚豈翻。

6 己卯，進晉公爵爲王，增封十郡。高貴鄉公甘露三年，晉公始封八郡；帝景元之三年，加封同州之弘農，雍州之馮翊，凡十郡；今又增封十郡，凡二十郡。王祥、何曾、荀顗共詣晉王，顗，魚豈翻。顗謂祥曰：「相王尊重，何侯與一朝之臣何侯，謂何曾。一朝之臣，謂舉魏朝之臣也。朝，直遙翻；下同。皆已盡敬，今日便當相率而拜，無所疑也。」祥曰：「相國雖尊，要是魏之宰相，吾等魏之三公；王、公相去一階而已，安有天子三公可輒拜人者！損魏朝之望，虧晉王之德，君子愛人以禮，我不爲也。」及入，顗遂拜，而祥獨長揖。王謂祥曰：「今日然後知君見顧之重也！」

7 劉禪舉家東遷洛陽，時擾攘倉猝，禪之大臣無從行者，姜維既死，張翼、廖化、董厥必亦死於亂兵矣。惟祕書令郤正及殿中督汝南張通捨妻子單身隨禪，禪賴正相導宜適，舉動無闕，宜，當也；適，亦當也。禪初入洛，見魏君臣，其禮各有所當。嗚呼！使正束帶立於朝，上而擯贊漢主，下而與賓客言，事事合宜而無闕失，豈非人臣之至願哉！乃慨然歎息，恨知正之晚。

初，漢建寧太守霍弋都督南中，建寧，漢益州郡也，蜀後主建興元年，改建寧郡，治味縣。聞魏兵至，欲赴成都，劉禪以備敵既定，不聽。成都不守，弋素服大臨三日。臨，力鴆翻。諸將咸勸弋宜速降，降，戶江翻；下同。弋曰：「今道路隔塞，塞，悉則翻。未詳主之安危，去就大故，不可苟也。若魏以禮遇主上，則保境而降不晚也。若萬一危辱，吾將以死拒之，何論遲速邪！」得禪東遷之問，始率六郡將守上表曰：南中七郡，而此言六郡者，蓋越巂已降魏也。將，卽亮翻。守，式又翻。「臣聞人生在三，事之如一，惟難所在，則致其命。無父母烏生，無君烏以爲生，所謂人生在三也。難，乃旦翻。今臣國敗主附，守死無所，是以委質，不敢有貳。」質，如字。晉王善之，拜南中都尉，委以本任。

丁亥，封劉禪爲安樂公，晉志：安樂，屬燕國。樂，音洛；下間樂同。子孫及羣臣封侯者五十餘人。晉王與禪宴，爲之作故蜀技，蜀技，蜀樂也，如巴渝舞之類也。爲，于僞翻；下同。技，與伎同，渠綺翻。旁人皆爲之感愴，而禪喜笑自若。王謂賈充曰：「人之無情，乃至於此；雖使諸葛亮在，不能輔之久全，況姜維邪！」他日，王問禪曰：「頗思蜀否？」禪曰：「此間樂，不思蜀也。」郤正聞之，謂禪曰：「若王後問，宜泣而答曰：『先人墳墓，遠在岷、蜀，乃心西悲，無日不思。』西悲，用詩東山語，此儒生之搜章摘句也。因閉其目。」會王復問，復，扶又翻。禪對如前，王曰：「何乃似郤正語邪！」禪驚視曰：「誠如尊命。」左右皆笑。

8 夏，四月，新附督王稚浮海入吳句章，新附督，蓋以吳人新附者別爲一部，置督以領之。句章縣屬會稽郡。賢曰：句章故城在今鄮縣西。略其長吏及男女二百餘口而還。長，知兩翻。

9 五月，庚申，晉王奏復五等爵，封騎督以上六百餘人。賞平蜀之功也。周制，列爵五等：公、侯地方百里；伯七十里；子、男五十里。秦廢五等爵。漢列侯以戶爲差。獻帝建安二十年，魏王操置名號侯以賞軍功，虛封自此始矣。今雖復五等爵，亦虛封也。騎，奇寄翻。

10 甲戌，改元。始改元咸熙。

11 癸未，追命舞陽文宣侯懿爲晉宣王，忠武侯師爲景王。

12 羅憲被攻凡六月，被，皮義翻。救援不到，城中疾病太半。或說憲棄城走，說，輸芮翻；下布說同。憲曰：「吾爲城主，百姓所仰；危不能安，急而棄之，君子不爲也，畢命於此矣！」陳騫言於晉王，遣荆州刺史胡烈將步騎二萬攻西陵以救憲，秋，七月，吳師退。晉王使憲因仍舊任，加陵江將軍，沈約志：魏置陵江將軍，爲四十號之首，言欲陵駕江流，以蕩平吳、會也。封萬年亭侯。

13晉王奏使司空荀顗定禮儀，中護軍賈充正法律，尚書僕射裴秀議官制，太保鄭沖總而裁焉。

14吳分交州置廣州。漢武帝元鼎六年，開百越，置交趾州刺史，治龍編。獻帝建安八年，改曰交州，治蒼梧廣信縣。十六年，徙治南海番禺縣。至是分爲二州，廣州治番禺，交州還治龍編。

15吳主寢疾，口不能言，乃手書呼丞相濮陽興入，令子䨴出拜之。䨴，讀如彎。休把興臂，指䨴以託之。癸未，吳主殂，謚曰景帝。年三十。羣臣尊朱皇后爲皇太后。

吳人以蜀初亡，交趾攜叛，謂呂興反也。國內恐懼，欲得長君。長，知兩翻。左典軍萬彧嘗爲烏程令，與烏程侯皓相善，稱「皓之才識明斷，長沙桓王之儔也；孫策謚長沙桓王。斷，丁亂翻。又加之好學，奉遵法度。」好，呼到翻。屢言之於丞相興、左將軍布，興、布說朱太后，欲以皓爲嗣。朱后曰：「我寡婦人，安知社稷之慮，苟吳國無隕，宗廟有賴，可矣。」賴，恃也，利也。於是遂迎立皓，改元元興，大赦。皓，字元宗，孫和之子。

16八月，庚寅，命中撫軍司馬炎副貳相國事。依五官將故事也。

17初，鍾會之伐漢也，辛憲英謂其夫之從子羊祜曰：「會在事縱恣，非持久處下之道，從，才用翻。處，昌呂翻。吾畏其有他志也。」會請其子郎中琇爲參軍，琇，息救翻。憲英憂曰：「他日吾爲國憂，今日難至吾家矣。」爲，于僞翻。難，乃旦翻。琇固請於晉王，王不聽。憲英謂琇曰：

「行矣，戒之，軍旅之間，可以濟者，其惟仁恕乎！」琇竟以全歸。詔【章：甲十一行本「詔」上有「癸巳」二字；乙十一行本同；孔本同；張校同；退齋校同。】以琇嘗諫會反，賜爵關內侯。琇，司馬師夫人之從父弟，故以諫會爲功而得封。

18 九月，戊午，以司馬炎爲撫軍大將軍。晉志：撫軍大將軍位從公，班驃騎、車騎、衞、伏波等將軍下。

19 辛未，詔以呂興爲安南將軍，都督交州諸軍事，以南中監軍霍弋遙領交州刺史，得以便宜選用長吏。弋表遣建寧爨谷爲交趾太守，爨氏，建寧之大姓，世爲耆帥，至隋、唐爲東爨、西爨蠻。杜佑曰：昆明在越嶲西南，諸爨所居。率牙門董元、毛炅、炅，古迥翻，又古惠翻。孟幹、孟通、爨能、李松、王素等將兵助興，未至，興爲其功曹王【章：甲十一行本「王」作「李」；乙十一行本同；孔本同；張校同。】統所殺。

20 吳主貶朱太后爲景皇后，貶其號從夫，而自父其父，母其母。追謚父和曰文皇帝，尊母何氏爲太后。

21 冬，十月，丁亥，詔以壽春所獲吳相國參軍事徐紹爲散騎常侍，水曹掾孫彧爲給事黃門侍郎，水曹掾，吳相府所置。吳未嘗置相國，魏人以晉王爲相國，因亦稱吳丞相參軍爲相國參軍。掾，于絹翻。以使於吳，使，疏吏翻。其家人在此者悉聽自隨，不必使還，以開廣大信。言吳不必使還，以廣中國之信，攜吳人之心。晉王因致書吳主，諭以禍福。

22 初，晉王娶王肅之女，生炎及攸，以攸繼景王後。司馬師，謚景王。攸性孝友，多才藝，清和平允，名聞過於炎，聞，音問。晉王愛之，常曰：「天下者，景王之天下也，吾攝居相位，百年之後，大業宜歸攸。」炎立髮委地，手垂過厀，厀，與膝同。嘗從容問裴秀曰：「人有相否？」因以異相示之。從，千容翻。相，息亮翻。秀由是歸心。羊琇與炎善，爲炎畫策，察時政所宜損益，爲，于僞翻。皆令炎豫記之，以備晉王訪問。晉王欲以攸爲世子，山濤曰：「廢長立少，違禮不祥。」長，知兩翻。少，詩照翻。賈充曰：「中撫軍聰明神武，有超世之才，人望既茂，天表如此，固非人臣之相也。」相，息亮翻。何曾、裴秀曰：「中撫軍有君人之德，不可易也。」晉王由是意定，丙午，立炎爲世子。爲晉武帝不能容齊王攸張本。

23 吳主封太子𩅦及其三弟皆爲王，𩅦弟名𩂎，𩂎音如兕觥之觥。次名𩅟，𩅟音如草莽之莽。次名𩃙。𩃙音如褒衣下寬大之褒。皆吳主休自作名字。立妃滕氏爲皇后。

24 初，吳主之立，發優詔，恤士民，開倉廩，振貧乏，科出宮女以配無妻者，科，條也。禽獸養於苑中者皆放之。當時翕然稱爲明主。及既得志，粗暴驕盈，多忌諱，好酒色，好，呼到翻。大小失望，濮陽興、張布竊悔之。或譖諸吳主，十一月，朔，興、布入朝，朝，直遙翻。吳主執之，徙於廣州，道殺之，夷三族。以后父滕牧爲衞將軍，錄尚書事。牧，胤之族人也。滕胤爲孫綝所殺。

25 是歲，罷屯田官。置屯田官，事見六十二卷漢獻帝建安元年。

資治通鑑卷第七十九

端明殿學士兼翰林侍讀學士朝散大夫右諫議大夫充集賢殿修撰權判西京留司御史臺上柱國河內郡開國侯食邑一千三百戶食實封四百戶賜紫金魚袋臣司馬光 奉敕編集

後學天台胡三省 音註

晉紀一 起旃蒙作噩（乙酉），盡玄黓執徐（壬辰），凡八年。

司馬氏，河內溫縣人。宣王懿得魏政，傳景王師，至文王昭，始封晉公，以溫縣本晉地，故以爲國號。

世祖武皇帝上之上 諱炎，字安世，姓司馬氏，宣王懿之孫，文王昭之長子。文王廟號太祖，故帝廟號世祖。諡法：克定禍亂曰武。

泰始元年（乙酉、二六五）是年十二月，方受禪改元，此猶是魏咸熙二年。

1 春，三月，吳主使光祿大夫紀陟、五官中郎將洪璆璆，渠尤翻。與徐紹、孫彧偕來報聘。紹、彧聘吳見上卷上年。紹行至濡須，有言紹譽中國之美者，譽，音余。吳主怒，追還，殺之。

2 夏，四月，吳改元甘露。時因蔣陵言甘露降改元。

3 五月，魏帝加文王殊禮，謂旌旗、車馬、樂舞、冕服，皆如帝者之儀。進王妃曰后；世子曰太子。

4 癸未，大赦。

5 秋，七月，吳主逼殺景皇后，遷景帝四子於吳；尋又殺其長者二人。吳主貶景后，封四弟，事見上卷上年。長，知兩翻。

6 八月，辛卯，文王卒，太子嗣爲相國、晉王。

7 九月，乙未，大赦。

8 戊子，以魏司徒何曾爲晉丞相；癸亥，以票騎將軍司馬望爲司徒。票，匹妙翻。騎，奇寄翻。

9 乙亥，葬文王于崇陽陵。考異曰：晉書文紀作「癸酉」，今從魏志陳留王紀。

10 冬，吳西陵督步闡西陵，卽夷陵。吳主權黃武元年改夷陵曰西陵，宜都郡治焉。表請吳主徙都武昌；吳主從之，使御史大夫丁固、右將軍諸葛靚守建業。靚，疾正翻。闡，騭之子也。吳主權時，騭爲西陵督。騭，之日翻。

11 十二【張：「十二」作「十一」。】月，壬戌，魏帝禪位于晉；魏元帝時年二十，困敦上章，魏文帝始受漢禪，傳五世，歷四十六年而亡。甲子，出舍于金墉城。金墉城在洛陽城西北角。太傅司馬孚拜辭，執帝手，流涕歔欷不自勝，歔，音虛。欷，音希，又許既翻。勝，音升。曰：「臣死之日，固大魏之純臣也。」丙寅，王卽皇帝位，大赦，改元。至是方改元泰始。丁卯，奉魏帝爲陳留王，卽宮于鄴。卽，就也。優崇之禮，皆倣魏初故事。見六十九卷魏文帝黃初元年。魏氏諸王皆降爲侯。追尊宣王爲宣皇帝，景王爲景皇帝，文王爲文皇帝；尊王太后曰皇太后。封皇叔祖孚爲安平王，叔父幹爲平原王、亮爲扶風王、伷爲東莞王、駿爲汝陰王、肜爲梁王、倫爲琅邪王，弟攸爲齊王、鑒爲樂安王、機爲燕王；又封羣從司徒望等十七人皆爲王。望，孚之子也。帝封諸王，以郡爲國。邑二萬戶爲大國，置上、中、下三軍，兵五千人；萬戶爲次國，置上軍、下軍，兵三千人；五千戶爲小國，置一軍，兵五百人。王不之國，官於京師。伷，音胄。從，才用翻。莞，音官。肜，余中翻。燕，於賢翻。以石苞爲大司馬，鄭沖爲太傅，王祥爲太保，何曾爲太尉，賈充爲車騎將軍，王沈爲驃騎將軍；騎，奇寄翻。沈，持林翻。驃，匹妙翻。其餘文武增位進爵有差。乙亥，以安平王孚爲太宰，都督中外諸軍事。晉志曰：太宰、太傅、太保，周之三公官也。晉初以景帝諱故，又採周官官名，置太宰以代太師之任，秩增三司，與太傅、太保皆爲上公。大司馬，古官也，漢制以冠大將軍、驃騎將軍之上，以代太尉之職，故恆與太尉迭置，不並列。及魏有太尉，而大司馬、大將軍各自爲官，位在三司上。晉因其制，以太宰、太傅、太保、司徒、司空爲文官公，左右光祿大夫、光祿大夫開府者，位從公，冠進賢，三梁，黑介幘。大司馬、大將軍、太尉爲武官公，驃騎、車騎、衞將軍、伏波、撫軍、都護、鎭軍、中軍、四征、四鎭、龍驤、典軍、上軍、輔國等大將軍開府者，位從公，皆著武冠，平上黑幘。未幾，幾，居豈翻。又以車騎將軍陳騫爲大將軍，與司徒義陽王望、司空荀顗，凡八公，同時並置。帝懲魏氏孤立之敝，故大封宗室，授以職任。又詔諸王皆得自選國中長吏；長，知兩翻。衞將軍齊王攸獨不敢，皆令上請。上，時掌翻。

12 詔除魏宗室禁錮，罷部曲將及長吏納質任。魏防禁宗室甚峻，又錮不得仕進，今除之。又諸將征成及長吏仕州郡者，皆留質任於京師，今亦罷之。將，卽亮翻。質，音致。

13 帝承魏氏刻薄奢侈之後，矯以仁儉。太常丞許奇，允之子也。晉太常、光祿勳、衞尉、太僕、廷尉、大鴻臚、宗正、大司農、少府、將作大匠、太后三卿、大長秋，皆爲列卿，各置丞、功曹、主簿、五官等員。帝將有事於太廟，朝議以奇父受誅，奇父允誅，事見七十六卷高貴鄉公正元元年。朝，直遥翻。不宜接近左右，近，其靳翻。請出爲外官；帝乃追述允之宿望，稱奇之才，擢爲祠部郎。魏尚書曹有祠部郎，晉因之。有司言御牛靑絲紖斷，紖，直忍翻，索也，牛系也。禮迎牲，君執紖。周禮封人，祭祀，飾其牛牲，置其絼。註曰：絼，著牛鼻繩，所以牽牛者，今人謂之雉。疏曰：自漢以前，皆謂之絼。按禮記少儀：牛則執紖。紖則絼之別名，今亦謂之爲紖。陸德明曰：絼，與紖同，又以忍翻；又周禮釋音羊晉翻。詔以靑麻代之。

14 初置諫官，以散騎常侍傅玄、皇甫陶爲之。秦、漢以來有諫大夫，鄭昌所謂「官以諫爲名」者也。東漢有諫議大夫。魏不復置。晉以散騎常侍拾遺補闕，卽諫官職也。玄，幹之子也。傅幹，漢傅燮之子。玄以魏末士風頹敝，上疏曰：「臣聞先王之御天下，教化隆於上，清議行於下。近者魏武好法術而天下貴刑名，好，呼到翻。魏文慕通達而天下賤守節，其後綱維不攝，攝，整也。放誕盈朝，謂何晏、阮籍輩也。朝，直遥翻。遂使天下無復清議。陛下龍興受禪，弘堯、舜之化，惟未舉清遠有禮之臣以敦風節，未退虛鄙之士以懲不恪，臣是以猶敢有言。」上嘉納其言，使玄草詔進之，然亦不能革也。

15初，漢征西將軍司馬鈞鈞事見五十卷漢安帝元初二年。生豫章太守量，量生潁川太守儁，儁生京兆尹防，防生宣帝。序司馬氏之世，爲下立廟張本。

二年（丙戌、二六六）

1春，正月，丁亥，即用魏廟祭征西府君以下，幷景帝凡七室。沈約志曰：晉初祭征西將軍、豫章府君、潁川府君、京兆府君，與宣皇帝、景皇帝、文皇帝爲三昭三穆。是時，宣皇未升，太祖虛位，所以祠六世，與景帝爲七廟。其禮則據王肅說也。

2尊【章：甲十一行本「尊」上有「辛丑」二字；乙十一行本同；孔本同；張校同。】景帝夫人羊氏曰景皇后，居弘訓宮。

3丙午，立皇后弘農楊氏；后，魏通事郎文宗之女也。魏黃初初，中書既置監、令，又置通事郎。

4羣臣奏：「五帝，即天帝也，王氣時異，故名號有五。自今明堂、南郊宜除五帝座。」從之。帝，王肅外孫也，故郊祀之禮，有司多從肅議。周禮曰：祀昊天上帝，則服大裘而冕；祀五帝亦如之。鄭玄以爲昊天上帝者，天皇大帝，北辰耀魄寶也。五帝者，五行精氣之神也，曰青帝靈威仰，曰赤帝赤熛怒，曰黃帝含樞紐，曰白帝白招矩，曰黑帝汁光紀。由是有六天之說。六天者，指其尊極清虛之體，其實是一；論其五時生育之功，其別有五，故爲六天。據其在上之體，謂之天；天爲體稱，故說文云，天，顛也。因其生育之功，謂之帝；帝爲德稱，故毛詩傳云：審諦如帝。王肅駮之，以爲五帝非天，唯用家語之文，謂太皞、炎帝、黃帝、少皞、顓頊五帝，爲五人帝。晉羣臣祖肅之說，以爲五帝即天帝，王氣時異，故殊其號雖五，其實一神。明堂、南郊，宜除五帝之座，五郊改五精之號，同稱昊天上帝，從之。王，于況翻。

5 二月，除漢宗室禁錮。魏既代漢，禁錮諸劉，今除之。

6 三月，【章：甲十一行本「月」下有「戊戌」二字；乙十一行本同；孔本同；張校同；退齋校同。】吳遣大鴻臚張儼、五官中郎將丁忠來弔祭。以文王之喪也。臚，陵如翻。

7 吳散騎常侍王【章：甲十一行本「王」上有「廬江」二字；乙十一行本同；孔本同；張校同；退齋校同。】蕃，體氣高亮，不能承顏順指，吳主不悅。散騎常侍萬彧、中書丞陳聲從而譖之。散，悉亶翻。騎，奇寄翻。丁忠使還，使，疏吏翻。還，從宣翻，又如字。吳主大會羣臣，蕃沈醉頓伏。沈，持林翻；下王沈同。吳主疑其詐，轝蕃出外。轝，羊茹翻。頃之，召還。蕃好治威儀，好，呼到翻。治，直之翻。行止自若。吳主大怒，呵左右於殿下斬之，出，登來山，水經註：武昌城南有來山，即樊山也。吳孫晧登之，使親近擲王蕃首而虎爭之。使親近擲蕃首，作虎跳狼爭咋齧之，跳，他弔翻。咋，側革翻，啖也。齧，魚結翻，噬也。首皆碎壞。

丁忠說吳主曰：「北方無守戰之備，弋陽可襲而取。」弋陽縣，漢屬汝南郡，魏文帝分立弋陽郡。說，輸芮翻。吳主以問羣臣，鎮西大將軍陸凱曰：「北方新并巴、蜀，遣使求和，非求援於我也，欲蓄力以俟時耳。敵勢方強，而欲徼幸求勝，未見其利也。」徼，工堯翻。吳主雖不出兵，然遂與晉絕。凱，遜之族子也。

8 夏，五月，壬子，博陵元公王沈卒。沈，持林翻。

9 六月，丙午晦，日有食之。

10 文帝之喪，臣民皆從權制，三日除服。既葬，帝亦除之；然猶素冠疏食，食，祥吏翻。哀毀如居喪者。秋，八月，帝將謁崇陽陵，羣臣奏言，秋暑未平，恐帝悲感摧傷。帝曰：「朕得奉瞻山陵，體氣自佳耳。」又詔曰：「漢文不使天下盡哀，亦帝王至謙之志。漢文帝遺詔見十五卷後七年。眞德秀曰：文帝此詔，乃短喪之始也。然本文蓋爲吏民設耳，景帝嗣君也，可緣此而短其喪乎！當見山陵，何心無服！其議以衰絰從行。衰，七回翻。羣臣自依舊制。」尚書令裴秀奏曰：「陛下既除而復服，義無所依；若君服而臣不服，亦未之敢安也。」詔曰：「患情不能跂及耳，衣服何在！言患哀慕之情不至耳，不在乎衣服也。跂，去智翻，舉踵也。諸君勤勤之至，豈苟相違。」遂止。

中軍將軍羊祜謂傅玄曰：「三年之喪，雖貴遂服，禮也。三年之喪，自天子達于庶人，言雖以天子之貴，亦得以遂其孝思爲三年之服。今【章：甲十一行本「今」上有「而漢文除之，毀傷禮義」九字；乙十一行本同；張校同；「義」下有「常以歎息」四字。】主上至孝，雖奪其服，實行喪禮。若因此復先王之法，不亦善乎！」玄曰：「以日易月，已數百年，以日易月，漢儒之謬說也；註見十五卷漢文帝後七年。一旦復古，難行也。」祜曰：「不能使天下如禮，且使主上遂服，不猶愈乎！」玄曰：「主上不除而天下除之，此爲但有父子，無復君臣也。」乃止。

戊辰，羣臣奏請易服復膳，詔曰：「每感念幽冥，而不得終苴絰之禮，左傳：齊晏桓子卒，晏嬰粗縗苴絰帶。杜預註云：苴，麻之有子者，取其粗也。苴，七余翻。以爲沈痛。沈，持林翻，深也。況當食稻衣錦乎！衣，於既翻。適足激切其心，非所以相解也。朕本諸生家，傳禮來久，何至一旦便易此情於所天！相從已多，可試省孔子答宰我之言，論語：宰我問：「三年之喪，期已久矣。君子三年不爲禮，禮必壞；三年不爲樂，樂必崩。舊穀既沒，新穀既升，期可已矣。」孔子曰：「食夫稻，衣夫錦，於女安乎？」曰：「安。」孔子曰：「女安，則爲之。」宰我出，孔子曰：「予之不仁也！子生三年，然後免於父母之懷。夫三年之喪，天下之通喪也。」儀禮曰：父者，子之天。省，悉景翻。無事紛紜也！」遂以疏素終三年。

臣光曰：三年之喪，自天子達于庶人，此先王禮經，百世不易者也。漢文師心不學，變古壞禮，壞，音怪。絕父子之恩，虧君臣之義；後世帝王不能篤於哀戚之情，而羣臣諂諛，莫肯釐正。釐，力之翻，理也。至於晉武獨以天性矯而行之，可謂不世之賢君；而裴、傅之徒，固陋庸臣，習常玩故，而不能將順其美，惜哉！孝經曰：君子之事上也，將順其美，匡救其惡。註云：將，奉也。

11 吳改元寶鼎。以所在得大鼎改元。

12 吳主以陸凱爲左丞相，萬彧爲右丞相。吳主惡人視己，羣臣侍見，莫敢舉目。惡，烏路翻。見，賢遍翻。陸凱曰：「君臣無不相識之道，若猝有不虞，不知所赴。」吳主乃聽凱自視，而他人如故。唯凱得視之，他人仍舊不得視也。

吳主居武昌，揚州之民泝流供給，甚苦之，吳武昌屬荊州，而丹陽、宣城、毗陵、吳、吳興、會稽、東陽、新都、臨海、建安、豫章、臨川、鄱陽、廬陵皆屬揚州，故苦於西上，泝流以供給。又奢侈無度，公私窮匱。凱上疏曰：「今四邊無事，當務養民豐財，而更窮奢極欲；無災而民命盡，無爲而國財空，臣竊憂之。昔漢室既衰，三家鼎立；今曹、劉失道，皆爲晉有，此目前之明驗也。臣愚但爲陛下惜國家耳。武昌土地危險塉确，塉，秦昔翻，土薄也。确，克角翻，山多大石也。非王者之都；且童謠云：『寧飲建業水，不食武昌魚；寧還建業死，不止武昌居。』此苦於泝流供給而爲是謠也。以此觀之，足明人心與天意矣。今國無一年之蓄，禮記王制：國無六年之蓄曰急，無三年之蓄曰國非其國也。況無一年之蓄乎！民有離散之怨，國有露根之漸，以木爲喻也。木之所以能生殖者，以有根本也，根漸露，則其本將撥。而官吏務爲苛急，莫之或恤。大帝時，後宮列女及諸織絡數不滿百，景帝以來，乃有千數，此耗財之甚也。又左右之臣，率非其人，羣黨相扶，害忠隱賢，此皆蠹政病民者也。臣願陛下省息百役，罷去苛擾，料出宮女，去，羌呂翻。料，音聊。清選百官，則天悅民附，國家永安矣。」吳主雖不悅，以其宿望，特優容之。考異曰：陳壽曰：「予連從荊、揚來者，得凱所諫晧二十事，博問吳人，多云不聞凱有此表。又按其文殊甚切直，恐非晧之所能容忍也。或以爲凱藏之篋笥，未敢宣行，病困，晧遣董朝省問欲言，因以付之。虛實難明，故不著于篇；然愛其指擿晧事，足爲後戒，故鈔列于凱傳左。」今不取。

13 九月，詔：「自今雖詔有所欲，及已奏得可，而於事不便者，皆不可隱情。」既不可希指迎合，又不可以遂事而不諫也。

14 戊戌，有司奏：「大晉受禪於魏，宜一用前代正朔、服色，如虞遵唐故事。」從之。家語：季康子問於孔子曰：「唐、虞二帝其所尚何色？」孔子曰：「堯以火德王，色尚黃；舜以土德王，色尚青。」董仲舒策引孔子曰：「無爲而治者，其舜乎！改正朔，易服色，以順天命而已，其餘盡循堯道，何更爲哉！」如二說，則舜之承堯，固改正朔，易服色矣。然考之古文尚書：堯命羲和，曆象日月星辰，敬授人時。舜正月上日，受終于文祖。協時月正日而已，不言改正朔也。易大傳曰：黃帝、堯、舜垂衣裳而天下治。書益稷，帝曰：「予欲觀古人之象，以五采彰施于五色，」作服而已，不言易服色也。漢興六曆，有黃帝曆、顓頊曆、夏曆、殷曆、周曆、魯曆，無堯舜曆，豈堯、舜時用顓頊曆邪？孔穎達以爲古之眞曆，至戰國及秦而亡，漢初所存六曆，後人託而爲之。此固無從考正也。

15 冬，十月，丙午朔，日有食之。考異曰：宋書志無此食。今從晉書。

16 永安山賊施但，吴錄曰：永安，今武康縣也。沈約曰：吴分烏程、餘杭立永安縣，晉武帝太康元年，更名武康，屬吴興郡。宋白曰：永安縣，本漢烏程縣之餘不鄉。因民勞怨，聚衆數千人，劫吴主庶弟永安侯謙作亂，北至建業，衆萬餘人，未至三十里住，擇吉日入城。遣使以謙命召丁固、諸葛靚，固、靚斬其使，發兵逆戰於牛屯。據吴曆，牛屯去建業城二十一里。靚，疾正翻。但兵皆無甲胄，即時敗散。謙獨坐車中，生獲之。固不敢殺，以狀白吴主，吴主并其母及弟俊皆殺之。初，望氣者云：荆州有王氣，當破揚州。王，于況翻。故吳主徙都武昌。及但反，自以爲得計，遣數百人鼓譟入建業，殺但妻子，云「天子使荆州兵來破揚州賊。」

17 十一月，初幷圜丘、方丘之祀於南北郊。鄭氏註禮記：爲高必因丘陵，謂冬至祭天於圜丘之上；爲下必因川澤，謂夏至祭地於方澤之中。而四郊之祭，又在圜丘方澤之外。魏景初元年，始營洛陽南委粟山爲圜丘，以冬至祭皇皇帝天於圜丘，夏至祭皇皇后地於方丘；而天郊所祭曰皇天之神，地郊所祭曰皇地之祇。今以二至之祀合於二郊，是後圜丘、方澤不別立。

18 罷山陽國督軍，除其禁制。魏奉漢獻帝爲山陽公，國於河內山陽縣之濁鹿城，置督軍以防衞之。至晉時，帝孫康嗣立，人心去漢久矣，故罷其衞兵除其禁制。

19 十二月，吳主還都建業，考異曰：吳志陸凱傳：或曰：「寶鼎元年十二月，凱與丁奉、丁固謀因晧謁廟，欲廢晧，立孫休子。時左將軍留平領兵先驅，故密語平，平拒而不許，誓以不泄，是以不果。」按凱盡忠執義，必不爲此事。況晧殘酷猜忌，留平庸人，若聞凱謀，必不能不泄，殆虛語耳。今不取。使后父衞將軍、錄尚書事滕牧留鎭武昌。朝士以牧尊戚，頗推令諫爭，爭，讀曰諍。滕后之寵由是漸衰，更遣牧居蒼梧，雖爵位不奪，其實遷也，在道以憂死。何太后常保佑滕后，太史又言中宮不可易，吳主信巫覡，在女曰巫，在男曰覡。覡，刑狄翻。故得不廢，常供養升平宮，晧尊其母何太后宮曰升平宮。供，居用翻。養，羊尚翻。不復進見；見，賢遍翻。諸姬佩皇后璽紱者甚衆，滕后受朝賀表疏而已。璽，斯氏翻。紱，音弗。朝，直遙翻。吳主使黃門徧行州郡，料取將吏家女，行，戶孟翻。料，音聊。其二千石大臣子女，歲歲言名，年十五、六一簡閱，簡閱不中，乃得出嫁。中，竹仲翻。後宮以千數，而採擇無已。

三年（丁亥、二六七）

1春，正月，丁卯，立子衷爲皇太子。爲惠帝亡晉張本。詔以「近世每立太子必有赦。漢高帝爲漢王，立太子，赦有罪。文、景、武立太子，賜民爵。至宣帝立太子，始大赦天下。元帝立太子，復賜民爵。光武立太子彊，赦天下；其後立太子陽及明、章立太子，皆不赦。魏文、明率病篤然後立太子，尋而踐阼有赦，故革之。今世運將平，當示之以好惡，好，呼到翻。惡，烏路翻。使百姓絕多幸之望。曲惠小人，【嚴：「人」改「仁」。】朕無取焉！」遂不赦。

2司隸校尉上黨李憙憙，許記翻，又讀曰熹。劾故立進令劉友、前尚書山濤、中山王睦、尚書僕射武陔各占官稻田，劾，戶概翻，又戶得翻。陔，柯開翻。占，之贍翻。請免濤、睦等官，陔已亡，請貶其謚。詔曰：「友侵剝百姓以繆惑朝士，其考竟以懲邪佞。濤等不貳其過，皆勿有所問。憙亢志在公，當官而行，憙，與喜同，又音熹。亢，與抗同，口浪翻。可謂邦之司直矣。詩鄭國風羔裘之辭。光武有云：『貴戚且斂手以避二鮑。』事見四十二卷建武十一年。其申敕羣僚，各慎所司，寬宥之恩，不可數遇也！」數，所角翻。睦，宣帝之弟子也。

臣光曰：政之大本，在於刑賞，刑賞不明，政何以成！晉武帝赦山濤而褒李憙，其於刑賞兩失之。使憙所言爲是，則濤不可赦；所言爲非，則憙不足褒。褒之使言，言而不用，怨結於下，威玩於上，將安用之！且四臣同罪，劉友伏誅而濤等不問，避貴施賤，可謂政乎！創業之初而政本不立，將以垂統後世，不亦難乎！

3 帝以李憙爲太子太傅，徵犍爲李密爲太子洗馬。犍，居言翻。洗馬，自漢以來有之。晉職官志：太子洗馬，職爲〔如〕謁者、祕書，掌圖書，釋奠講經則掌其事；出則直者前驅，導威儀。「洗」，漢書作「先」。如淳曰：先，前驅也。國語，越王句踐親爲夫差先馬。「先」，一作「洗」，音悉薦翻。密以祖母老，固辭，許之。密所以辭者，以旁無兼侍，祖母與孫相依爲命故也。密與人交，每公議其得失而切責之，常言：「吾獨立於世，顧影無儔；然而不懼者，以無彼此於人故也。」

4 吳大赦，以右丞相萬彧鎭巴丘。

5 夏，六月，吳主作昭明宮，晉太康地記曰：昭明宮方五百丈。吳曆曰：昭明宮在太初宮之東。二千石以下，皆自入山督伐木。大開苑囿，起土山、樓觀，窮極伎巧，觀，古玩翻。伎，渠綺翻。功役之費以億萬計。陸凱諫，不聽。中書丞華覈上疏曰：華，戶化翻。覈，戶革翻。上，時掌翻。「漢文之世，九州晏然，賈誼獨以爲如抱火厝於積薪之下而寢其上。事見十四卷漢文帝六年。今大敵據九州之地，有太半之衆，欲與國家爲相吞之計，非徒漢之淮南、濟北而已也，濟，子禮翻。比於賈誼之世，孰爲緩急！今倉庫空匱，編戶失業，而北方積穀養民，專心東向。自洛進師而造江濱，自蜀下兵而臨荆、楚，皆東向也。又，交趾淪沒，嶺表動搖，事見上卷魏元帝咸熙元年。胸背有嫌，首尾多難，乃國朝之厄會也。若舍此急務，盡力功作，卒有風塵不虞之變，難，乃旦翻。舍，讀曰捨。卒，讀曰猝。當委版築而應烽燧，驅怨民而赴白刃，此乃大敵所因以爲資者也。」時吳俗奢侈，覈又上疏曰：「今事多而役繁，民貧而俗奢，百工作無用之器，婦人爲綺靡之飾，轉相倣效，恥獨無有。兵民之家，猶復逐俗，言下至兵民之家，亦隨俗好而事奢侈也。復，扶又翻。內無甔石之儲，應劭曰：齊人名小甖曰甔，受二斛。晉灼曰：石，斗石也。師古曰：甔，音都濫翻。而出有綾綺之服，上無尊卑等級之差，下有耗財費力之損，求其富給，庸可得乎！」吳主皆不聽。

6 秋，七月，王祥以睢陵公罷。睢，音雖。

7 九月，甲申，詔增吏俸。俸，扶用翻。

8 以何曾爲太保，義陽王望爲太尉，荀顗爲司徒。顗，魚豈翻。

9 禁星氣、讖緯之學。星，爲星者。氣，望氣者。東漢以來有讖緯之學。

10 吳主以孟仁守丞相，奉法駕東迎其父文帝神於明陵，明陵，在吳興烏程縣。沈約曰：孫皓改葬其父於烏程西山，曰明陵。中使相繼，奉問起居。巫覡言見文帝被服顏色如平生。覡，刑狄翻。被，皮義翻。吳主悲喜，迎拜於東門之外。建業城東門也。既入廟，比七日三祭，設諸倡伎，晝夜娛樂。比，毗寐翻。倡，音昌。樂，音洛。

11是歲，遣鮮卑拓跋沙漠汗歸其國。沙漠汗入質，見七十七卷魏元帝景元二年。汗，音寒。

四年（戊子、二六八）

1春，正月，丙戌，賈充等上所刊脩律令。充等所刊脩，就漢律九章增十一篇，合二十篇，六百二十條。其不入律者，悉以爲令施行。凡律令合二千九百二十六條。上，時掌翻。帝親自臨講，使尚書郎裴楷執讀。考異曰：刑法志云：「泰始三年事畢，表上。」今從武紀。裴楷傳云：「文帝時，詔楷於御前執讀。」今從刑法志。楷，秀之從弟也。從，才用翻。侍中盧珽、珽，他鼎翻。中書侍郎范陽張華請抄新律死罪條目，抄，楚交翻，謄寫也。懸之亭傳以示民；從之。傳，株戀翻。

又詔河南尹杜預爲黜陟之課，預奏：「古者黜陟，擬議於心，不泥於法；泥，乃計翻。末世不能紀遠而專求密微，疑心而信耳目，疑耳目而信簡書，簡書愈繁，官方愈僞。方，術也；言爲官之方術也。魏氏考課，卽京房之遺意，劉劭考課法，其略見七十三卷魏明帝景初元年。其文可謂至密；然失於苛細以違本體，故歷代不能通也。豈若申唐堯之舊制，取大捨小，去密就簡，俾之易從也！易，以豉翻；下難易同。夫曲盡物理，神而明之，存乎其人；去人而任法，則以文傷理。莫若委任達官，各考所統，達官，顯官也。居一官之長，其事得專達於上。歲第其人，言其優劣。如此六載，載，子亥翻，年也。主者總集，採按其言，六優者超擢，六劣者廢免，六優，謂六載俱優。六劣，謂六載俱劣。優多劣少者平敍，劣多優少者左遷。其間所對不鈞，品有難易，主者固當準量輕重，微加降殺，量，音良。殺，所戒翻。不足曲以法盡也。其有優劣徇情，不叶公論者，當委監司隨而彈之。監，古銜翻。監司，御史、司隸，又諸州刺史也。彈，唐干翻，劾也，抨也。若令上下公相容過，此爲清議大頹，雖有考課之法，亦無益也。」事竟不行。

2丁亥，帝耕籍田於洛水之北。

3戊子，大赦。

4二月，吳主以左御史大夫丁固爲司徒，右御史大夫孟仁爲司空。吳錄曰：孟仁本名宗，避皓字易焉。

5三月，戊子，皇太后王氏殂。帝居喪之制，一遵古禮。

6夏，四月，戊戌，睢陵元公王祥卒，門無雜弔之賓。其族孫戎歎曰：「太保當正始之世，不在能言之流；及間與之言，理致清遠，豈非以德掩其言乎！」正始所謂能言者，何平叔數人也。魏轉而爲晉，何益於世哉！王祥所以可尚者，孝於後母與不拜晉王耳，君子猶謂其任人柱石而傾人棟梁也。理致清遠，言乎，德乎？清談之禍，迄乎永嘉，流及江左，猶未已也。

7己亥，葬文明皇后。有司又奏：「既虞，除衰服。」葬日虞，遇柔日再虞，而三虞用剛日。三虞必反而行之。鄭氏曰：虞，安神之祭也。骨肉歸于土，魂氣則無所不之，孝子爲其彷徨，故三祭以安之。詔曰：「受終身之愛而無數年之報，情所不忍也。」有司固請，詔曰：「患在不能篤孝，勿以毀傷爲憂。前代禮典，質文不同，何必限以近制，使達喪闕然乎！」達喪，猶通喪也。羣臣請不已，乃許之；然猶素冠疏食以終三年，如文帝之喪。

8 秋，七月，衆星西流如雨而隕。

9 己卯，帝謁崇陽陵。

10 九月，青、徐、兗、豫四州大水。青州統齊國、濟南、樂安、城陽、東萊，徐州統彭城、下邳、東海、琅邪、廣陵、臨淮，兗州統陳留、濮陽、濟陰、高平、任城、東平、濟北、泰山，豫州統潁川、汝南、襄城、汝陰、梁國、沛、譙、魯、弋陽、安豐。晉志曰：青州取土居少陽其色青爲名。徐州取舒緩之義。兗，端也，信也；又云：取兗水以名州。豫者，舒也，言稟中和之氣，性理安舒也。

11 大司馬石苞久在淮南，威惠甚著。魏高貴鄉公甘露三年，平諸葛誕，苞代鎮淮南，至是凡十一年。淮北監軍王琛惡之，監，古銜翻。惡，烏路翻。密表苞與吳人交通。會吳人將入寇，苞築壘遏水以自固，帝疑之。羊祜深爲帝言：「苞必不然。」爲，于僞翻。帝不信，乃下詔以苞不料賊勢，築壘遏水，勞擾百姓，策免其官，考異曰：晉書武紀及苞傳皆無苞免官年月，蕭方等三十國春秋、杜延業晉春秋置在此，今從之。苞傳又云：「敕琅邪王伷自下邳會壽春。」按武紀：伷明年二月乃鎮下邳，恐傳誤。蕭方等，梁元帝子也。遣義陽王望帥大軍以徵之。帥，讀曰率。苞辟河內孫鑠爲掾，掾，俞絹翻。鑠先與汝陰王駿善，駿時鎮許昌，鑠過見之。駿知臺已遣軍襲苞，私告之曰：「無與於禍！」與，讀曰預。鑠既出，馳詣壽春，勸苞放兵，步出都亭待罪；壽春都亭也。苞從之。帝聞之，意解，苞詣闕，以樂陵公還第。

12 吳主出東關；冬，十月，使其將施績入江夏，萬彧寇襄陽。夏，戶雅翻。彧，於六翻。考異曰：晉帝紀作「郁」，今從吳志。詔義陽王望統中軍步騎二萬屯龍陂，龍陂，卽摩陂更名，見七十二卷魏明帝青龍元年。爲二方聲援。會荆州刺史胡烈拒績，破之，望引兵還。

13 吳交州刺史劉俊、大都督脩則、姓譜：元冥之佐有脩氏。漢有屯騎校尉脩炳。將軍顧容前後三攻交趾，交趾太守楊稷皆拒破之；鬱林、九眞皆附於稷。稷遣將軍毛炅、董元攻合浦，戰於古城，古城，蓋合浦郡古城也。炅，古迥翻，又古惠翻。大破吳兵，殺劉俊、脩則，餘兵散還合浦。稷表炅爲鬱林太守，元爲九眞太守。

14 十一月，吳丁奉、諸葛靚出芍陂，攻合肥；靚，疾正翻。芍，音鵲。安東將軍汝陰王駿拒卻之。

15 以義陽王望爲大司馬，荀顗爲太尉，顗，魚豈翻。石苞爲司徒。

五年（己丑、二六九）

1 春，正月，吳主立子瑾爲皇太子。

2 二月，分雍、涼、梁州置秦州。晉志曰：雍州以其四山之地，故以雍名焉；亦謂西北之位，陽所不及，陰陽氣雍閼也，統京兆、馮翊、扶風、安定、北地、新平、始平。涼州以其地處西方，當寒涼也；統金城、西平、武威、張掖、西郡、燉煌、酒泉、西海。梁州以西方金剛之氣強梁也；統漢中、梓潼、廣漢、新都、涪陵、巴西、巴東。秦州統隴西、南安、天水、略陽、武都、陰平等郡。以胡烈爲刺史。先是，鄧艾納鮮卑降者數萬，先，悉薦翻。降，戶江翻；下同。置於雍、涼之間，與民雜居，朝廷恐其久而爲患，以烈素著名於西方，故使鎮撫之。此河西鮮卑也。

3 青、徐、兗三州大水。

4 帝有滅吳之志。壬寅，以尚書左僕射羊祜都督荆州諸軍事，鎮襄陽；征東大將軍衞瓘都督青州諸軍事，鎮臨菑；鎮東大將軍東莞王伷都督徐州諸軍事，鎮下邳。

祜綏懷遠近，甚得江、漢之心，與吳人開布大信，降者欲去，皆聽之，降，戶江翻。減戍邏之卒，邏，郎佐翻。以墾田八百餘頃。其始至也，軍無百日之糧；及其季年，乃有十年之積。祜在軍，常輕裘緩帶，身不被甲，被，皮義翻。鈴閤之下，侍衞不過十數人。鈴下卒及閤下威儀也。鈴下者，有使令則掣鈴以呼之，因以爲名。閤下威儀，掌出入贊導及納謁受事。

5 濟陰太守巴西文立濟，子禮翻。守，式又翻。上言：「故蜀之名臣子孫流徙中國者，宜量才敍用，量，音良。以慰巴、蜀之心，以傾吳人之望。」帝從之。考異曰：立傳載此表在遷太子中庶子後。

按泰始七年，立舉郤詵時，猶爲濟陰太守，於今未爲庶子也。若諸葛京署吏，不因立表，則京先已署吏，立不當更云宜量材敍用也。己未，詔曰：「諸葛亮在蜀，盡其心力，其子瞻臨難而死義，事見七十八卷魏元帝景元四年。難，乃旦翻。其孫京宜隨才署吏。」又詔曰：「蜀將傅僉父子，死於其主。傅肜死見六十九卷魏文帝黄初三年。傅僉死與諸葛瞻同年。天下之善一也，豈由彼此以爲異哉！僉息著、募沒入奚官，息，子也。著與募，二子之名也。少府有奚官令，凡男女沒入者屬焉。魏以來，鄴都又有奚官督。宜免爲庶人。」

6帝以文立爲散騎常侍。漢故尚書犍爲程瓊，雅有德業，犍，居言翻。與立深交，帝聞其名，以問立，對曰：「臣至知其人，但年垂八十，稟性謙退，無復當時之望，言其意望不求聞達於當時也。故不以上聞耳。」瓊聞之，曰：「廣休可謂不黨矣，文立字廣休。論語曰：君子不黨。此吾所以善夫人也。」

7秋，九月，有星孛于紫宮。孛，蒲內翻。

8冬，十月，吳大赦，改元建衡。

9封皇子景度爲城陽王。

10初，汝南何定嘗爲吳大帝給使，及吳主即位，自表先帝舊人，求還內侍。吳主以爲樓下都尉，典知酤糴事，遂專爲威福；吳主信任之，委以衆事。左丞相陸凱面責定曰：「卿見前後事主不忠，傾亂國政，寧有得以壽終者邪！何以專爲姦邪，塵穢天聽，宜自改厲。不然，方見卿有不測之禍。」定大恨之。凱竭心公家，忠懇內發，表疏皆指事不飾。皆指實事，不爲文飾也。及疾病，吳主遣中書令董朝問所欲言，凱陳「何定不可信用，宜授以外任。奚熙小吏，建起浦里塘，【章：甲十一行本「塘」作「田」；乙十一行本同；孔本同；退齋校同。】亦不可聽。吳主休之時，嚴密嘗建此議，熙蓋祖其說。姚信、樓玄、賀邵、張悌、郭逴、逴，敕角翻，又敕略翻。薛瑩、滕脩及族弟喜、抗，或清白忠勤，或資才卓茂，皆社稷之良輔，願陛下重留神思，思，相吏翻。訪以時務，使各盡其忠，拾遺萬一。」邵，齊之孫；賀齊爲吳主權將。瑩，綜之子；玄，沛人；脩，南陽人也。凱尋卒，吳主素銜其切直，有所恨怒，蓄而不發者爲銜。且日聞何定之譖，久之，竟徙凱家於建安。

11吳主遣監軍虞汜、汜，音祀。威南將軍薛珝、珝，況羽翻。蒼梧太守丹陽陶璜從荊州道，監軍李勗、督軍徐存從建安海道，從荊州道，踰嶺而入交、廣也。從建安海道，汎海而南也。沈約曰：建安本閩越，秦立爲閩中郡，漢虛其地，後立爲冶縣，屬會稽郡，後分冶地爲會稽東南二部都尉；東部，臨海是也，南部，建安是也。吳主休永安三年，分南部立爲建安郡。宋白曰：孫策於建安十二年，分東候官之地立建安縣，即以年號爲名。皆會於合浦以擊交趾。

12十二月，有司奏東宮施敬二傅，其儀不同。晉制：太子太傅中二千石，少傅二千石。太子先拜，諸傅然後答之。時未置詹事，宮事大小，皆由二傅。帝曰：「夫崇敬師傅，所以尊道重教也，何言臣不臣乎！臣不臣，蓋有司所奏之言。其令太子中拜禮。」

六年（庚寅、二七〇）

1春，正月，吳丁奉入渦口，水經：渦水首受河南陽武縣蒗蕩渠，東南至下邳淮陵縣入淮，謂之渦口。渦，音戈。考異曰：吳志丁奉傳：「建衡元年，攻晉穀陽。」晉帝紀不載，奉傳不言入渦口，疑是一事。揚州刺史牽弘擊走之。

2吳萬彧自巴丘還建業。

3夏，四月，吳左大司馬施績卒。以鎮軍大將軍陸抗都督信陵、西陵、夷道、樂鄉、公安諸軍事，治樂鄉。水經註：樂鄉城在南平郡之孱陵縣，江水逕其北，江水又東逕公安縣北。宋白曰：樂鄉者，春秋鄀國之地，其城陸抗所築，在松滋縣界。晉地理志：信陵縣屬建平郡。沈約曰：疑是吳立。水經註曰：江水自夔城而東，逕信陵縣南，又東過夷陵縣南。夷陵，即西陵也。樂鄉城在今江陵府松滋縣東，樂鄉城北，江中有沙磧，對岸踏淺可渡，江津要害之地也。

抗以吳主政事多闕，上疏曰：「臣聞德均則衆者勝寡，力侔則安者制危，此六國所以幷於秦，西楚所以屈於漢也。今敵之所據，非特關右之地，鴻溝以西，而國家外無連衡之援，內非西楚之強，庶政陵遲，黎民未乂。議者所恃，徒以長江、峻山限帶封域，此乃守國之末事，非智者之所先也。臣每念及此，中夜撫枕，臨餐忘食。夫事君之義，犯而勿欺，謹陳時宜十七條以聞。」抗傳云：十七條失本不載。吳主不納。

李勗以建安道不利，殺導將馮斐，引軍還。將，卽亮翻。初，何定嘗爲子求婚於勗，勗不許，乃白勗枉殺馮斐，擅徹軍還，誅勗及徐存并其家屬，仍焚勗尸。定又使諸將各上御犬，上，時掌翻。一犬至直縑數十匹，纓紲直錢一萬，紲，私列翻，係也。以捕兔供厨；吳人皆歸罪於定，而吳主以爲忠勤，賜爵列侯。陸抗上疏曰：「小人不明理道，所見既淺，雖使竭情盡節，猶不足任，況其姦心素篤而憎愛移易哉！」吳主不從。

4 六月，戊午，胡烈討鮮卑禿髮樹機能於萬斛堆，樹機能祖壽闐之在孕也，其母相掖氏，因寢而產於被中，鮮卑謂被爲禿髮，因而氏焉。至南涼禿髮烏孤，則樹機能之五世孫也。萬斛堆在溫圍水東北安定郡高平縣界。兵敗，被殺。都督雍、涼州諸軍事扶風王亮遣將軍劉旂救之，旂觀望不進。亮坐貶爲平西將軍，旂當斬。亮上言：「節度之咎，由亮而出，乞丐其死。」丐，居太翻，貸其死命也。詔曰：「若罪不在旂，當有所在。」乃免亮官。

遣尚書樂陵石鑒行安西將軍，都督秦州諸軍事，樂陵縣，漢屬平原郡，後分屬樂陵國。討樹機能。樹機能兵盛，鑒使秦州刺史杜預出兵擊之。預以虜乘勝馬肥，而官軍縣乏，縣，讀曰懸。宜并力大運芻糧，須春進討。鑒奏預稽乏軍興，檻車徵詣廷尉，以贖論。時預以尚主，在八議，以侯贖論。既而鑒討樹機能，卒不能克。卒，子恤翻。

5 秋，七月，乙巳，城陽王景度卒。

6 丁未，以汝陰王駿爲鎮西大將軍，都督雍、涼等州諸軍事，鎮關中。

7 冬，十一月，立皇子東【章：甲十一行本「東」作「柬」；乙十一行本同；退齋校同。】爲汝南王。

8 吳主從弟前將軍秀爲夏口督，吳主惡之，民間皆言秀當見圖。秀，吳主權弟匡之孫。從，才用翻。惡，烏路翻。會吳主遣何定將兵五千人獵夏口，秀驚，夜將妻子親兵數百人來奔。十二月，拜秀票騎將軍、開府儀同三司，封會稽公。厚其封賞以攜吳人。票，匹妙翻。會，工外翻。

9 是歲，吳大赦。

10 初，魏人居南匈奴五部於幷州諸郡，與中國民雜居，南匈奴自東漢以來，分居幷州諸郡，魏但分其衆爲五部耳。事見六十七卷漢獻帝建安二十一年。時左部所統可萬餘落，居太原故茲氏縣；右部可六千餘落，居祁縣；南部可三千餘落，居蒲子縣；北部可四千餘落，居新興縣；中部可六千餘落，居大陵縣。自謂其先漢氏外孫，因改姓劉氏。初，漢高帝以女妻單于，故自謂漢氏外孫，冒姓劉氏。

七年（辛卯、二七一）

1 春，正月，匈奴右賢王劉猛叛出塞。

2 豫州刺史石鑒坐擊吳軍虛張首級，詔曰：「鑒備大臣，吾所取信；而乃下同爲詐，義得爾乎！爾，猶言如此也。今遣歸田里，終身不得復用。」復，扶又翻。

3 吳人刁玄詐增讖文曰：「黃旗紫蓋，見於東南，終有天下者，荆、揚之君。」姓譜：刁姓，齊大夫豎刁之後。余按：豎刁安得有後！漢書貨殖傳有刁間。江表傳曰：玄使蜀，得司馬徽論運命曆數事，因詐增其文以誑吳人。見，賢遍翻。吳主信之。是月晦，大舉兵出華里，華里在建業西。載太后、皇后及後宮數千人，從牛渚西上。水經註：牛渚在姑孰、烏江兩縣界中，今太平州當塗縣北三十里有牛渚山，山下有牛渚磯，與和州横江渡相對。杜佑曰：牛渚圻卽今當塗縣采石。東觀令華覈等固諫，不聽。東觀令，典校圖書及記述。觀，古玩翻。華，戶化翻。覈，戶革翻。行遇大雪，道塗陷壞，兵士被甲持仗，被，皮義翻。百人共引一車，寒凍殆死，皆曰：「若遇敵，便當倒戈。」紂發兵與周武王會戰于牧野，前徒倒戈攻其後，以北。吳主聞之，乃還。還，從宣翻，又如字。帝遣義陽王望統中軍二萬、騎三千屯壽春以備之。聞吳師退，乃罷。

4 三月，丙戌，鉅鹿元公裴秀卒。

5 夏，四月，吳交州刺史陶璜襲九眞太守董元，殺之；楊稷以其將王素代之。考異曰：璜傳云：「出其不意，徑至交趾。」按元乃九眞太守，非交趾也。華陽國志云：「元病亡，楊稷更以王素代之。」按武帝紀，「四月，九眞太守董元爲吳將虞汜所攻，軍敗，死之。」則元非病亡，蓋稷雖以素代元，未至郡而元死也。

6 北地胡寇金城，涼州刺史牽弘討之。衆胡皆内叛，與樹機能共圍弘於青山，續漢志：青山在北地郡參䜌縣界。賢曰：青山在今慶州，有青山水。弘軍敗而死。考異曰：崔鴻十六國春秋禿髮烏孤傳云：「其先樹機能本河西鮮卑，泰始中，殺秦州刺史胡烈，斬涼州刺史牽弘。」晉帝紀：「叛虜殺胡烈，北地胡殺牽弘，」皆不言鮮卑。蓋言羣虜內叛，則鮮卑亦在其中矣。或北地胡卽樹機能也。

初，大司馬陳騫言於帝曰：「胡烈、牽弘皆勇而無謀，強於自用，非綏邊之材也，將爲國恥。」時弘爲揚州刺史，多不承順騫命，時騫以大司馬都督揚州諸軍，鎭壽春。帝以爲騫與弘不協而毁之。於是徵弘，既至，尋復以爲涼州刺史。騫竊歎息，以爲必敗。二人果失羌戎之和，兵敗身沒，征討連年，僅而能定，帝乃悔之。

7 五月，立皇子憲爲城陽王。

8 辛丑，義陽成王望卒。

9 侍中、尚書令、車騎將軍賈充，自文帝時寵任用事，帝之爲太子，充頗有力，事見七十七卷、七十八卷魏紀。故益有寵於帝。充爲人巧諂，與太尉、行太子太傅荀顗、晉志曰：帝以儲副體尊，命諸公居二傅職，以本位尊，故或行或領。顗，魚豈翻。侍中、中書監荀勖、越騎校尉安平馮紞安平縣，前漢屬涿郡，後漢屬安平國，晉屬博陵郡。紞，都感翻。相爲黨友，朝野惡之。惡，烏路翻。帝問侍中裴楷以方今得失，對曰：「陛下受命，四海承風，所以未比德於堯、舜者，但以賈充之徒尚在朝耳。朝，直遥翻。宜引天下賢人，與弘政道，不宜示人以私。」侍中樂安任愷、河南尹潁川庾純皆與充不協，充欲解其近職，近職，謂侍中。任，音壬。乃薦愷忠貞，宜在東宮；帝以愷爲太子少傅，而侍中如故。晉志曰：侍中任愷，帝所親敬，使領少傅，蓋一時之制也。觀此，則充欲以計疎愷。會樹機能寇亂秦、雍，雍，於用翻。帝以爲憂，愷曰：「宜得威望重臣有智略者以鎮撫之。」帝曰：「誰可者？」愷因薦充，純亦稱之。秋，七月，癸酉，以充爲都督秦、涼二州諸軍事，侍中、車騎將軍如故；考異曰：三十國春秋、晉春秋，充出並在八年二月。按武帝紀，充出在此月。蓋二春秋以太子納妃在八年二月，致此誤也。充患之。

10 吳大都督薛珝珝，況羽翻。與陶璜等兵十萬，共攻交趾，城中糧盡援絕，爲吳所陷，虜楊稷、毛炅等。璜愛炅勇健，欲活之；炅謀殺璜，璜乃殺之。脩則之子允，生剖其腹，割其肝，曰：「復能作賊不？」不，讀曰否。炅猶罵曰：「恨不殺汝孫皓，汝父何死狗也！」允父則爲炅所殺，見上四年。考異曰：漢晉春秋曰：「初，霍弋遣楊稷、毛炅等戍交趾，與之誓曰：『若賊圍城未百日而降者，家屬誅；若過百日，救兵不至而城沒者，吾受其罪。』稷等守未百日，糧盡，乞降於璜，不許，而給糧使守。諸將並諫，璜曰：『霍弋已死，不能救稷等必矣，可須其日滿，然後受降，使彼得無罪，而我取有義，內訓吾民，外懷鄰國，不亦可乎！』稷等期訖糧盡，救兵不至，乃納之。」華陽國志則云：「稷等城破被囚，稷歐血死，炅罵賊死。」二者相戾，不可得合。而晉書陶璜傳兼載之。按孫皓猜暴，恐璜不敢以糧資敵。今從華陽國志。王素欲逃歸南中，吳人獲之，九眞、日南皆降於吳。降，戶江翻。吳大赦，以陶璜爲交州牧。璜討降夷獠，獠，魯皓翻。州境皆平。

11 八月，丙申，城陽王憲卒。

12 分益州南中四郡置寧州。寧州以建寧郡名州，統建寧、興古、雲南、永昌四郡。

13 九月，吳司空孟仁卒。

14 冬，十月，丁丑朔，日有食之。考異曰：宋書五行志有五月庚辰食，無十月丁丑食。晉書紀及天文志有十月丁丑食，無五月庚辰食。今從晉書。

15 十一月，劉猛寇幷州，幷州刺史劉欽擊破之。晉志：幷州不以衛水爲號，又不以恆爲稱，而云幷者，以其在兩谷之間也。統太原、上黨、西河、樂平、鴈門、新興。按晉志所云，以周禮幷州鎮曰恆山。春秋元命包曰：營室流爲幷州，分爲衞國也。

16 賈充將之鎭，公卿餞於夕陽亭。賢曰：夕陽亭在河南城西。充私問計於荀勗，勗曰：「公爲宰相，乃爲一夫所制，不亦鄙乎！然是行也，辭之實難，獨有結婚太子，可不辭而自留矣。」充曰：「然則孰可寄懷？」勗曰：「勗請言之。」因謂馮紞曰：「賈公遠出，吾等失勢；太子婚尚未定，何不勸帝納賈公之女乎！」紞亦然之。初，帝將納衞瓘女爲太子妃，充妻郭槐賂楊后左右，使后說帝求納其女。帝曰：「衞公女有五可，賈公女有五不可：衞氏種賢而多子，美而長、白；五可：種賢，一也；多子，二也；美，三也；長，四也；白，五也。五不可，可以類推。說，輸芮翻。種，章勇翻；下同。賈氏種妬而少子，醜而短、黑。」后固以爲請，荀顗、荀勗、馮紞皆稱充女絕美，且有才德，帝遂從之。留充復居舊任。爲賈氏亂晉張本。

17 十二月，以光祿大夫鄭袤爲司空，袤固辭不受。袤，音茂。

18 是歲，安樂思公劉禪卒。樂，音洛。考異曰：晉春秋云：「禪諡惠公」，今從王隱蜀記。

19 吳以武昌都督廣陵范慎爲太尉。右將軍司馬丁奉卒。據丁奉傳，以救壽春之功拜左將軍；誅孫綝，拜大將軍，加左右都護；共迎吳主皓，遷右大司馬、左軍師。當書右大司馬、左軍師。

20 吳改明年元曰鳳凰。以西苑言鳳凰集改元。

八年（壬辰、二七二）

1 春，正月，監軍何楨討劉猛，屢破之，潛以利誘其左部帥李恪，左部，五部之一也。帥，所類翻。恪殺猛以降。降，戶江翻。

2 二月，辛卯，皇太子納賈妃。妃年十五，長於太子二歲，長，知兩翻。妬忌多權詐，太子嬖而畏之。嬖，卑義翻，又博計翻。

3 壬辰，安平獻王孚卒，年九十三。孚性忠慎，宣帝執政，孚常自退損。後逢廢立之際，未嘗預謀；景、文二帝以孚屬尊，亦不敢逼。孚於廢立之際，柔而能正。事見七十六卷正元元年、七十七卷景元元年。及帝卽位，恩禮尤重。元會，詔孚乘輿上殿，帝於阼階迎拜。阼階，東階，主階也。既坐，親奉觴上壽，如家人禮。帝每拜，孚跪而止之。孚雖見尊寵，不以爲上，時掌翻；下同。

榮，常有憂色。臨終，遺令曰：「有魏貞士河內司馬孚字叔達，不伊不周，不夷不惠，立身行道，終始若一。當衣以時服，斂以素棺。」衣，於旣翻。斂，力贍翻。詔賜東園溫明祕器，服虔曰：東園溫明，形如方漆桶，開一面，漆畫之，以鏡置其中，以懸屍上，大斂并蓋之。師古曰：東園，署名也，屬少府，其署主作此器。祕器，梓棺，以凶器，故祕之。諸所施行，皆依漢東平獻王故事；見四十六卷漢章帝建初八年。其家遵孚遺旨，所給器物，一不施用。

4 帝與右將軍皇甫陶論事，泰始五年，罷鎭軍將軍，復置左右將軍。姓譜：左傳宋有皇父充石，公族也。漢初有皇父鸞，自魯徙居茂陵，改「父」爲「甫」。陶與帝爭言，散騎常侍鄭徽表請罪之。帝曰：「忠讜之言，讜，多曩翻，善言也。唯患不聞，徽越職妄奏，豈朕之意。」遂免徽官。

5 夏，汶山白馬胡侵掠諸種，漢武帝誅冉駹，開汶山郡，宣帝地節三年，合於蜀郡；蜀漢劉氏又立汶山郡。白馬胡卽白馬夷也。汶，讀與岷同。種，章勇翻。益州刺史皇甫晏欲討之。益州，統蜀犍爲、汶山、漢嘉、江陽、朱提、越巂、牂柯。晉志曰：益之爲言阸，言所在之地險阸也；亦曰，疆壤益大，故以名焉。典學從事蜀郡何旅等典學從事，典學校及部諸郡文學掾。漢諸州刺史有孝經師，主監試經；月令師，主時節祭祀；魏、晉合其職爲典學從事。諫曰：「胡夷相殘，固其常性，未爲大患。今盛夏出軍，水潦將降，必有疾疫，宜須秋、冬圖之。」晏不聽。胡康木子燒香言軍出必敗；康木子燒香，胡人之名。晏以爲沮衆，斬之。軍至觀阪，水經註：觀阪，在都安縣。晉書地理志：都安縣屬汶山郡。沈約曰：都安縣，蜀立。宋白曰：

永康軍導江縣，蜀都安縣地。沮，在呂翻。牙門張弘等以汶山道險，且畏胡衆，因夜作亂，殺晏，軍中驚擾，兵曹從事犍爲楊倉勒兵力戰而死。自漢以來，諸州有軍事，則置兵曹從事。犍，居言翻。弘遂誣晏，云「率己共反」，故殺之，傳首京師。晏主簿蜀郡何攀，州主簿，錄閤下事，省文書；郡主簿，所職略同。方居母喪，聞之，詣洛證晏不反。弘等縱兵抄掠。抄，楚交翻。廣漢主簿李毅言於太守弘農王濬曰：「皇甫侯起自諸生，何求而反！且廣漢與成都密邇，而統於梁州者，朝廷欲以制益州之衿領，漢廣漢郡，治雒；泰始二年，分新都郡治雒，而廣漢郡治廣漢縣，與成都相近。衿，衣系。領，衣要襘著項領處也。正防今日之變也。今益州有亂，乃此郡之憂也。張弘小豎，衆所不與，宜卽時赴討，不可失也。」濬欲先上請，上，時掌翻；下先上同。毅曰：「殺主之賊，爲惡尤大，當不拘常制，何請之有！」濬乃發兵討弘。詔以濬爲益州刺史。濬擊弘，斬之，夷三族。考異曰：華陽國志，弘殺晏在十年五月。武帝紀在今年六月。按王濬請伐吳表云：「臣作船七年，日有朽敗。」濬再爲益州刺史，方受詔作船。咸寧五年，下詔伐吳，借使濬以其年上表，則再爲益州亦在泰始九年之前矣。今從晉紀爲定。封濬關內侯。

初，濬爲羊祜參軍，晉制，諸位從公爲持節都督，參軍六人。祜深知之。祜兄子曁白：「濬爲人志大奢侈，不可專任，宜有以裁之。」祜曰：「濬有大才，將以濟其所欲，必可用也。」更轉爲車騎從事中郎。祜爲車騎將軍，其屬有從事中郎，秩比千石。濬在益州，明立威信，蠻夷多歸附之；

俄遷大司農。時帝與羊祜陰謀伐吳，祜以爲伐吳宜藉上流之勢，密表留濬復爲益州刺史，使治水軍。治，直之翻。尋加龍驤將軍，監益、梁諸軍事。龍驤將軍之號始此。驤，思將翻。監，工銜翻。晉制，方面之任，資重者爲都督諸軍事，資望輕者爲監軍事。考異曰：羊祜傳曰：「表留濬監益州諸軍事，加龍驤將軍。」按濬傳，「祜密表留濬，重拜益州刺史。」又曰，「尋以謠言拜龍驤將軍，監梁、益諸軍事。」然則作刺史與監軍，自是二事也。華陽國志又云：「咸寧四年，濬遷大司農，五年，拜龍驤，監梁、益二州。」按時羊祜已卒，尤不可據。

詔濬罷屯田軍，大作舟艦。艦，戶黯翻。別駕何攀以爲「屯田兵不過五六百人，作船不能猝辦，後者未成，前者已腐。宜召諸郡兵合萬餘人造之，歲終可成。」濬欲先上須報，上，時掌翻。攀曰：「朝廷猝聞召萬兵，必不聽；不如輒召，輒，專也。設當見卻，功夫已成，勢不得止。」濬從之，令攀典造舟艦器仗。於是作大艦，長百二十步，長，直亮翻。受二千餘人，以木爲城，起樓櫓，開四出門，其上皆得馳馬往來。考異曰：華陽國志云：「咸寧二年三月，濬受詔作船。」按濬表云「作船七年」，則國志不可據也。

時作船木柹，蔽江而下，柹，芳廢翻。說文曰：削木札樸也。字本作「柿」，詳見辨誤。吳建平太守吳郡吾彥建平郡，漢南郡之巫縣，吳主權分置宜都郡；吳主休永安三年，分宜都立建平郡，領信陵、興山、秭歸、沙渠四縣。杜佑曰：建平今巴東郡，吳置建平郡於秭歸。姓譜：吾，本己姓，夏昆吾氏之後。取流柹以白吳主曰：「晉必有攻吳之計，宜增建平兵以塞其衝要。」塞，悉則翻。吳主不從。彥乃爲鐵鎖橫斷江路。斷，丁管翻。爲後王濬燒斷鐵鎖張本。

王濬雖受中制募兵，而無虎符；廣漢太守敦煌張斅收濬從事列上。敦，徒門翻。斅，胡教翻。上，時掌翻。帝召斅還，責曰：「何不密啓而便收從事？」斅曰：「蜀、漢絕遠，劉備嘗用之矣。輒收，臣猶以爲輕。」帝善之。

6 壬辰，大赦。

7 秋，七月，以賈充爲司空，侍中、尚書令、領兵如故。充自文帝時統城外諸軍。充與侍中任愷皆爲帝所寵任，充欲專名勢而忌愷，於是朝士各有所附，朝，直遙翻。朋黨紛然。帝知之，召充、愷宴於式乾殿而謂之曰：「朝廷宜壹，大臣當和。」充、愷等各拜謝。既而充、愷以帝已知而不責，愈無所憚，外相崇重，內怨益深。充乃薦愷爲吏部尚書，愷侍覲轉希；既不爲侍中，則侍覲希矣。充因與荀勗、馮紞承間共譖之，間，古莧翻。愷由是得罪，廢於家。

8 八月，吳主徵昭武將軍、西陵督步闡。闡世在西陵，自吳主權用步騭督西陵，騭卒，子協繼之。闡，協弟也。猝被徵，自以失職，且懼有讒，九月，據城來降，遣兄子璣、璿詣洛陽爲任。璣、璿皆協子。降，戶江翻。璿，如緣翻。詔以闡爲都督西陵諸軍事、衛將軍、開府儀同三司、侍中，領交州牧，封宜都公。

9 冬，十月，辛未朔，日有食之。

10敦煌太守尹璩卒。敦，徒門翻。璩，求於翻。涼州刺史楊欣表敦煌令梁澄領太守。功曹宋質輒廢澄，表議郎令狐豐爲太守。考異曰：晉春秋「璩」作「據」，今從武紀。武紀云：「令狐豐廢澄，自領郡事。」今從晉春秋。楊欣遣兵擊之，爲質所敗。敗，補邁翻。

11吳陸抗聞步闡叛，亟遣將軍左奕、吾彥等討之。帝遣荆州刺史楊肇迎闡於西陵，車騎將軍羊祜帥步軍出江陵，巴東監軍徐胤帥水軍擊建平以救闡。帥，讀曰率。陸抗敕西陵諸軍築嚴圍，自赤谿至于故市，水經註：江水出西陵峽，東南流，逕故城洲。洲北附岸洲頭曰郭洲，長二里，廣一里，上有步闡故城，方圓稱洲，周迴略滿，故城洲上城周里，闡父騭所築也。又東逕陸抗故城。今峽州遠安縣在江北，有孤山，有陸抗故城，有舟山，時有赤氣，意赤溪當出於舟山，故市卽步騭故城，所居成市，而闡別築城，故曰故市。內以圍闡，外以禦晉兵，晝夜催切，切，迫也。如敵已至，衆甚苦之。諸將諫曰：「今宜及三軍之銳，急攻闡，比晉救至，必可拔也，比，必寐翻。何事於圍，以敝士民之力！」抗曰：「此城處勢既固，處，昌呂翻。糧穀又足，且凡備禦之具，皆抗所宿規，抗先嘗督西陵。今反攻之，不可猝拔。北兵至而無備，表裏受難，難，乃旦翻。何以禦之！」諸將皆欲攻闡，抗欲服衆心，聽令一攻，果無利。圍備始合，而羊祜兵五萬至江陵。諸將咸以抗不宜上，自樂鄉而西赴西陵爲上。上，時掌翻。抗曰：「江陵城固兵足，無可憂者。假令敵得江陵，必不能守，所損者小。若晉據西陵，則南山羣夷皆當擾動，其患不可量也！」乃自帥衆赴西陵。南山，謂江南諸山，羣夷所依阻。量，音良。帥，讀曰率。

初，抗以江陵之北，道路平易，易，以豉翻。敕江陵督張咸作大堰遏水，漸漬平土以絕寇叛。堰，於扇翻。今江陵有三海八櫃，引諸湖及沮、漳之水注之，瀰漫數百里，卽作堰之故智也。漸，將廉翻。羊祜欲因所遏水以船運糧，揚聲將破堰以通步軍。抗聞之，使咸亟破之。諸將皆惑，屢諫不聽。祜至當陽，聞堰敗，乃改船以車運糧，大費功力。

十一月，楊肇至西陵。陸抗令公安督孫遵循南岸拒羊祜，防托南岸，使祜軍不得渡而已。水軍督留慮拒徐胤，恐胤順流東下，故以水軍拒之。抗自將大軍憑圍對肇。憑長圍以對之，則彼爲客，我爲主。將軍朱喬營都督俞贊亡詣肇。姓譜：俞，古善醫俞跗之後。抗曰：「贊軍中舊吏，知吾虛實。吾常慮夷兵素不簡練，若敵攻圍，必先此處。」先，悉薦翻。卽夜易夷兵，皆以精兵守之。明日，肇果攻故夷兵處，抗命擊之，矢石雨下，肇衆死【章：甲十一行本「死」上有「傷」字；乙十一行本同；孔本同。】者相屬。屬，之欲翻。十二月，肇計屈，夜遁。抗欲追之，而慮步闡畜力伺間，間，古莧翻。兵不足分，於是但鳴鼓戒衆，若將追者。肇衆兇懼，悉解甲挺走，兇，許拱翻，恐懼聲。挺，待鼎翻，拔也。挺走，拔身而走也。抗使輕兵躡之，肇兵大敗，躡，尼輒翻。祜等皆引軍還。抗遂拔西陵，誅闡及同謀將吏數十人，皆夷三族，自餘所請赦者數萬口。元非同謀而脅從者，請而赦之。東還樂鄉，貌無矜色，謙沖如常。吳主加抗都護。吳官有左右都護，今加都護，盡護諸將也。羊祜坐貶平南將軍，征、鎮、安、平，四平最下。車騎位次驃騎，自此而下，六等至四征。祜自車騎貶平南，凡降十四號。楊肇免爲庶人。

吳主既克西陵，自謂得天助，志益張大，使術士尚廣筮取天下，姓譜：尚姓，師尚父之後，後漢有高士尚子平。對曰：「吉。庚子歲，青蓋當入洛陽。」其後吳亡，皓入洛，歲在庚子。吳主喜，不修德政，專爲兼幷之計。

12 賈充與朝士宴飲，朝，直遥翻。考異曰：三十國春秋在十一月，晉春秋在十月己巳，恐皆非實，故附于冬末。河南尹庾純醉，與充爭言。充曰：「父老，不歸供養，供，居用翻。養，羊尚翻。卿爲無天地！」純曰：「高貴鄉公何在？」斥其弒君也。充慙怒，上表解職；純亦上表自劾。詔免純官，仍下五府正其臧否。當時除賈充之外，居公位者有五，故下五府。下，遐稼翻。否，音鄙。石苞以爲純榮官忘親，當除名；齊王攸等以爲純於禮律未有違；詔從攸議，復以純爲國子祭酒。帝初立國子學，定置國子祭酒、博士各一人，助教十五人，以教生徒。

13 吳主之游華里也，事見上七年。右丞相萬彧與右大司馬丁奉、左將軍留平密謀曰：「若至華里不歸，社稷事重，不得不自還。」吳主頗聞之，以彧等舊臣，隱忍不發。是歲，吳主因會，以毒酒飲彧，傳酒人私減之。又飲留平，飲，於鴆翻。平覺之，服他藥以解，得不死。彧自殺；考異曰：吳志孫晧傳云：或被譴憂死，今從江表傳。平憂懣，月餘亦死。懣，音悶，又音滿。徙彧子弟於盧陵。

初，或請選忠清之士以補近職，吳主以大司農樓玄爲宮下鎮，主殿中事。吳舊事，禁中主者自用親近人。晧以或言，用玄主殿中事。玄正身帥衆，帥，讀曰率。奉法而行，應對切直，吳主浸不悅。中書令領太子太傅賀邵上疏諫曰：「自頃年以來，朝列紛錯，朝，直遙翻。眞僞相貿，貿，音茂。忠良排墜，信臣被害。被，皮義翻。是以正士摧方摧方，言刓稜角而爲圓也。而庸臣苟媚，先意承指，各希時趣。先，悉薦翻。人執反理之評，士吐詭道之論，詭，違也，異也。遂使清流變濁，忠臣結舌。陛下處九天之上，隱百里之室，管子曰：堂上遠於百里。處，昌呂翻。言出風靡，令行景從；親洽寵媚之臣，日聞順意之辭，將謂此輩實賢而天下已平也。臣聞興國之君樂聞其過，荒亂之主樂聞其譽；樂，音洛。譽，音余，或音如字。聞其過者過日消而福臻，聞其譽者譽日損而禍至。陛下嚴刑法以禁直辭，黜善士以逆諫口，杯酒造次，死生不保，造，七到翻。仕者以退爲幸，居者以出爲福，誠非所以保光洪緒，熙隆道化也。何定本僕隸小人，身無行能，行，下孟翻。而陛下愛其佞媚，假以威福。夫小人求入，必進姦利。定間者妄興事役，發江邊戍兵以驅麋鹿，老弱飢凍，大小怨歎。傳曰：『國之興也，視民如赤子；其亡也，以民爲草芥。』左傳曰：陳逢滑曰：國之興也，視民如傷；其亡也，以民爲土芥。今法禁轉苛，賦調益繁，調，徒釣翻。中官、近臣所在興事，而長吏畏罪，苦民求辦。是以人力不堪，家戶離散，呼嗟之聲，感傷和氣。今國無一年之儲，家無經月之蓄，而後宮之中坐食者萬有餘人。又，北敵注目，伺國盛衰，伺，相吏翻。長江之限，不可久恃，苟我不能守，一葦可杭也。詩云：誰謂河廣，一葦杭之。毛氏曰：杭，渡也。鄭玄曰：言一葦加之，則可以渡也。願陛下豐基強本，割情從道，則成、康之治興，聖祖之祚隆矣！」治，直吏翻。聖祖，謂孫權。吳主深恨之。

於是左右共誣樓玄、賀邵相逢，駐共耳語大笑，駐，駐車也。謗訕政事，俱被詰責；訕，山諫翻。詰，去吉翻。送玄付廣州，邵原復職；既而復徙玄於交阯，竟殺之。久之，何定姦穢發聞，亦伏誅。聞，音問。

14 羊祜歸自江陵，務脩德信以懷吳人。每交兵，刻日方戰，不爲掩襲之計。將帥有欲進譎計者，輒飲以醇酒，使不得言。譎，古穴翻。飲，於鴆翻。祜出軍行吳境，刈穀爲糧，皆計所侵，送絹償之。每會衆江、沔遊獵，常止晉地，若禽獸先爲吳人所傷而爲晉兵所得者，皆送還之。於是吳邊人皆悅服。成伐吳之計者，祜也，凡其所爲，皆豢吳也。正以陸抗對境，無間可乘，故爲是耳。若曰務脩德信，則吾不知也。祜與陸抗對境，使命常通；抗遺祜酒，祜飲之不疑；使，疏吏翻。遺，于季翻。抗疾，求藥於祜，祜以成藥與之，抗卽服之。人多諫抗，抗曰：「豈有酖人羊叔子哉！」羊祜，字叔子。抗告其邊戍曰：「彼專爲德，我專爲暴，是不戰而自服也。各保分界而已，分，扶問翻。無求細利。」吳主聞二境交和，以詰抗，抗曰：「一邑一鄉不可以無信義，況大國乎！臣不如此，正是彰其德，於祜無傷也。」

吳主用諸將之謀，數侵盜晉邊。數，所角翻。陸抗上疏曰：「昔有夏多罪而殷湯用師，紂作淫虐而周武授鉞，湯數夏之罪曰：有夏多罪，天命殛之。武王數紂之罪曰：淫酗肆虐，穢德彰聞，戎商必克。上，時掌翻。苟無其時，雖復大聖，亦宜養威自保，不可輕動也。今不務力農富國，審官任能，明黜陟，任【章：甲十一行本「任」作「慎」；乙十一行本同；孔本同；張校同。】刑賞，訓諸司以德，諸司，謂百執事之人有司存者。撫百姓以仁，而聽諸將徇名，窮兵黷武，動費萬計，士卒彫瘁，瘁，秦醉翻。寇不爲衰而我已大病矣。今爭帝王之資而昧十百之利，此人臣之姦便，非國家之良策也！昔齊、魯三戰，魯人再克，而亡不旋踵。何則？大小之勢異也。祖張儀說齊湣王之言而略變其文。況今師所克獲，不補所喪乎！」喪，息浪翻。吳主不從。

羊祜不附結中朝權貴，朝，直遙翻。荀勗、馮紞之徒皆惡之。紞，都感翻。惡，烏路翻。從甥王衍嘗詣祜陳事，從，才用翻；下同。辭甚清辯；祜不然之，衍拂衣去。祜顧謂賓客曰：「王夷甫方當以盛名處大位，然敗俗傷化，必此人也。」史言羊祜知人之鑒，爲懷帝時王衍誤國亡身張本。夷甫，衍字也。敗，補內翻。處，昌呂翻。及攻江陵，祜以軍法將斬王戎。衍，戎之從弟也，故二人皆憾之，言論多毀祜。時人爲之語曰：「二王當國，羊公無德。」

資治通鑑卷第八十

端明殿學士兼翰林侍讀學士朝散大夫右諫議大夫充集賢殿修撰權判西京留司御史臺上柱國河内郡開國侯食邑一千三百户食實封四百户賜紫金魚袋臣　司馬光　奉敕編集

後　學　天　台　胡三省　音　註

晉紀二

起昭陽大荒落（癸巳），盡屠維大淵獻（己亥），凡七年。

世祖武皇帝上之下

泰始九年（癸巳、二七三）

1 春，正月，辛酉，密陵元侯鄭袤卒。考異曰：按本傳：「袤爲司空，固辭。久之，見許，以侯就第，拜儀同三司。」而帝紀云「司空鄭袤薨」，誤也。

2 二月，癸巳，樂陵武公石苞卒。

3 三月，立皇子祗爲東海王。

4 吳以陸抗爲大司馬、荆州牧。

5 夏，四月，戊辰朔，日有食之。

6 初，鄧艾之死，事見七十八卷魏元帝咸熙元年。人皆冤之，而朝廷無爲之辨者。爲，于僞翻。及帝卽位，議郎敦煌段灼上疏曰：敦，徒門翻。「鄧艾心懷至忠而荷反逆之名，荷，下可翻。平定巴、蜀而受三族之誅；艾性剛急，矜功伐善，不能協同朋類，故莫肯理之。臣竊以爲艾本屯田掌犢人，鄧艾本義陽棘陽人，魏太祖破荆州，徙汝南，爲農民養犢。寵位已極，功名已成，七十老公，復何所求。復，扶又翻。正以劉禪初降，降，戶江翻。遠郡未附，矯令承制，權安社稷。鍾會有悖逆之心，悖，蒲內翻，又蒲沒翻。畏艾威名，因其疑似，搆成其事。艾被詔書，卽遣強兵，束身就縛，不敢顧望，被，皮義翻。誠知奉見先帝，必無當死之理也。會受誅之後，艾官屬將吏，愚戇相聚，自共追艾，破壞檻車，解其囚執；戇，直降翻。壞，音怪。艾在困地，狼狽失據，狼前則跋其胡，退則疐其尾。狽，狼屬也。生子或欠一足，二足相附而後能行，離則顚蹶。故猝遽謂之狼狽。狽，博蓋翻。未嘗與腹心之人有平素之謀，獨受腹背之誅，腹在前，背在後，謂前後皆不免於誅。豈不哀哉！陛下龍興，闡弘大度，謂可聽艾歸葬舊墓，還其田宅，以平蜀之功繼封其後，使艾闔棺定謚，死無所恨，謚，神至翻。則天下徇名之士，思立功之臣，必投湯火，樂爲陛下死矣！」樂，音洛。爲，于僞翻。帝善其言而未能從。會帝問給事中樊建以諸葛亮之治蜀，樊建故蜀臣。治，直之翻。曰：「吾獨不得如亮者而臣之乎？」建稽首曰：「陛下知鄧艾之冤而不能直，稽，音啓。雖得亮，得無如馮唐之言乎！」言不能用也。馮唐事見十四卷漢文帝十四年。帝笑曰：「卿言起我意。」乃以艾孫朗爲郎中。

7 吳人多言祥瑞者，吳主以問侍中韋昭，昭曰：「此家人筐篋中物耳！」言祥瑞而謂之家人筐篋中物者，蓋稱引圖緯以言祥瑞之應，故謂其書爲家人筐篋中物也。昭領左國史，吳有左、右國史，皆掌記述。吳主欲爲其父作紀，爲，于僞翻。昭曰：「文皇不登極位，當爲傳，不當爲紀。」吳主謚其父和曰文皇帝。傳，直戀翻。吳主不悅，漸見責怒。昭憂懼，自陳衰老，求去侍、史二官，侍、史，侍中及左國史也。不聽。時有疾病，醫藥監護，持之益急。監，工銜翻。吳主飲羣臣酒，飲，於禁翻。不問能否，率以七升爲限。至昭，獨以茶代之，後更見偪強。強，其兩翻。又酒後常使侍臣嘲弄公卿，發摘私短以爲歡；摘，當作擿。時有愆失，輒見收縛，至於誅戮。昭以爲外相毀傷，內長尤恨，長，丁丈翻，今知兩翻。使羣臣不睦，不爲佳事，故但難問經義而已。難，乃旦翻。吳主以爲不奉詔命，意不忠盡，積前後嫌忿，遂收昭付獄。昭因獄【章：甲十一行本「獄」下有「吏」字；乙十一行本同；孔本同；張校同；退齋校同。】上辭，辭，獄辭也。上，時掌翻。獻所著書，冀以此求免。而吳主怪其書垢故，垢，塵也。故，舊也。更被詰責；被，皮義翻。詰，去吉翻。遂誅昭，徙其家於零陵。

8 五月，以何曾領司徒。

9 六月，乙未，東海王祇卒。

10 秋，七月，丁酉朔，日有食之。考異曰：宋志無此食，今從晉書。

11 詔選公卿以下女備六宮，有蔽匿者以不敬論；以律不敬論罪也。采擇未畢，權禁天下嫁娶。帝使楊后擇之，后惟取潔白長大而捨其美者。帝愛卞氏女，欲留之。后曰：「卞氏三世后族，魏武帝卞后謚曰宣后，弟秉生蘭及琳，蘭孫女爲高貴鄉公后，琳女又爲陳留王后，凡三世。不可屈以卑位。」帝怒，乃自擇之，中選者以絳紗繫臂，中，竹仲翻。公卿之女爲三夫人、孔穎達曰：夫，扶也。言扶侍於王也。九嬪，句斷。二千石、將、校女補良人以下。漢制，後宮之號十有四等，良人視八百石，爵比庶長。師古曰：良，善也。將，卽亮翻。校，戶教翻。

12 九月，吳主悉封其子弟爲十一王，王給三千兵，大赦。十一王，史逸其名。

13 是歲，鄭沖以壽光公罷。

14 吳主愛姬遣人至市奪民物。司市中郎將陳聲素有寵於吳主，繩之以法。姬愬於吳主，愬，與訴同。吳主怒，假他事燒鋸斷聲頭，投其身於四望之下。據晉書溫嶠傳：嶠討蘇峻於石頭，結壘於四望磯。又據南史，石頭有四望山，蓋山下有磯也。斷，丁管翻。

十年（甲午、二七四）

1 春，正月，乙未，日有食之。

2 閏月，癸酉，壽光成公鄭沖卒。

3 丁亥，詔曰：「近世以來，多由內寵以登后妃，謂魏三祖立卞、郭、毛爲后。亂尊卑之序；自今不得以妾媵爲正嫡。」媵，以證翻。

4 分幽州置平州。幽州，言北方太陰幽冥也。杜佑曰：因幽都山爲名。山海經有幽都山。今列北荒，統范陽、燕、北平、上谷、代、遼西。漢末，公孫度自號平州牧，今分昌黎、遼東、樂浪、玄菟、帶方五郡，置平州。

5 三月，癸亥，日有食之。

6 詔又取良家及小將吏女五千人入宮選之，母子號哭於宮中，聲聞於外。將，卽亮翻。號，戶刀翻。聞，音問。

7 夏，四月，己未，臨淮康公荀顗卒。諡法：溫柔好樂曰康。顗，魚豈翻。

8 吳左夫人王氏卒。吳主哀念，數月不出，葬送甚盛。時何氏以太后故，宗族驕橫。橫，戶孟翻。吳主舅子何都貌類吳主，民間訛言：「吳主已死，立者何都也。」會稽又訛言：「章安侯奮當爲天子。」奮母仲姬墓在豫章，豫章太守張俊爲之掃除。掃，糞掃也。除，芟除荆棘。會，古外翻。爲，于僞翻。臨海太守奚熙吳主休永安三年，分會稽東部都尉爲臨海郡。與會稽太守郭誕書，會，工外翻。非議國政；誕但白熙書，不白妖言。妖言，卽前訛言。妖，於驕翻。吳主怒，收誕繫獄，誕懼，功曹邵疇曰：「疇在，明府何憂！」遂詣吏自列曰：自列，猶自陳也。「疇廁身本郡，位極朝右，郡功曹，位居郡朝之右。朝，直遙翻。以噂𠴲之語，噂，祖本翻。𠴲，達合翻。噂𠴲，聚語也。本非事實，疾其醜聲，不忍聞見，欲含垢藏疾，左傳曰：川澤納汙，山藪藏疾，國君含垢。不彰之翰墨，鎮躁歸靜，使之自息。故誕屈其所是，默以見從。謂誕從疇之說，默而不白妖言也。此之爲愆，實由於疇，不敢逃死，歸罪有司。」因自殺。吳主乃免誕死，送付建安作船。宋白曰：吳分候官之地立建安縣。又立曲郍都尉，主謫徙之人作舟船。遣其舅三郡督何植收奚熙。江表傳作「備海督」，蓋督臨海、建安、會稽三郡也。熙發兵自守，其部曲殺熙，送首建業。又車裂張俊，皆夷三族；幷誅章安侯奮及其五子。考異曰：江表傳曰：「張布女有寵於皓而死，皓厚葬之。國人見葬太奢麗，皆謂皓已死，所葬者是也。皓舅子何都，顔狀似皓，故民間訛言都代立。臨海太守奚熙信訛言，舉兵欲還秣陵誅都。都叔父植時爲備海督，擊殺熙，夷三族，訛言乃息。」又云：「奮本在章安，徙還吳城禁錮，使男女不得通婚，或年三十、四十，不得嫁娶。奮上表乞自比禽獸，使男女自相配偶。皓大怒，遣察戰齎藥賜奮父子，皆飲藥死。」裴松之按，「建衡二年至奮之死，孫皓卽位尚未久，若奮未被疑之前，兒女年二十左右，至奮死時，不得年三十、四十也。若先已長大，自失時未婚娶，不由皓之禁錮矣。此雖欲增皓之惡，然非實理。」又吳志孫皓傳：「鳳凰三年，會稽妖言奮爲天子，遂誅奚熙。」不言誅奮。孫奮傳：「建衡二年，左夫人王氏卒，民間訛言，遂誅奮及五子。」三十國、晉春秋，自皓納張布女至殺奮，皆在天册元年。按奮若以建衡二年死，不容至鳳凰三年會稽方有訛言。不知奮死果在何年，今因奚熙之死終言之。

9 秋，七月，丙寅，皇后楊氏殂。初，帝以太子不慧，恐不堪爲嗣，常密以訪后；常，當作嘗。后曰：「立子以長不以賢，春秋公羊傳之言。長，知兩翻。豈可動也！」鎭軍大將軍胡奮女爲貴嬪，晉制：貴人、夫人、貴嬪，是爲三夫人，皆金章紫綬。嬪，毗賓翻。有寵於帝，后疾篤，恐帝立貴嬪爲后，致太子不安，枕帝膝泣曰：枕，職任翻。「叔父駿女芷有德色，言有德有色也。願陛下以備六宮。」帝流涕許之。

10 以前太常山濤爲吏部尚書。濤典選十餘年，帝受禪，濤自吏部郎遷尚書，居母喪，復奪情起典選。選，息絹翻。每一官缺，輒擇才資可爲者啓擬數人，才，謂其才足以任；資，謂其資序當爲者。得詔旨有所向，然後顯奏之。帝之所用，或非舉首，衆情不察，以濤輕重任意，言之於帝。帝益親愛之。濤甄拔人物，各爲題目而奏之，時稱「山公啓事」。甄，稽延翻，明也，察也，別也。濤薦嵇紹於帝，請以爲祕書郎；晉制，祕書監屬官有丞、有郎。帝發詔徵之。紹以父康得罪，事見七十八卷魏元帝景元三年。屏居私門，欲辭不就。屏，必郢翻。濤謂之曰：「爲君思之久矣，天地四時，猶有消息，況於人乎！」爲，于僞翻；下樹爲、人爲同，又密爲同。紹乃應命，帝以爲祕書丞。

初，東關之敗，事見七十五卷魏邵陵厲公嘉平四年。文帝問僚屬曰：「近日之事，誰任其咎？」任，音壬。安東司馬王儀，脩之子也，王脩見六十四卷漢獻帝建安八年。對曰：「責在元帥。」文帝時爲安東將軍，監諸軍。文帝怒曰：「司馬欲委罪孤邪！」引出斬之。儀子裒痛父非命，隱居教授，三徵七辟，皆不就。徵，詔召也。辟，公府及州郡辟也。裒，薄侯翻。未嘗西向而坐，裒居城陽，晉朝在洛陽，故未嘗西向。廬於墓側，旦夕攀柏悲號，涕淚著樹，號，戶刀翻。著，直略翻。樹爲之枯。讀詩至「哀哀父母，生我劬勞」，詩蓼莪之辭。未嘗不三復流涕，門人爲之廢蓼莪。以哀悲慘，故廢蓼莪之篇不敢講習。三，息暫翻。復，扶又翻。蓼，力竹翻。家貧，計口而田，度身而蠶；度，徒洛翻。人或饋之，不受，助之，不聽。諸生密爲刈麥，裒輒棄之，遂不仕而終。

臣光曰：昔舜誅鯀而禹事舜，不敢廢至公也。嵇康、王儀，死皆不以其罪，二子不仕晉室可也；嵇紹苟無蕩陰之忠，蕩陰事見後八十五卷惠帝永興元年。余謂蕩陰之難，君子以嵇紹爲忠於所事可也，然未足以塞天性之傷也。蕩，音湯。殆不免於君子之譏乎！

11吳大司馬陸抗疾病，疾有加而無瘳，曰病。上疏曰：「西陵、建平，國之蕃表，蕃，籬也；表，外也。謂二郡爲藩籬於外也。既處上流，受敵二境。謂二郡之境，西距巴、夔，北接魏興、上庸，二面皆受敵也。處，昌呂翻。若敵汎舟順流，星奔電邁，非可恃援他部以救倒縣也。縣，讀曰懸。此乃社稷安危之機，非徒封疆侵陵小害也。臣父遜，昔在西垂上言，『西陵國之西門，雖云易守，亦復易失。易，弋豉翻。若有不守，非但失一郡，荆州非吳有也。如其有虞，當傾國爭之。』臣前乞屯精兵三萬，而主者循常，未肯差赴。主者，謂居本兵之職者也。差，初皆翻。自步闡以後，步闡反見上卷八年。益更損耗。今臣所統千里，外禦強對，強對，猶言強敵也。內懷百蠻，而上下見兵，財有數萬，見，賢遍翻。財，與纔同。羸敝日久，難以待變。羸，倫爲翻。臣愚以爲諸王幼沖，無用兵馬以妨要務，謂十一王各給三千兵也。又，黃門宦官開立占募，兵民避役，逋逃入占。占，章豔翻。乞特詔簡閱，一切料出，料，音聊。以補疆場受敵常處，使臣所部足滿八萬，省息衆務，并力備禦，庶幾無虞。幾，居希翻。若其不然，深可憂也！臣死之後，乞以西方爲屬。」陸抗固知吳之將亡，特就職分上言之耳。屬，之欲翻；下屬文同。及卒，吳主使其子晏、景、玄、機、雲分將其兵。將，卽亮翻。機、雲皆善屬文，名重於世。

初，周魴之子處，膂力絕人，不修細行，鄉里患之。魴，符方翻。行，下孟翻。處嘗問父老曰：「今時和歲豐而人不樂，何邪？」父老歎曰：「三害不除，何樂之有！」樂，音洛。處曰：「何謂也？」父老曰：「南山白額虎，長橋蛟，南山，今湖、秀以南諸山也。長橋，在今常州宜興縣。并子爲三矣。」子，謂周處。處曰：「若所患止此，吾能除之。」乃入山求虎，射殺之，因投水，搏殺蛟；遂從機、雲受學，篤志讀書，砥節礪行，比及期年，州府交辟。射，而亦翻。行，下孟翻。比，必寐翻。

12 八月，戊申，葬元皇后于峻陽陵。帝及羣臣除喪卽吉，博士陳逵議，以爲「今時所行，漢帝權制；太子無有國事，自宜終服。」尚書杜預以爲「古者天子、諸侯三年之喪，始同齊、斬，謂齊衰、斬衰之服，其始自天子達於庶人，無以異也。齊，津夷翻。既葬除服，諒闇以居，心喪終制。故周公不言高宗服喪三年而云諒闇，此服心喪之文也；周公作無逸曰：其在高宗作其卽位，乃或亮陰三年。杜預遂引此言以爲不服喪之證。闇，與陰同。孔安國曰：諒，信也；陰，默也。叔向不譏景王除喪而譏其宴樂已早，明既葬應除，而違諒闇之節也。左傳：晉荀躒如周葬穆后，既葬，除喪，以文伯宴。叔向曰：「王其不終乎！吾聞之，所樂必卒焉。今王樂憂，若卒以憂，不可謂終。王一歲而有三年之喪二焉，於是乎以喪賓宴，樂憂甚矣。三年之喪，雖貴遂服，禮也。王雖弗遂，宴樂以早，亦非禮也。」樂，音洛。子【章：甲十一行本「子」上有「君」字；乙十一行本同；孔本同；張校同。】之於禮，存諸內而已；禮非玉帛之謂，論語：孔子曰：「禮云禮云，玉帛云乎哉！」喪豈衰麻之謂乎！衰，七回翻；下同。太子出則撫軍，守則監國，左傳：晉大夫里克之言。監，古銜翻。不爲無事，宜卒哭除衰麻，卒，子恤翻。而以諒闇終三年。」帝從之。

臣光曰：規矩主於方圓，然庸工無規矩則方圓不可得而制也；衰麻主於哀戚，然庸人無衰麻則哀戚不可得而勉也。素冠之詩，正爲是矣。衰，倉回翻。詩素冠，刺不能三年也。爲，于僞翻。杜預巧飾經、傳以附人情，辯則辯矣，傳，直戀翻。臣謂不若陳逵之言質略而敦實也。

13 九月，癸亥，以大將軍陳騫爲太尉。

14 杜預以孟津渡險，請建河橋於富平津。水經註：孟津又曰富平津。杜佑曰：富平津在河陽縣南。議者以爲「殷、周所都，歷聖賢而不作者，必不可立故也。」殷都河內，周都洛，二代夾河建都，不立河橋，故以爲言。預固請爲之。及橋成，帝從百寮臨會，舉觴屬預曰：屬，之欲翻。「非君，此橋不立。」對曰：「非陛下之明，臣亦無所施其巧。」

15 是歲，邵陵厲公曹芳卒。初，芳之廢遷金墉也，芳之廢也，築宮于河內重門。今言遷金墉，蓋始廢之時，自禁中遷于金墉，後乃居于河內也。太宰中郎陳留范粲素服拜送，晉既受禪，避景帝諱，採周官名置太宰以代太師。魏因漢制，上公惟有太傅。據粲傳，自太宰從事中郎遷太宰中郎。時未置太宰，「宰」，當作「傅」。哀動左右；遂稱疾不出，陽狂不言，陽發見於外，陰蔽伏於中。凡人之作事，外爲是形而內無其實者，皆陽爲之外；若無所營，而内潛經畫，皆陰爲之。寢所乘車，足不履地。子孫有婚宦大事，輒密諮焉，合者則色無變，不合則眠寢不安，妻子以此知其旨。子喬等三人，並棄學業，絶人事，按晉書，喬年二歲，祖馨臨終撫其首曰：「恨不見汝成人！」因以所用硯與之。至五歲，祖母以告喬，喬便執硯涕泣。九歲請學，在同輩之中，言無媟辭。李銓常論揚雄才學優於劉向，喬以爲向定一代之書，正羣籍之篇，使雄當之，故非所長，遂著劉揚優劣論。前後辟舉，皆不就。邑人臘日盜斫其樹，人有告者，喬陽不聞，邑人愧而歸之。喬曰：「卿節日取柴，欲與父母相歡娱耳，何以愧爲！」嗚呼！觀喬之學行如此，則棄學業絶人事，殆庶幾乎夷、齊餓于首陽之下之意。侍疾家庭，足不出邑里。及帝即位，詔以二千石禄養病，加賜帛百匹，喬以父疾篤，辭不敢受。粲不言凡三十六年，年八十四，終於所寢之車。自邵陵厲公之廢，至是方二十一年，史因公卒而究言之。

16 吴比三年大疫。比，毗至翻。

咸寧元年（乙未、二七五）

1 春，正月，戊午朔，大赦，改元。

2 吴掘地得銀尺，上有刻文；吴志曰：銀長一尺，廣三分，刻上有年月字。吴主大赦，改元天册。

3 吴中書令賀邵中風不能言，中，竹仲翻。去職數月。吴主疑其詐，收付酒藏，掠考千數，藏，徂浪翻。掠，音亮。卒無一言，乃燒鋸斷其頭，卒，子恤翻。斷，丁管翻。徙其家屬於臨海。又誅樓玄子孫。殺樓玄見上卷泰始八年。

4 夏，六月，鮮卑拓跋力微復遣其子沙漠汗入貢，沙漠汗初入貢，見七十八卷元帝景元二年。汗，音寒。將還，幽州刺史衞瓘表請留之，又密以金賂其諸部大人離間之。爲力微信譖殺沙漠汗張本。間，古莧翻。

5 秋，七月，甲申晦，日有食之。

6 冬，十二月，丁亥，追尊宣帝廟曰高祖，景帝曰世宗，文帝曰太祖。

7 大疫，洛陽死者以萬數。

二年（丙申、二七六）

1 春，令狐豐卒，弟宏繼立，楊欣討斬之。豐自爲敦煌太守，見上卷泰始八年。

2 帝得疾甚劇，及愈，羣臣上壽。詔曰：「每念疫氣死亡者，爲之愴然。豈以一身之休息，忘百姓之艱難邪！」諸上禮者，皆絕之。爲，于僞翻。上，時掌翻。

初，齊王攸有寵於文帝，每見攸，輒撫牀呼其小字曰：「此桃符座也！」幾爲太子者數矣。事見七十八卷魏元帝咸熙元年。幾，居依翻。數，所角翻。臨終，爲帝敘漢淮南王、魏陳思王事而泣，漢文帝誅淮南厲王長，魏文帝不能容陳思王植，引此二事以戒切帝也。執攸手以授帝。太后臨終，亦流涕謂帝曰：「桃符性急，而汝爲兄不慈，我若不起，必恐汝不能相容，以是屬汝，勿忘我言！」及帝疾甚，朝野皆屬意於攸。屬，之欲翻。朝，直遙翻。攸妃，賈充之長女也。充先娶李氏，豐女也，生二女，長曰荃，爲齊王攸妃。長，知兩翻。河南尹夏侯和謂充曰：「卿二壻，親疏等耳。二壻，謂攸及太子也。立人當立德。」充不答。攸素惡荀勗及左衛將軍馮紞傾諂，勗乃使紞說帝曰：惡，烏路翻。紞，都感翻。說，輸芮翻。「陛下前日疾若不愈，齊王爲公卿百姓所歸，太子雖欲高讓，其得免乎！宜遣還藩，以安社稷。」帝陰納之，乃徙和爲光祿勳，奪充兵權，充自文帝時領兵。而位遇無替。

3 吳施但之亂，事見上卷泰始二年。或譖京下督孫楷於吳主曰：「楷不時赴討，懷兩端。」吳主數詰讓之，徵爲宮下鎮、驃騎將軍。京下督鎮京口。宮下鎮在建業。楷，孫韶之子。數，所角翻。驃，匹妙翻。騎，奇寄翻。楷自疑懼，夏，六月，將妻子來奔，拜車騎將軍，封丹陽侯。

秋，七月，吳人或言於吳主曰：「臨平湖自漢末葳塞，臨平湖，今在臨安府仁和縣界，有臨平鎮，在臨安府城西北四十八里。葳，荒蕪也，音烏廢翻。塞，悉則翻；下同。長老言：『此湖塞，天下亂；此湖開，天下平。』近無故忽更開通，此天下當太平，青蓋入洛之祥也。」青蓋之占，見上卷泰始八年。吳主以問奉禁都尉歷陽陳訓，吳置奉禁都尉，蓋以侍奉宮禁爲稱。對曰：「臣止能望氣，不能達湖之開塞。」退而告其友曰：「青蓋入洛者，將有銜璧之事，非吉祥也。」

或獻小石刻「皇帝」字，云得於湖邊；吳主大赦，改元天璽。璽，斯氏翻。

湘東太守張詠不出算緡，吳主亮太平二年，分長沙東部都尉立湘東郡。吳主就在所斬之，徇首諸郡。會稽太守車浚公清有政績，會，工外翻。車姓，出於田千秋。車，昌遮翻。值郡旱饑，表求振貸，吳主以爲收私恩，遣使梟首。梟，堅堯翻。尙書熊睦微有所諫，黃帝有熊氏，姓譜：楚鬻熊之後。此以名爲氏者也。吳主以刀鐶撞殺之，身無完肌。史詳言吳主之昏虐。撞，直江翻。

4 八月，己亥，以何曾爲太傅，陳騫爲大司馬，賈充爲太尉，齊王攸爲司空。

5 吳歷陽山有七穿駢羅，穿中黃赤，俗謂之石印，云：「石印封發，天下當太平。」歷陽長上言石印發，據吳志：鄱陽上言：歷陽山石文理成字。又江表傳曰：歷陽縣有石山，臨水高百丈，其三十丈所有七穿駢羅。今考晉志，鄱陽郡無歷陽縣，有歷陵縣。「陽」，當作「陵」。今饒州圖經亦載鄱陽歷陵縣有石印山。長，知兩翻。吳主遣使者以太牢祠之。使，疏吏翻。使者作高梯登其上，以朱書石曰：「楚九州渚，吳九州都。揚州士，作天子，四世治，太平始。」還以聞。吳主大喜，封其山神爲王，大赦，改明年元曰天紀。

6 冬，十月，以汝陰王駿爲征西大將軍，羊祜爲征南大將軍，皆開府辟召，儀同三司。此位從公也。

祜上疏請伐吳陸抗沒，羊祜始抗疏請伐吳。上，時掌翻。曰：「先帝西平巴、蜀，見七十八卷魏元帝景元四年。南和吳、會，見七十八卷魏元帝咸熙元年。庶幾海內得以休息；而吳復背信，事見上卷泰始元年。幾，居希翻。背，蒲妹翻。使邊事更興。夫期運雖天所授，而功業必因人而成，不一大舉掃滅，則兵役無時得息也。蜀平之時，天下皆謂吳當并亡，自是以來，十有三年矣。景元四年蜀亡，至是十三年。夫謀之雖多，決之欲獨。凡以險阻得全者，謂其勢均力敵耳。若輕重不齊，強弱異勢，雖有險阻，不可保也。蜀之爲國，非不險也，皆云一夫荷戟，千人莫當。荷，下可翻。及進兵之日，曾無藩籬之限，乘勝席卷，徑至成都，漢中諸城，皆鳥栖而不敢出，謂漢、樂諸城也。非無戰心，誠力不足以相抗也。及劉禪請降，諸營堡索然俱散。索，昔各翻。今江、淮之險不如劍閣，孫晧之暴過於劉禪，吳人之困甚於巴、蜀，而大晉兵力盛於往時，不於此際平壹四海，而更阻兵相守，使天下困於征戍，經歷盛衰，不可長久也。謂兵將以盛壯之年出戍，經歷營陳，至於衰老也。今若引梁、益之兵水陸俱下，王濬、唐彬統梁、益兵。荆、楚之衆進臨江陵，荆、楚，祜所統也。平南、豫州直指夏口，胡奮爲平南將軍；王戎爲豫州刺史。夏，戶雅翻。徐、揚、青、兗並會秣陵，徐、揚，王渾所統；青、兗，琅邪王伷所統。以一隅之吳當天下之衆，勢分形散，所備皆急。巴、漢奇兵出其空虛，一處傾壞，則上下震蕩，雖有智者不能爲吳謀矣。其後平吳皆如祜所規。吳緣江爲國，東西數千里，所敵者大，無有寧息。孫晧恣情任意，與下多忌，將疑於朝，將，卽亮翻。朝，直遙翻。士困於野，無有保世之計，一定之心；平常之日，猶懷去就，兵臨之際，必有應者，終不能齊力致死，已可知也。其俗急速不能持久，弓弩戟楯不如中國；唯有水戰是其所便，一入其境，則長江非復所保，還趣城池，趣，七喻翻。去長入短，非吾敵也。官軍縣進，縣，讀曰懸。人有致死之志，吳人內顧，各有離散之心，如此，軍不踰時，克可必矣。」帝深納之。而朝議方以秦、涼爲憂，謂樹機能未平也。朝，直遥翻。祜復表曰：復，扶又翻。「吳平則胡自定，但當速濟大功耳。」議者多有不同，賈充、荀勗、馮紞尤以伐吳爲不可。祜歎曰：「天下不如意事十常居七、八。天與不取，豈非更事者恨於後時哉！」言吳可取而不取，機會一失，經見其事者，豈不有後時之恨！更，工衡翻。唯度支尚書杜預、魏置度支尚書。度，徒洛翻。中書令張華與帝意合，贊成其計。

7丁卯，立皇后楊氏，大赦。后，元皇后之從妹也，從，才用翻。美而有婦德。帝初聘后，后叔父珧珧，余招翻。上表曰：「自古一門二后，未有能全其宗者，乞藏此表於宗廟，異日如臣之言，得以免禍。」帝許之。珧雖有此表，終不能以免禍。

十二月，以后父鎮軍將軍駿爲車騎將軍，封臨晉侯。國號晉而封后父爲臨晉侯，不祥之徵也。尚書褚䂮、郭奕皆表駿小器，不可任社稷之重。䂮，離灼翻。任，音壬。帝不從。駿驕傲自得，胡奮謂駿曰：「卿恃女更益豪邪！歷觀前世，與天家婚，未有不滅門者，但早晚事耳。」駿曰：「卿女不在天家乎？」天子尊無二上，故曰天家，言其尊如天也。奮曰：「我女與卿女作婢耳，何能爲損益乎！」

三年（丁酉、二七七）

1春，正月，丙子朔，日有食之。

2 立皇子裕爲始平王；庚寅，裕卒。

3 三月，平虜護軍文鴦督涼、秦、雍州諸軍討樹機能，破之，諸胡二十萬口來降。雍，於用翻。降，戶江翻。

4 夏，五月，吳將邵顗、顗，魚豈翻。考異曰：武紀作邵凱，今從羊祜傳。夏祥帥衆七千餘人來降。夏，戶雅翻。帥，讀曰率。降，戶江翻。

5 秋，七月，中山王睦坐招誘逋亡，貶爲丹水縣侯。誘，音酉。

6 有星孛于紫宮。孛，蒲內翻。

7 衞將軍楊珧等建議，以爲「古者封建諸侯，所以藩衞王室；今諸王公皆在京師，非扞城之義。又，異姓諸將居邊，宜參以親戚。」考異曰：職官志以爲珧與荀勗以齊王攸有時望，懼太子有後難，故建此議，使諸王之國。帝初未之察，於是下詔議其制。按勗傳有異議，又，時齊王不之國，疑此說非實。今不取。帝乃詔諸王各以戶邑多少爲三等，大國置三軍五千人，次國二軍三千人，小國一軍一千一百人；時以平原、汝南、琅邪、扶風、齊爲大國，梁、趙、樂安、燕、安平、義陽爲次國，餘國爲小國。諸王爲都督者，各徙其國使相近。八月，癸亥，徙扶風王亮爲汝南王，出爲鎭南大將軍，都督豫州諸軍事；琅邪王倫爲趙王，督鄴城守事；勃海王輔爲太原王，監幷州諸軍事；以東莞王伷在徐州，徙封琅邪王；莞，音官。伷，音胄。汝陰王駿在關中，徙封扶風王；又徙太原王顒爲河間王；汝南王柬爲南陽王。輔，孚之子；顒，孚之孫也。顒，魚容翻。其無官者，皆遣就國。諸王公戀京師，皆涕泣而去。又封皇子瑋爲始平王，允爲濮陽王，該爲新都王，遐爲清河王。其異姓之臣有大功者，皆封郡公、郡侯。封賈充爲魯郡公。追封王沈爲博陵郡公。沈，持林翻。

徙封鉅平侯羊祜爲南城郡侯，時詔以泰山之南武陽、牟、南城、梁父、平陽五縣爲南城郡。羊祜本泰山南城人也。帝制公侯邑萬戶以上爲大國，五千戶以上爲次國，不滿五千戶爲小國。祜固辭不受。祜每拜官爵，常多避讓，至心素著，故特見申於分列之外。見申，謂許之辭爵，其志獲申也。分列，謂分封列爵也。祜歷事二世，謂事文帝及帝也。職典樞要，凡謀議損益，皆焚其草，世莫得聞；所進達之人皆不知所由。謂人由祜薦引而進達，不知其所由來也。常曰：「拜官公朝，謝恩私門，吾所不敢也。」朝，直遙翻。

8兗、豫、徐、青、荆、益、梁七州大水。

9冬，十二月，吳夏口督孫愼入江夏、汝南，江夏郡屬荆州，汝南郡屬豫州，相去甚遠。沈約宋志：江夏太守治汝南縣，本沙羨土，晉末汝南郡民流寓夏口，因立爲汝南，則此江夏郡未有汝南縣也，無亦史追書乎！夏，戶雅翻。略千餘家而去。詔遣侍臣詰羊祜不追討之意，詰，去吉翻。并欲移荆州。祜曰：「江夏去襄陽八百里，比知賊問，比，必寐翻。賊已去經日，步軍安能追之！勞師以免責，非臣志也。昔魏武帝置都督，類皆與州相近，如揚州刺史治壽春，都督揚州諸軍事亦治壽春之類。近，其靳翻。以兵勢好合惡離故也。好，呼到翻。惡，烏路翻。疆埸之間，一彼一此，慎守而已。左傳魯桓公曰：「疆埸之間，慎守其一，而備其不虞。」若輒徙州，賊出無常，亦未知州之所宜據也。」

10 是歲，大司馬陳騫自揚州入朝，朝，直遙翻。以高平公罷。

11 吳主以會稽張俶多所譖白，會，工外翻。俶，昌六翻。甚見寵任，累遷司直中郎將，封侯。其父爲山陰縣卒，山陰縣屬會稽郡。知俶不良，上表曰：「若用俶爲司直，有罪乞不從坐。」吳主許之。俶表置彈曲二十人，專糾司不法，彈，徒干翻。於是吏民各以愛憎互相告訐，獄犴盈溢，訐，居謁翻。犴，音岸。犴，野犬也。野犬所以守，故爲獄，又胡地謂犬爲犴。上下囂然。俶大爲姦利，驕奢暴橫，橫，戶孟翻。事發，父子皆車裂。

12 衞瓘遣拓跋沙漠汗歸國。前年瓘表留沙漠汗，譖間既行，乃遣歸。自沙漠汗入質，入質見七十七卷魏元帝景元二年。質，音致。力微可汗諸子在側者多有寵。及沙漠汗歸，諸部大人共譖而殺之。既而力微疾篤，烏桓王庫賢親近用事，受衞瓘賂，欲擾動諸部，乃礪斧於庭，謂諸大人曰：「可汗恨汝曹讒殺太子，此時鮮卑君長已有可汗之稱。可，今讀從刊入聲。汗，音寒。欲盡收汝曹長子殺之。」長，知兩翻。諸大人懼，皆散走。力微以憂卒，時年一百四。子悉祿立，「悉祿」，魏收魏書作「悉鹿」。其國遂衰。

初，幽、并二州皆與鮮卑接，東有務桓，西有力微，多爲邊患。衞瓘密以計間之，間，古莧翻。務桓降而力微死。考異曰：魏收後魏書：「鐵弗劉虎，匈奴去卑之孫，昭成四年死，子務桓立。」按昭成四年，晉成帝咸康七年也，務桓不應與瓘同時，蓋二人皆名務桓耳。朝廷嘉瓘功，封其弟爲亭侯。

四年（戊戌、二七八）

1 春，正月，庚午朔，日有食之。

2 司馬督東平馬隆晉制：二衞，前驅、由基、強弩爲三部司馬，各置督。沈約曰：殿中司馬督，晉武帝時殿內宿衞，號曰三部司馬，與殿中將軍分隸左右二衞。上言：「涼州刺史楊欣失羌戎之和，必敗。」隆言欣必敗，猶漢皇甫規之言馬賢，蓋懷才欲用，故以此自顯耳。夏，六月，欣與樹機能之黨若羅拔能等戰于武威，敗死。

3 弘訓皇后羊氏殂。景皇后，居弘訓宮。

4 羊祜以病求入朝，朝，直遙翻。既至，帝命乘輦入殿，不拜而坐。祜面陳伐吳之計，帝善之。以祜病，不宜數入，數，所角翻。更遣張華就問籌策，祜曰：「孫晧暴虐已甚，於今可不戰而克。若晧不幸而沒，吳人更立令主，雖有百萬之衆，長江未可窺也，將爲後患矣！」華深然之。祜曰：「成吾志者，子也。」帝欲使祜臥護諸將，祜曰：「取吳不必臣行，但既平之後，當勞聖慮耳。功名之際，臣不敢居；若事了，當有所付授，願審擇其人也。」以東南壤界闊遠，當得人以鎮撫之。

5 秋，七月，己丑，葬景獻皇后于峻平陵。即弘訓后也。

6司、冀、兗、豫、荆、揚州大水，司州，卽漢司隸校尉所部也。漢司隸部察郡縣與州刺史同，晉遂定名司州，統河南、滎陽、弘農、上洛、平陽、河東、汲郡、河內、廣平、陽平、魏郡、頓丘。冀州者，亂則冀安，弱則冀強，荒則冀豐，統趙國、鉅鹿、安平、平原、樂陵、勃海、河間、高陽、博陵、清河、中山、常山等郡國。螟傷稼。螟，食苗心之蟲。詔問主者：「何以佐百姓？」主者，謂左民及度支二曹也。度支尚書杜預上疏，度，徒洛翻。上，時掌翻。以爲：「今者水災東南尤劇，宜敕兗、豫等諸州留漢氏舊陂，繕以蓄水，餘皆決瀝，令飢者盡得魚菜螺蜯之饒，螺，盧戈翻。蜯，步項翻。此目下日給之益也。水去之後，滇淤之田，淤，依據翻。畝收數鍾，此又明年之益也。典牧種牛有四萬五千餘頭，晉志：典牧令，屬太僕。種，章勇翻。不供耕駕，至有老不穿鼻者，可分以給民，使及春耕種，穀登之後，責其租稅，此又數年以後之益也。」帝從之，民賴其利。考異曰：食貨志云「咸寧三年」，杜預傳云「四年」。按五行志，三年大水，無蟲災，四年螟。今從預傳。預在尚書七年，泰始六年，預自秦州刺史得罪歸，拜度支尚書，至是七年矣。損益庶政，不可勝數，勝，音升。時人謂之「杜武庫」，言其無所不有也。

7九月，以何曾爲太宰；辛巳，以侍中、尚書令李胤爲司徒。

8吳主忌勝己者，侍中、中書令張尚，紘之孫也，張紘事孫策、孫權，見漢獻帝紀。爲人辯捷，談論每出其表，吳主積以致恨。後問：「孤飲酒可以方誰？」方，比也。尚曰：「陛下有百觚之量。」吳主曰：「尙知孔丘不王，而以孤方之。」孔叢子曰：趙平原君與孔子高飲，強子高酒，曰：「諺云，堯飲千鍾，孔子百觚，子路嗑嗑，尙飲十榼。古之聖賢，無不能飲，子何辭焉。」觚，飲器也，受二升。王，于況翻。因發怒，收尙。公卿已下百餘人，詣宮叩頭，請尙罪，得減死，送建安作船，尋就殺之。考異曰：三十國春秋云：「岑昏等泥頭請代尙死，尙得免死，徙廣州。」今從尙傳，參取環氏吳紀。余觀尙之爲人，蓋以辯給得親近於孫晧，而亦以辯給取怒，請其死者必岑昏之徒。三十國春秋所書，蓋得其實。

9 冬，十月，徵征北大將軍衞瓘爲尙書令。是時，朝野咸知太子昏愚，不堪爲嗣，瓘每欲陳啓而未敢發；會侍宴陵雲臺，陵雲臺，魏文帝所築。瓘陽醉，跪帝牀前曰：「臣欲有所啓。」帝曰「公所言何邪？」瓘欲言而止者三，因以手撫牀曰：「此座可惜！」帝意悟，因謬曰：「公眞大醉邪？」瓘於此不復有言。帝悉召東宮官屬，爲設宴會，復，扶又翻。爲，于僞翻；下便爲同。而密封尙書疑事，令太子決之。賈妃大懼，倩外人代對，倩，七正翻。假手於人也。多引古義。給使張泓曰：「太子不學，陛下所知，而答詔多引古義，必責作草主，言將責問作對草之主名也。更益譴負，不如直以意對。」妃大喜，謂泓曰：「便爲我好答，富貴與汝共之。」給使，給東宮使令。張泓蓋庸中之佼佼者，後爲趙王倫拒齊王冏於陽翟者，必是人也。泓卽具草，令太子自寫，帝省之甚悅。省，悉景翻。先以示瓘，瓘大踧踖，踧，子六翻。踖，子昔翻。踧踖，不自安貌。衆人乃知瓘嘗有言也。賈充密遣人語妃云：「衞瓘老奴，幾破汝家！」爲賈妃怨衞瓘張本。語，牛倨翻。考異曰：三十國春秋在泰始八年。按瓘傳，「泰始初，爲青州刺史，徙幽州，八年不得在京師。」瓘傳在遷司空後。按帝紀：「太康三年，賈充卒，十二月，瓘爲司空」，故移在入爲尙書令下。

10吳人大佃皖城，佃，亭年翻，治田也。皖，戶板翻。欲謀入寇。都督揚州諸軍事王渾遣揚州刺史應綽攻破之，斬首五千級，焚其積穀百八十餘萬斛，踐稻田四千餘頃，毁船六百餘艘。艘，蘇刀翻。

11十一月，辛巳，太醫司馬程據獻雉頭裘，晉志：太醫，屬宗正。雉頭毛采炫燿，集以爲裘。帝焚之於殿前。甲申，敕內外敢有獻奇技異服者，罪之。記王制：作淫聲異服奇技奇器以疑衆，殺。技，渠綺翻。

12羊祜疾篤，舉杜預自代。辛卯，以預爲鎮南大將軍、都督荆州諸軍事。祜卒，卒，子恤翻；下同。帝哭之甚哀。是日，大寒，涕淚霑須鬢皆爲冰。祜遺令不得以南城侯印入柩。柩，音舊。帝曰：「祜固讓歷年，身沒讓存，謂身沒而遺令讓侯印也。今聽復本封，以彰高美。」祜本封鉅平侯。南州民聞祜卒，爲之罷市，巷哭聲相接。南州，謂荆州也。爲，于僞翻；下同。吳守邊將士亦爲之泣。祜好遊峴山，好，呼到翻。峴，戶典翻。襄陽人建碑立廟於其地，歲時祭祀，望其碑者無不流涕，因謂之墮淚碑。

杜預至鎮，簡精銳，襲吳西陵督張政，大破之。政，吳之名將也，恥以無備取敗，不以實告吳主。預欲間之，間，古莧翻。乃表還其所獲。吳主果召政還，遣武昌監留憲代之。吳之邊鎮有督、有監，督者，督諸軍事之職，監者，監諸軍事之職。

13十二月，丁未，朗陵公何曾卒。曾厚自奉養，過於人主。司隸校尉東萊劉毅數劾奏曾侈汰無度，數，所角翻。帝以其重臣，不問。及卒，博士新興秦秀議曰：秀，新興雲中人，朗之子也。「曾驕奢過度，名被九域。九域，九州之域。被，皮義翻。宰相大臣，人之表儀，若生極其情，死又無貶，王公貴人復何畏哉！謹按謚法，謚法始於周公，以行爲謚。復，扶又翻。『名與實爽曰繆，怙亂肆行曰醜。』宜謚醜繆公。」帝策謚曰孝。策謚者，不用博士議，以詔策賜謚。

14前司隸校尉傅玄卒。考異曰：玄傳曰：「五年，遷太僕，轉司隸，景獻皇后崩，坐爭位罵尚書免，尋卒。」按景獻后崩在四年，玄傳誤也。玄性峻急，每有奏劾，或值日暮，捧白簡，整簪帶，文選：任昉彈曹景宗曰：謹奉白簡以聞。呂向註云：簡，略狀也。晉志曰：古者執笏，有事則書之，故常簪筆；今之白筆，是其遺意。三臺、五省二品文官簪之。帶，革帶也，古之鞶帶。劾，戶概翻，又戶得翻。竦踊不寐，坐而待旦；由是貴游震懾，周官師氏，凡國之貴游子弟學焉。註云：貴游子弟，王公之子弟，游無官司者。懾，之涉翻。臺閣生風。玄與尚書左丞博陵崔洪善，漢安帝分安平，置博陵國。洪亦清厲骨鯁，好面折人過，好，呼到翻。折，之舌翻。而退無後言，人以是重之。

15鮮卑樹機能久爲邊患，泰始六年樹機能爲寇，至是九年矣。僕射李憙請發兵討之，朝議皆以爲出兵重事，虜不足憂。朝，直遙翻；下同。

五年（己亥、二七九）

1春，正月，樹機能攻陷涼州。涼州治武威。帝甚悔之，臨朝而歎曰：「誰能爲我討此虜者？」爲，于僞翻。司馬督馬隆進曰：「陛下能任臣，臣能平之。」帝曰：「必能平賊，何爲不任，顧方略何如耳！」隆曰：「臣願募勇士三千人，無問所從來，應募者，或出於農畝，或出於營伍，或出於逋逃，或出於奴隸，皆不問其所從來也。帥之以西，虜不足平也。」帥，讀曰率。帝許之。乙丑，以隆爲討虜護軍、武威太守。公卿皆曰：「見兵已多，不宜橫設賞募，見，賢遍翻。橫，戶孟翻。隆小將妄言，將，即亮翻。不足信也。」帝不聽。隆募能引弓四鈞、挽弩九石者取之，三十斤爲鈞，四鈞爲石，石百二十斤。立標簡試，標，表也。自旦至日中，得三千五百人。隆曰：「足矣。」又請自至武庫選仗，武庫令與隆忿爭，晉志：武庫令，屬衞尉。御史中丞劾奏隆。自東漢至魏、晉，以中丞爲御史臺主。劾，戶概翻，又戶得翻。隆曰：「臣當畢命戰場，武庫令乃給以魏時朽仗，非陛下所以使臣之意也。」帝命惟隆所取，仍給三年軍資而遣之。

2初，南單于呼廚泉以兄於扶羅子豹爲左賢王，及魏武帝分匈奴爲五部，五部見上卷泰始六年。以豹爲左部帥。帥，所類翻。豹子淵，幼而儁異，師事上黨崔游，博習經史。嘗謂同門生上黨朱紀、鴈門范隆曰：「吾常恥隨、陸無武，絳、灌無文；隨、陸遇高帝而不能建封侯之業，絳、灌遇文帝而不能興庠序之教，豈不惜哉！」隨、陸，隨何、陸賈。絳、灌，絳侯周勃、灌將軍嬰。於是兼學武事。及長，長，知兩翻。猨臂善射，膂力過人，姿貌魁偉。爲任子在洛陽，王渾及子濟皆重之，屢薦於帝，帝召與語，悅之。濟曰：「淵有文武長才，陛下任以東南之事，吳不足平也。」孔恂、楊珧曰：「非我族類，其心必異。左傳，魯季文子曰：「史佚之志有之：非我族類，其心必異。」珧，余招翻。淵才器誠少比，然不可重任也。」少，詩沼翻。及涼州覆沒，帝問將於李憙，對曰：「陛下誠能發匈奴五部之衆，假劉淵一將軍之號，使將之而西，樹機能之首可指日而梟也。」使將，即亮翻。梟，堅堯翻。孔恂曰：「淵果梟樹機能，則涼州之患方更深耳。」帝乃止。

東萊王彌家世二千石，世語曰：彌，魏玄菟太守王頎之孫。彌有學術勇略，善騎射，青州人謂之「飛豹」。【章：甲十一行本「豹」下有「然喜任俠」四字；乙十一行本同；孔本同；張校同；退齋校同。】處士陳留董養見而謂之曰：「君好亂樂禍，若天下有事，不作士大夫矣。」言將爲賊也。處，昌呂翻。好，呼到翻。樂，音洛。淵與彌友善，謂彌曰：「王、李以鄉曲見知，王渾，太原人，李憙，上黨人，與淵同州里。每相稱薦，適足爲吾患耳。」因歔欷流涕。歔，音虛。欷，音希，又吁既翻。齊王攸聞之，言於帝曰：「陛下不除劉淵，臣恐并州不得久安。」王渾曰：「大晉方以信懷殊俗，奈何以無形之疑殺人侍子乎？何德度之不弘也！」帝曰：「渾言是也。」會豹卒，以淵代爲左部帥。劉淵事始此。史言晉將有亂。帥，所類翻。

3 夏，四月，大赦。

4 除部曲督以下質任。帝受禪之初，除部曲將質任，今又除部曲督質任。質，音致。

5 吳桂林太守脩允卒，桂林，漢縣，屬鬱林郡。吳主晧鳳凰三年，分立桂林郡。其部曲應分給諸將。督將郭馬、何典、王族等累世舊軍，不樂離別，會吳主料實廣州戶口，將，卽亮翻。樂，音洛。料，音聊。馬等因民心不安，聚衆攻殺廣州督虞授，馬自號都督交、廣二州諸軍事，使典攻蒼梧，族攻始興。吳主晧甘露元年，分桂陽南部都尉立始興郡。秋，八月，吳以軍師張悌爲丞相，牛渚都督何植爲司徒，執金吾滕脩爲司空；未拜，更以脩爲廣州牧，帥萬人從東道討郭馬。帥，讀曰率。馬殺南海太守劉略，逐廣州刺史徐旗。吳主又遣徐陵督陶濬將七千人，徐陵與洞浦對岸。吳主權時，呂範洞浦之敗，魏臧霸渡江攻徐陵，全琮、徐盛擊卻之。又華覈封徐陵亭侯，則徐陵蓋亭名。吳以其臨江津，置督守之。南徐州記曰：京口先爲徐陵，其地蓋丹徒縣之西鄉京口里也。從西道與交州牧陶璜共擊馬。

6 吳有鬼目菜，生工人黃耇家；有買菜，生工人吳平家。吳志曰：鬼目菜，依緣棗樹，長丈餘，莖廣四寸，厚三分。買菜，高四尺，厚二分，如枇杷形，莖廣尺八寸，下莖廣五寸，兩邊生葉，綠色。東觀案圖書，吳有東觀令。觀，古玩翻。名鬼目曰芝草，買菜曰平慮草。吳主以耇爲侍芝郎，平爲平慮郎，皆銀印青綬。以漢制言之，銀印青綬，中二千石服之。吳主每宴羣臣，咸令沈醉。沈，持林翻。又置黃門郎十人爲司過，宴罷之後，各奏其闕失，迕視謬言，罔有不舉。沈，持林翻。迕，五故翻，逆也。大者卽加刑戮，小者記錄爲罪，或剝人面，或鑿人眼。由是上下離心，莫爲盡力。爲，于僞翻。

益州刺史王濬上疏曰：「孫晧荒淫凶逆，宜速征伐。若一旦晧死，更立賢主，則強敵也。更，工衡翻。臣作船七年，泰始八年，濬始作船，至是蓋七朞年矣。日有朽敗；臣年七十，死亡無日。三者一乖，則難圖也。誠願陛下無失事機。」帝於是決意伐吳。會安東將軍王渾表孫晧欲北上，上，時掌翻。邊戍皆戒嚴，朝廷乃更議明年出師。王濬參軍何攀奉使在洛，上疏稱：「晧必不敢出，宜因戒嚴，掩取甚易。」易，以豉翻。

杜預上表曰：「自閏月以來，是年閏七月。賊但敕嚴，下無兵上。吳自建業寇淮、襄，皆自下泝江而上。上，時掌翻。以理勢推之，賊之窮計，力不兩完，必保夏口以東以延視息，凡人目不能視，氣不能息，則赫然死人矣。無緣多兵西上，空其國都。而陛下過聽，便用委棄大計，縱敵患生，誠可惜也。嚮使舉而有敗，勿舉可也。今事爲之制，務從完牢，若或有成，則開太平之基，不成不過費損日月之間，何惜而不一試之！若當須後年，須，待也。天時人事，不得如常，臣恐其更難也。今有萬安之舉，無傾敗之慮，臣心實了，了，決也。不敢以曖昧之見自取後累，曖昧，不明也。累，力瑞翻。惟陛下察之。」旬月未報，預復上表曰：復，扶又翻。「羊祜不先博謀於朝臣，朝，直遙翻。而密與陛下共施此計，故益令朝臣多異同之議。凡事當以利害相校，今此舉之利十有八、九，而其害一、二，止於無功耳。必使朝臣言破敗之形，亦不可得，直是計不出己，功不在身，各恥其前言之失而固守之也。此言指出賈充、荀勖、馮紞等肺肝。自頃朝廷事無大小，異意鋒起，雖人心不同，亦由恃恩不慮後患，故輕相同異也。自秋已來，討賊之形頗露，今若中止，孫晧或怖而生計，怖，普布翻。徙都武昌，更完脩江南諸城，遠其居民，城不可攻，野無所掠，則明年之計或無所及矣！」帝方與張華圍棊，博物志曰：堯造圍棊，以敎子丹朱。或曰：舜以子商均愚，故作圍棊以敎之，其法非智莫能也。預表適至，華推枰斂手曰：推，吐雷翻。枰，音平，棊局也。「陛下聖武，國富兵強，吳主淫虐，誅殺賢能，當今討之，可不勞而定，願勿以爲疑！」帝乃許之。以華爲度支尚書，量計運漕。度，徒洛翻。量，音良。賈充、荀勗、馮紞固爭之，紞，吐感翻。帝大怒，充免冠謝罪。僕射山濤退而告人曰：「自非聖人，外寧必有內憂，左傳：晉大夫范文子之言。今釋吳爲外懼，豈非算乎！」山濤身爲大臣，不昌言於朝而退以告人，蓋求合於賈充者也。

冬，十一月，大舉伐吳，遣鎮軍將軍琅邪王伷出涂中，伷，音冑。吳主權作堂邑涂塘卽其地。蓋從今滁州取眞州路。涂，讀曰滁。安東將軍王渾出江西，今和州出橫江渡路。建威將軍王戎出武昌，平南將軍胡奮出夏口，鎮南大將軍杜預出江陵，龍驤將軍王濬、巴東監軍魯國唐彬下巴、蜀，監，古銜翻。東西凡二十餘萬。命賈充爲使持節、假黃鉞、大都督，魏文帝以曹眞都督中外諸軍事，假黃鉞。明帝大和四年，司馬懿征蜀，加號大都督。此仍魏制也。武王伐紂，左杖黃鉞。黃鉞，天子之器，非人臣所得專用，故曰假。使，疏吏翻。以冠軍將軍楊濟副之；冠，古玩翻。充固陳伐吳不利，且自言衰老，不堪元帥之任。帥，讀從所類翻。詔曰：「君若不行，吾便自出。」充不得已，乃受節鉞，將中軍南屯襄陽，爲諸軍節度。

7 馬隆西渡溫水，武威之東有溫圍水。樹機能等以衆數萬據險拒之。隆以山路陿隘，乃作扁箱車，陿，與狹同。車箱扁，則可行狹路。扁，補典翻。爲木屋，施於車上，木屋，所以蔽風雨，捍矢石。轉戰而前，行千餘里，殺傷甚衆。考異曰：隆傳曰：「或夾道累磁石，賊被鐵鎧，行不得前，隆卒悉被犀甲，無所留礙，賊以爲神。」按此說太誕，恐不可信。余謂磁石脅鐵鎧，誠有此理。自隆之西，音問斷絕，朝廷憂之，或謂已沒。後隆使夜到，使，疏吏翻。帝撫掌歡笑，詰朝，召羣臣謂曰：「若從諸卿言，無涼州矣。」詰，去吉翻。朝，如字。乃詔假隆節，拜宣威將軍。沈約志：魏置將軍四十號，宣威第二。隆至武威，鮮卑大人猝跋韓且萬能帥萬餘落來降。且，子閭翻。帥，讀曰率。降，戶江翻。十二月，隆與樹機能大戰，斬之；涼州遂平。

8 詔問朝臣以政之損益，司徒左長史傅咸上書，晉志：司徒加置左、右長史各一人。朝，直遙翻。以爲：「公私不足，由設官太多。舊都督有四，今并監軍乃盈於十；魏初置都督諸軍，東南以備吳，西以備蜀，北以備胡，隨其資望輕重而加以征、鎮、安、平之號，有四而已。其後增置，有都督鄴城守諸軍，都督秦、雍、涼諸軍，都督梁、益諸軍，都督荆州諸軍，都督揚州諸軍，都督徐州諸軍，都督淮北諸軍，都督豫州諸軍，都督幽州諸軍，都督并州諸軍，凡十。其資輕者，爲監軍。禹分九州，今之刺史幾向一倍；時有司、豫、徐、兗、荆、揚、梁、益、寧、交、秦、雍、涼、冀、幽、并、青十八州刺史。幾，居希翻。戶口比漢十分之一，漢元始之初，民戶千三百二十三萬三千六百一十二，口五千九百一十九萬四千九百七十八。漢之極盛也。桓帝之初，戶二千六百七萬九百六，口五千六萬六千八百五十六。魏既并蜀，景元四年，與蜀通計，民戶九十四萬三千四百二十三，口五百三十七萬二千八百九十一。蓋口猶及漢十分之一，而戶則未幾及也。而置郡縣更多；虛立軍府，動有百數，而無益宿衞；五等諸侯，坐置官屬；軍府，謂驃騎、車騎、衞、伏波、撫軍、都護、鎮軍、中軍、典軍、上軍、撫國、領軍、護軍、左・右衞、驍騎、游擊、左・右・前・後軍及雜號將軍也。五等諸侯官屬，王置傅、友、文學、郎中令、中尉、大農、左・右常侍、侍郎、典書・典祠・典衞・學官等令、典書丞、治書、中尉司馬、世子、庶子、陵廟牧長、謁者、中大夫、舍人、典府。公侯以下置官屬，隨國小大，無定制。諸所廩給，皆出百姓，此其所以困乏者也。當今之急，在於并官息役，上下務農而已。」咸，玄之子也。時又議省州、郡、縣半吏以赴農功，中書監荀勗以爲「省吏不如省官，省官不如省事，省事不如清心。昔蕭、曹相漢，載其清靜，民以寧壹，事見十二卷漢惠帝二年。所謂清心也。抑浮說，簡文案，略細苛，宥小失，有好變常以徼利者，必行其誅，所謂省事也。好，呼到翻。徼，一遙翻。以九寺并尚書，蘭臺付三府，所謂省官也。九寺，謂九卿寺也。漢初九卿各有所掌，東都以後，尚書諸曹分掌衆事，九卿殆爲具官，故欲并之尚書。蘭臺，御史臺也。三府，三公府也。漢丞相有長史、司直，御史大夫有中丞、侍御史，掌察舉非法，故勗欲以蘭臺付之三府。若直作大例，凡天下之吏皆減其半，恐文武衆官，郡國職業，劇易不同，易，以豉翻。不可以一概施之。若有曠闕，皆須更復，或激而滋繁，亦不可不重也。」

王崇武標點容肇祖聶崇岐覆校

資治通鑑卷第八十一

端明殿學士兼翰林侍讀學士朝散大夫右諫議大夫充集賢殿修撰權判西京留司御史臺上柱國河內郡開國侯食邑一千三百戶食實封四百戶賜紫金魚袋臣 司馬光 奉敕編集

後學天台 胡三省 音註

晉紀三 起上章困敦（庚子），盡著雍涒灘（戊申），凡九年。

世祖武皇帝中

太康元年（庚子、二八〇）是年四月，改元。

1 春，正月，吳大赦。

2 杜預向江陵，王渾出橫江，攻吳鎮、戍，所向皆克。二月，戊午，王濬、唐彬擊破丹陽監盛紀。丹陽城在秭歸縣東八里，昔周武王封熊繹於荆丹陽之地，即此，今謂之屈沱楚王城。吳人於江磧要害之處，磧，七逆翻。水渚有沙石曰磧。並以鐵鎖橫截之；又作鐵錐，長丈餘，暗置江中，以逆拒舟艦。長，直亮翻。艦，戶黯翻。濬作大筏數十，方百餘步，縛草爲人，被甲持仗，令善水者以筏先行，遇鐵錐，錐輒著筏而去。筏，音伐。被，皮義翻。著，陟略翻；後著手同。又作大炬，長十餘丈，長，直亮翻。大數十圍，灌以麻油，在船前，遇鎖，然炬燒之，須臾，融液斷絕，於是船無所礙。以人力設險，而不以人力守之，無益也。庚申，濬克西陵，殺吳都督留憲等。壬戌，克荆門、夷道二城，荆門，在西陵之東，夷道之西。殺夷道監陸晏。杜預遣牙門周旨等帥奇兵八百汎舟夜渡江，襲樂鄉，帥，讀曰率。多張旗幟，起火巴山。巴山在今江陵府松滋縣，有巴復村。幟，昌志翻。吳都督孫歆懼，與江陵督伍延書曰：「北來諸軍，乃飛渡江也。」旨等伏兵樂鄉城外，歆遣軍出拒王濬，大敗而還。旨等發伏兵隨歆軍而入，歆不覺，直至帳下，虜歆而還。乙丑，王濬擊殺吳水軍都督陸景。考異曰：武紀：「壬戌，濬克夷道、樂鄉城，殺陸景。」陸抗傳：「壬戌，殺晏；癸亥，殺景。」王濬傳：「壬戌，克夷道，獲晏；乙丑，克樂鄉，獲景。」今從濬傳。杜預進攻江陵，甲戌，克之，斬伍延。於是沅、湘以南，接于交、廣，州郡皆望風送印綬。水經：沅水出牂柯且蘭縣東北，過臨沅縣，又東至長沙下雋縣西北入于江。湘水出零陵始安縣陽海山，東北過洮陽、泉陵、重安、酃、陰山、澧陵、臨湘、羅、下雋等縣，又北至巴丘山，入于江。沅，音元。預杖節稱詔而綏撫之。凡所斬獲吳都督、監軍十四，牙門、郡守百二十餘人。胡奮克江安。江安，卽公安，吳南郡治焉。杜預既定江南，改曰江安縣，爲南平郡治所。

乙亥，詔：「王濬、唐彬既定巴丘，與胡奮、王戎共平夏口、武昌，順流長騖，直造秣陵。夏，戶雅翻。造，七到翻；下徑造同。杜預當鎮靜零、桂，懷輯衡陽。零陵、桂陽，漢古郡。衡陽，吳主亮太平二年分長沙西部都尉立。大兵既過，荆州南境固當傳檄而定。謂重鎭既破，其餘當望風而靡也。預等各分兵以益濬、彬，太尉充移屯項。」以荊州已定，不復使賈充南屯襄陽，移屯項爲諸軍節度。

王戎遣參軍襄陽羅尚、南陽劉喬將兵與王濬合攻武昌，吳江夏太守劉朗、督武昌諸軍虞昺皆降。夏，戶雅翻。降，戶江翻。昺，翻之子也。

杜預與衆軍會議，或曰：「百年之寇，未可盡克，方春水生，難於久駐，考異曰：杜預傳曰：「今向暑，水潦方降，疾疫將起」。按時未暑，今依三十國春秋。宜俟來冬，更爲大舉。」預曰：「昔樂毅藉濟西一戰以并強齊，事見四卷周赧王三十一年。今兵威已振，譬如破竹，數節之後，皆迎刃而解，無復著手處也。」復，扶又翻；下可復、所復同。著，陟略翻。遂指授羣帥方略，徑造建業。帥，所類翻。

吳主聞王渾南下，使丞相張悌督丹陽太守沈瑩、護軍孫震、副軍師諸葛靚帥衆三萬渡江逆戰。靚，疾正翻。帥，讀曰率；下同。至牛渚，沈瑩曰：「晉治水軍於蜀久矣，治，直之翻。上流諸軍，素無戒備，名將皆死，幼少當任，謂陸晏、陸景、留憲、孫歆等。恐不能禦也。晉之水軍必至於此，宜畜衆力以待其來，與之一戰，若幸而勝之，江西自清。大江北流，自建業言之，歷陽、皖城皆爲江西。今渡江與晉大軍戰，不幸而敗，則大事去矣！」悌曰：「吳之將亡，賢愚所知，非今日也。吾恐蜀兵至此，衆心駭懼，不可復整。復，扶又翻；下同。及今渡江，猶可決戰。若其敗喪，喪，息浪翻。同死社稷，無所復恨。若其克捷，北敵奔走，兵勢萬倍，便當乘勝南上，上，時掌翻。逆之中道，不憂不破也。若如子計，恐士衆散盡，坐待敵到，君臣俱降，無一人死難者，不亦辱乎！」如悌之言，吳人至此，爲計窮矣。然悌之志節，亦可憐也。難，乃旦翻。

三月，悌等濟江，圍渾部將城陽都尉張喬於楊荷；水經註：淮水自江夏平春縣北，東北流逕汝南城陽縣故城南。漢高帝十二年，封定侯奚竟爲侯國，王莽之新利也；魏置城陽郡。按干寶晉紀，楊荷，橋名。今按水經註之城陽郡，乃元魏所置，張喬蓋以渾部將領青州之城陽都尉也。喬衆纔七千，閉柵請降。諸葛靚欲屠之，悌曰：「強敵在前，不宜先事其小；且殺降不祥。」靚曰：「此屬以救兵未至，力少不敵，故且僞降以緩我，非眞伏也。降，戶江翻。伏，屈伏也。或曰：「伏」，當作「服」。若捨之而前，必爲後患。」悌不從，撫之而進。悌與揚州刺史汝南周浚，結陳相對，陳，讀曰陣。沈瑩帥丹陽銳卒、刀楯五千，三衝晉兵，不動。楯，食尹翻。瑩引退，其衆亂，將軍薛勝、蔣班因其亂而乘之，吳兵以次奔潰，將帥不能止，張喬自後擊之，大敗吳兵于版橋。敗，補邁翻。諸葛靚帥數百人遁去，使過迎張悌，悌不肯去，靚自往牽之曰：「存亡自有大數，非卿一人所支，柰何故自取死！」悌垂涕曰：「仲思，諸葛靚，字仲思。今日是我死日也！且我爲兒童時，便爲卿家丞相所識拔，丞相，謂諸葛亮也。或曰：謂諸葛瑾。余謂張悌襄陽人，蓋亮在荊州，識之於童幼也。常恐不得其死，負名賢知顧。今以身徇社稷，復何道邪！」道，言也。復，扶又翻。靚再三牽之，不動，乃流涙放去，行百餘步，顧之，已爲晉兵所殺，并斬孫震、沈瑩等七千八百級，吳人大震。

初，詔書使王濬下建平，受杜預節度，至建業，受王渾節度。預至江陵，謂諸將曰：「若濬得建平，則順流長驅，威名已著，不宜令受制於我；若不能克，則無緣得施節度。」濬至西陵，預與之書曰：「足下既摧其西藩，便當徑取建業，討累世之逋寇，釋吳人於塗炭，振旅還都，亦曠世一事也！」言歷世所曠見之事。濬大悅，表陳預書。及張悌敗死，揚州別駕何惲惲，委粉翻。謂周浚曰：「張悌舉全吳精兵殄滅於此，吳之朝野莫不震懾。朝，直遙翻。懾，之涉翻。今王龍驤既破武昌，王濬爲龍驤將軍。驤，思將翻。乘勝東下，所向輒克，土崩之勢見矣。見，賢遍翻。謂宜速引兵渡江，直指建業，大軍猝至，奪其膽氣，可不戰禽也！」浚善其謀，使白王渾。惲曰：「渾闇於事機，而欲慎己免咎，必不我從。」浚固使白之，渾果曰：「受詔但令屯江北以抗吳軍，不使輕進，貴州雖武，豈能獨平江東乎！今者違命，勝不【張：「不」作「固」。】足多，若其不勝，爲罪已重。且詔令龍驤受我節度，但當具君舟檝，一時俱濟耳。」惲曰：「龍驤克萬里之寇，以既成之功來受節度，未之聞也。且明公爲上將，將，即亮翻。見可而進，豈得一一須詔令乎！須，待也。今乘此渡江，十全必克，何疑何慮而淹留不進！此鄙州上下所以恨恨也。」此所謂恨恨，悵望不滿之意。渾不聽。

王濬自武昌順流徑趣建業；趣，七喻翻。吳主遣游擊將軍張象帥舟師萬人禦之，象衆望旗而降。濬兵甲滿江，旌旗燭天，威勢甚盛，吳人大懼。吳主之嬖臣岑昏，以傾險諛佞，致位九列，九列，九卿也。好興功役，好，呼到翻。爲衆患苦。

及晉兵將至，殿中親近數百人叩頭請於吳主曰：「北軍日近而兵不舉刃，陛下將如之何？」吳主曰：「何故？」對曰：「正坐岑昏耳。」吳主獨言：「若爾，當以奴謝百姓！」獨言，謂其言止此耳。衆因曰：「唯！」唯，于癸翻，諾也。遂並起收昏；吳主駱驛追止，駱驛，言相繼遣人不絕也。已屠之矣。

陶濬將討郭馬，至武昌，聞晉兵大入，引兵東還。至建業，吳主引見，問水軍消息，見，賢遍翻。對曰：「蜀船皆小，陶濬蓋以尋常蜀船言之，諜候不明，亦可見矣。今得二萬兵，乘大船以戰，自足破之。」於是合衆，授濬節鉞。明日當發，其夜，衆悉逃潰。

時王渾、王濬及琅邪王伷皆臨近境，伷，音胄。吳司徒何植、建威將軍孫晏漢光武命耿弇爲建威大將軍，建威之號自此始。悉送印節詣渾降。吳主用光祿勳薛瑩、中書令胡沖等計，分遣使者奉書於渾、濬、伷以請降。又遺其羣臣書，遺，于季翻。深自咎責，且曰：「今大晉平治四海，是英俊展節之秋，勿以移朝改朔，用損厥志。」治，直之翻。朝，直遙翻。使者先送璽綬於琅邪王伷。壬寅，王濬舟師過三山，三山，在今建康府上元縣西南四十五里，又西即江寧夾。陸游曰：三山磯在烈洲下。凡山臨江皆曰磯，三山，距金陵財五十餘里。王渾遣信要濬蹔過論事，信，即信使。要，讀曰邀。蹔，與暫同。濬舉帆直指建業，報曰：「風利，不得泊也。」是日，濬戎卒八萬，方舟百里，詩云：就其深矣，方之舟之。註：方，泭也。舟，船也。爾雅：方木置水曰泭，音夫。鼓譟入于石頭，吳主皓面縛輿櫬，詣軍門降。濬解縛焚櫬，延請相見。櫬，初覲翻。收其圖籍，克州四，郡四十三，戶五十二萬三千，兵二十三萬。吳有荆、揚、交、廣四州。漢獻帝興平二年，孫策始取江東，魏文帝黃初三年，吳王孫權始稱帝，傳四主，五十七年而亡。

朝廷聞吳已平，羣臣皆賀上壽，帝執爵流涕曰：「此羊太傅之功也。」異義：韓詩，一升曰爵，爵，盡也，足也。羊祜，贈太傅。驃騎將軍孫秀不賀，孫秀來奔，見七十九卷泰始六年。驃，匹妙翻。南向流涕曰：「昔討逆弱冠以一校尉創業，討逆，孫策也，起兵之初，袁術表爲懷義校尉。冠，古玩翻。今後主舉江南而棄之，宗廟山陵，於此爲墟，悠悠蒼天，此何人哉！」詩黍離之辭。

吳之未下也，大臣皆以爲未可輕進，獨張華堅執以爲必克。賈充上表稱：「吳地未可悉定，方夏，江、淮下濕，疾疫必起，宜召諸軍還，以爲後圖。雖腰斬張華不足以謝天下。」帝曰：「此是吾意，華但與吾同耳。」荀勗復奏，宜如充表。帝不從。復，扶又翻。杜預聞充奏乞罷兵，馳表固爭，使至轘轅而吳已降。使，疏吏翻。轘，音環。充慚懼，詣闕請罪，帝撫而不問。

夏，四月，甲申，詔賜孫晧爵歸命侯。

乙酉，大赦，改元。改元太康，自此以前，係咸寧六年事。大酺五日。酺，薄乎翻。遣使者分詣荆、揚撫慰，吳牧、守已下皆不更易；守，式又翻。更，工衡翻。除其苛政，悉從簡易。【章：甲十一行本「易」下有「吳人大悅」四字；乙十一行本同；孔本同；張校同；退齋校同。】易，以豉翻。

滕脩討郭馬未克，去年吳主皓遣滕脩討郭馬。聞晉伐吳，帥衆赴難，帥，讀曰率。難，乃旦翻。至巴丘，聞吳亡，縞素流涕，還，與廣州刺史閭豐、閭，姓；豐，名。此與後魏閭大肥不同所自出，閭大肥出於柔然郁久閭氏；左傳，楚平王之子啓，字子閭，其後以爲氏。蒼梧太守王毅各送印綬請降。孫皓遣陶璜之子融持手書諭璜，璜流涕數日，亦送印綬降。帝皆復其本職。綬，音受。

王濬之東下也，吳城戍皆望風款附，獨建平太守吾彦嬰城不下，聞吳亡，乃降。帝以彦爲金城太守。

初，朝廷尊寵孫秀、孫楷，楷降見上卷咸寧二年。欲以招來吳人。及吳亡，降秀爲伏波將軍，楷爲度遼將軍。

琅邪王伷遣使送孫皓及其宗族詣洛陽。五月，丁亥朔，皓至，考異曰：吳志皓傳：「天紀四年，三月，丙寅，殺岑昏。戊辰，陶濬從武昌還。壬申，王濬到，受皓降。五月丁亥，集于京邑。四月甲申，封歸命侯。」晉武紀：「太康元年，二月，王濬等破武昌，王渾斬張悌。三月，壬申，濬下石頭，皓降。乙酉，大赦，改元。四月，遣朱震等慰撫。五月，辛亥，封歸命侯。丙寅，引皓升殿。庚午，詔士卒六十歸家。庚辰，以濬爲輔國將軍。」王濬傳：「二月，庚申，克西陵。」又云：「壬寅，濬入石頭。」而無月。又上書曰：「臣十四日至牛渚，十五日至秣陵。」亦無月。又曰：「去二月武昌失守，皓左右皆得寶散走。」三十國春秋：「四月，甲子，王渾斬張悌。丙寅，殺岑昏，與何楨書。庚午，送降書。壬申，濬入石頭。甲申，封歸命侯。五月，丁亥，至洛陽。」晉春秋略與之同。按長曆，去年閏七月，今年二月戊午朔，三月戊子朔，四月丁巳朔，五月丁亥朔，六月丙辰朔。然則三月無戊辰、丙寅、壬申，五月無庚午、庚辰，與吳志、晉書不合。若依三十國春秋，月日雖合，然二月武昌失守，皓左右離散，不容四月十六日王濬乃至秣陵而皓降。又，皓以四月十六日降，舉家西上，至五月一日未能至洛。今事之先後並依吳志、晉書，但削去其日之不與曆合者。與其太子瑾等泥頭面縛，詣東陽門。晉志：洛陽城東有建春、東陽、清明三門。泥頭者，以泥塗其首也。瑾，渠吝翻。詔遣謁者解其縛，賜衣服、車乘、田三十頃，歲給錢穀、綿絹甚厚。武王伐紂，斬其首，懸於太白之旗。如孫皓之凶暴，斬之以謝吳人可也。乘，繩證翻。拜瑾爲中郎，諸子爲王者皆爲郎中。吳之舊望，隨才擢敘。孫氏將吏渡江者復十年，百姓復二十年。將，即亮翻。復，方目翻。

庚寅，帝臨軒，大會文武有位及四方使者，國子學生皆預焉。引見歸命侯皓及吳降人。皓登殿稽顙。見，賢遍翻。稽顙，周之喪拜。顙，額也。稽顙，額觸地無容。稽，音啓。帝謂皓曰：「朕設此座以待卿久矣。」皓曰：「臣於南方，亦設此座以待陛下。」賈充謂皓曰：「聞君在南方鑿人目，剝人面皮，此何等刑也？」皓曰：「人臣有弒其君及姦回不忠者，則加此刑耳。」斥充世受魏恩而姦回附晉，弒高貴鄉公也。充默然甚愧，而皓顏色無怍。怍，疾各翻，慙也。

帝從容問散騎常侍薛瑩，孫皓所以亡，對曰：「皓昵近小人，從，千容翻。近，其靳翻。刑罰放濫，大臣諸將，人不自保，此其所以亡也。」他日，又問吾彥，對曰：「吳主英俊，宰輔賢明。」帝笑曰：「若是，何故亡？」彥曰：「天祿永終，曆數有屬，故爲陛下禽耳。」帝善之。有學而無識，此薛瑩所以不及吾彥也。屬，之欲翻。

王濬之入建業也，其明日，王渾乃濟江，以濬不待己至，先受孫皓降，意甚愧忿，將攻濬。何攀勸濬送皓與渾，由是事得解。何惲以渾與濬爭功，與周浚牋曰：「書貴克讓，易大謙光。書曰：允恭克讓。易曰：謙尊而光。前破張悌，吳人失氣，龍驤因之，陷其區宇。論其前後，我實緩師，既失機會，不及於事，而今方競其功；競，爭也。彼既不吝聲，將虧雍穆之弘，興矜爭之鄙，雍穆，和也。書曰：汝惟不矜，天下莫與汝爭能。斯實愚情之所不取也。」浚得牋，即諫止渾。渾不納，表濬違詔不受節度，誣以罪狀。渾子濟，尚常山公主，公主，帝女也。宗黨強盛。有司奏請檻車徵濬，帝弗許，但以詔書責讓濬以不從渾命，違制昧利。濬上書自理曰：「前被詔書，令臣直造秣陵，被，皮義翻；下同。造，七到翻；下同。又令受太尉充節度。臣以十五日至三山，見渾軍在北岸，遣書邀臣；臣水軍風發，【章：甲十一行本「發」下有「乘勢」二字；乙十一行本同；孔本同；張校同；退齋校同。】徑造賊城，無緣迴船過渾。過，工禾翻。臣以日中至秣陵，暮乃被渾所下當受節度之符，被，皮義翻。下，遐稼翻。欲令臣明十六日悉將所領還圍石頭，十六日者，十五之明日，故曰明十六日。將，即亮翻。又索蜀兵及鎮南諸軍人名定見。鎮南諸軍，杜預所統，蓋分以隨濬東下者也。定見，謂軍人在行定數。索，山客翻。臣以爲皓已來降，無緣空圍石頭；又，兵人定見，不可倉猝得就，皆非當今之急，不可承用，非敢忽棄明制也。皓衆叛親離，匹夫獨坐，雀鼠貪生，苟乞一活耳；而江北諸軍不知虛實，不早縛取，自爲小誤。臣至便得，更見怨恚，恚，於避翻。並云守賊百日，而令他人得之。臣愚以爲事君之道，苟利社稷，死生以之。若其顧嫌疑以避咎責，此是人臣不忠之利，實非明主社稷之福也！」渾又騰周浚書云：「濬軍得吳寶物。」騰其書，使上聞。又云：「濬牙門將李高放火燒皓僞宮。」濬復表曰：復，扶又翻。「臣孤根獨立，結恨強宗。夫犯上干主，其罪可救；乖忤貴臣，禍在不測。忤，五故翻。僞中郎將孔攄說：去二月武昌失守，水軍行至，二月已過，故云去二月。行至，猶言行將至也。攄，抽居翻。皓按行石頭還，行，下孟翻。左右人皆跳刀大呼楊正衡曰：跳，大么翻。呼，火故翻。云：『要當爲陛下一死戰決之。』爲，于僞翻。皓意大喜，意必能然，便盡出金寶以賜與之。小人無狀，得便馳走。皓懼，乃圖降首。首，式救翻。降使適去，降，戶江翻。使，疏吏翻。左右劫奪財物，略取妻妾，放火燒宮。皓逃身竄首，恐不脫死。臣至，遣參軍主者救斷其火耳。斷，丁管翻。周浚先入皓宮，渾又先登皓舟，臣之入觀，皆在其後。皓宮之中，乃無席可坐，若有遺寶，則浚與渾先得之矣。浚等云臣屯聚蜀人，不時送皓，欲有反狀。又恐動吳人，言臣皆當誅殺，取其妻子，冀其作亂，得騁私忿。騁，丑郢翻。謀反大逆，尚以見加，其餘謗嗒，嗒，語相惡也，音達合翻。故其宜耳。今年平吳，誠爲大慶；於臣之身，更受咎累。」累，力瑞翻。濬至京師，有司奏濬違詔，大不敬，請付廷尉科罪。詔不許。科，斷也。又奏濬赦後燒賊船百三十五艘，輒敕付廷尉禁推。此皆王渾親黨使爲之。艘，蘇刀翻。詔勿推。

渾、濬爭功不已，帝命守廷尉廣陵劉頌校其事，以渾爲上功，濬爲中功。帝以頌折法失理，折法，猶折獄之折。折，斷也。左遷京兆太守。魏文帝受禪，改京兆尹爲太守，夷於列郡。

庚辰，增賈充邑八千戶；以王濬爲輔國大將軍，封襄陽縣侯；杜預爲當陽縣侯；王戎爲安豐縣侯；封琅邪王伷二子爲亭侯；增京陵侯王渾邑八千戶，進爵爲公；尚書關內侯張華進封廣武縣侯，增邑萬戶；王渾除京陵舊食邑之外，增八千戶，張華則增廣武侯邑爲萬戶。荀勗以專典詔命功，封一子爲亭侯；勗爲中書監，專典詔命。其餘諸將及公卿以下，賞賜各有差。帝以平吳功，策告羊祜廟，乃封其夫人夏侯氏爲萬歲鄉君，食邑五千戶。夏，戶雅翻。

王濬自以功大，而爲渾父子及黨與所挫抑，每進見，見，賢遍翻。陳其攻伐之勞及見枉之狀，或不勝忿憤，徑出不辭；帝每容恕之。晉武之量，弘於隋文。勝，音升。益州護軍范通謂濬曰：「卿功則美矣，然恨所以居美者未盡善也。卿旋旆之日，角巾私第，晉志曰：巾以葛爲之，形如帢而橫著之，古者尊卑共服之。余謂幅巾以橫幅爲之，角巾則巾之有角者。郭林宗遇雨，巾一角墊，則角巾也。口不言平吳之事；若有問者，則曰：『聖人【張：「人」作「主」。】之德，羣帥之力，老夫何力之有！』此藺生所以屈廉頗也，事見四卷周赧王三十六年。帥，所類翻。王渾能無愧乎！」濬曰：「吾始懲鄧艾之事，鄧艾之死，以鍾會所蔽，艾情不得上通也。懼禍及身，不得無言；其終不能遣諸胸中，是吾褊也。」自知數陳其功及爲渾所枉爲褊。褊，補辨翻。時人咸以濬功重報輕，爲之憤邑；爲，于僞翻。博士秦秀等並上表訟濬之屈，帝乃遷濬鎮軍大將軍。考異曰：濬傳云：「領步兵校尉，舊校唯五，置此營自濬始也。」按職官志：「屯騎、步兵、長水、越騎、射聲校尉，是爲五校，並漢官也。」然則步兵之名，非自濬始。武帝紀：「是年六月，丁丑，初置翊軍校尉官，」疑濬所領者翊軍也。王渾嘗詣濬，濬嚴設備衞，然後見之。周勃就國，絳及河東吏至，常令家人被甲持兵以見之，亦猶王濬之嚴設備衞以見王渾也。此二人者，力足以定天下之難，智足以取一國，而其所以包周身之防乃爾，可笑也哉！

杜預還襄陽，以爲天下雖安，忘戰必危，乃勤於講武，申嚴戍守。又引滍、淯水以浸田萬餘頃，水經註：滍水出南陽魯山縣西堯山，東逕犨縣，又東南逕昆陽縣，又東北逕潁川定陵縣，東入于汝。淯水出弘農盧氏縣攻離山，東南逕南陽西鄂縣、宛縣而屈，南過淯陽縣，又南過新野縣，西過鄧縣，南入于沔。滍，音丈几翻。淯，音育。開揚口通零、桂之漕，水經註：揚水上承江陵縣赤湖，東北流逕郢城南，又東北與三湖水會。三湖者，合爲一水，東通荒谷，東岸有冶父城。春秋傳曰：「莫敖縊于荒谷，羣帥囚於冶父，」謂此處也。春夏水盛，則南通大江，否則南迄江隄。揚水又東入華容縣，又東北與柞溪水合；又北逕竟陵縣，又北注于沔，謂之揚口。預傳曰：舊水道惟沔、漢達江陵千數百里，北無通路，預乃開揚口，起夏水，達巴陵千餘里，內瀉長江之險，外通零、桂之漕。杜佑曰：夏水、揚口，在今江陵郡江陵縣界。公私賴之。預身不跨馬，射不穿札，札，甲札也。左傳：潘尫之黨與養由基蹲甲而射之，徹七札焉。而用兵制勝，諸將莫及。預在鎮，數餉遺洛中貴要，數，所角翻。遺，于季翻。或問其故，預曰：「吾但恐爲害，不求益也。」

王渾遷征東大將軍，復鎮壽陽。

諸葛靚逃竄不出。靚入吳見七十七卷魏高貴鄉公甘露二年。帝與靚有舊，靚姊爲琅邪王妃，琅邪王伷。帝知靚在姊間，因就見焉。靚逃于廁，帝又逼見之，謂曰：「不謂今日復得相見！」靚流涕曰：「臣不能漆身皮面，自謂不能如豫讓、聶政也。復覩聖顔，誠爲慙恨！」詔以爲侍中；固辭不拜，歸于鄉里，終身不向朝廷而坐。諸葛氏之子皆有志節。

3 六月，復封丹水侯睦爲高陽王。睦貶爵見上卷咸寧三年。

4 秋，八月，己未，封皇弟延祚爲樂平王，尋薨。

5 九月，庚寅，賈充等以天下一統，屢請封禪；帝不許。

6 冬，十月，前將軍青州刺史淮南胡威卒。帝以左、右、前、後四將軍爲四軍。威爲尚書，嘗諫時政之寬。帝曰：「尚書郎以下，吾無所假借。」威曰：「臣之所陳，豈在丞、郎、令史，正謂如臣等輩，始可以肅化明法耳！」威，質之子也。

7 是歲，以司隸所統郡置司州，凡州十九，考異曰：宋書州郡志云：「太康元年，天下一統，凡十六州，後又分雍、梁爲秦，分荆、揚爲江，分益爲寧，分幽爲平，而爲二十矣。」按杜佑通典：「平吳，分十九州：司、兖、豫、冀、幷、青、徐、荆、揚、涼、雍、秦、益、梁、寧、幽、平、交、廣。」今從之。杜佑曰：司州治洛陽。兖治廩丘，今濮陽郡雷澤縣。豫治項，今淮陽郡項城縣。冀治房子，今趙郡縣。幷治晉陽。青治臨菑。徐治彭城。荆初治襄陽，後治江陵。揚治壽春，後治建業。涼治武威。分三輔爲雍，治京兆。分隴山之西爲秦，治上邽。益治成都。分巴、漢之地爲梁，治南鄭。分雲南爲寧，治雲南。幽治涿。分遼東爲平，治昌黎。交治龍編。分合浦之北爲廣，治番禺。郡國一百七十三，戶二百四十五萬九千八百四十。

8 詔曰：「昔自漢末，四海分崩，刺史內親民事，外領兵馬。今天下爲一，當韜戢干戈，刺史分職，皆如漢氏故事；察舉郡縣長吏而已。悉去州郡兵，大郡置武吏百人，小郡五十人。」交州牧陶璜上言：「交、廣東西數千里，交州統合浦、交趾、新昌、武平、九眞、九德、日南。廣州統南海、臨賀、始安、始興、蒼梧、鬱林、桂林、高涼、高興、寧浦郡。去，羌呂翻；下宜去同。不賓屬者六萬餘戶，至於服從官役，纔五千餘家。二州脣齒，唯兵是鎭。又，寧州諸夷，接據上流，水陸並通，僕水、葉榆水、勞水、橋水皆出寧州界，入交、廣界。又霍弋自寧州遣楊稷等經略交、廣，是水陸並通也。州兵未宜約損，以示單虛。」僕射山濤亦言「不宜去州郡武備」；考異曰：濤傳云「與盧欽論之」。按欽，咸寧四年三月已卒。帝不聽。及永寧以後，盜賊羣起，州郡無備，不能禽制，天下遂大亂，如濤所言。然其後刺史復兼兵民之政，州鎭愈重矣。

9 漢、魏以來，羌、胡、鮮卑降者，降，戶江翻。多處之塞內諸郡。其後數因忿恨，殺害長吏，漸爲民患。侍御史西河郭欽上疏曰：「戎狄強獷，處，昌呂翻。數，所角翻。獷，古猛翻，粗惡貌。歷古爲患。魏初民少，少，詩沼翻。西北諸郡，皆爲戎居，內及京兆、魏郡、弘農，往往有之。今雖服從，若百年之後有風塵之警，胡騎自平陽、上黨不三日而至孟津，北地、西河、太原、馮翊、安定、上郡盡爲狄庭矣。宜及平吳之威，謀臣猛將之略，漸徙內郡雜胡於邊地，峻四夷出入之防，明先王荒服之制，禹貢：五服相距方五千里，荒服內距甸服二千里。此萬世之長策也。」帝不聽。爲後諸胡亂華張本。

二年（辛丑、二八一）

1 春，三月，詔選孫晧宮人五千人入宮。帝既平吳，頗事遊宴，怠於政事，掖庭殆將萬人。常乘羊車，晉志曰：羊車，一名輦車，上如軺，伏兔箱，漆畫輪軛。恣其所之，至便宴寢；宮人競以竹葉插戶，鹽汁灑地，以引帝車。羊嗜竹葉而喜鹹，故以二者引帝車。而后父楊駿及弟珧、濟始用事，珧，余招翻。交通請謁，勢傾內外，時人謂之三楊，舊臣多被疏退。山濤數有規諷，數，所角翻；下同。帝雖知而不能改。

2 初，鮮卑莫護跋始自塞外入居遼西棘城之北，棘城在昌黎縣界，是後慕容氏置棘城縣。拓跋魏太武眞君八年，併棘城入昌黎郡龍城縣。載記曰：莫護跋從宣帝伐公孫氏有功，拜率義王，始建國于棘城之北。號曰慕容部。魏書曰：漢桓帝時，鮮卑檀石槐分其地爲東、中、西三部，中部大人曰柯最、闕居、慕容等，爲大帥，是則慕容部之始也。載記曰：莫護跋國于棘城之北，時燕、代多冠步搖冠，莫護跋見而好之，乃斂髮襲冠，諸部因呼之爲「步搖」，其後音訛，遂爲慕容。或云：慕二儀之德，繼三光之容，遂以慕容爲氏。余謂步搖之說誕；或云之說，慕容氏既得中國，其臣子從而爲之辭。莫護跋生木延，木延生涉歸，遷於遼東之北，世附中國，數從征討有功，拜大單于。單，音蟬。冬十月，涉歸始寇昌黎。昌黎，漢之交黎縣，屬遼西郡，東漢屬遼東屬國都尉。魏正始五年，鮮卑內附，復置遼東屬國，立昌黎縣以居之，後立昌黎郡。慕容氏始此。考異曰：帝紀云「慕容廆」，按范亨燕書武宣紀：「廆，泰始五年生，年十五，父單于涉歸卒，」太康四年也。此年入寇，當是涉歸。

3 十一月，壬寅，高平武公陳騫薨。考異曰：帝紀云「大司馬」。按騫以咸寧三年辭位，以高平公還第。

4 是歲，揚州刺史周浚移鎮秣陵。魏揚州治壽春，晉平吳，乃移治秣陵。揚者，江南之氣躁勁，厥性輕揚。亦曰：州界多水，水波揚也。統丹楊、宣城、淮南、廬陵、廬江、毗陵、吳、吳興、會稽、東陽、新安、臨海、建安、晉安、豫章、臨川、鄱陽、南康，凡十八郡。吳民之未服者，屢爲寇亂，浚皆討平之；賓禮故老，搜求俊乂，威惠並行，吳人悅服。

三年（壬寅、二八二）

1 春，正月，丁丑朔，帝親祀南郊。禮畢，喟然問司隸校尉劉毅曰：「朕可方漢之何帝？」對曰：「桓、靈。」帝曰：「何至於此？」對曰：「桓、靈賣官錢入官庫，陛下賣官錢入私門，以此言之，殆不如也。」帝大笑曰：「桓、靈之世，不聞此言，今朕有直臣，固爲勝之。」考異曰：地理志：「太康元年，省司隸，置司州」。毅傳：「毅爲司隸校尉，帝嘗南郊，禮畢，問毅，」而無年月。晉春秋問毅在此月，而不言毅官。按毅傳，「六年，自司隸遷左僕射，」或者此年尚未改爲司州也，今從毅傳。

毅爲司隸，糾繩豪貴，無所顧忌。繩，彈正也。糾，督也。皇太子鼓吹入東掖門，臣子至宮掖門，屏儀導，下車而入。太子鼓吹入掖門爲不敬。吹，昌瑞翻。毅劾奏之。劾，戶概翻，又戶得翻。中護軍、散騎常侍羊琇，與帝有舊恩，事見七十八卷魏元帝咸熙元年。琇，音秀。典禁兵，豫機密十餘年，恃寵驕侈，數犯法。數，所角翻。毅劾奏琇罪當死；帝遣齊王攸私請琇於毅，毅許之。都官從事廣平程衞徑馳入護軍營，收琇屬吏，屬，之欲翻。考問陰私，先奏琇所犯狼籍，然後言於毅。帝不得已，免琇官。未幾，復使以白衣領職。幾，居豈翻。

琇，景獻皇后之從父弟也；後將軍王愷，文明皇后之弟也；景帝羊后謚景獻。文帝王后謚文明。從，才用翻。散騎常侍石【章：甲十一行本「石」上有「侍中」二字；乙十一行本同；孔本同；張校同。】崇，苞之子也。三人皆富於財，競以奢侈相高。愷以粭澳釜，粭，盈之翻，餳也；說文曰：米糵煎也；一曰：濡弱者爲粭。澳，於到翻；今台、明謂以水沃釜爲澳鑊；又乙六翻。崇以蠟代薪；蠟，蜜滓也。愷作紫絲步障四十里，崇作錦步障五十里；步障，夾道設之以障蔽，若今之罣罳。崇塗屋以椒，椒性溫而芬馥。愷用赤石脂。本草圖經曰：赤石脂，出濟南射陽及太山之陰。蘇恭云：濟南、太山不聞出者；惟虢州盧氏縣、澤州陵川縣、慈州昌鄉縣並有，及宜州諸山亦出，今出潞州，以色理鮮膩者爲勝。帝每助愷，嘗以珊瑚樹賜之，本草：珊瑚，生海底，柯枝明潤如紅玉。高二尺許。愷以示石崇，崇便以鐵如意碎之；鐵如意，手撾也，以鐵爲之，若今之骨朵子。愷怒，以爲疾己之寶。崇曰：「不足多恨，今還卿！」乃命左右悉取其家珊瑚樹，高三、四尺者六、七株，如愷比者甚衆；愷怳然自失。怳，虎晃翻。自失，不得意貌。

車騎司馬傅咸上書曰：晉志曰：驃騎以下及諸大將軍不開府、非持節都督者，置長史、司馬各一人。「先王之治天下，治，直之翻。食肉衣帛，皆有其制，古者黎民五十而後食肉，六十而後衣帛。衣，於既翻。竊謂奢侈之費，甚於天災。古者人稠地狹，而有儲蓄，由於節也。今者土廣人稀，而患不足，由於奢也。欲人崇儉，當詰其奢，奢不見詰，轉相高尚，無有窮極矣！」詰，去吉翻。

2 尚書張華，以文學才識，名重一時，論者皆謂華宜爲三公；中書監荀勗、侍中馮紞以伐吳之謀深疾之。紞，都感翻。會帝問華：「誰可託後事者？」華對以「明德至親，莫如齊王。」由是忤旨，忤，五故翻。勗因而譖之。甲午，以華都督幽州諸軍事。華至鎮，撫循夷夏，夏，戶雅翻。譽望益振，帝復欲徵之。馮紞侍帝，從容語及鍾會，從，千容翻。紞曰：「會之反，頗由太祖。」會反見七十八卷魏元帝咸熙元年。文帝，廟號太祖。帝變色曰：「卿是何言邪！」紞免冠謝曰：「臣聞善御者必知六轡緩急之宜，故孔子以仲由兼人而退之，冉求退弱而進之。事見論語。漢高祖尊寵五王而夷滅，事並見漢高帝紀。五王，兩韓信、彭越、英布、盧綰。光武抑損諸將而克終。光武不使功臣預政事，故皆保其福祿，無誅譴者。非上有仁暴之殊，下有愚智之異也，蓋抑揚與奪，使之然耳。鍾會才智有限，而太祖誇獎無極，居以重勢，委以大兵，使會自謂算無遺策，功在不賞，遂構凶逆耳。向令太祖錄其小能，節以大禮，抑之以威權，納之以軌則，則亂心無由生矣。」帝曰：「然。」紞稽首曰：「陛下既然臣之言，宜思堅冰之漸，稽，音啓。易坤之初六曰：履霜堅冰至。象曰：履霜堅冰，陰始凝也。馴致其道，至堅冰也。勿使如會之徒復致傾覆。」復，扶又翻。帝曰：「當今豈復有如會者邪？」紞因屏左右而言曰：屏，必郢翻。「陛下謀畫之臣，著大功於天下，據方鎮，總戎馬者，皆在陛下聖慮矣。」帝默然，由是止不徵華。

3 三月，安北將軍嚴詢敗慕容涉歸於昌黎，斬獲萬計。敗，補邁翻。

4 魯公賈充老病，上遣皇太子省視起居。省，悉景翻。充自憂謚傳，充自知姦回弒逆，後當加惡謚，且不能逃良史之筆誅。傳，柱戀翻。從子模曰：「是非久自見，不可掩也！」從，才用翻。見，賢遍翻。夏，四月，庚午，充薨，世子黎民早卒，無嗣，妻郭槐欲以充外孫韓謐爲世孫，韓謐，充壻韓壽之子。世孫，謂嫡孫承祖父之世者。郎中令韓咸、中尉曹軫諫曰：晉制，諸王及諸郡公國有郎中令、中尉、大農爲三卿。「禮無異姓爲後之文，今而行之，是使先公受譏於後世而懷愧於地下也。」槐不聽。咸等上書，求改立嗣，事寢不報。槐遂表陳之，云充遺意。帝許之，仍詔「自非功如太宰，始封、無後者，皆不得以爲比。」及太常議謚，博士秦秀曰：「充悖禮溺情，以亂大倫。悖，蒲內翻。昔鄫養外孫莒公子爲後，春秋書『莒人滅鄫』。春秋：襄六年，莒人滅鄫。公羊傳曰：取後於莒也。莒女有爲鄫夫人者，立其出也。穀梁傳曰：莒人滅鄫，非滅也，立異姓以涖祭祀，滅亡之道也。絕父祖之血食，開朝廷之亂原。按謚法：『昏亂紀度曰荒』，請謚荒公。」帝不從，更謚曰武。

5閏月，丙子，廣陸成侯李胤薨。

6齊王攸德望日隆，荀勗、馮紞、楊珧皆惡之。惡，烏路翻。紞言於帝曰：「陛下詔諸侯之國，宜從親者始。親者莫如齊王，今獨留京師，可乎？」勗曰：「百僚內外皆歸心齊王，陛下萬歲後，太子不得立矣。陛下試詔齊王之國，必舉朝以爲不可，則臣言驗矣。」帝以爲然。冬，十二月，甲申，詔曰：「古者九命作伯，或入毗朝政，或出御方嶽，朝，直遙翻。周禮九命作伯。鄭玄曰：上公有功德者，加命爲二伯，得征五侯、九伯者也。鄭司農云：長諸侯爲方伯。其揆一也。侍中、司空、齊王攸，佐命立勳，劬勞王室，其以爲大司馬、都督青州諸軍事，侍中如故，仍加崇典禮，主者詳按舊制施行。」以汝南王亮爲太尉、錄尚書事、領太子太傅，光祿大夫山濤爲司徒，尚書令衛瓘爲司空。

征東大將軍王渾上書，以爲：「攸至親盛德，侔於周公，宜贊皇朝，與聞政事。與，讀曰預。今出攸之國，假以都督虛號，而無典戎幹方之實，典戎，典兵也。詩韓奕曰：榦不庭方。言爲楨榦也。虧友于款篤之義，懼非陛下追述先帝、文明太后待攸之宿意也。待攸事見上卷咸寧二年。若以同姓寵之太厚，則有吳、楚逆亂之謀，漢之呂、霍、王氏，皆何人也！渾之意，蓋謂齊王不當疑，三楊不當信也。歷觀古今，苟事之輕重所在，無不爲害，唯當任正道而求忠良耳。若以智計猜物，雖親見疑，至於疏者，庸可保乎！愚以爲太子太保缺，宜留攸居之，與汝南王亮、楊珧共幹朝事。三人齊位，足相持正，既無偏重相傾之勢，又不失親親仁覆之恩，計之盡善者也。」覆，敷又翻。於是扶風王駿、光祿大夫李憙、中護軍羊琇、侍中王濟、甄德皆切諫；憙，許記翻，又音熹。甄，之人翻。帝並不從。濟使其妻常山公主及德妻長廣公主俱入，稽顙涕泣，請帝留攸。稽，音啓。帝怒，謂侍中王戎曰：「兄弟至親，今出齊王，自是朕家事，而甄德、王濟連遣婦來生哭人邪！」乃出濟爲國子祭酒，德爲大鴻臚。自侍中出爲外朝官。羊琇與北軍中候成粲謀見楊珧，手刃殺之；北軍中候，漢官，掌北軍五營；魏省。泰始四年，罷中軍將軍，置北軍中候；七年，又罷中領軍併焉。珧知之，辭疾不出，諷有司奏琇，左遷太僕，琇憤怨，發病卒。李憙亦以年老遜位，卒於家。憙在朝，朝，直遥翻；下同。姻親故人，與之分衣共食，而未嘗私以王官，人以此稱之。

7是歲，散騎常侍薛瑩卒。或謂吳郡陸喜曰：「瑩於吳士當爲第一乎？」喜曰：「瑩在四五之間，安得爲第一！夫以孫皓無道，吳國之士，沈默其體，潛而勿用者，第一也；沈，持林翻。避尊居卑，祿以代耕者，第二也；侃然體國，執正不懼者，第三也；斟酌時宜，時獻微益者，第四也；溫恭脩慎，不爲諂首者，第五也；過此以往，不足復數。復，扶又翻。故彼上士多淪沒而遠悔吝，中士有聲位而近禍殃。觀瑩之處身本末，又安得爲第一乎！」遠，于願翻。近，其靳翻。處，昌呂翻。

四年（癸卯、二八三）

1 春，正月，甲申，以尚書右僕射魏舒爲左僕射，下邳王晃爲右僕射。晃，孚之子也。

2 戊午，新沓康伯山濤薨。魏明帝景初三年，以遼東東沓縣吏民過海居齊郡界者，立爲新沓縣。

3 帝命太常議崇錫齊王之物。博士庾旉、太叔廣、劉暾、旉，讀曰敷。太叔，複姓。鄭莊公之弟段封於京，謂之京城太叔，其後以爲氏。又衞有太叔儀。暾，他昆翻。繆蔚、郭頤、秦秀、傅珍上表曰：繆，靡幼翻，又莫六翻，姓也。蔚，紆勿翻。「昔周選建明德以左右王室，周公、康叔、聃季，皆入爲三公，左傳：衞太祝子魚曰：武王之母弟八人，周公爲太宰，康叔爲司寇，聃季爲司空。左右，讀如佐佑。聃，乃甘翻。明股肱之任重，守地之位輕也。漢諸侯王，位在丞相、三公上，其入讚朝政者，乃有兼官，其出之國，亦不復假台司虛名爲隆寵也。漢諸侯王讚朝政者，惟東平王蒼耳。今使齊王賢邪，則不宜以母弟之親尊居魯、衞之常職；不賢邪，不宜大啓土宇，表建東海也。古禮，三公無職，坐而論道，不聞以方任嬰之。嬰，縈也。惟宣王救急朝夕，然後命召穆公征淮夷，故其詩曰：『徐方不回，王曰旋歸。』見詩江漢、常武篇。宰相不得久在外也。今天下已定，六合爲家，將數延三事，與論太平之基，數，色角翻。而更出之，去王城二千里，違舊章矣。」司馬彪郡國志：齊國在洛陽東千八百里。旉，純之子；暾，毅之子也。旉既具草，先以呈純，純不禁。事過太常鄭默、博士祭酒曹志，續漢志：博士祭酒一人；本僕射，中興轉爲祭酒。胡廣曰：官名祭酒，皆一位之元長也。志愴然歎曰：「安有如此之才，如此之親，不得樹本助化，而遠出海隅！晉室之隆，其殆矣乎！」乃奏議曰：「古之夾輔王室，同姓則周公，異姓則太公，皆身居朝廷，五世反葬。禮記檀弓曰：太公封於營丘，比及五世，皆反葬於周。古人曰：「狐死正丘首，仁也。」及其衰也，雖有五霸代興，豈與周、召之治同日而論哉！言五霸代興以尊周室，不可與周、召夾輔之治同日而論也。治，直吏翻。自羲皇以來，豈一姓所能獨有！當推至公之心，與天下共其利害，乃能享國久長。是以秦、魏欲獨擅其權而纔得沒身，周、漢能分其利而親疏爲用，此前事之明驗也。志以爲當如博士等議。」帝覽之，大怒曰：「曹志尚不明吾心，況四海乎！」謂曹志本魏陳思王植之子，植於魏文帝，兄弟也。文帝之禁制植者爲何如，今尚不能明吾之心乎！且謂：「博士不答所問而答所不問，所問者，崇錫齊王禮物而已，不問齊王當出與不當出也。橫造異論。」下有司策免鄭默。橫，下孟翻。下，戶嫁翻。於是尚書朱整、褚䂮奏：「志等侵官離局，䂮，離灼翻。離，力智翻。迷罔朝廷，崇飾惡言，假託無諱，請收志等付廷尉科罪。」詔免志官，以公還第；志在魏嗣爵陳王，晉受禪，降爲鄄城縣公。其餘皆付廷尉科罪。

庾純詣廷尉自首：「旉以議草見示，愚淺聽之。」詔免純罪。首，式又翻。廷尉劉頌奏旉等大不敬，當棄市。尚書奏請報聽廷尉行刑。尚書夏侯駿曰：「官立八座，正爲此時。」六曹尚書幷令、僕爲八座。爲，于僞翻。乃獨爲駮議。駮，北角翻。左僕射下邳王晃亦從駮議。奏留中七日，乃詔曰：「尃是議主，應爲戮首；但尃家人自首，宜并廣等七人皆丐其死命，丐，貸也。並除名。」

二月，詔以濟南郡益齊國。濟，子禮翻。己丑，立齊王攸子長樂亭侯寔爲北海王。樂，音洛。命攸備物典策，設軒縣之樂，樂，天子宮縣，諸侯軒縣。軒縣者，缺其一面。縣，讀曰懸。六佾之舞，黃鉞朝車，乘輿之副從焉。朝，直遙翻。乘，繩證翻。

4 三月，辛丑朔，日有食之。

5 齊獻王攸憤怨發病，乞守先后陵。先后，謂文明皇后也。帝不許，遣御醫診視，診，止忍翻，候脈也。諸醫希旨，皆言無疾。河南尹向雄諫曰：「陛下子弟雖多，然有德望者少；齊王臥居京邑，所益實深，不可不思也。」帝不納，雄憤恚而卒。恚，於避翻。攸疾轉篤，帝猶催上道。上，時掌翻。攸自強入辭，素持容儀，疾雖困，尚自整厲，舉止如常，帝益疑其無疾；辭出數日，歐血而薨。帝往臨喪，攸子冏號踊，號，戶刀翻。訴父病爲醫所誣。詔卽誅醫，以冏爲嗣。冏，俱永翻。

初，帝愛攸甚篤，爲荀勗、馮紞等所構，欲爲身後之慮，故出之。及薨，帝哀慟不已。馮紞侍側，曰：「齊王名過其實，天下歸之，今自薨殞，社稷之福也，陛下何哀之過！」帝收淚而止。詔攸喪禮依安平獻王故事。事見七十九卷泰始八年。

攸舉動以禮，鮮有過事，雖帝亦敬憚之。每引之同處，必擇言而後發。鮮，息善翻。處，昌呂翻。

6夏，五月，己亥，琅邪武王伷薨。

7冬，十一月，以尚書左僕射魏舒爲司徒。

8河南及荆、揚等六州大水。荆，強也，言其氣躁強；亦曰警也，言南蠻數爲寇逆，其人有道後服，無道先強，常警備也；又云，取荆山以名州。統江夏、南郡、襄陽、南陽、順陽、義陽、新城、魏興、上庸、建平、宜都、南平、武陵、天門、長沙、衡陽、湘東、零陵、邵陵、桂陽、武昌、安成。

9歸命侯孫皓卒。

10是歲，鮮卑慕容涉歸卒。弟删篡立，考異曰：載記「删」作「耐」。今從燕書。將殺涉歸子廆，廆亡匿於遼東徐郁家。廆，戶賄翻，又五罪翻。載記曰：廆，字弈洛瓌。杜佑曰：本名若洛廆。

五年（甲辰、二八四）

1春，正月，己亥，有青龍二，見武庫井中。見，賢遍翻。考異曰：五行志作「癸卯」。今從帝紀。帝觀之，有喜色。百官將賀，尚書左僕射劉毅表曰：「昔龍降夏庭，卒爲周禍。國語曰：夏之衰也，襃人之神化爲二龍以同于夏庭。夏后卜殺之與去之與止之，莫吉；卜請其漦而藏之，吉。乃布幣而策告之。龍亡而漦在，櫝而藏之，及殷、周，莫之發也。及厲王之末，發而觀之，漦流於庭，不可除也。王使婦人不幃而譟之，化爲玄蚖以入于王府。府之童妾未既齔而遭之，既笄而孕，當宣王而生。不夫而育，故懼而棄之，鬻弧服者取之，以逃于褒。褒人有獄，以入于幽王，王遂嬖之，使爲后，生伯服。欲殺太子，以成伯服，太子奔申。申侯與犬戎伐王，殺之驪山下。夏，戶雅翻。卒，子恤翻。易稱『潛龍勿用，陽在下也。』易乾之初九爻辭。尋案舊典，無賀龍之禮。」帝從之。

2 初，陳羣以吏部不能審覈天下之士，故令郡國各置中正，州置大中正，皆取本土之人任朝廷官、德充才盛者爲之，使銓次等級以爲九品，事見六十九卷魏文帝黃初元年。有言行脩著則升之，行，下孟翻。道義虧缺則降之，吏部憑之以補授百官。行之浸久，中正或非其人，姦敝日滋。劉毅上疏曰：「今立中正，定九品，高下任意，榮辱在手，操人主之威福，奪天朝之權勢，操，千高翻。朝，直遙翻。公無考校之負，私無告訐之忌，謂銓次高下或有不當，而在公不以考校失實爲罪負，發人隱慝，無所不至，而在私不以告訐爲避忌。用心百態，營求萬端，廉讓之風滅，爭訟之俗成，臣竊爲聖朝恥之！爲，于僞翻。蓋中正之設，於損政之道有八：高下逐強弱，是非隨興衰，一人之身，旬日異狀，上品無寒門，下品無勢族，一也。置州都者，州都，謂中正。本取州里清議咸所歸服，將以鎭異同，一言議也。今重其任而輕其人，使駁違之論橫於州里，駁，北角翻。橫，戶孟翻。嫌讎之隙結於大臣，二也。本立格之體，爲九品者，謂才德有優劣，倫輩有首尾也。今乃使優劣易地，首尾倒錯，三也。錯，千故翻。陛下賞善罰惡，無不裁之以法，獨置中正，委以一國之重，曾無賞罰之防，又禁人不得訴訟，使之縱橫任意，縱，子容翻。無所顧憚，諸受枉者，抱怨積直，不獲上聞，四也。一國之士，多者千數，或流徙異邦，或取給殊方，（謂衣食有不給者，客於殊方以取給也。）面猶不識，況盡其才！而中正知與不知，皆當品狀，采譽於臺府，（譽，音余。）納毁於流言，任己則有不識之蔽，聽受則有彼此之偏，五也。凡求人才，欲以治民也，（治，直之翻。）今當官著效者或附卑品，在官無績者更獲高敍，是爲抑功實而隆空名，長浮華而廢考績，六也。（長，知兩翻。）凡官不同人，事不同能。今不狀其才之所宜而但第爲九品，以品取人，或非才能之所長，以狀取人，則爲本品之所限，徒結白論（白，素也。釋素餐者以爲空餐，白論，猶空言也。）而品狀相妨，七也。九品所下不彰其罪，所上不列其善，各任愛憎，以植其私，天下之人焉得不懈德行而鋭人事，八也。（焉，於虔翻。懈，古隘翻。）由此論之，職名中正，實爲姦府；事名九品，而有八損；古今之失，莫大於此！愚臣以爲宜罷中正，除九品，棄魏氏之敝法，更立一代之美制。」太尉、汝南王亮、司空衞瓘亦上疏曰：「魏氏承喪亂之後，（喪，息浪翻。）人士流移，考詳無地，故立九品之制，粗且爲一時選用之本耳。（粗，坐五翻。）今九域同規，大化方始，臣等以爲宜皆蕩除末法，咸用土斷，（以土著爲斷也。斷，丁亂翻。）自公卿以下，以所居爲正，無復縣客，（縣，讀曰懸。）遠屬異土，盡除中正九品之制，使舉善進才，各由鄉論，則華競自息，各求於己矣。」始平王文學江夏李重上疏：（自魏以來，王國置師友、文學各一人。夏，戶雅翻。上，時掌翻。）以爲：「九品既除，宜先開移徙，聽相幷就，則土斷之實行矣。」

帝雖善其言而終不能改也。

3冬，十二月，庚午，大赦。

4閏月，當陽成侯杜預卒。

5是歲，塞外匈奴胡太阿厚帥部落二萬九千三百人來降；帥，讀曰率。降，戶江翻。帝處之塞內西河。處，昌呂翻。

6罷寧州入益州，置南夷校尉以護之。置寧州，見七十九卷泰始七年。考異曰：地理志：「太康三年，廢寧州，置南夷校尉。」今從華陽國志。

六年（乙巳、二八五）

1春，正月，尚書左僕射劉毅致仕，尋卒。考異曰：晉春秋在七年十月，今從本傳。

2戊辰，以王渾爲尚書左僕射，渾子濟爲侍中。渾主者處事不當，尚書主者也。處，昌呂翻。當，丁浪翻。濟明法繩之。侍中管門下諸事，故得繩以法。濟從兄佑，素與濟不協，從，才用翻。因毀濟不能容其父，帝由是疏濟，後坐事免官。濟性豪侈，帝謂侍中和嶠曰：「我將罵濟而後官之，如何？」嶠曰：「濟俊爽，恐不可屈。」帝召濟，切讓之，既而曰：「頗知愧不？」不，讀曰否。濟曰：「尺布、斗粟之謠，常爲陛下愧之。謂帝不能容齊王攸也。爲，于僞翻。他人能令親者疏，臣不能令親者親，謂諫而不聽也。以此愧陛下耳。」帝默然。嶠，洽之孫也。和洽見六十六卷漢獻帝建安十四年。

3青、梁、幽、冀州旱。

4秋，八月，丙戌朔，日有食之。

5冬，十二月，庚子，襄陽武侯王濬卒。

6是歲，慕容删爲其下所殺，部衆復迎涉歸子廆而立之。涉歸與宇文部素有隙，宇文部亦鮮卑種，其先有大人曰普回，因狩得玉璽三紐，文曰「皇帝璽」。普回以爲天授，其俗謂天子曰「宇文」，故國號宇文，併以爲氏。何氏姓苑曰：宇文氏出自炎帝，其後以嘗草之功，鮮卑呼草爲俟汾，遂號爲俟汾氏，後世通稱俟汾，蓋音訛也。代爲鮮卑單于。廆請討之，朝廷弗許。廆怒，入寇遼西，殺略甚衆。帝遣幽州軍討廆，戰于肥如，肥如縣屬遼西郡。應劭曰：肥子奔燕，燕封於此。賢曰：肥如，今平州。廆衆大敗。自是每歲犯邊，又東擊扶餘，扶餘王依慮自殺，慮，音閭。子弟走保沃沮。沮，千余翻。廆夷其國城，驅萬餘人而歸。

七年（丙午、二八六）

1春，正月，甲寅朔，日有食之。魏舒稱疾，固請遜位，以劇陽子罷。舒所爲，必先行而後言，遜位之際，莫有知者。考異曰：舒遜位，紀、傳皆無年月。本傳曰：「以災異遜位，帝不聽；後因正旦朝罷還第，表送章綬。」按本傳又曰：「遜位之際，人莫知者。」若今年正旦日食遜位，至他年正旦乃送章綬，不得云「人無知者」。蓋止因今者正旦朝罷，遂以災異遜位，不復起耳。衛瓘與舒書曰：「每與足下共論此事，日日未果，瓘言亦欲遜位，與共論此事，日復一日，未果如言。可謂『瞻之在前，忽焉在後』矣。」用論語顏淵之言。

2 夏，慕容廆寇遼東，故扶餘王依慮子依羅求帥見人還復舊國，請援於東夷校尉何龕，帥，讀曰率；下同。見，賢遍翻。見人，謂見存之人也。龕，口含翻。晉志曰：武帝置南蠻校尉於襄陽，西戎校尉於長安，南夷校尉於寧州；東夷校尉，蓋亦帝所置，治遼東。龕遣督護賈沈將兵送之。魏、晉之間，方鎮各置督護，領兵之官也。沈，持林翻。廆遣其將孫丁帥騎邀之於路，騎，奇寄翻。沈力戰，斬丁，遂復扶餘。

3 秋，匈奴胡都大博及萎莎胡各帥種落十萬餘口詣雍州降。楊正衡曰：莎，素和翻。帥，讀曰率。據晉書，萎莎胡，北狄種，蓋亦匈奴類也。杜佑曰：晉史云：北狄各以部落爲類，其入居塞內者，有屠各、萎莎、羌渠、賀賴等種。種，章勇翻。雍，於用翻。

4 九月，戊寅，扶風武王駿薨。

5 冬，十一月，壬子，以隴西王泰都督關中諸軍事。泰，宣帝弟馗之子也。馗，渠龜翻。

6 是歲，鮮卑拓跋悉鹿卒，「鹿」，一作「祿」。弟綽立。自泰始以來，鮮卑慕容、拓跋二部日以强盛，故史著其世。

八年（丁未、二八七）

1 春，正月，戊申朔，日有食之。

2太廟殿陷，九【章：甲十一行本「九」上有「秋」字；乙十一行本同；孔本同。】月，改營太廟，作者六萬人。

3是歲，匈奴都督大豆得一育鞠等復帥種落萬一千五百口來降。魏既分塞內匈奴爲五部矣，自去年來，匈奴帥種落來降者十有餘萬口，史不言所以處之之地，此必自塞外來，北匈奴之種落也。復，扶又翻。

九年（戊申、二八八）

1春，正月，壬申朔，日有食之。比三年正旦日食，帝尋晏駕，晉以大亂；天之示戒，蓋昭昭矣。

2夏，六月，庚子朔，日有食之。

3郡國三十三大旱。

4秋，八月，壬子，星隕如雨。

5地震。

王崇武標點容肇祖聶崇岐覆校

資治通鑑卷第八十二

端明殿學士兼翰林侍讀學士朝散大夫右諫議大夫充集賢殿修撰權判西京留司御史臺上柱國河內郡開國侯食邑一千三百户食實封四百户賜紫金魚袋臣　司馬光　奉敕編集

後　學　天　台　胡三省　音註

晉紀四　起屠維作噩（己酉），盡著雍敦牂（戊午），凡十年。

世祖武皇帝下

太康十年（己酉、二八九）

1 夏，四月，太廟成；乙巳，祫祭；祫，大合祭也。公羊傳曰：大祫者何？合祭也。其合祭柰何？毁廟之主陳于太祖，未毁廟之主皆升，合食於太祖。祫，胡夾翻。大赦。

2 慕容廆遣使請降；降，戶江翻。五月，詔拜廆鮮卑都督。廆謁見何龕，以士大夫禮，巾衣到門；魏、晉間，士大夫謁見尊貴，以巾褠爲禮。褠，單衣也。龕，口含翻。龕嚴兵以見之，廆乃改服戎衣而入。人問其故，廆曰：「主人不以禮待客，客何爲哉！」龕聞之，甚慙，深敬異之。受降如受敵，居邊之帥，嚴兵以見四夷之客，未爲過也，何必以爲慙乎！時鮮卑宇文氏、段氏方強，段氏，東部鮮卑也。杜佑曰：宇文莫槐出於遼東塞外，代爲鮮卑東部大人。徒河段疾六眷出遼西，因亂，被賣爲漁陽烏桓大人庫傉家奴。庫傉以其健，使將人衆，詣遼西逐食，遂招誘亡叛，以至強盛。余按晉書王浚傳：段疾六眷，務勿塵之世子。段氏自務勿塵以來，強盛久矣，疾六眷因亂被掠，容或有之；務勿塵既能爲部落之帥，恐不待其子招誘而後能強盛也。數侵掠廆，廆卑辭厚幣以事之。段國單于階以女妻廆，生皝、仁、昭。慕容、段氏遂爲婚姻之國。數，所角翻。單，音蟬。妻，七細翻。廆以遼東僻遠，徙居徒河之青山。徒河縣，前漢屬遼西，後漢屬遼東屬國，魏、晉省，併入昌黎郡界。後慕容氏復置徒河縣，拓跋魏太平眞君八年，併徒河入昌黎郡廣興縣。杜佑曰：徒河青山，在營州郡城東百九十里。

3 冬，十月，復明堂及南郊五帝位。明堂、南郊除五帝座，見七十九卷泰始二年。

4 十一月，丙辰，尚書令濟北成侯荀勗卒。濟，子禮翻。勗有才思，思，相吏翻。善伺人主意，伺，相吏翻。以是能固其寵。久在中書，專管機事。及遷尚書，甚罔悵。罔，與惘同。惘憋失志之貌。悵，亦恨望失志之貌。人有賀之者，勗曰：「奪我鳳皇池，諸君何賀邪！」

5 帝極意聲色，遂至成疾。楊駿忌汝南王亮，排出之。甲申，以亮爲侍中、大司馬、假黃鉞、大都督、督豫州諸軍事，治【章：甲十一行本「治」作「鎭」；乙十一行本同；孔本同；張校同。】許昌；徙南陽王柬爲秦王，都督關中諸軍事；始平王瑋爲楚王，都督荆州諸軍事；濮陽王允爲淮南王，都督揚、江二州諸軍事；按惠帝元康元年，有司奏荆、揚二州，疆土曠遠，統理尤難，於是割揚州之豫章、鄱陽、廬陵、臨川、南康、建安、晉安，荆州之桂陽、安成、武昌，合十郡，置江州。則此時未有江州也。疑「江二」二字衍，更俟博考。濮，博木翻。並假節之國。晉制：都督諸軍事有使持節，有持節，有假節；使持節得殺二千石以下；持節殺無官位人，若軍事與使持節同；假節惟軍事得殺犯軍令者。立皇子乂爲長沙王，穎爲成都王，晏爲吳王，熾爲豫章王，演爲代王；皇孫遹爲廣陵王。熾，昌志翻。遹，以律翻。又封淮南王子迪爲漢王，楚王子儀爲毗陵王，徙扶風王暢爲順陽王，暢弟歆爲新野公。暢，駿之子也。暢嗣駿爵，而不居關中之任，故徙封。琅邪王覲弟澹爲東武公，繇爲東安公。覲，伷之子也。晉制：宗室封郡公者，制度如小國王。澹，徒覽翻，又徒濫翻。伷，音胄。

初，帝以才人謝玖賜太子，才人，位次美人。李延壽曰：晉武帝采漢、魏之制，三夫人、九嬪之下，有美人、才人、中才人，爵視千石以下。玖，舉有翻。生皇孫遹。宮中嘗夜失火，帝登樓望之，遹年五歲，牽帝裾入闇中曰：「暮夜倉猝，宜備非常，不可令照見人主。」帝由是奇之。嘗對羣臣稱遹似宣帝，故天下咸歸仰之。帝知太子不才，然恃遹明慧，故無廢立之心。復用王佑之謀，佑，王濟從兄也，與羊祜等並事文帝，帝寵信之。復，扶又翻；下復以同。以太子母弟柬、瑋、允分鎮要害，謂雍、荊、揚之地。又恐楊氏之偪，復以佑爲北軍中候，典禁兵。帝爲皇孫遹高選僚佐，爲，于僞翻。以散騎常侍劉寔志行清素，命爲廣陵王傅。自魏以來，王國置師、友，晉避景帝諱，改師爲傅。行，下孟翻。

寔以時俗喜進趣，喜，許記翻。趣，讀曰趨。少廉讓，少，詩沼翻。欲【章：甲十一行本「欲」上有「嘗著崇讓論」五字；乙十一行本同；孔本同，退齋校同。】令初除官通謝章者，必推賢讓能，乃得通之。一官缺則擇爲人所讓最多者用之。以爲：「人情爭則欲毀己所不如，讓則競推於勝己。故世爭則優劣難分，時讓則賢智顯出。當此時也，能退身脩己，則讓之者多矣；雖欲守貧賤，不可得也。馳騖進趨而欲人見讓，猶卻行而求前也。」

淮南相劉頌王國置相，漢制也；晉後改爲內史。上疏曰：「陛下以法禁寬縱，積之有素，未可一旦以直繩御下，此誠時宜也。然至於矯世救弊，自宜漸就清肅；譬猶行舟，雖不橫截迅流，然當漸靡而往，稍向所趨，然後得濟也。此引濟川爲譬也。濟大川者，雖曰橫絕大川，亂流而渡，然必因水勢漸靡，而行舟向其所趨，以登陸之路，然後汔濟，否則爲水勢所使，不能制舟以向所趨，不得登岸矣。

自泰始以來，將三十年，帝受禪，改元泰始，至是二十五年。凡諸事業，不茂既往。言立事造業，不加茂於往時也。以陛下明聖，猶未反叔世之敝，以成始初之隆，傳之後世，不無慮乎！使夫異時大業，或有不安，其憂責猶在陛下也。

臣聞爲社稷計，莫若封建親賢。然宜審量事勢，量，音良。使諸侯率義而動者，其力足以維帶京邑；若包藏禍心，其勢不足獨以有爲。其齊此甚難，陛下宜與達古今之士，深共籌之。帝之使諸王分鎮而內不足以齊之，此劉頌所爲深慮也。周之諸侯，有罪誅放其身，而國祚不泯；如周烹齊哀公而立其弟靜，宣王誅魯侯伯御而立孝公之類。漢之諸侯，有罪或無子者，國隨以亡。

見前、後漢紀。今宜反漢之敝，循周之舊，則下固而上安矣。余謂晉之所以待藩王者，其宜不在此也。

天下至大，萬事至衆，人君至少，少，始紹翻。同於天日，是以聖王之化，執要於己，委務於下，非惡勞而好逸，好，呼到翻。誠以政體宜然也。夫居事始以別能否，甚難察也；別，彼列翻。因成敗以分功罪，甚易識也。易，以豉翻；下居易同。今陛下每精於造始而略於考終，此政功所以未善也。人主誠能居易執要，考功罪於成敗之後，則羣下無所逃其誅賞矣。

古者六卿分職，冢宰爲師；周禮：天官冢宰，地官司徒，春官宗伯，夏官司馬，秋官司寇，冬官司空，是爲六卿，而冢宰總之。秦、漢已來，九列執事，丞相都總。此西都以前制也。今尚書制斷，諸卿奉成，自漢光武以來，以吏事責尚書，事歸臺閣，諸卿奉成而已。斷，丁亂翻。於古制爲太重。可出衆事付外寺，外寺，謂諸卿寺。使得專之；尚書統領大綱，若丞相之爲，歲終課功，校簿賞罰而已，斯亦可矣。今動皆受成於上，上之所失，不得復以罪下，復，扶又翻。歲終事功不建，不知所責也。

夫細過謬妄，人情之所必有，而悉糾以法，則朝野無立人矣。近世以來爲監司者，類大綱不振而微過必舉，御史臺官及諸州刺史，皆監司也。朝，直遙翻。監，工銜翻。蓋由畏避豪強而又懼職事之曠，則謹密網以羅微罪，使奏劾相接，狀似盡公，而撓法在其中矣。劾，戶概翻，又戶得翻。撓，奴教翻。是以聖王不善碎密之案，必責凶猾之奏，則害政之姦，自然禽矣。夫創業之勳，在於立教定制，使遺風繫人心，餘烈匡幼弱，後世憑之，雖昏猶明，雖愚若智，乃足尚也。

言法制脩明，雖後嗣昏愚，有所據依，則其治猶若明智之爲也。此言蓋指太子不能克隆堂構，而帝又無典則以貽子孫也。然苟非其人，道不虛行，以劉禪之庸而輔之以諸葛亮，則昭烈雖死，猶不死也。孔明死，則孔明治蜀之法制雖存，禪不能守之矣。至夫脩飾官署，凡諸作役，恆傷太過，恆，戶登翻。不患不舉，此將來所不須於陛下而自能者也。今勤所不須以傷所憑，竊以爲過矣。」帝皆不能用。

6詔以劉淵爲匈奴北部都尉。時改匈奴五部帥爲五部都尉。淵輕財好施，好，呼到翻。施，式智翻。傾心接物，五部豪桀，幽、冀名儒，多往歸之。爲劉淵得衆以移晉祚張本。

7奚軻男女十萬口來降。奚軻，亦夷種也。

孝惠皇帝上之上

諱衷，字正度，武帝第二子也。謚法：柔質慈民曰惠。

永熙元年（庚戌、二九〇）

1春，正月，辛酉朔，改元太熙。太熙，武帝所改。至四月己酉，太子卽位，改元永熙。未踰年改元，猶爲非禮，安有先帝初棄羣臣，太子卽位，而遽以是日改元乎！

2己巳，以王渾爲司徒。

3司空、侍中、尚書令衞瓘子宣，尚繁昌公主。宣嗜酒，多過失，楊駿惡瓘，欲逐之，惡，烏路翻。乃與黃門謀共毁宣，勸武帝奪公主。瓘慙懼，告老遜位。詔進瓘位太保，以公就第。瓘封菑陽公。

4 劇陽康子魏舒薨。

5 三月，甲子，以右光祿大夫石鑒爲司空。晉志：左、右光祿大夫假金章紫綬及光祿大夫加金章紫綬者，品秩第二。

6 帝疾篤，未有顧命。勳舊之臣多已物故，侍中、車騎將軍楊駿獨侍疾禁中。大臣皆不得在左右，駿因輒以私意改易要近，樹其心腹。會帝小間，間，如字。間者，病小差也。見其新所用者，正色謂駿曰：「何得便爾！」時汝南王亮尚未發，去年，遣亮出督豫州。乃令中書作詔，以亮與駿同輔政，又欲擇朝士有聞望者數人佐之。朝，直遥翻。聞，音問。駿從中書借詔觀之，得便藏去，中書監華廙恐懼，華，戶化翻。廙，逸職翻，又羊至翻。自往索之，終不與。會帝復迷亂，索，山客翻。復，扶又翻。皇后奏以駿輔政，帝頷之。夏，四月，辛丑，皇后召華廙及中書令何劭，口宣帝旨作詔，以駿爲太尉、太子太傅、都督中外諸軍事、侍中、錄尚書事。詔成，后對廙、劭以呈帝，帝視而無言。廙，歆之孫；劭，曾之子也。華歆仕漢、魏之間，何曾仕魏、晉之間，位皆至公，二人身名相似也。遂趣汝南王亮赴鎮。趣，讀曰促。帝尋小間，問：「汝南王來未？」左右言未至，帝遂困篤。己酉，崩于含章殿。年五十五。坤之六三曰：含章可貞。坤以含弘爲德，后道也。

含章殿必在皇后宮中。春秋書「公薨于小寢」，卽安也。帝宇量弘厚，明達好謀，好，呼到翻。容納直言，未嘗失色於人。

太子卽皇帝位，大赦，改元，改太熙爲永熙。尊皇后曰皇太后，立妃賈氏爲皇后。楊駿入居太極殿，前殿也。梓宮將殯，六宮出辭，而駿不下殿，時梓宮蓋自含章殿徙殯太極殿。以虎賁百人自衞。賁，音奔。

詔石鑒與中護軍張劭監作山陵。監，工銜翻。

汝南王亮畏駿，不敢臨喪，哭於大司馬門外。亮自大司馬出鎭，未行，尙居府中，不敢入宮臨喪，而哭於大司馬府門外。君父之喪，哭於門外，非禮也。出營城外，表求過葬而行。或告亮欲舉兵討駿者，駿大懼，白太后，令帝爲手詔與石鑒、張劭，使帥陵兵討亮。劭，駿甥也，卽帥所領趣鑒速發；帥，讀曰率。趣，讀曰促。鑒以爲不然，保持之。保亮不舉兵，而持討亮之兵不發也。亮問計於廷尉何勗，勗曰：「今朝野皆歸心於公，朝，直遙翻；下同。公不討人而畏人討邪！」亮不敢發，夜，馳赴許昌，乃得免。駿弟濟及甥河南尹李斌皆勸駿留亮，駿不從。濟謂尙書左丞傅咸曰：「家兄若徵大司馬，退身避之，門戶庶幾可全。」幾，居希翻。咸曰：「宗室外戚，相恃爲安。但召大司馬還，共崇至公以輔政，無爲避也。」濟又使侍中石崇見駿言之，駿不從。

五月，辛未，葬武帝于峻陽陵。

楊駿自知素無美望，欲依魏明帝即位故事，普進封爵以求媚於衆。左軍將軍傅祗晉志曰：按魏明帝時有左軍，則左軍魏官也。與駿書曰：「未有帝王始崩，臣下論功者也。」駿不從。祗，嘏之子也。傅嘏仕魏，顯於嘉平、正元之間。丙子，詔中外羣臣皆增位一等，預喪事者增二等，二千石已上皆封關中侯，漢獻帝建安二十年，魏武王置關中侯。據晉書帝紀，關中侯又在關內侯之下。復租調一年。復，方目翻。調，徒弔翻。散騎常侍石崇、前書「侍中石崇」，此作「散騎常侍」，必有一誤，蓋因舊史成文也。散騎侍郎何攀共上奏，上，時掌翻。以爲：「帝正位東宮二十餘年，今承大業，而班賞行爵，優於泰始革命之初及諸將平吳之功，輕重不稱。稱，尺證翻。且大晉卜世無窮，今之開制，當垂于後，若有爵必進，則數世之後，莫非公侯矣。」不從。

詔以太尉駿爲太傅、大都督、假黃鉞，錄朝政，百官總己以聽。傅咸謂駿曰：「諒闇不行久矣。自漢文短喪之詔，嗣君即吉聽政，諒闇三年之制，不行久矣。闇，音陰。今聖上謙沖，委政於公，而天下不以爲善，懼明公未易當也。易，以豉翻；下同。周公大聖，猶致流言，周成王幼沖，周公攝政而四國流言。況聖上春秋非成王之年乎！武帝泰始二年，帝爲皇太子，時年九歲，至是三十二歲矣。竊謂山陵既畢，明公當審思進退之宜，苟有以察其忠款，言豈在多！」駿不從。咸數諫，駿漸不平，欲出咸爲郡守。李斌曰：「斥逐正人，將失人望。」乃止。楊濟遺咸書曰：數，所角翻。遺，于季翻。「諺云：『生子癡，了官事。』官事未易了也。想慮破頭，故具有白。」慮咸以直言致禍也。咸復書曰：「衛公有言：『酒色殺人，甚於作直。』坐酒色死，人不爲悔，而逆畏以直致禍，此由心不能正，欲以苟且爲明哲耳。詩曰：既明且哲，以保其身。此言世人不能直言，特以苟且爲保身之計耳。自古以直致禍者，當由矯枉過正，或不忠篤，欲以亢厲爲聲，亢，口浪翻。故致忿耳，安有悾悾忠益而返見怨疾乎！」悾，苦紅翻。悾悾，信也；包咸曰：慤也。

楊駿以賈后險悍，多權略，忌之，悍，下罕翻，又侯旰翻。故以其甥段廣爲散騎常侍，管機密；張劭爲中護軍，典禁兵。凡有詔命，帝省訖，省，悉景翻。入呈太后，然後行之。

駿爲政，嚴碎專愎，愎，弼力翻，很也。中外多惡之。惡，烏路翻。馮翊太守孫楚謂駿曰：「公以外戚居伊、霍之任，當以至公、誠信、謙順處之。守，式又翻。處，昌呂翻。今宗室強盛，而公不與共參萬機，內懷猜忌，外樹私昵，禍至無日矣！」昵，尼質翻。駿不從。楚，資之孫也。孫資事魏三祖，掌機密。

弘訓少府蒯欽，駿之姑子也，數以直言犯駿，他人皆爲之懼，景皇后居弘訓宮，置少府。數，所角翻。爲，于僞翻。欽曰：「楊文長雖闇，猶知人之無罪不可妄殺，楊駿，字文長。不過疏我，我得疏，乃可以免；不然，與之俱族矣。」

駿辟匈奴東部人王彰爲司馬，匈奴東部即匈奴左部也，居太原茲氏縣。彰逃避不受。其友新興張宣子怪而問之，漢獻帝建安二十年，省雲中、定襄、五原、朔方郡，郡置一縣，領其民，合爲新興郡，屬并州。

彰曰：「自古一姓二后，未有不敗。況楊太傅昵近小人，疏遠君子，近，其靳翻。遠，于願翻。專權自恣，敗無日矣。吾踰海出塞以避之，猶懼及禍，柰何應其辟乎！且武帝不惟社稷大計，惟，思也。嗣子既不克負荷，荷，下可翻。受遺者復非其人，天下之亂，可立待也。」楊駿之敗，人皆知之，獨駿不知耳。凶人吉其凶，其謂是乎！復，扶又翻。

7 秋，八月，壬午，立廣陵王遹爲皇太子。以中書監何劭爲太子太師，衛尉裴楷爲少師，吏部尚書王戎爲太傅，前太常張華爲少傅，衛將軍楊濟爲太保，尚書和嶠爲少保。晉東宮六傅，惟此時具官。拜太子母謝氏爲淑媛。媛，于眷翻。晉志：淑妃、淑媛、淑儀、脩華、脩容、脩儀、婕妤、容華、充華，是爲九嬪，銀印，青綬。賈后常置謝氏於別室，不聽與太子相見。初，和嶠嘗從容言於武帝曰：從，千容翻。「皇太子有淳古之風，而末世多僞，恐不了陛下家事。」武帝默然。後與荀勗等同侍武帝，武帝曰：「太子近入朝差長進，朝，直遙翻。長，丁丈翻，今知兩翻。卿可俱詣之，粗及世事。」粗，坐五翻，略也。既還，勗等並稱太子明識雅度，誠如明詔。嶠曰：「聖質如初。」武帝不悅而起。及帝卽位，嶠從太子遹入朝，賈后使帝問曰：「卿昔謂我不了家事，今日定如何？」嶠曰：「臣昔事先帝，曾有斯言；言之不效，國之福也。」

8 冬，十月，辛酉，以石鑒爲太尉，隴西王泰爲司空。

9 以劉淵爲建威將軍、匈奴五部大都督。淵爲五部大都督，則左國城大單于之權輿也。

元康元年（辛亥、二九一）

1春，正月，乙酉朔，改元永平。永平，楊駿執政所改元也。駿誅，改元元康。

2初，賈后之爲太子妃也，嘗以妬，手殺數人，又以戟擲孕妾，子隨刃墮；孕，以證翻。武帝大怒，脩金墉城，將廢之。荀勗、馮紞、楊珧紞，丁感翻。珧，余招翻。及充華趙粲共營救之，曰：「賈妃年少；妬者婦人常情，長自當差。」少，詩詔翻。長，知兩翻。差，楚懈翻。楊后曰：「賈公閭有大勳於社稷，賈充，字公閭。晉之代魏，充力居多。妃親其女，正復妬忌，豈可遽忘其先德邪！」復，扶目翻。妃由是得不廢。后數誡厲妃，數，所角翻。妃不知后之助己，返以后爲搆己於武帝，更恨之。及帝卽位，賈后不肯以婦道事太后，又欲干預政事，而爲太傅駿所抑。殿中中郎渤海孟觀、李肇，皆駿所不禮也，晉制：二衞置殿中將軍、中郎、校尉、司馬。觀，如字。陰構駿，云將危社稷。黄門董猛，素給事東宫，爲寺人監，寺人監，主東宫諸閹。陸德明曰：寺，如字，又音侍。賈后密使猛與觀、肇謀誅駿，廢太后。又使肇報汝南王亮，使舉兵討駿，亮不可。肇報都督荆州諸軍事楚王瑋，瑋欣然許之，乃求入朝。駿素憚瑋勇鋭，欲召之而未敢，因其求朝，遂聽之。二月，癸酉，瑋及都督揚州諸軍事、淮南王允來朝。朝，直遥翻。

三月，辛卯，孟觀、李肇啓帝，夜作詔，誣駿謀反，中外戒嚴，遣使奉詔廢駿，以侯就第。

駿封臨晉侯。命東安公繇帥殿中四百人討駿，帥，讀曰率。楚王瑋屯司馬門，以淮南相劉頌爲三公尚書，漢成帝置三公尚書，主斷獄；光武以三公曹主歲盡考課諸州郡事。屯衛殿中。段廣跪言於帝曰：「楊駿孤公無子，豈有反理，願陛下審之！」廣，駿甥也，使爲近侍，以防左右間己；然終無益也。帝不答。

時駿居曹爽故府，在武庫南，聞內有變，召衆官議之。太傅主簿朱振說駿曰：「今內有變，其趣可知，必是閹豎爲賈后設謀，不利於公，宜燒雲龍門以脅之，索造事者首，開萬春門，雲龍門，洛陽宮城正南門；萬春門，東門也。說，輸芮翻。爲，于僞翻。索，山客翻。引東宮及外營兵擁皇太子入宮，取姦人，殿內震懼，必斬送之。不然，無以免難。」難，乃旦翻。駿素怯懦，不決，乃曰：「雲龍門，魏明帝所造，功費甚大，柰何燒之！」侍中傅祇白駿，請與尚書武茂入宮觀察事勢，因謂羣僚曰：「宮中不宜空。」遂揖而下階。衆皆走，茂猶坐。祇顧曰：「君非天子臣邪？今內外隔絕，不知國家所在，國家，謂天子也。自東漢以來，皆然。何得安坐！」茂乃驚起。

駿黨左軍將軍劉豫陳兵在門，遇右軍將軍裴頠，魏有左軍，武帝又置前軍、右軍，泰始八年，又置後軍，是爲四軍。頠，魚毀翻。問太傅所在，頠紿之曰：紿，徒亥翻。「向於西掖門遇公乘素車，從二人西出矣。」豫曰：「吾何之？」頠曰：「宜至廷尉。」豫從頠言，遂委而去。委兵而去也。尋詔頠代豫領左軍將軍，屯萬春門。頠，秀之子也。裴秀見七十八卷魏元帝咸熙元年。皇太后題帛爲書，射之城外射，而亦翻；下同。曰：「救太傅者有賞。」賈后因宣言太后同反。尋而殿中兵出，燒駿府，又令弩手於閣上臨駿府而射之，駿兵皆不得出。駿逃于馬廄，就殺之。孟觀等遂收駿弟珧、濟，張劭、李斌、段廣、劉豫、武茂及散騎常侍楊邈、中書令蔣俊、東夷校尉文鴦，皆夷三族，死者數千人。

珧臨刑，告東安公繇曰：「表在石函，珧表見八十卷武帝咸寧三年，作石函藏之宗廟。摯虞云：廟主藏於戶之外，西墉之中，有石函，名曰宗祏，函中笥以盛主。可問張華。」衆謂宜依鍾毓例爲之申理。鍾毓例見七十八卷魏元帝咸熙元年。爲，于僞翻。繇不聽，而賈氏族黨趣使行刑。趣，讀曰促。珧號叫不已，號，戶刀翻。刑者以刀破其頭。繇，諸葛誕之外孫也，故忌文鴦，以爲駿黨而誅之。諸葛誕、文鴦事見七十七卷魏高貴鄉公甘露三年。是夜，誅賞皆自繇出，威振內外。王戎謂繇曰：「大事之後，宜深遠權勢。」繇不從。遠，于願翻。

壬辰，赦天下，改元。改元元康。

賈后矯詔，使後軍將軍荀悝送太后於永寧宮，魏建永寧宮，太后居之。悝，苦回翻。特全太后母高都君龐氏之命，聽就太后居。龐，皮江翻。尋復諷羣公有司奏曰：「皇太后陰漸姦謀，履霜者，堅冰之漸，言陰始凝而至於堅冰也。此誣楊太后以爲與駿爲姦謀，非一日之積也。復，扶又翻；下可復、司復同。漸，如字。圖危社稷，飛箭繫書，要募將士，要，讀曰邀。將，卽亮翻。同惡相濟，自絕于天。魯侯絕文姜，春秋所許。文姜，魯桓公之夫人也。齊襄公殺桓公，文姜與焉。魯莊公既立，夫人孫于齊。穀梁傳曰：不言氏姓，貶之也。人之於天也，以道受命；於人也，以言受命。不若於道者，天絕之也；不若於人者，人絕之也。蓋奉祖宗，任至公於天下，陛下雖懷無已之情，臣下不敢奉詔。」詔曰：「此大事，更詳之。」有司又奏：「宜廢太后曰峻陽庶人。」武帝陵曰峻陽。中書監張華議：「太后非得罪於先帝，今黨其所親，爲不母於聖世，宜依漢廢趙太后爲孝成后故事，事見三十五卷漢哀帝元壽元年。貶皇太后之號，還稱武皇后，居異宮，以全始終之恩。」左僕射荀愷與太子少師下邳王晃等議曰：「皇太后謀危社稷，不可復配先帝，宜貶尊號，廢詣金墉城。」於是有司奏從晃等議，廢太后爲庶人；詔可。又奏：「楊駿造亂，家屬應誅，詔原其妻龐命，以慰太后之心。今太后廢爲庶人，請以龐付廷尉行刑。」詔不許；有司復固請，乃從之。龐臨刑，太后抱持號叫，截髮稽顙，上表詣賈后稱妾，請全母命；不見省。號，戶刀翻。稽，音啓。省，悉景翻。董養遊太學，董養，浚儀隱者也。升堂歎曰：「朝廷建斯堂，將以何爲乎！言庠序所以申孝弟之義，今滅母子之大倫，則建學果何爲也。每覽國家赦書，謀反大逆皆赦，至於殺祖父母、父母不赦者，以爲王法所不容故也。柰何公卿處議，文飾禮典，乃至此乎！處，昌呂翻。天人之理既滅，大亂將作矣。」養後與妻荷擔入蜀，不知所終。

有司收駿官屬，欲誅之。侍中傅祗啓曰：「昔魯芝爲曹爽司馬，斬關赴爽，事見七十五卷魏邵陵厲公嘉平元年。宣帝用爲青州刺史。駿之僚佐，不可悉加罪。」詔赦之。

壬寅，徵汝南王亮爲太宰，與太保衞瓘皆錄尚書事，輔政。以秦王柬爲大將軍，東平王楙爲撫軍大將軍，楚王瑋爲衞將軍、領北軍中候，下邳王晃爲尚書令，東安公繇爲尚書左僕射，進爵爲王。楙，望之子也。封董猛爲武安侯，三兄皆爲亭侯。

亮欲取悅衆心，論誅楊駿之功，督將侯者千八十一人。將，卽亮翻。御史中丞傅咸遺亮書曰：「今封賞熏赫，震動天地，自古以來，未之有也。無功而獲賞，則人莫不樂國之有禍，是禍原無窮也。濫賞所以開覬幸之心，其禍誠如此。遺，于季翻。樂，音洛。凡作此者，由東安公。人謂殿下既至，當有以正之，正之以道，衆亦何怒！衆之所怒者，在於不平耳；而今皆更倍論，言亮論功行賞，又倍於東安公之時也。莫不失望。」亮頗專權勢，咸復諫曰：「楊駿有震主之威，委任親戚，此天下所以諠譁。今之處重，宜反此失，靜默頤神，有大得失，乃維持之，自非大事，一皆抑遣。比過尊門，冠蓋車馬，塡塞街衢，此之翕習，旣宜弭息。翕，衆也，合也。習，重也，因也，仍也。言衆人翕合，相因而至也。復，扶又翻。處，昌呂翻。比，毗至翻。塞，悉則翻。又夏侯長容無功而暴擢爲少府，論者謂長容，公之姻家，夏侯駿，字長容。壻家女之所因，故曰姻。鄭玄曰：壻父曰姻。夏，戶雅翻。故至於此，流聞四方，非所以爲益也。」亮皆不從。

賈后族兄車騎司馬模、從舅右衞將軍郭彰、晉文帝置中衞及衞將軍，武帝受命，分爲左右衞將軍。

從，才用翻。女弟之子賈謐賈后女弟賈午適韓壽，生謐。賈充無後，以謐爲後。與楚王瑋、東安王繇，並預國政。賈后暴戾日甚，繇密謀廢后，賈氏憚之。繇兄東武公澹，素惡繇，惡，烏路翻。屢譖之於太宰亮曰：「繇專行誅賞，欲擅朝政。」庚戌，詔免繇官；又坐有悖言，廢徙帶方。帶方縣，漢屬樂浪郡，公孫度置帶方郡。杜佑曰：建安中，公孫康分屯有、有鹽縣以南荒地，置帶方郡。

於是賈謐、郭彰權勢愈盛，賓客盈門。謐雖驕奢而好學，喜延士大夫，好，呼到翻。喜，許記翻。郭彰、石崇、陸機、機弟雲、和郁及滎陽潘岳、武帝泰始二年，分河南置滎陽郡。清河崔基、齊大夫崔氏之後。勃海歐陽建、姓譜：越王句踐之後封於烏程歐陽，子孫因以爲氏。蘭陵繆徵、是年，分東海置蘭陵郡。京兆杜斌、摯虞、按毛詩傳，摯國出於任姓，子孫以國爲氏。琅邪諸葛詮、詮，且緣翻。弘農王粹、襄城杜育、武帝泰始二年，分汝南置襄城郡。南陽鄒捷、齊國左思、沛國劉瓌、周恢、安平牽秀、潁川陳眕、高陽許猛、泰始元年，分河間涿郡置高陽國。瓌，姑回翻。眕，止忍翻。彭城劉訥、中山劉輿、輿弟琨皆附於謐，號曰二十四友。郁，嶠之弟也。崇與岳尤諂事謐，每候謐及廣城君郭槐出，皆降車路左，望塵而拜。

3 太宰亮、太保瓘以楚王瑋剛愎好殺，惡之，愎，蒲逼翻。好，呼到翻。惡，烏路翻；下同。欲奪其兵權，以臨海侯裴楷代瑋爲北軍中候，瑋怒；楷聞之，不敢拜。不敢拜受中候之職。亮復與瓘謀，復，扶又翻；下復矯同。遣瑋與諸王之國，瑋益忿怨。瑋長史公孫宏、舍人岐盛，姓譜：古有岐伯爲黃帝師。又周太王居岐山，文王遷豐，其支庶留岐者，爲岐氏。皆有寵於瑋，勸瑋自昵於賈后；昵，尼質翻。后留瑋領太子少傅。盛素善於楊駿，衞瓘惡其反覆，將收之。盛乃與宏謀，因積弩將軍李肇武帝泰始四年，罷振威、揚威護軍，置左、右積弩將軍。一説：晉太康中，置積射、積弩營，營二千五百人，並以將軍領之。矯稱瑋命，譖亮、瓘於賈后，云將謀廢立。后素怨瓘，以瓘撫牀事也，見八十卷武帝咸康四年。且患二公執政，己不得專恣，夏，六月，后使帝作手詔賜瑋曰：「太宰、太保欲爲伊、霍之事，王宜宣詔，令淮南、長沙、成都王屯諸宮門，免亮及瓘官。」夜，使黃門齎以授瑋。瑋欲覆奏，黃門曰：「事恐漏泄，非密詔本意也。」瑋亦欲因此復私怨，遂勒本軍，本軍，瑋所掌北軍也。復矯詔召三十六軍，晉洛城內外三十六軍。告以「二公潛圖不軌，吾今受詔都督中外諸軍，諸在直衞者，皆嚴加警備；其在外營，便相帥徑詣行府，助順討逆。」帥，讀曰率。又矯詔「亮、瓘官屬，一無所問，皆罷遣之；若不奉詔，便軍法從事。」遣公孫宏、李肇以兵圍亮府，侍中清河王遐收瓘。

亮帳下督李龍，白「外有變，請拒之」；晉制：諸公及諸大將軍皆置帳下督及門下督。亮不聽。俄而兵登牆大呼，呼，火故翻。亮驚曰：「吾無貳心，何故至此！詔書其可見乎？」宏等不許，趣兵攻之。趣，讀曰促。長史劉準謂亮曰：「觀此必是姦謀。府中俊乂如林，猶可力戰。」又不聽，遂爲肇所執，歎曰：「我之赤心，可破示天下也。」與世子矩俱死。

衛瓘左右亦疑遐矯詔，請拒之，須自表得報，就戮未晚；瓘不聽。初，瓘爲司空，武帝太康三年，瓘爲司空，永熙元年免。帳下督榮晦有罪，姓譜：榮姓，周榮公之後。莊子有榮啓期。斥遣之。至是，晦從遐收瓘，輒殺瓘及子孫共九人，遐不能禁。

岐盛說瑋：說，輸芮翻；下同。「宜因兵勢，遂誅賈、郭以正王室，安天下。」瑋猶豫未決。會天明，太子少傅張華使董猛說賈后曰：「楚王既誅二公，則天下威權盡歸之矣，人主何以自安！宜以瑋專殺之罪誅之。」賈后亦欲因此除瑋，深然之。是時內外擾亂，朝廷恟懼，不知所出。恟，許勇翻。張華白帝，遣殿中將軍王宮齎騶虞幡出麾衆曰：「楚王矯詔，勿聽也！」晉制，有白虎幡、騶虞幡。白虎威猛主殺，故以督戰；騶虞仁獸，故以解兵。衆皆釋仗而走。瑋左右無復一人，窘迫不知所爲，遂執之，下廷尉；下，遐稼翻。乙丑，斬之。瑋出懷中青紙詔，流涕以示監刑尚書劉頌監，工銜翻。曰：「幸託體先帝，而受枉乃如此乎！」公孫宏、岐盛並夷三族。

瑋之起兵也，隴西王泰嚴兵將助瑋，泰，宣帝弟子。祭酒丁綏諫曰：「公爲宰相，泰時爲司空。晉公府有西東閣祭酒。不可輕動。且夜中倉猝，宜遣人參審定問。」問，音問也。定問，猶言實音問也。泰乃止。

衛瓘女與國臣書曰：「先公名謚未顯，每怪一國蔑然無言，春秋之失，其咎安在？」春秋公羊傳曰：春秋，君弒，賊不討，以爲無臣子也。子沈子曰：君弒，臣不討賊，非臣也；子不復讎，非子也。謚，神至翻。

於是太保主簿劉繇等執黃幡，撾登聞鼓，古者，設諫鼓、立謗木，所以通下情也。周禮，太僕建路鼓於大寢之門外，以待達窮者。鄭司農註云：窮，謂窮寃失職者，來擊此鼓，以達於王，若今時上變事擊鼓矣。此則登聞鼓之始也。登聞鼓之名，蓋始於魏、晉之間。撾，陟加翻，擊也。上言曰：「初，矯詔者至，公卽奉送章綬，單車從命。綬，音受。如矯詔之文唯免公官，而故給使榮晦，輒收公父子及孫，一時斬戮。乞驗盡情僞，加以明刑。」乃詔族誅榮晦，追復亮爵位，諡曰文成。封瓘爲蘭陵郡公，諡曰成。

於是賈后專朝，朝，直遙翻；下同。委任親黨，以賈模爲散騎常侍，加侍中。賈謐與后謀，以張華庶姓，無逼上之嫌，據杜預左傳註，庶姓，非同姓。而儒雅有籌略，爲衆望所依，欲委以朝政。疑未決，以問裴頠，頠贊成之。廣城君郭槐，頠從母也，故賈氏親信頠。乃以華爲侍中、中書監，頠爲侍中，又以安南將軍裴楷爲中書令，加侍中，與右僕射王戎並管機要。華盡忠帝室，彌縫遺闕，賈后雖凶險，猶知敬重華；賈模與華、頠同心輔政，故數年之間，雖闇主在上而朝野安靜，華等之功也。

4 秋，七月，分荆、揚十郡爲江州。是時，方因江水之名，置江州。

5 八月，辛未，立隴西王泰世子越爲東海王。

6 九月，甲午，秦獻王柬薨。

7 辛丑，徵征西大將軍梁王肜爲衞將軍、錄尚書事。肜，余中翻。

二年（壬子、二九二）

1春，二月，己酉，故楊太后卒于金墉城。是時，太后尚有侍御十餘人，賈后悉奪之，絕膳八日而卒。卒，子恤翻。賈后恐太后有靈，或訴冤於先帝，乃覆而殯之，仍施諸厭劾符書、藥物等。厭，益涉翻，伏也。劾，胡得翻。治鬼曰劾。

2秋，八月，壬子，赦天下。

三年（癸丑、二九三）

1夏，六月，弘農雨雹，深三尺。雨，于具翻。度深曰深，音式禁翻。

2鮮卑宇文莫槐爲其下所殺，弟普撥立。

3拓拔【退：「拔」作「跋」。】綽卒，子【章：甲十一行本「子」上有「弟」字；乙十一行本同；孔本同；退齋校同。】弗立。

四年（甲寅、二九四）

1春，正月，丁酉，安昌元公石鑒薨。考異曰：本傳，「鑒封昌安縣侯」，今從帝紀。

2夏，五月。匈奴郝散反，攻上黨，殺長吏。秋，八月，郝散帥衆降，馮翊都尉殺之。郝，呼各翻。郝散若自上黨帥衆向洛陽歸降，當入河內界。今爲馮翊都尉所殺，蓋自穀遠歷河東界，渡河至馮翊界而被殺也。帥，讀曰率。降，戶江翻。

3 是歲，大饑。

4 司隸校尉傅咸卒。考異曰：三十國、晉春秋：「元康四年七月，傅咸爲司隸，五年五月，始親職，十月卒。」二書附年月多差舛，故以本傳爲定。咸性剛簡，風格峻整，初爲司隸校尉，上言：「貨賂流行，所宜深絕。」時朝政寬弛，權豪放恣，咸奏免河南尹澹等官，澹，河南尹之名，音徒濫翻，又徒覽翻。京師肅然。

5 慕容廆徙居大棘城。廆自徙河之青山徙大棘城。杜佑曰：棘城，卽帝顓頊之墟，在營州郡城東南一百七十里。

6 拓跋弗卒，叔父祿官立。

五年（乙卯、二九五）

1 夏，六月，東海雨雹，深五寸。雨，于具翻。深，式浸翻。

2 荆、揚、兗、豫、青、徐六州大水。

3 冬，十月，武庫火，考異曰：三十國、晉春秋云「閏月」；宋、晉五行志云「閏月庚寅」，今從晉書帝紀。焚累代之寶華傳曰：趙王倫、孫秀與華有隙，疾華如讎。武庫火，華懼因此變作，列兵固守，然後救之，故累代之寶及漢高祖斬白蛇劍、王莽頭、孔子屐等盡焚焉。據通鑑，則倫、秀之隙，開於明年。蓋數誅大臣，禍皆從中起，故華懼有變而列兵固守也。及二百萬人器械。十二月，丙戌，新作武庫，大調兵器。調，徒釣翻。

4拓跋祿官分其國爲三部：一居上谷之北，濡源之西，自統之；水經註：濡水出禦夷鎮東南；鎮，拓跋魏太武時所置也。師古曰：濡，音乃官翻。一居代郡參合陂之北，參合陂，在代郡參合縣。後漢、晉省參合縣，拓跋魏復置縣，屬梁城郡。使兄沙漠汗之子猗㐌統之；一居定襄之盛樂故城，定襄之盛樂，二漢志曰「成樂」；後漢志屬雲中郡，魏、晉省，拓跋魏後置盛樂郡。汗，音寒。㐌，徒河翻。使猗㐌弟猗盧統之。猗盧善用兵，西擊匈奴、烏桓諸部，皆破之。代人衞操與從子雄及同郡箕澹姓譜：箕商，箕子之後。又晉有大夫箕鄭父。從，才用翻。往依拓跋氏，說猗㐌、猗盧招納晉人。猗㐌悅之，任以國事，晉人附者稍衆。史言拓跋氏益強。當是時，晉朝大臣、宗室雖已自相屠，而四方未爲變也，衞操、箕澹輩何爲去華就夷如是其早計也！中國之人可爲凜凜矣。漢嚴邊關之禁，懼有罪者亡命出塞耳。若無威刑之迫乎其後，一旦去桑梓而逐水草，是必有見也。邊關不之詰，朝廷不之虞，晉之無政，亦可知矣。說，輸芮翻；下之說同。

六年（丙辰、二九六）

1春，正月，赦天下。

2下邳獻王晃薨。以中書監張華爲司空。太尉隴西王泰行尚書令，徙封高密王。

3夏，郝散弟度元與馮翊、北地馬蘭羌、盧水胡俱反，北地有馬蘭山，羌居其中，因爲種落之名。又按，馬蘭山，唐時屬同州界，時蓋屬馮翊、北地二郡界也。盧水胡居安定界。殺北地太守張損，敗馮翊太守歐陽建。敗，補邁翻。

征西大將軍趙王倫信用嬖人琅邪孫秀，與雍州刺史濟南解系爭軍事，更相表奏，嬖，卑義翻，又博計翻。濟，子禮翻。解，戶買翻，姓也。春秋晉有大夫解揚。更，工衡翻。歐陽建亦表倫罪惡。朝廷以倫撓亂關右，撓，火高翻，攪也，擾也；又音擾，又女巧翻，又尼交翻，又女教翻。徵倫爲車騎將軍，以梁王肜爲征西大將軍、都督雍、涼二州諸軍事。系與其弟御史中丞結，皆表請誅秀以謝氐、羌；張華以告梁王肜，使誅之，肜許諾。秀友人辛冉爲之說肜曰：爲，于僞翻。「氐、羌自反，非秀之罪。」秀由是得免。倫至洛陽，用秀計，深交賈、郭，賈后大愛信之，張華使梁王肜殺秀而不遂，既至洛陽，獨不能明正其罪而誅之邪！倫因求錄尚書事，又求尚書令；張華、裴頠固執以爲不可，倫、秀由是怨之。爲倫、秀殺華、頠、系張本。

秋，八月，解系爲郝度元所敗，敗，補邁翻。秦、雍氐、羌悉反，立氐帥齊萬年爲帝，圍涇陽。涇陽縣，前漢屬安定郡，後漢、晉省。賢曰：涇陽故城，在今原州平涼縣南。帥，所類翻。御史中丞周處，彈劾不避權戚，梁王肜嘗違法，處按劾之。劾，戶概翻，又戶得翻。冬，十【章：甲十一行本「十」下有「一」字；乙十一行本同；孔本同；張校同；退齋校同。】月，詔以處爲建威將軍，與振威將軍盧播沈約志：振威將軍，始於東漢之時，宋登爲之。俱隸安西將軍夏侯駿，以討齊萬年。中書令陳準言於朝曰：「駿及梁王皆貴戚，非將帥之才，景懷皇后，夏侯氏也，故駿爲外戚。夏，戶雅翻。朝，直遙翻。進不求名，退不畏罪。周處吳人，忠直勇果，有仇無援。宜詔積弩將軍孟觀，以精兵萬人爲處前鋒，必能殄寇；不然，梁王當使處先驅，以不救而陷之，其敗必也。」朝廷不從。齊萬年聞處來，曰：「周府君嘗爲新平太守，袁山松曰：漢獻帝興平元年，分安定之鶉觚、右扶風之漆置新平郡，唐爲邠州。有文武才，若專斷而來，斷，丁亂翻。不可當也；或受制於人，此成禽耳！」

4 關中饑、疫。

5 初，略陽清水氐楊駒略陽縣，漢屬天水郡；後漢改天水郡爲漢陽郡，獻帝初平四年，分漢陽、上郡置永陽郡，魏改爲廣魏郡；武帝泰始中，更名略陽郡。清水縣，前漢屬天水郡；後漢志省，晉志復見。始居仇池。仇池方百頃，其旁平地二十餘里，四面斗絕而高，爲羊腸蟠道三十六回而上。仇池，漢書地理志所謂天池大澤，在武都郡武都縣西，水經註所謂瞿塘者也。賢曰：仇池山，在今成州上祿縣南。三秦記曰：仇池山，在倉、洛二谷之間，常爲水所衝激，故下石而上土，形似覆壺。仇池記曰：仇池百頃，周回九千四十步。天形四方，壁立千仞，自然樓櫓卻敵，分置調均，竦起數丈，有踰人力。東西二門。盤道下至上凡有七里。上則岡阜低昂，泉流交灌，煮土成鹽。至其孫千萬附魏，封爲百頃王。千萬孫飛龍浸強盛，徙居略陽。飛龍以其甥令狐茂搜爲子，茂搜避齊萬年之亂，十二月，自略陽帥部落四千家還保仇池，自號輔國將軍、右賢王。關中人士避亂者多依之，茂搜迎接撫納；欲去者，衞護資送之。是後楊氏遂世據仇池。帥，讀曰率。

6 是歲，以揚烈將軍巴西趙廞爲益州刺史，發梁、益兵糧助雍州討氐、羌。廞，許今翻；爲趙廞亂蜀殺耿滕、陳總以啓巴氐張本。

七年（丁巳、二九七）

1春，正月，齊萬年屯梁山，有衆七萬；前漢志：扶風好畤縣有梁山。梁王肜、夏侯駿使周處以五千兵擊之。處曰：「軍無後繼，必敗，不徒亡身，爲國取恥。」肜、駿不聽，逼遣之。癸丑，處與盧播、解系攻萬年於六陌。六陌，在馬嵬山西。處軍士未食，肜促令速進，自旦戰至暮，斬獲甚衆，弦絕矢盡，救兵不至。左右勸處退，處按劍曰：「是吾効節致命之日也！」遂力戰而死。朝廷雖以尤肜，而亦不能罪也。尤，過也。

2秋，七月，雍、秦二州大旱，疾疫，米斛萬錢。

3丁丑，京陵元公王渾薨。九月，以尚書右僕射王戎爲司徒，太子太師何劭爲尚書左僕射。戎爲三公，與時浮沈，無所匡救，委事僚寀，寀，此宰翻。說文曰：同官爲僚，同地爲寀。爾雅曰：寀，僚官。輕出遊放。性復貪吝，園田偏天下，每自執牙籌，晝夜會計，常若不足。復，扶又翻。會，古外翻。家有好李，賣之恐人得種，種，章勇翻。常鑽其核。凡所賞拔，專事虛名。阮咸之子瞻嘗見戎，戎問曰：「聖人貴名教，老、莊明自然，其旨同異？」瞻曰：「將無同！」程大昌曰：不直云「同」而云「將無同」者，晉人語度自爾也。庾亮辟孟嘉爲從事，正旦大會，褚裒問嘉何在。亮曰：「但自覓之。」裒歷觀，指嘉曰：「將無是乎？」將無者，猶言殆是此人也，意以爲是而未敢自主也。阮瞻指孔、老爲同，亦此意。戎咨嗟良久，遂辟之。時人謂之「三語掾」。掾，于絹翻。

是時，王衍爲尚書令，南陽樂廣爲河南尹，皆善清談，宅心事外，宅，居也。名重當世，朝野之人，爭慕效之。衍與弟澄，好題品人物，舉世以爲儀準。朝，直遙翻。好，呼到翻。衍神情明秀，少時，山濤見之，嗟歎良久，曰：「何物老嫗，生寧馨兒！少，詩照翻。楊正衡晉書音義：嫗，紆遇翻。馨，呼刑翻。嫗，老婦之稱。今人傳讀「寧」如甯武子之「甯」。洪邁隨筆曰：今吳中人語，尚多用「寧馨」字爲言，猶言若何也。劉夢得詩，「爲問中華學道者，幾人雄猛得寧馨？」蓋得其義。以寧字作平聲讀。然誤天下蒼生者，未必非此人也！」樂廣性沖約，【章：甲十一行本「約」下有「清遠」二字；乙十一行本同；孔本同；張校同。】與物無競。每談論，以約言析理，厭人之心，而其所不知，默如也。凡論人，必先稱其所長，則所短不言自見。厭，於叶翻，伏也。見，賢遍翻。王澄及阮咸、咸從子脩、泰山胡毋輔之、毋，音無。姓譜：齊宣王封母弟於毋鄉，其鄉本胡國，因曰胡毋氏。漢有太史胡毋恭。陳國謝鯤、城陽王𡰥、「𡰥」，晉書作「尼」。按𡰥，古仁字，又音夷。王𡰥，字孝孫，或者當讀爲仁字乎？然永嘉三年，書河內王尼，即此王𡰥也。晉書曰：尼，城陽人，或云河內人。若作尼，則當音女夷翻。新蔡畢卓，皆以任放爲達，帝分汝陰置新蔡郡。任者，任物之自然；放者，縱其心而不制。至於醉狂裸體，不以爲非。胡毋輔之嘗酣飲，其子謙之闚而厲聲呼其父字曰：「彥國！年老，不得爲爾！」輔之歡笑，呼入共飲。畢卓嘗爲吏部郎，比舍郎釀熟，比，毗寐翻，近也。卓因醉，夜至甕間盜飲之，爲掌酒者所縛，明旦視之，乃畢吏部也。樂廣聞而笑之曰：「名教內自有樂地，樂，音洛。何必乃爾！」

初，何晏等祖述老、莊，立論以爲：「天地萬物，皆以無爲本。無也者，開物成務，易繫辭曰：夫易開物成務。韓康伯註曰：言易通萬物之志，成天下之務。張氏曰：物，凡物也；務，事也。開，明之也；成，處之也。事無大小，不能明則何由處矣。楊萬里曰：開達物理，成就世務。余謂何晏之旨，以爲事事物物，自無而有。無者，物之未生，事之未形見者也。故曰無者開物成務，與諸儒說易之旨不同。無往而不存者也。陰陽恃以化生，賢者恃以成德。故無之爲用，無爵而貴矣！」王衍之徒皆愛重之。由是朝廷士大夫皆以浮誕爲美，弛廢職業。裴頠著崇有論以釋其蔽曰：「夫利欲可損而未可絕有也，事務可節而未可全無也。蓋有飾爲高談之具者，深列有形之累，盛陳空無之美。形器之累有徵，累，力瑞翻。空無之義難檢；辯巧之文可悅，似象之言足惑；衆聽眩焉，溺其成說。雖頗有異此心者，辭不獲濟，屈於所習，濟，通也。謂虛無習以成俗，崇有者辭不能通其意，遂爲所屈也。因謂虛無之理誠不可蓋。蓋，掩也。一唱百和，和，戶臥翻。往而不反，遂薄綜世之務，賤功利【嚴：「利」改「烈」。】之用，高浮游之業，卑經實之賢。經實，謂有經世之實用者。人情所徇，名利從之，於是文者衍其辭，訥者贊其旨。立言藉於虛無，謂之玄妙；處官不親所職，謂之雅遠；處，昌呂翻。奉身散其廉操，謂之曠達；故砥礪之風，彌以陵遲。砥礪，謂砥節礪行也。放者因斯，或悖吉凶之禮，悖，蒲內翻。忽容止之表，瀆長幼之序，混貴賤之級，甚者至於裸裎褻慢，無所不至，裸裎，露體也。裸，郎果翻。裎，馳成翻。士行又虧矣。行，下孟翻。

夫萬物之有形者，雖生於無，然生以有爲已分，物之未生，則有無未分，既生而有，則與無爲已分矣。則無是有之所遺者也。遺，棄也。故養既化之有，非無用之所能全也；治既有之衆，非無爲之所能循也。治，直之翻。心非事也，而制事必由於心，然不可謂心爲無也；匠非器也，而制器必須於匠，然不可謂匠非有也。是以欲收重淵之鱗，非偃息之所能獲也；重，直龍翻。隕高墉之禽，非靜拱之所能捷也。由此而觀，濟有者皆有也，虛無奚益於已有之羣生哉！」然習俗已成，頠論亦不能救也。

4 拓跋猗㐌度漠北巡，因西略諸國，既度漠北，遂西行略取諸國。積五歲，降附者三十餘國。降，戶江翻。

八年（戊午、二九八）

1 春，三月，壬戌，赦天下。

2 秋，九月，荆、豫、徐、揚、冀五州大水。

3 初，張魯在漢中，賨人李氏自巴西宕渠往依之。宕渠縣，漢屬巴郡；蜀先主分置宕渠郡；晉屬巴西郡；唐爲渠州。今渠州流江縣東北七十里有古賨國城。李氏之先，廩君之苗裔也，世居巴中。秦幷天下，以爲黔中郡，薄賦斂之，口歲出錢四十。巴人呼賦爲賨，因謂之賨人焉。又按晉志：劉璋分巴郡墊江置巴西郡。劉備割巴郡之宕渠、宣漢、漢昌三縣，置宕渠郡，尋省，以縣並屬巴西郡。則宕渠之屬巴西，蓋晉時也。賨，徂宗翻。宕，徒浪翻。魏武帝克漢中，事見六十八卷漢獻帝建安二十年。李氏將五百餘家歸之，拜爲將軍，遷于略陽北土，號曰巴氏。魏分臨渭、平襄、略陽、清水四縣，置廣魏郡；晉泰始中，更名略陽郡。其孫特、庠、流，皆有材武，善騎射，性任俠，州黨多附之。俠，戶頰翻。

及齊萬年反，關中荐饑，荐，才甸翻。爾雅：仍饑爲荐。略陽、天水六郡民流移就穀入漢川者數萬家，道路有疾病窮乏者，特兄弟常營護振救之，由是得衆心。流民至漢中，上書求寄食巴、蜀，朝議不許，遣侍御史李苾持節慰勞，朝，直遙翻。苾，蒲必翻，又蒲蔑翻。勞，力到翻。且監察之，監，古銜翻。不令入劍閣。苾至漢中，受流民賂，表言：「流民十萬餘口，非漢中一郡所能振贍；蜀有倉儲，人復豐稔，復，扶又翻。宜令就食。」朝廷從之。由是散在梁、益，不可禁止。李特至劍閣，太息曰：「劉禪有如此地，面縛於人，豈非庸才邪！」聞者異之。李特事始此。考異曰：帝紀：「元康七年，關中饑；八年，雍州有年。」而華陽國志、三十國、晉春秋，皆云「八年，特就穀入蜀。」今從之。

4 張華、陳準以趙王、梁王，相繼在關中，皆雍容驕貴，師老無功，雍容，和緩自得之貌。驕貴，以貴而自驕也。師久不決，坐自困敝爲老。言二王不任軍事。乃薦孟觀沈毅有文武才用，沈，持林翻。使討齊萬年。觀身當矢石，大戰十數，皆破之。

資治通鑑卷第八十三

端明殿學士兼翰林侍讀學士朝散大夫右諫議大夫充集賢殿修撰權判西京留司御史臺上柱國河内郡開國侯食邑一千三百户食實封四百户賜紫金魚袋臣 司馬光 奉敕編集

後　學　天　台　胡三省　音　註

晉紀五起屠維協洽（己未），盡上章涒灘（庚申），凡二年。

孝惠皇帝上之下

元康九年（己未、二九九）

1 春，正月，孟觀大破氐衆於中亭，水經註：扶風美陽縣有中亭水，亦謂之中亭川，在美陽縣西。獲齊萬年。

2 太子洗馬陳留江統洗，悉薦翻。以爲戎、狄亂華，宜早絕其原，乃作徙戎論以警朝廷曰：「夫夷、蠻、戎、狄，地在要荒，周禮：九州之外，謂之蕃國，謂東夷、南蠻、西戎、北狄也。國語曰：蠻、夷要服，戎、狄荒服。韋昭註曰：要者，要結好信而服從之。荒者，言荒忽無常也。要，一遙翻。禹平九土而西戎卽敍。孔安國曰：言荒服之外，流沙之内，皆就次敍。班固曰：卽敍者，言就而敍之。其性氣貪婪，婪，盧含翻。

凶悍不仁。悍，侯罕翻，又下罕翻。四夷之中，戎、狄爲甚，弱則畏服，强則侵叛。當其强也，以漢高祖困於白登、孝文軍於霸上。及其弱也，以元、成之微而單于入朝。此其已然之效也。單，音禪。朝，直遥翻。是以有道之君牧夷、狄也，惟以待之有備，禦之有常，雖稽顙執贄周禮：蕃國世一見，各以其所貴寶爲贄。稽，音啓。而邊城不弛固守，漢元帝時，匈奴單于請罷邊塞守備，侯應以爲不可。所謂不弛固守也。强暴爲寇而兵甲不加遠征，周宣王薄伐玁狁，至于太原，盡境而返，比於蟁蝱，驅之而已，所謂不加遠征也。期令境内獲安，疆埸不侵而已。

及至周室失統，諸侯專征，封疆不固，利害異心，戎、狄乘間，得入中國，如戎伐魯濟西，山戎病燕，狄伐衞、邢，長狄入三國之類。間，古莧翻。或招誘安撫以爲己用，如申、繒以西戎攻殺周幽王，晉遷陸渾之戎於伊川，與之掎角，以敗秦師于殽，楚以蠻軍與晉戰于鄢陵。誘，音酉。自是四夷交侵，與中國錯居。如徐夷在齊，晉、魯、宋之間，鮮虞介燕、晉之境，赤狄居上黨之地，陸渾戎居伊、洛之間，義渠、大荔居秦、晉之域，戎蠻子居梁、霍之地。及秦始皇幷天下，兵威旁達，攘胡，走越，當是時，中國無復四夷也。事見秦紀。

漢建武中，馬援領隴西太守，討叛羌，徙其餘種於關中，種，章勇翻。居馮翊、河東空地。數歲之後，族類蕃息，蕃，扶元翻。既恃其肥强，且苦漢人侵之；永初之元，羣羌叛亂，覆没將守，屠破城邑，鄧騭敗北，侵及河内，十年之中，夷、夏俱敝，任尚、馬賢，僅乃克之。事並見漢紀。按漢光武建武十一年，馬援討羌，降之。安帝永初元年，羌反。自建武十一年至永初元年，凡七十三年。「數歲之後」，當作「數十歲之後」。將，卽亮翻。守，式又翻。鷙，之日翻。夏，戶雅翻。任，音壬。自此之後，餘燼不盡，小有際會，輒復侵叛，復，扶又翻。中世之寇，惟此爲大。魏興之初，與蜀分隔，疆埸之戎，一彼一此。武帝徙武都氐於秦川，事見六十八卷漢獻帝建安廿三年。欲以弱寇強國，扞禦蜀虜，此蓋權宜之計，非萬世之利也。今者當之，已受其敝矣。

夫關中土沃物豐，帝王所居，周都豐、鎬，秦都咸陽，漢都長安，皆關中之地。未聞戎、狄宜在此土也。非我族類，其心必異。而因其衰敝，遷之畿服，畿服，謂邦畿千里之內。士庶翫習，侮其輕弱，使其怨恨之氣毒於骨髓；至於蕃育衆盛，蕃，扶袁翻。則坐生其心。以貪悍之性，挾憤怒之情，候隙乘便，輒爲橫逆；橫，戶孟翻。而居封域之內，無障塞之隔，掩不備之人，收散野之積，積，子賜翻，聚也。故能爲禍滋蔓，暴害不測，此必然之勢，已驗之事也。當今之宜，宜及兵威方盛，衆事未罷，徙馮翊、北地、新平、安定界內諸羌，著先零、罕幵、析支之地，徙扶風、始平、京兆之氐，出還隴右，著陰平、武都之界，先零、罕幵、析支之地，自湟中西至賜支河首。陰平、武都，舊白馬氐地也。著，直略翻。零，音憐。幵，苦堅翻。廩其道路之糧，令足自致，「廩」當作「稟」，給也；下廩糧同。各附本種，種，章勇翻。反其舊土，使屬國、撫夷就安集之。屬國都尉及撫夷護軍也。戎、晉不雜，並得其所，縱有猾夏之心，孔安國曰：猾，亂也；夏，華夏也。夏，戶雅翻。風塵之警，則絕遠中國，隔閡山河，遠，于願翻。閡，與礙同。雖有寇暴，所害不廣矣。難者曰：氐寇新平，關中饑疫，百姓愁苦，咸望寧息；而欲使疲悴之衆，徙自猜之寇，恐勢盡力屈，緒業不卒，難，乃旦翻。悴，秦醉翻。卒，子恤翻，終也。前害未及弭而後變復横出矣。復，扶又翻。答曰：子以今者羣氐爲尚挾餘資，悔惡反善，懷我德惠而來柔附乎？將勢窮道盡，智力俱困，懼我兵誅以至於此乎？曰：無有餘力，勢窮道盡故也。然則我能制其短長之命而令其進退由己矣。夫樂其業者不易事，樂，音洛。安其居者無遷志。方其自疑危懼，畏怖促遽，怖，普布翻。故可制以兵威，使之左右無違也。迨其死亡流散，離逷未鳩，逷，他歷翻。爾雅曰：逷，遠也。鳩，集也。與關中之人，戶皆爲讎，謂氐、羌之反，暴掠平民，關中之人怨毒之，戶皆爲讎敵。故可遐遷遠處，令其心不懷土也。夫聖賢之謀事也，爲之於未有，治之於未亂，治，直之翻。道不著而平，德不顯而成。其次則能轉禍爲福，因敗爲功，值困必濟，遇否能通。否，皮鄙翻。今子遭敝事之終而不圖更制之始，更，工衡翻。愛易轍之勤而遵覆車之軌，何哉！車覆於前，不可遵其轍，當易路而行；若遵覆車之迹，則後車又將覆矣。且關中之人百餘萬口，率其少多，率，列恤翻，約數也。少，詩沼翻。戎、狄居半，處之與遷，必須口實。口實，謂糧食也。處，昌呂翻。若有窮乏，糝粒不繼者，糝，桑頜翻。以米和羹也。故當傾關中之穀以全其生生之計，必無擠於溝壑而不爲侵掠之害也。氐、羌窮乏，勢必聚而侵掠，晉朝欲弭其害，故當傾穀以給之。擠，子西翻，又子細翻。

今我遷之，傳食而至，謂所過郡縣遞給其食也。傳，直戀翻。附其種族，自使相贍，而秦地之人得其半穀，言關中居人，戎、狄居半，今遷使歸其舊地，則秦中百姓將食其所積之穀，以約率之，正得常居之半穀也。種，章勇翻；下餘種同。此爲濟行者以廪糧，遺居者以積倉，遺，于季翻。寬關中之逼，去盜賊之原，去，羌呂翻。除旦夕之損，建終年之益。若憚蹔舉之小勞蹔，與暫同。而忘永逸之弘策，惜日月之煩苦而遺累世之寇敵，非所謂能創業垂統，謀及子孫者也。

并州之胡，本實匈奴桀惡之寇也，建安中，使右賢王去卑誘質呼廚泉，聽其部落散居六郡。謂并州所統六郡也。晉書匈奴傳曰：匈奴與晉人雜居，平陽、西河、太原、新興、上黨、樂平，莫不有焉。質呼廚泉事見六十七卷漢獻帝建安二十一年。質，音致。咸熙之際，以一部太強，分爲三率，率，讀曰帥，音所類翻。泰始之初，又增爲四；於是劉猛內叛，連結外虜，事見七十九卷武帝泰始七年、八年。近者郝散之變，發於穀遠。穀遠縣，漢屬上黨郡，晉省，蓋其地猶存舊縣名也。劉昫曰：穀遠，今沁源縣。宋白曰：漢穀遠故縣，在沁源縣南百五十步，孤遠故城是也。晉地記云：穀遠，今名孤遠，後代語訛耳。郝散事見上卷四年。今五部之衆，戶至數萬，人口之盛，過於西戎；其天性驍勇，弓馬便利，倍於氐、羌。驍，堅堯翻。若有不虞風塵之虞，則并州之域可爲寒心。劉淵之禍，江統固逆知之矣。

正始中，毌丘儉討句驪，事見七十五卷魏邵陵厲公正始七年。句，如字，又音駒。驪，力知翻。徙其餘種於滎陽。種，章勇翻。始徙之時，戶落百數；子孫孳息，孳，津之翻，生也。今以千計；數世之後，必至殷熾。熾，昌志翻。今百姓失職，民不得安於耕鑿，是失職也。猶或亡叛，犬馬肥充，則有噬齧，況於夷、狄，能不爲變！但顧其微弱，勢力不逮耳。顧，內顧也。夫爲邦者，憂不在寡而在不安，論語：孔子曰：丘聞有國有家者，不患寡而患不均，不患貧而患不安。以四海之廣，士民之富，豈須夷虜在內然後取足哉！此等皆可申諭發遣，還其本域，慰彼羈旅懷土之思，釋我華夏纖介之憂，夏，戶雅翻。『惠此中國，以綏四方，』詩大雅民勞之辭。德施永世，於計爲長也！」朝廷不能用。

3 散騎常侍賈謐侍講東宮，對太子倨傲，成都王穎見而叱之；謐怒，言於賈后，出穎爲平北將軍，鎮鄴。考異曰：帝紀云：「以穎爲鎮北大將軍。」今從本傳。徵梁王肜爲大將軍、錄尚書事；以河間王顒爲鎮西將軍，鎮關中。肜，余中翻。顒，魚容翻。初，武帝作石函之制，非至親不得鎮關中，顒輕財愛士，朝廷以爲賢，故用之。顒，安平獻王孚之孫，太原烈王瓌之子也，初襲父爵，咸寧三年，改封河間。爲穎、顒各據方鎮以阻兵張本。

4 夏，六月，【章：甲十一行本「月」下有「戊戌」二字；乙十一行本同；孔本同。】高密文獻王泰薨。考異曰：帝紀云「隴西王」，本傳云：「泰爲尚書令，改封高密。」紀誤。

5 賈后淫虐日甚，私於太醫令程據等；晉志：太醫令，屬宗正。又以簏箱載道上年少入宮，簏，盧谷翻。說文：竹高篋也。少，詩照翻。復恐其漏泄，往往殺之。復，扶又翻。賈模恐禍及己，甚憂之。裴頠與模及張華議廢后，更立謝淑妃。謝淑妃，太子之母也。頠，魚毀翻。更，工衡翻。考異曰：賈后傳曰：「模與裴頠、王衍謀廢之，衍後悔而止。」今從頠傳。模、華皆曰：「主上自無廢黜之意，而吾等專行之，儻上心不以爲然，將若之何！且諸王方強，朋黨各異，恐一旦禍起，身死國危，無益社稷。」頠曰：「誠如公言。然宮中逞其昏虐，亂可立待也。」華曰：「卿二人於中宮皆親戚，言或見信，宜數爲陳禍福之戒，庶無大悖，則天下尚未至於亂，吾曹得以優游卒歲而已。」張華處昏亂之朝，位冠羣后，而持心如此，天殆假手於趙王倫而誅之也。數，所角翻。爲，于僞翻。卒，子恤翻。悖，蒲內翻。頠旦夕說其從母廣城君，說，輸芮翻。從，才用翻。令戒諭賈后以親厚太子，賈模亦數爲后言禍福；后不能用，反以模爲毀己而疏之；模不得志，憂憤而卒。

秋，八月，以裴頠爲尚書僕射。頠雖賈后親屬，然雅望素隆，四海惟恐其不居權位。尋詔頠專任門下事，晉制：侍中與給事黃門侍郎同管門下事。頠爲侍中，專任門下事，賈后之意也。頠上表固辭，以「賈模適亡，復以臣代之，復，扶又翻。崇外戚之望，彰偏私之舉，爲聖朝累。」累，力瑞翻。不聽。或謂頠曰：「君可以言，當盡言於中宮；言而不從，當遠引而去。儻二者不立，雖有十表，難以免矣。」頠慨然久之，竟不能從。史言華、頠顧戀祿位以殞首亡家。

帝爲人戇騃，戇，陟降翻，愚也。騃，語駭翻，癡也。嘗在華林園聞蝦蟆，蝦，何加翻。蟆，謨加翻。謂左右曰：「此鳴者，爲官乎，爲私乎？」爲，于僞翻。時天下荒饉，百姓餓死，帝聞之曰：「何不食肉糜？」糜，忙皮翻，粥也。由是權在羣下，政出多門，勢位之家，更相薦託，有如互市。更，工衡翻。賈、郭恣横，横，戶孟翻。貨賂公行。南陽魯褒作錢神論以譏之曰：「錢之爲體，有乾、坤之象，親之如兄，字曰孔方。錢圜函方，天圜而地方，故曰有乾、坤之象。孔方，亦以錢體言。無德而尊，無勢而熱，排金門，入紫闥，危可使安，死可使活，貴可使賤，生可使殺。是故忿爭非錢不勝，幽滯非錢不拔，怨讎非錢不解，令聞非錢不發。聞，音問。洛中朱衣、當塗之士，晉制：諸王朱衣、絳紗襮。當塗之士，謂當路柄用者。愛我家兄，皆無已已，執我之手，抱我終始。凡今之人，惟錢而已！」

又，朝臣務以苛察相高，每有疑議，羣下各立私意，刑法不壹，獄訟繁滋。裴頠上表曰：「先王刑賞相稱，稱，尺證翻。輕重無二，故下聽有常，羣吏安業。去元康四年大風，廟闕屋瓦有數枚傾落，免太常荀寓；事輕責重，有違常典。五年二月有大風，蘭臺主者懲懼前事，求索阿棟之間，得瓦小邪十五處，蘭臺主者，御史臺主者也，卽令史之類。阿，屋之隈曲。棟，屋檼也。索，山客翻。遂禁止太常，復興刑獄。復，扶又翻；下頌復、史復同。今年八月，陵上荆一枝圍七寸二分者被斫；司徒、太常奔走道路，說文：荆，楚木也。司徒，漢丞相之職。漢制：丞相與太常掌園陵。被，皮義翻。雖知事小，而按劾難測，劾，戶概翻，又戶得翻。搔擾驅馳，各競免負，負，罪負也。于今太常禁止未解。夫刑書之文有限而舛違之故無方，故有臨時議處之制，言法有一定之文，而罪有故、誤，情有輕、重，故制令臨時隨事情議處其罪。處，昌呂翻。誠不能皆得循常也。至於此等，皆爲過當，當，丁浪翻。恐姦吏因緣，得爲淺深也。」既而曲議猶不止，曲議，謂曲法而議，自爲淺深。三公尚書劉頌復上疏曰：晉志：漢成帝置三公尚書，主斷獄；光武以三公曹主歲盡考課州郡事。「自近世以來，法漸多門，令甚不一，吏不知所守，下不知所避，姦僞者因以售其情，居上者難以檢其下，檢校，檢束也。事同議異，獄犴不平。犴，魚旰翻。野獄曰犴。夫君臣之分，各有所司。法欲必奉，故令主者守文；理有窮塞，故使大臣釋滯；事有時宜，故人主權斷。塞，悉則翻。斷，丁亂翻；下弘斷同。主者守文，若釋之執犯蹕之平也；事見十四卷漢文帝三年。大臣釋滯，若公孫弘斷郭解之獄也；事見十八卷漢武帝元朔二年。人主權斷，若漢祖戮丁公之爲也。事見十一卷漢高祖五年。天下萬事，自非此類，不得出意妄議，皆以律令從事。然後法信於下，人聽不惑，吏不容姦，可以言政矣。」考異曰：刑法志敍頌奏，續頠表之下，而云「侍中太宰汝南王亮」。按頠表引元康八年事，時亮死已久，蓋志誤也。乃下詔，「郎、令史復出法駁案者，隨事以聞。」然亦不能革也。郎、令史，尚書郎及尚書、蘭臺令史也。出法駁案者，謂出於法之外而爲駁議也。駁，北角翻。

頌遷吏部尚書，建九班之制，欲令百官居職希遷，考課能否，明其賞罰。賈、郭用權，仕者欲速，事竟不行。

裴頠薦平陽韋忠於張華，魏邵陵厲公正始八年，分河東郡之汾北爲平陽郡。華辟之，忠辭疾不起。人問其故，忠曰：「張茂先華而不實，裴逸民欲而無厭，張華，字茂先；裴頠，字逸民。厭，於鹽翻。棄典禮而附賊后，此豈大丈夫之所爲哉！逸民每有心託我，我常恐其溺於深淵而餘波及我，況可褰裳而就之哉！」溺，奴狄翻。

關內侯敦煌索靖，知天下將亂，敦，徒門翻。索，蘇各翻。指洛陽宮門銅駝歎曰：「會見汝在荊棘中耳！」銅駝，魏明帝景初元年自長安徙之洛陽。

6 冬，十一月，甲子朔，日有食之。

7 初，廣城君郭槐，以賈后無子，常勸后使慈愛太子。賈謐驕縱，數無禮於太子，數，所角翻。廣城君恆切責之。恆，戶登翻。廣城君欲以韓壽女爲太子妃，太子亦欲婚韓氏以自固；壽妻賈午及后皆不聽，而爲太子聘王衍少女。太子聞衍長女美，而后爲賈謐聘之，爲，于僞翻。少，詩照翻。長，知兩翻。心不能平，頗以爲言。及廣城君病，臨終，執后手，令盡心於太子，言甚切至。又曰：「趙粲、賈午，必亂汝家事；我死後，勿復聽入。深記吾言！」郭槐妬狠，而垂沒之時，所以告戒其女者如此，蓋多權數，故其智慮能及此耳。復，扶又翻；下同。后不從，更與粲、午謀害太子。

太子幼有令名，事見上卷武帝太康十年。及長，不好學，長，知兩翻。好，呼報翻；下同。惟與左右嬉戲，賈后復使黃門輩誘之爲奢靡威虐。誘，音酉。由是名譽浸減，驕慢益彰，或廢朝侍而縱遊逸，朝，直遥翻。於宮中爲市，使人屠酤，手揣斤兩，揣，初委翻。輕重不差。其母，本屠家女也，故太子好之。古者擇女必求之名門，取其幽閒令淑者，良有以也。好，呼到翻。東宮月俸錢五十萬，俸，扶用翻。太子常探取二月，用之猶不足。探，吐南翻，又他紺翻。探取，預取也。又令西園賣葵菜、藍子、雞、麪等物而收其利。葵，亦菜也。魯相公儀休拔園葵，漆室氏女曰「晉客馬踐吾葵，使吾終歲不食葵」是也。藍，盧甘翻，草可以染青者也。本草圖經曰：藍實，人家蔬圃中作畦種蒔，三月、四月生，苗高三四尺許，葉似水蓼，花紅白色，實亦若蓼子而大，黑色。五月、六月採實。麪，屑麥爲之。又好陰陽小數，多所拘忌。班固曰：陰陽家蓋出於羲和之官，敬順昊天曆象日月星辰，敬授人時，此其所長也。及拘者爲之，則牽於禁忌，泥於小數，捨人事而任鬼神。洗馬江統上書陳五事：「一曰雖有微苦，宜力疾朝侍。苦，亦疾也。朝，直遥翻。二曰宜勤見保傅，咨詢善道。三曰畫室之功，可宜【章：甲十一行本「宜」作「且」；乙十一行本同；孔本同。】減省，畫室，以五采繪畫。室，屋也。畫，與畫同。後園刻鏤雜作，一皆罷遣。鏤，郎豆翻。四曰西園賣葵、藍之屬，虧敗國體，貶損令聞。敗，補邁翻。聞，音問。五曰繕牆正瓦，不必拘攣小忌。」攣，閭緣翻。太子皆不從。中舍人杜錫，晉志：太子中舍人四人，咸寧四年置，以舍人才學美者爲之，與中庶子共掌文翰，職如黄門侍郎，在中庶子下，洗馬上。恐太子不得安其位，每盡忠諫，勸太子修德業，保令名，言辭懇切。太子患之，置針著錫常所坐氈中，著，陟略翻。刺之流血。刺，七亦翻。錫，預之子也。杜預，武帝時建平吳之功。

太子性剛，知賈謐恃中宮驕貴，不能假借之。謐時爲侍中，至東宮，或捨之，於後庭遊戲。詹事裴權諫曰：詹事，秦官，掌太子家。晉初未置詹事，宮事無大小皆由二傅。咸寧元年，置詹事，掌宮事，二傅不復領官屬。「謐，后所親昵，昵，尼質翻。一旦交構，則事危矣。」不從。謐譖太子於后曰：「太子多畜私財以結小人者，爲賈氏故也。爲，于僞翻。若宮車晏駕，彼居大位，依楊氏故事，誅臣等，廢后於金墉，如反手耳。賈后殺楊駿，廢太后，天地之所不容也。觀其姑姪之間所言若此，則其心固不能一息安也。不如早圖之，更立慈順者，可以自安。」更，工衡翻。后納其言，乃宣揚太子之短，布於遠近。又詐爲有娠，娠，升人翻，孕也。內藁物、產具，取妹夫韓壽子慰祖養之，欲以代太子。

于時朝野咸知賈后有害太子之意，中護軍趙俊請太子廢后，太子不聽。左衞率東平劉卞，以賈后之謀問張華，帝在東宮置衞率，初曰中衞率，泰始五年，分爲左右，各領一軍，愍懷在東宮，又加前後二率，謂之四率。率，所律翻。華曰：「不聞。」卞曰：「卞自須昌小吏，受公成拔以至今日。須昌縣，屬東平國。卞自縣小吏從令入洛，歷官至左衞率。士感知己，是以盡言；而公更有疑於卞邪！」華曰：「假令有此，君欲如何？」卞曰：「東宮俊乂如林，時江統、潘滔、王敦等皆爲東宮官屬。馬融曰：才過千人曰俊，百人曰乂。四率精兵萬人；公居阿衡之任，若得公命，皇太子因朝入錄尚書事，朝，直遙翻；下同。廢賈后於金墉城，兩黃門力耳。」華曰：「今天子當陽，太子，人子也，吾又不受阿衡之命，華自言事任不可以伊尹自居。忽相與行此，是無君父而以不孝示天下也。【章：甲十一行本「也」下有「雖能有成猶不免罪」八字；乙十一行本同；孔本同；張校同；退齋校同。】況權戚滿朝，威柄不一，成可必乎！」賈后常使親黨微服聽察於外，頗聞卞言，乃遷卞爲雍州刺史。雍，於用翻。卞知言泄，飲藥而死。賈后剛悍，使聞卞言而張華不以告，則華必死於賈后之手，意卞言實華泄之也。

十二月，太子長子虨病，長，知兩翻。虨，甫斤翻，又方閑翻。太子爲虨求王爵，不許。虨疾篤，太子爲之禱祀求福。爲，于僞翻。賈后聞之，乃詐稱帝不豫，召太子入朝。既至，后不見，置于別室，遣婢陳舞以帝命賜太子酒三升，使盡飲之。太子辭以不能飲三升，舞逼之曰：「不孝邪！天賜汝酒而不飲，臣子以君父爲天，故以君父之賜爲天賜。酒中有惡物邪！」太子不得已，強飲至盡，強，其兩翻。遂大醉。后使黃門侍郎潘岳作書草，潘岳此事自當赤族，其後天假手於孫秀耳。令小婢承福，以紙筆及草，因太子醉，稱詔使書之，文曰：「陛下宜自了，不自了，吾當入了之。中宮又宜速自了，不自了，吾當手了之。并與謝妃共要，刻期兩發，勿疑猶豫，以致後患。茹毛飲血於三辰之下，皇天許當掃除患害，立道文爲王，蔣氏爲內主。願成，當以三牲祠北君。」太子醉迷不覺，遂依而寫之。謝妃，太子母也。要，約也，言并以書與謝妃約，刻期內外俱發也。茹毛飲血，謂盟誓也。虨字道文。蔣氏，虨母蔣保林也。內主，言將立爲后也。三牲，牛、羊、豕也。北君，北帝也。按此書不惟無徵左，使常人觀之，亦知其僞爲而不可信。晉朝王、公、卿、尙書、黄、散視而不敢言。張華之諫，實亦不敢發賈氏之姦，姑引古義，依違而言之耳。裴頠請檢校傳書者，賈氏之姦無所逃矣，而亦不敢竟其說。上下相蒙，宜其大亂也。其字半不成，后補成之，以呈帝。

壬戌，帝幸式乾殿，召公卿入，使黄門令董猛以太子書及青紙詔示之曰：「遹書如此，今賜死。」偏示諸公王，莫有言者。諸公王，宗室諸王之爲公者。張華曰：「此國之大禍，自古以來，常因廢黜正嫡以致喪亂。喪，息浪翻。且國家有天下日淺，願陛下詳之！」裴頠以爲宜先檢校傳書者，又請比校太子手書，不然，恐有詐妄。賈后乃出太子啓事十餘紙，衆人比視，亦無敢言非者。賈后使董猛矯以長廣公主辭白帝曰：長廣公主，武帝女，下嫁甄德。「事宜速決，而羣臣各不同，其不從詔者，宜以軍法從事。」欲以此言脅羣臣也。議至日西，不決。后見華等意堅，懼事變，乃表免太子爲庶人，詔許之。於是使尙書和郁等持節詣東宮，廢太子爲庶人。太子改服出，拜受詔，步出承華門，承華門，東宮門也。陸機詩所謂「振纓承華」是也。乘粗犢車，東武公澹以兵仗送太子及妃王氏、三子虨、臧、尙同幽于金墉城。王衍自表離婚，許之，妃慟哭而歸。清談之禍，起於何晏。何晏猶與曹爽同禍福，若王衍者，又不逮何晏矣。殺太子母謝淑媛及虨母保林蔣俊。保林、良娣，漢六宮十四等之數，魏、晉以下爲東宮女官品秩。師古曰：保林，言其可安衆如林也。

永康元年（庚申、三〇〇）

1春，正月，癸亥朔，考異曰：帝紀、天文志皆有「己卯日食」，宋志無之。按長曆，己卯，十七日，安得日食。赦天下，改元。

2西戎校尉司馬閻纘武帝置南蠻校尉於襄陽，西戎校尉於長安，南夷校尉於寧州，各有長史、司馬。輿棺詣闕上書，以爲：「漢戾太子稱兵拒命，言者猶曰罪當笞耳。事見二十二卷漢武帝征和二年、三年。今遹受罪之日，不敢失道，猶爲輕於戾太子。宜重選師傅，重，再也。重，直龍翻。先加嚴誨，若不悛改，棄之未晚也。」悛，丑緣翻。書奏，不省。省，悉景翻。纘，圃之孫也。閻圃見六十七卷漢獻帝建安二十年。

賈后使黃門自首首，式救翻；下同。欲與太子爲逆。詔以黃門首辭班示公卿，遣東武公澹以千兵防衛太子，幽于許昌宮，令持【張：「持」作「治」。】書御史劉振持節守之，持書御史，卽治書侍御史。詔宮臣不得辭送。洗馬江統、潘滔、舍人王敦、杜蕤、魯瑤等冒禁至伊水，拜辭涕泣。晉志：太子舍人十六人，職比散騎、中書等侍郎。水經註：伊水過伊闕中，東北至洛陽縣南，北入于洛。司隸校尉滿奮收縛統等送獄。其繫河南獄者，樂廣悉解遣之；樂廣時爲河南尹。繫洛陽縣獄者，猶未釋。付郡者，河南尹得解遣之；繫洛陽獄者，尹不得與，故未釋。都官從事孫琰說賈謐曰：「所以廢徙太子，以其爲惡故耳。今宮臣冒罪拜辭，而加以重辟；流聞四方，乃更彰太子之德也，說，輸芮翻。辟，毗亦翻。聞，音問。不如釋之。」謐乃語洛湯令曹攄使釋之；攄，抽居翻。語，牛倨翻。廣亦不坐。敦，覽之孫；王覽見七十七卷魏高貴鄉公甘露元年。攄，肇之孫也。曹肇見七十四卷魏明帝景初二年。太子至許，遺王妃書，遺，于季翻。自陳誣枉，妃父衍不敢以聞。

3 丙子，皇孫虨卒。非疾也。考異曰：帝紀「虨」作「霖」。按虨，字道文，不當作「霖」，今從傳。

4 三月，尉氏雨血，尉氏縣，自漢以來屬陳留郡。應劭曰：古獄官曰尉氏，鄭之別獄也。臣瓚曰：鄭大夫尉氏之邑，故以爲邑名。師古曰：鄭大夫尉氏亦以掌獄之官故爲族耳，應說是也。雨，于具翻。妖星見南方，星見妖而不知其名，故但曰妖星。妖，於驕翻。見，賢遍翻；下同。太白晝見，晉天文志曰：太白晝見，與日爭明，強國弱，小國強，女主昌。中台星拆。史記天官書曰：魁下六星，兩兩而比者曰三台。三台色齊，君臣和；不齊，君臣乖戾。漢天文志曰：三台曰泰階：上階，上星爲天子，下星爲女主；中階，上星爲諸侯、三公，下星爲卿、大夫；下階，上星爲士，下星爲庶人。拆者，兩星不相比也。張華少子韙勸華遜位，少，詩照翻。韙，羽委翻。華不從，曰：「天道幽遠，不如靜以待之。」華所謂靜以待之者，欲何所待也！

5 太子既廢，衆情憤怒。右衛督司馬雅、常從督許超，皆嘗給事東宮，與殿中中郎士猗等右衛督、常從督、殿中中郎，皆屬二衛。武帝甚重兵官，殿中軍校，多選朝廷清望之士居之。司馬雅，宗室之疏屬也。從，才用翻。謀廢賈后，復太子。以張華、裴頠安常保位，難與行權，右軍將軍趙王倫執兵柄，性貪冒，冒，密北翻。可假以濟事。乃說孫秀曰：說，輸芮翻。「中宮凶妬無道，與賈謐等共誣廢太子。今國無嫡嗣，社稷將危，大臣將起大事，而公名奉事中宮，與賈、郭親善，太子之廢，皆云豫知，言倫、秀豫知廢太子之謀。一朝事起，禍必相及，何不先謀之乎！」秀許諾，言於倫，倫納焉，遂告通事令史張林通事令史，中書令史也。中書侍郎本通事郎，官名雖改，令史猶以通事冠之。陸機惠帝起居注曰：張林者，黑山賊張燕之曾孫。及省事張衡等，省事，亦吏職也。賈充爲尚書令，以目疾表置省事吏四員，省事蓋自此始。省，悉景翻。使爲內應。

事將起，孫秀言於倫曰：「太子聰明剛猛，若還東宮，必不受制於人。明公素黨於賈后，道路皆知之，今雖建大功於太子，太子謂公特逼於百姓之望，翻覆以免罪耳，言百姓望太子復，倫等畏逼，故背賈氏復太子以求自免罪。雖含忍宿忿，必不能深德明公，若有瑕釁，猶不免誅。不若遷延緩期，遲其事而遷延未發也。賈后必害太子，然後廢賈后，爲太子報讎，爲，于僞翻。非徒免禍而已，乃更可以得志。」倫然之。

秀因使人行反間，間，古莧翻。言殿中人欲廢皇后，立太子，司馬雅、許超、士猗皆殿中人也。賈后數遣宮婢微服於民間聽察，數，所角翻。聞之甚懼。倫、秀因勸謐等早除太子以絕衆望。

癸未，賈后使太醫令程據和毒藥，和，戶臥翻。矯詔使黃門孫慮至許昌毒太子。太子自廢黜，恐被毒，常自煑食於前；被，皮義翻。慮以告劉振，振乃徙太子於小坊中，絕其食，宮人猶竊於牆上過食與之。慮逼太子以藥，太子不肯服，慮以藥杵椎殺之。椎，傳追翻。有司請以庶人禮葬，賈后表請以廣陵王禮葬之。

6 夏，四月，辛卯朔，日有食之。

7 趙王倫、孫秀將討賈后，告右衛佽飛督閭和，晉制：右衛有佽飛、虎賁二督。佽飛，荆人，赴江斬蛟，古勇士也；自漢以來以爲衞士之號。佽，日四翻。和從之，期以癸巳丙夜一籌，以鼓聲爲應。丙夜，夜三鼓；丙夜一籌，三更一點也。癸巳，秀使司馬雅告張華曰：「趙王欲與公共匡社稷，爲天下除害，爲，于僞翻。使雅以告。」華拒之。雅怒曰：「刃將在頸，猶爲是言邪！」不顧而出。華素有籌略，雅辭氣之悖如此而無以處之，蓋亦知衆怒不可遏，而已爲賈后用心，不敢背之，搏手無策，待死而已。

及期，倫矯詔敕三部司馬曰：晉二衞有前驅、由基、強弩三部司馬。「中宮與賈謐等殺吾太子，今使車騎入廢中宮，時趙王倫以車騎將軍領右軍將軍。汝等皆當從命，事畢，賜爵關中侯，不從者誅三族。」衆皆從之。又矯詔開門，夜入，陳兵道南，御道之南也。遣翊軍校尉齊王冏武帝太康元年，置翊軍校尉。冏，居永翻。將百人排閤而入，華林令駱休爲内應，華林令，華林園令也。魏起芳林園，後避齊王芳諱，改曰華林園。有天淵池，池中有魏文帝九花叢殿。晉志：華林令屬大鴻臚。姓譜：齊太公之後，有公子駱，子孫以爲氏。又秦之先有大駱。迎帝幸東堂，以詔召賈謐於殿前，將誅之。謐走入西鍾下，呼曰：「阿后救我！」呼，火故翻。阿，今相傳從安入聲。就斬之。賈后見齊王冏，驚曰：「卿何爲來？」冏曰：「有詔收后。」后曰：「詔當從我出，何詔也！」后至上閤，遙呼帝曰：

「陛下有婦，使人廢之，亦行自廢矣。」是時，梁王肜亦預其謀，后問冏曰：「起事者誰？」冏曰：「梁、趙。」后曰：「繫狗當繫頸，反繫其尾，何得不然！」恨不先誅梁、趙也。遂廢后爲庶人，幽之於建始殿。收趙粲、賈午等付暴室考竟。晉志：暴室令，屬光祿勳。詔尚書收捕賈氏親黨，召中書監、侍中、黃門侍郎、八座皆夜入殿。尚書始疑詔有詐，郎師景露版奏請手詔，郎，尚書郎也。師，姓；景，名。倫等斬之以徇。

倫陰與秀謀篡位，欲先除朝望，朝，直遥翻。且報宿怨，乃執張華、裴頠、解系、解結等於殿前。倫、秀怨華、頠、系，事見上卷元康六年。結，系弟也。秀亂關中，結議秀罪應誅，故亦怨之。華謂張林曰：「卿欲害忠臣邪？」林稱詔詰之曰：詰，去吉翻。「卿爲宰相，太子之廢，不能死節，何也？」華曰：「式乾之議，臣諫事具存，可覆按也。」林曰：「諫而不從，何不去位？」華無以對。遂皆斬之，仍夷三族。解結女適裴氏，明日當嫁而禍起，裴氏欲認活之，女曰：「家既如此，我何以活爲！」亦坐死。朝廷由是議革舊制，女不從死。不從父母家坐死也。甲午，倫坐端門，宮門正南門曰端門。遣尚書和郁持節送賈庶人于金墉；楊太后、太子遹之廢，史皆不書爲庶人，此獨書賈庶人者，正其罪也。誅劉振、董猛、孫慮、程據等；司徒王戎及內外官坐張、裴親黨黜免者甚衆。閻纘撫張華尸慟哭曰：「早語君遜位而不肯，今果不免，命也！」語，牛倨翻。

於是趙王倫稱詔赦天下，自爲使持節、都督中外諸軍事、相國，侍中，一依宣、文輔魏故事，晉志曰：丞相、相國，秦官也，晉受魏禪，並不置。自惠帝之後，省置無恆，爲之者趙王倫、梁王肜、成都王穎、南陽王保、王敦、王導之徒，非復人臣之職也。今按宣王懿以丞相輔魏，文王昭以相國輔魏，皆非人臣之職。置府兵萬人，以其世子散騎常侍荂領冗從僕射，荂，枯花翻；楊正衡音孚。晉志：冗從僕射，屬光祿勳。從，才用翻。子馥爲前將軍，封濟陽王；濟，子禮翻。虔爲黃門郎，封汝陰王；詡爲散騎侍郎，封霸城侯。黃門郎，即黃門侍郎。散騎侍郎，魏初與散騎常侍同置。自魏至晉，散騎常侍、侍郎與侍中、黃門侍郎共平尚書奏事，皆要官也。孫秀等皆封大郡，並據兵權，文武官封侯者數千人，百官總己以聽於倫。朱氏曰：總己，謂總攝己職。倫素庸愚，復受制於孫秀。復，扶又翻。秀爲中書令，威權振朝廷，天下皆事秀而無求於倫。

詔追復故太子遹位號，使尚書和郁帥東宮官屬迎太子喪於許昌，帥，讀曰率。追封遹子虨爲南陽王，封虨弟臧爲臨淮王，尚爲襄陽王。

有司奏：「尚書令王衍備位大臣，太子被誣，志在苟免，謂太子遺王妃書，自陳誣枉，衍不敢以聞也。請禁錮終身。」從之。

相國倫欲收人望，選用海內名德之士，以前平陽太守李重、滎陽太守荀組爲左、右長史，東平王堪、沛國劉謨爲左、右司馬，尚書郎陽平束晳爲記室，魏文帝黃初二年，分魏郡置陽平郡。記室，主文翰。束晳，漢太子太傅疏廣之後。廣曾孫避難，因去疏字之「足」，改姓爲束。續漢志曰：記室，主上章表報書記。淮南王文學荀崧、殿中郎陸機爲參軍。殿中郎，尚書郎也，主殿中曹。組，勗之子；勗爲晉初佐命之臣。崧，彧之玄孫也。荀彧爲魏初佐命之官。李重知倫有異志，辭疾不就，倫逼之不已，憂憤成疾，扶曳受拜，數日而卒。

8 丁酉，以梁王肜爲太宰，左光祿大夫何劭爲司徒，右光祿大夫劉寔爲司空。晉志：左、右光祿大夫，假金章紫綬，品秩第二，祿賜、班位、冠幘、車服、佩玉，置吏卒羽林。後之金紫光祿大夫，蓋魏、晉之左、右光祿大夫也。但魏、晉之大夫皆爲專官，後世則爲寄祿官耳。杜佑曰：魏、晉以來，左右光祿三大夫皆銀印青綬，其重者，詔加金章紫綬者，則謂之金紫光祿大夫。重者既有金紫之號，故謂本光祿爲銀青光祿大夫。

9 太子遹之廢也，將立淮南王允爲太弟，議者不合。言有持異議者也。會趙王倫廢賈后，乃以允爲驃騎將軍、開府儀同三司，領中護軍。

10 己亥，相國倫矯詔遣尚書劉弘齎金屑酒賜賈后死于金墉城。

11 五月，己巳，詔立臨海【章：甲十一行本「海」作「淮」；乙十一行本同；孔本同。】王臧爲皇太孫，還妃王氏以母之；太子之廢也，歸王妃于父母家。太子官屬即轉爲太孫官屬，相國倫行太孫太傅。

12 己卯，謚故太子曰愍懷；六月，壬寅，葬于顯平陵。

13 清河康王遐薨。

14 中護軍淮南王允，性沈毅，沈，持林翻。宿衛將士皆畏服之。允知相國倫及孫秀有異志，陰養死士，謀討之。倫、秀深憚之。秋，八月，轉允爲太尉，外示優崇，實奪其兵權。中護軍掌兵，轉太尉則兵權去矣。允稱疾不拜。秀遣御史劉機逼允，收其官屬以下，劾以拒詔，大逆不敬。劾，戶概翻，又戶得翻。允視詔，乃秀手書也。大怒，收御史，將斬之，御史走免，斬其令史二人。此蘭臺令史也。厲色謂左右曰：「趙王欲破我家！」遂帥國兵及帳下七百人直出，國兵，淮南國兵也。帳下，中護軍帳下也。帥，讀曰率。大呼曰：呼，火故翻。「趙王反，我將討之，從我者左袒。」於是歸之者甚衆。允將赴宮，尚書左丞王輿閉掖門，宮門端門之左曰左掖門，右曰右掖門。允不得入，遂圍相府。時倫以東宮爲相府。允所將兵皆精銳，將，即亮翻。倫與戰屢敗，死者千餘人。太子左率陳徽勒東宮兵鼓譟於內以應允。左率，卽左衞率。允結陳於承華門前，弓弩齊發，射倫，飛矢雨下。陳，讀曰陣。射，而亦翻。主書司馬眭祕以身蔽倫，續漢志：尚書三十六曹郎，曹有三主書。此主書司馬，蓋相國府官屬，倫所自署置。眭，息隨翻，姓也。箭中其背而死。中，竹仲翻；下同。倫官屬皆隱樹而立，每樹輒中數百箭，自辰至未。中書令陳淮，前有中書令陳準，「淮」，蓋「準」字之誤也。徽之兄也，欲應允，言於帝曰：「宜遣白虎幡以解鬬。」白虎幡以麾軍進戰，非以解鬬也。陳準蓋以帝庸愚，故請以白虎幡麾軍，欲倫兵見之，以爲允之攻倫，出於帝命，將自潰也。否則何以應允。乃使司馬督護伏胤將騎四百持幡從宮中出，司馬督護，亦殿中將校，屬二衞。侍中汝陰王虔在門下省，陰與胤誓曰：「富貴當與卿共之。」胤乃懷空版出，空版，不書詔之版，本無詔書，而別取空版懷之以出也。

詐言有詔助淮南王。允不之覺，開陣內之，下車受詔，胤因殺之，并殺允子秦王郁、漢王迪，坐允夷滅者數千人。曲赦洛陽。不普赦天下，而獨赦洛陽，故曰曲赦。

初，孫秀嘗爲小吏，事黃門郎潘岳，岳屢撻之。孫秀，琅邪人。潘岳爲琅邪內史，秀爲小吏，給岳，狡黠自喜。岳惡其爲人，數撻辱之。衛尉石崇之甥歐陽建素與相國倫有隙，建表倫罪惡，見上卷元康六年。崇有愛妾曰綠珠，綠珠善吹笛。太平廣記曰：今白州雙角山下有綠珠井。昔梁氏之女有容貌，石崇使交州，以眞珠三斛買之。梁氏之居，舊井存焉，汲飲者必誕美女。里閭以美女無益，遂以石塡之。孫秀使求之，崇不與。及淮南王允敗，秀因稱石崇、潘岳、歐陽建奉允爲亂，收之。考異曰：崇傳曰：「崇、建潛知其計，陰勸淮南王允、齊王冏圖趙王倫。」若崇果與允同謀，允敗，崇應惶懼，不應被收時，方宴於樓上。蓋倫、秀以舊怨誣殺之耳。今按石崇傳：「孫秀索綠珠，崇不許，秀怒，乃勸倫誅崇。崇正宴於樓上，介士到門，崇謂綠珠曰：『我今爲爾得罪。』綠珠泣曰：『當效死於君前。』因自投於樓下而死。」崇歎曰：「奴輩利吾財爾！」收者曰：「知財爲禍，何不早散之！」崇不能答。初，潘岳母常誚責岳曰：「汝當知足，而乾沒不已乎！」蓋戒岳乘時射利，不知止也。服虔曰：乾沒，射成敗也。如淳曰：得利爲乾，失利爲沒。乾，音干。一說：以水爲喻也，言其視利而趨，雖乾而在陸，沒而滅頂，皆所不顧也。及敗，岳謝母曰：「負阿母。」阿，從安入聲。遂與崇、建皆族誅，籍沒崇家。相國倫收淮南王母弟吳王晏，欲殺之。光祿大夫傅祗爭之於朝堂，朝，直遙翻。衆皆諫止，倫乃貶晏爲賓徒縣王。賓徒縣，前漢屬遼西郡，後漢屬遼東屬國都尉，晉屬昌黎郡。

齊王冏以功遷游擊將軍，晉志：驍騎將軍、游擊將軍，並漢雜號將軍也，魏置爲中軍。及晉，以領、護、左、右衛、驍騎、游擊爲六軍。冏意不滿，有恨色，孫秀覺之，且憚其在內，乃出爲平東將軍，鎮許昌。爲冏自許昌起兵討倫張本。

15 以光祿大夫陳準爲太尉，錄尚書事；未幾，薨。

16 孫秀議加相國倫九錫，百官莫敢異議。吏部尚書劉頌曰：「昔漢之錫魏，魏之錫晉，皆一時之用，非可通行。謂禪代然後有九錫，非常典也。周勃、霍光，其功至大，皆不聞有九錫之命也。」謂周勃、霍光定策以安漢室，且不聞有九錫之命，所以折倫、秀之姦謀也。張林積忿不已，以頌爲張華之黨，將殺之。孫秀曰：「殺張、裴已傷時望，不可復殺頌。」林乃止。復，扶又翻；下同。以頌爲光祿大夫。晉志：光祿大夫與卿同，秩中二千石，著進賢兩梁冠，黑介幘，五時朝服，佩水蒼玉。考異曰：三十國春秋云：「倫黨大怒，謀害頌，頌懼，自殺。」頌傳云：「頌爲光祿，尋病卒。」今從傳。遂下詔加倫九錫，復加其子荂撫軍將軍，撫軍將軍，文帝以授武帝，遂以代魏。倫以加其世子，意趣爲何？虔中軍將軍，武帝受禪，置中軍將軍，統宿衛七軍，尋罷，已而復置。詡爲侍中。又加孫秀侍中、輔國將軍，相國司馬、右率如故。右率，右衛率也。不解此官者，欲握東宮兵。張林等並居顯要。增相府兵爲二萬人，與宿衛同，并所隱匿之兵，數踰三萬。

九月，改司徒爲丞相，以梁王肜爲之，肜固辭不受。倫及諸子皆頑鄙無識，秀狡黠貪淫，黠，下八翻。所與共事者，皆邪佞之士，惟競榮利，無遠謀深略，志趣乖異，互相憎嫉。秀子會爲射聲校尉，形貌短陋，如奴僕之下者，秀使尚帝女河東公主。史言倫、秀兵已在頸，乃圖非望。

17 冬，十一月，甲子，立皇后羊氏，赦天下。后，尚書郎泰山羊玄之之女也。外祖平南將軍樂安孫旂，與孫秀善，故秀立之。拜玄之光祿大夫、特進、散騎常侍，封興晉侯。晉志：光祿大夫，假銀章青綬者，品秩第三；加特進，則品秩與左右光祿大夫同矣。晉置興晉郡，在唐河州界。

18 詔徵益州刺史趙廞爲大長秋，廞，許今翻。以成都內史中山耿滕爲益州刺史。晉諸王國置內史，猶漢王國相也。武帝太康九年，改諸王國相爲內史。考異曰：帝紀作「耿勝」，載記、華陽國志作「滕」。今從之。廞，賈后之姻親也。聞徵，甚懼，懼以賈后親黨連坐。且以晉室衰亂，陰有據蜀之志，乃傾倉廩，賑流民，以收衆心。以李特兄弟材武，其黨類皆巴西人，與廞同郡，李特黨類本巴氏，趙廞亦巴西人也。厚遇之以爲爪牙。特等憑恃廞勢，專聚衆爲盜，蜀人患之。特等入蜀事，始上卷元康八年。滕數密表：「流民剛剽，蜀人愞弱，數，所角翻。剽，匹妙翻。愞，奴亂翻。主不能制客，必爲亂階，宜使還本居。若留之險地，蜀地阻險。恐秦、雍之禍更移於梁、益矣。」流民本居秦、雍。雍，於用翻。廞聞而惡之。惡，烏路翻。

州被詔書，遣文武千餘人迎滕。是時，成都治少城，益州治太城，二城皆秦張儀所築。儀既築太城，後一年又築少城。太城今成都府子城也，少城唯西南北三壁，東即太城之西墉也。少，詩照翻。廞猶在太城，未去。滕欲入州，功曹陳恂諫曰：「今州、郡搆怨日深，州，謂益州；郡，謂成都。此言廞、滕搆怨也。入城必有大禍，不如留少城以觀其變，檄諸縣合村保以備秦氏，李特等本巴氏，蜀人以其徙居秦州界，因謂之秦氏。陳西夷行至，陳西夷，謂西夷校尉陳總也。行至，言總來領西夷校尉之職，行且至成都也。晉置西夷校尉於汶山，平越中郎將於廣州，南蠻校尉於襄陽，南夷校尉於寧州。且當待之。不然，退保犍爲，西渡江源，以防非常。」江源縣，漢屬蜀郡，後李雄分立江源郡，晉改爲多融縣，又改爲晉原縣。唐蜀州之晉原、青城、唐安三縣，皆漢江源縣地。犍，居言翻。滕不從。是日，帥衆入州，帥，讀曰率；下同。廞遣兵逆之，戰于西門，滕敗死，考異曰：華陽國志曰：「戰於廣漢宣化亭，殺傳詔。」按州郡俱治成都，不容戰於廣漢。又趙廞若已與滕戰，不應欲直入州。今從載記。郡吏皆竄走，惟陳恂面縛詣廞，請滕死；【章：甲十一行本「死」作「喪」；乙十一行本同；孔本同。】請其屍而葬之。死，讀曰屍。廞義而許之。

廞又遣兵逆西夷校尉陳總。總至江陽，江陽縣，漢屬犍爲郡，劉璋分江陽郡；唐瀘州瀘川、綿水二縣，漢江陽之地也。聞廞有異志，主簿蜀郡趙模曰：「今州郡不協，必生大變，當速行赴之。府是兵要，助順討逆，言西夷府總蜀兵之要，順，謂耿滕，逆，謂趙廞，使總助滕討廞也。誰敢動者！」總更緣道停留，比至南安魚涪津，南安縣，屬犍爲郡，有魚涪津。唐眉州青神縣，漢南安縣地。宋白曰：榮州應靈縣、資官縣、嘉州龍游，皆漢南安縣。比，必寐翻。涪，音浮。已遇廞軍，模白總：「散財募士以拒戰，若克州軍，則州可得；言破廞軍則益州可取，罪人斯得矣。不克，順流而退，必無害也。」言順流而退，廞軍勢不能追，必無所害。總曰：「趙益州忿耿侯，故殺之；與吾無嫌，何爲如此！」兵臨其前，猶發是言，陳總特庸人耳。模曰：「今州起事，必當殺君以立威，雖不戰，無益也。」言至垂涕，總不聽，衆遂自潰。總逃草中，模著總服格戰；著，陟略翻。廞兵殺模，見其非是，更搜求得總，殺之。搜，尋也。考異曰：帝紀：「廞又殺犍爲太守李密、汶山太守霍固。」按華陽國志，犍爲太守李苾、汶山太守楊邠，非密、固也。載記亦作「李苾」。蓋紀誤。

廞自稱大都督、大將軍、益州牧，考異曰：晉春秋云「建號太平元年」，他書無之，今不取。署置僚屬，改易守令，王官被召，無敢不往。王官，謂晉朝所命者。被，皮義翻。李庠帥妹壻李含、天水任回、上官晶、扶風李攀、始平費他、帥，讀曰率。楊正衡曰：晶，音精。武帝泰始二年，分扶風置始平郡。費，扶沸翻。他，徒河翻。氐苻成、隗伯等四千騎歸廞。廞以庠爲威寇將軍，沈約志：威寇將軍，四十號之第七。封陽泉亭侯，委以心膂，使招合六郡壯勇至萬餘人，以斷北道。六郡，即天水、略陽等六郡。壯勇，流民之壯勇者。北道，自關中入蜀之道。斷，丁管翻。

王崇武標點容肇祖聶崇岐覆校

資治通鑑卷第八十四

端明殿學士兼翰林侍讀學士朝散大夫右諫議大夫充集賢殿修撰權判西京留司御史臺上柱國河内郡開國侯食邑一千三百户食實封四百户賜紫金魚袋臣　司馬光　奉敕編集

後　學　天　台　胡三省　音　註

晉紀六

起重光作噩（辛酉），盡玄黓閹茂（壬戌），凡二年。

孝惠皇帝中之上

永寧元年（辛酉、三〇一）此猶是永康二年；正月乙丑，趙王倫改元建始；四月，帝反正，始改元永寧。

1 春，正月，以散騎常侍安定張軌爲涼州刺史。散，悉亶翻。騎，奇寄翻。軌以時方多難，陰有保據河西之志，故求爲涼州。時州境盜賊縱横，難，乃旦翻。縱，子容翻。鮮卑爲寇；軌至，以宋配、氾瑗爲謀主，楊正衡曰：氾，音凡，姓也。瑗，于眷翻。悉討破之，威著西土。張氏保據涼土始此。嗚呼！世亂則人思自全，然求全而不能自全者亦多矣。竇融、張軌之求出河西，此求全而得全者也。謝晦、袁顗之求鎮荆、襄，此求全而不能自全者也。蓋竇融、張軌，始終一心以奉漢、晉，此固宜永終福禄、詒及子孫者也。謝晦、袁顗，志在據地險以全身，其用心非矣，天所不與也。然劉焉求牧益州，袁紹志圖冀部，石敬瑭心欲河東，皆以之潛規非望；至其成敗久速，則有非智慮所及者。

2 相國倫與孫秀使牙門趙奉詐傳宣帝神語云：「倫宜早入西宮。」司馬懿，追謚宣皇帝。時倫以東宮爲相國府，謂禁中爲西宮。散騎常侍義陽王威，望之孫也，素諂事倫，倫以威兼侍中，使威逼奪帝璽綬，作禪詔，又使尚書令滿奮持節、奉璽綬璽，斯氏翻。綬，音受。禪位於倫。左衛將軍王輿、前軍將軍司馬雅等帥甲士入殿，帥，讀曰率。曉諭三部司馬，示以威賞，無敢違者。張林等屯守諸門。屯守宮城諸門也。乙丑，倫備法駕入宮，卽帝位。考異曰：三十國春秋云：「倫將篡位，義陽王威執詔示嵇紹曰：『聖上法堯、舜之舉，卿其然乎？』紹厲聲曰：『有死而已，終不有二！』威怒，拔劍而出。及惠帝遷于金墉城，唯紹固志不從，直于金墉，絕不通倫，時人皆爲之懼。」晉書忠義傳云：「倫篡位，紹爲侍中，惠帝復祚，遂居其職。」二說不同，今皆不取。「復祚」之「祚」，當作「阼」。赦天下，改元建始。帝自華林西門出居金墉城，華林西門，華林園西門也。倫使張衡將兵守之。將，卽亮翻。

丙寅，尊帝爲太上皇，改金墉曰永昌宮，廢皇太孫爲濮陽王。濮，博木翻。立世子荂爲皇太子，荂，枯花翻；楊正衡音孚。封子馥爲京兆王，虔爲廣平王，詡爲霸城王，皆侍中將兵。以梁王肜爲宰衡，肜，余中翻。何劭爲太宰，孫秀爲侍中、中書監、票騎將軍、儀同三司，票，匹妙翻。義陽王威爲中書令，張林爲衛將軍，其餘黨與，皆爲卿、將，卿、將，列卿及諸中郎將也。將，卽亮翻。超階越次，不可勝紀；勝，音升。下至奴卒，亦加爵位。每朝會，貂蟬盈座，武冠，一曰武弁，諸武官冠之。侍中、中常侍加黃金璫，附蟬爲文，貂尾爲飾，謂之「趙惠文冠」。胡廣說曰：趙武靈王效胡服，以金璫飾首，前插貂尾，爲貴職；秦滅趙，以其冠賜近臣。應劭漢官曰：說者以金取堅剛，百鍊不耗，蟬居高飲潔，口在腋下；貂內勁悍而外溫潤，此因物生義也。徐廣曰：趙武靈王胡服有此，秦、漢卽而用之。說者蟬取其清高飲露而不食，貂紫蔚采潤而毛采不彰，故於義亦取。胡廣又曰：意謂北方寒涼，本以貂皮暖額，附施於冠，因遂變成首飾。沈約曰：貂蟬之說，因物生義，非其實也。其實趙武靈王變胡服，秦滅趙，以其君冠賜侍臣，故秦、漢以來，侍臣有貂蟬也。朝，直遙翻。時人爲之諺曰：「貂不足，狗尾續。」史記曰：狐裘雖敝，不可補以黃狗之皮，亦此意。是歲，天下所舉賢良、秀才、孝廉皆不試；舊制，賢良、秀、孝皆策試而後補官。郡國計吏及太學生年十六以上皆署吏；守令赦日在職者皆封侯；守，式又翻。郡綱紀並爲孝廉，縣綱紀並爲廉吏。郡綱紀，功曹之屬；縣綱紀，主簿、錄事史之屬。廉吏，亦選舉之一科。史言倫、秀欲以濫恩收衆心。府庫之儲，不足以供賜與。應侯者多，鑄印不給，或以白板封之。

初，平南將軍孫旂之子弼、弟子髦、輔、琰皆附會孫秀，與之合族，旬月間致位通顯。及倫稱帝，四子皆爲將軍，封郡侯，以旂爲車騎將軍、開府。旂以弼等受倫官爵過差，必爲家禍，遣幼子回責之，弼等不從，旂不能制，慟哭而已。據晉書，孫旂四子，並以吏才稱於當世。附麗非人，至於滅族，擇木之難也。然孫旂先與孫秀親善，故諸子從而附會之。擇交之不審，何以詔其子哉！雖慟哭，無益也。孫族之赤，旂實爲之。

3 癸酉，殺濮陽哀王臧。

孫秀專執朝政，倫所出詔令，秀輒改更與奪，朝，直遙翻。更，工衡翻。自書靑紙爲詔，或朝行夕改，百官轉易如流。張林素與秀不相能，且怨不得開府，潛與太子荂牋，言：「秀專權不合衆心，而功臣皆小人，撓亂朝廷，撓，火高翻，又奴巧翻。可悉誅之。」荂以書白倫，倫以示秀。秀勸倫收林，殺之，夷其三族。秀以齊王冏、成都王穎、河間王顒，各擁強兵，據方面，惡之，冏鎮許昌，穎鎮鄴，顒鎮關中。惡，烏路翻。顒，魚容翻。乃盡用其親黨爲三王參佐，加冏鎮東大將軍、穎征北大將軍，皆開府儀同三司，以寵安之。

4 李庠驍勇得衆心，趙廞浸忌之而未言。驍，堅堯翻。廞，許今翻。長史蜀郡杜淑、張粲說廞曰：「將軍起兵始爾，而遽遣李庠握強兵於外。謂廞使庠招合壯勇以斷北道也。說，輸芮翻。非我族類，其心必異，此倒戈授人也，宜早圖之。」會庠勸廞稱尊號，淑、粲因白廞以庠大逆不道，引斬之，并其子姪十餘人。考異曰：載記曰：「及其子姪宗族三十餘人。」今從華陽國志。又國志，庠死在去年冬，晉春秋在今年春。今從之。時李特、李流皆將兵在外，廞遣人慰撫之曰：「庠非所宜言，罪應死。兄弟罪不相及。」復以特、流爲督將。將，卽亮翻。特、流怨廞，引兵歸緜竹。

廞牙門將涪陵許弇求爲巴東監軍，涪陵縣，漢屬巴郡，蜀分爲涪陵郡。涪，音浮。監，音工銜翻。杜淑、張粲固執不許，弇怒，手殺淑、粲於廞閤下，淑、粲左右復殺弇。復，扶又翻。三人，皆廞之腹心也，廞由是遂衰。腹心既死，廞無所倚，故其勢衰。

廞遣長史犍爲費遠、犍，居言翻。費，扶沸翻。蜀郡太守李苾、督護常俊督萬餘人斷北道，屯緜竹之石亭。苾，毗必翻。緜竹縣，漢屬廣漢郡，晉屬新都郡，唐屬漢州。斷，丁管翻。李特密收兵得七千餘人，夜襲遠等軍，燒之，死者十八九，遂進攻成都。費遠、李苾及軍【張：「軍」下脫「諮」字。】祭酒張微，夜斬關走，文武盡散。廞獨與妻【章：甲十一行本「妻」下有「子」字；乙十一行本同；孔本同；張校同。】乘小船走，至廣都，爲從者所殺。從，才用翻。特入成都，縱兵大掠，遣使詣洛陽，陳廞罪狀。

初，梁州刺史羅尚，聞趙廞反，表：「廞非雄才，蜀人不附，敗亡可計日而待。」詔拜尚平西將軍、益州刺史，督牙門將王敦、此別一王敦。蜀郡太守徐儉、廣漢太守辛冉等七千餘人入蜀。特等聞尚來，甚懼，使其弟驤於道奉迎，幷獻珍玩。尚悅，以驤爲騎督。驤，斯將翻。騎，奇寄翻。騎督，督騎兵。特、流復以牛酒勞尚於緜竹，王敦、辛冉說尚曰：復，扶又翻。勞，力到翻。說，輸芮翻。「特等專爲盜賊，宜因會斬之；不然，必爲後患。」尚不從。冉與特有舊，謂特曰：「故人相逢，不吉當凶矣。」特深自猜懼。

三月，尚至成都。汶山羌反，尚遣王敦討之，爲羌所殺。汶，音岷。考異曰：帝紀在八月，疑是洛陽始知。今從華陽國志。

5 齊王冏謀討趙王倫，未發，會離狐王盛、離狐縣，前漢屬東郡，後漢、晉屬濟陰郡，唐天寶元年，改爲南華縣，屬鄆州。潁川處穆晉書作「王處穆」。【章：孔本「處」上正有「王」字；張校同。】聚衆於濁澤，濁澤在潁川長社縣。百姓從之，日以萬數。倫以其將管襲爲齊王軍司，討盛、穆，斬之。冏因收襲，殺之，考異曰：齊王冏傳曰：「冏潛與盛、穆謀起兵誅倫，未發，恐事泄，乃與襲殺穆，送首於倫，以安其意。」今從三十國春秋。與豫州刺史何勗、龍驤將軍董艾等起兵，遣使告成都王穎、河間王顒、常山王乂及南中郎將新野公歆，晉志曰：四中郎將，並後漢置；武帝以來，四中郎將或領刺史，或持節爲之。歆，扶風王駿之子也。移檄征、鎮、州、郡、縣、國，征、鎮，四征、四鎮，居方面者。稱：「逆臣孫秀，迷誤趙王，當共誅討。有不從命者，誅及三族。」

使者至鄴，成都王穎召鄴令盧志謀之。志曰：「趙王篡逆，人神共憤，殿下收英俊以從人望，杖大順以討之，百姓必不召自至，攘臂爭進，蔑不克矣。」蔑，無也。穎從之，以志爲諮議參軍，諮議參軍，晉公府皆置之，蓋取諮詢謀議軍事也，其位在諸參軍之上。仍補左長史。志，毓之孫也。盧毓見七十三卷魏明帝景初元年。穎以兗州刺史王彥、冀州刺史李毅、督護趙驤、石超等爲前鋒，遠近響應；至朝歌，朝歌縣，前漢屬河內郡；晉分屬汲郡；隋大業二年，改朝歌縣爲衞縣，屬衞州；有紂所都朝歌城，在縣西。衆二十餘萬。超，苞之孫也。石苞事文帝、武帝，功參佐命。

常山王乂在其國，與太原內史劉暾各帥衆爲穎後繼。暾，他昆翻。帥，讀曰率。

新野公歆得冏檄，未知所從。嬖人王綏曰：「趙親而強，齊疏而弱，歆父扶風王駿，與趙王倫皆宣帝子，歆於倫爲叔姪，其屬親；冏於歆爲從子，其屬視倫爲疏。嬖，卑義翻，又博計翻。公宜從趙。」參軍孫詢大言於衆曰：「趙王凶逆，天下當共誅之，何親疏強弱之有！」歆乃從冏。

前安西參軍夏侯奭在始平，合衆數千人以應冏，遣使邀河間王顒。顒用長史李【章：甲十一行本「李」上有「隴西」二字；乙十一行本同；孔本同。】含謀，遣振武將軍河間張方討擒奭及其黨，腰斬之。沈約志：振武將軍，始於西漢之末，王莽以命王況。冏檄至，顒執冏使送於倫，使，疏吏翻。遣張方將兵助倫。方至華陰，華，戶化翻。顒聞二王兵盛，復召方還，更附二王。二王，謂齊王冏、成都王穎。

冏檄至揚州，州人皆欲應冏。刺史郗隆，慮之玄孫也，郗，丑之翻。郗慮，漢獻帝時爲御史大夫。以兄子鑒及諸子悉在洛陽，疑未決，悉召僚吏謀之。主簿淮南趙誘、前秀才虞潭皆曰：「趙王篡逆，海內所疾；今義兵四起，其敗必矣。爲明使君計，莫若自將精兵，徑赴許昌，上策也；齊王冏時鎮許昌。遣將將兵會之，中策也；量遣小軍，隨形助勝，下策也。」將，息亮翻。量，音良。隆退，密與別駕顧彥謀之，彥曰：「誘等下策，乃上計也。」治中留寶、主簿張褒、西曹留承聞之，請見，曰：「不審明使君今當何施？」隆曰：「我俱受二帝恩，二帝，謂宣帝、武帝。或曰：二帝，謂惠帝及趙王倫，非也。無所偏助，欲守州而已。」承曰：「天下，世祖之天下也；文帝廟號世祖。文帝平諸葛誕，滅蜀，始弘晉業。太上承代已久，太上，謂惠帝，時號太上皇。今上取之，不平，今上，謂趙王倫。齊王順時舉事，成敗可見。言齊王冏舉事必成，趙王倫必敗也。使君不早發兵應之，狐疑遷延，變難將生，難，乃旦翻。此州豈可保也！」隆不應。潭，翻之孫也。虞翻事吳主權，以直聞。隆停檄六日不下，停冏檄不下曹。下，遐嫁翻。將士憤怨。參軍王邃鎮石頭，將士爭往歸之，隆遣從事於牛渚禁之，不能止。平吳之後，揚州移鎮秣陵。今於牛渚禁將士往石頭，疑此時揚州又還治淮南也。將士遂奉邃攻隆，隆父子及顧彥皆死，傳首於冏。

安南將軍、監沔北諸軍事孟觀，以爲紫宮帝座無他變，晉志：北極五星，鉤陳六星，皆在紫宮中。鉤陳中一星曰天皇大帝，大帝上九星曰華蓋，所以覆蔽大帝之座也。觀徒占天象而不察諸人事，此其所以死也。監，古銜翻。沔，迷兗翻。倫必不敗，乃爲之固守。爲，于僞翻。

倫、秀聞三王兵起，大懼，三王，謂齊王冏、成都王穎、河間王顒也。詐爲冏表曰：「不知何賊猝見攻圍，臣懦弱不能自固，乞中軍見救，魏、晉以禁兵爲中軍。庶得歸死。」以其表宣示內外；遣上軍將軍孫輔、折衝將軍李嚴上軍將軍，蓋當時所置。沈約志：折衝將軍，始於建安中，曹公以樂進爲之。帥兵七千自延壽關出，晉志，河南緱氏縣有延壽城。帥，讀曰率；下同。征虜將軍張泓、左軍將軍蔡璜、前軍將軍閭和帥兵九千自崿阪關出，晉志，河南陽城縣有崿阪關。杜佑曰：崿嶺在河南登封縣，登封，故嵩陽也。崿，五各翻。阪，音反。鎮軍將軍司馬雅、揚威將軍莫原沈約志：揚威將軍，魏置。姓譜：莫姓，楚莫敖之後。帥兵八千自成皋關出，晉志，河南成皋縣有成皋關。以拒冏。三路出兵以拒冏。遣孫秀子會督將軍士猗、許超帥宿衛兵三萬以拒穎。召東平王楙爲衛將軍，都督諸軍；又遣京兆王馥、廣平王虔帥兵八千爲三軍繼援。孫會、士猗、許超三人所將之軍，爲三軍。倫、秀日夜禱祈、厭勝以求福；厭，益葉翻。使巫覡選戰日；覡，刑狄翻。又使人於嵩山著羽衣，詐稱仙人王喬，作書述倫祚長久，欲以惑衆。嵩山，中嶽，在潁川陽城縣；漢武帝分置崈高縣，以奉中嶽，東漢省，併入陽城縣。晉陽城縣，屬河南郡。著，陟略翻。劉向列仙傳曰：王子喬，周靈王太子晉也，好吹笙，作鳳鳴。遊伊、洛間，道士浮丘公接上嵩山，三十餘年。後來於山上告桓良曰：「告我家，七月七日，待我於緱氏山頭。」果乘白鶴駐山巔，望之不得到，舉手謝時人而去。故倫、秀詐以惑衆。著，陟略翻。

6 閏月，丙戌朔，日有食之。自正月至于是月，五星互經天，縱横無常。志曰：傳曰：日陽，君道也；星陰，臣道也。日出則星亡，臣不得專也。晝而星見午上爲經天，其占爲不臣，爲更王。今五星悉經天，天變所未有也。縱，子容翻。

7 張泓等進據陽翟，陽翟縣，漢屬潁川郡，晉屬河南郡。與齊王冏戰，屢破之。冏軍潁陰，潁陰縣，在潁川郡，潁陰去陽翟四十里。夏，四月，泓乘勝逼之，冏遣兵逆戰。諸軍不動，而孫輔、徐建軍夜亂，徑歸洛自首曰：首，式救翻。「齊王兵盛，不可當，泓等已沒矣！」趙王倫大恐，祕之，而召其子虔及許超還。欲召河北之軍還以自衛。會泓破冏露布至，倫乃復遣之。復，扶又翻。泓等悉帥諸軍濟潁攻冏營，潁水出潁川陽城縣少室，東南流，過陽翟縣之北。帥，讀曰率；下同。冏出兵擊其別將孫髦、司馬譚等，破之，泓等乃退。孫秀詐稱已破冏營，擒得冏，令百官皆賀。

成都王穎前鋒至黃橋，朝歌西有黃澤，澤水右入蕩水，謂之黃雀溝。橋當在溝上。爲孫會、士猗、許超所敗，敗，補邁翻。殺傷萬餘人，士衆震駭。穎欲退保朝歌，盧志、王彥曰：「今我軍失利，敵新得志，有輕我之心。我若退縮，士氣沮衄，不可復用。沮，在呂翻。衄，女六翻。復，扶又翻。且戰何能無勝負！不若更選精兵，星行倍道，出敵不意，此用兵之奇也。」星行者，夜行戴星而行也。穎從之。倫賞黃橋之功，士猗、許超與孫會皆持節。由是各不相從，軍政不一，且恃勝輕穎而不設備。穎帥諸軍擊之，大戰于湨水，湨水出河內軹縣東南，至溫入河。湨，古闃翻。考異曰：趙王倫傳作「激水」。今從帝紀。會等大敗，棄軍南走。穎乘勝長驅濟河。

自冏等起兵，百官將士皆欲誅倫、秀，秀懼，不敢出中書省；及聞河北軍敗，憂懣不知所爲。懣，母本翻，又莫困翻。孫會、許超、士猗等至，與秀謀，或欲收餘卒出戰；或欲焚宮室，誅不附己者，挾倫南就孫旂、孟觀；孫旂在荆州，孟觀在宛。或欲乘船東走入海；計未決。辛酉，左衞將軍王輿與尚書廣陵公漼漼，取猥翻。帥營兵七百餘人自南掖門入宮，三部司馬爲應於內，攻孫秀、許超、士猗於中書省，皆斬之，遂殺孫奇、孫弼及前將軍謝惔等。惔，徒甘翻。漼，伷之子也。伷，音胄。王輿屯雲龍門，召八坐皆入殿中，坐，徂臥翻。使倫爲詔曰：「吾爲孫秀所誤，以怒三王；今已誅秀。其迎太上皇復位，吾歸老于農畝。」傳詔以騶虞幡敕將士解兵。傳詔者，使之宣傳詔命，因以爲官名。黃門將倫自華林東門出，及太子荂皆還汶陽里第，將，如字，引也。荂，枯花翻；楊士衡音孚。洛陽城中有汶陽里，倫私第在焉。楊正衡曰：汶，音問。遣甲士數千迎帝于金墉城。百姓咸稱萬歲。帝自端門入，升殿，羣臣頓首謝罪。詔送倫、荂等赴金墉城。廣平王虔自河北還，至九曲，水經註：九曲瀆，在河南鞏縣西。聞變，棄軍，將數十人歸里第。癸亥，赦天下，改元，改元永寧。大酺五日。酺，薄乎翻。分遣使者慰勞三王。勞，力到翻。梁王肜等表：「趙王倫父子凶逆，宜伏誅。」丁卯，遣尚書袁敞持節賜倫死，收其子荂、馥、虔、詡，皆誅之。凡百官爲倫所用者皆斥免，臺、省、府、衞，僅有存者。尚書、御史、謁者，臺；門下、中書、祕書，省；府，諸公府也；衞，二衞及六軍也。是日，成都王穎至。己巳，河間王顒至。穎使趙驤、石超助齊王冏討張泓等於陽翟，泓等皆降。降，戶江翻。自兵興六十餘日，戰鬬死者近十萬人。近，其靳翻。斬張衡、閭和、孫髦于東市，蔡璜自殺。五月，誅義陽王威。襄陽太守宗岱承冏檄斬孫旂，沈約曰：魏武帝分南郡編縣以北及南陽之山都立襄陽郡。魚豢曰：魏文帝立。永饒冶令空桐機斬孟觀，永饒冶當在南陽宛縣。空桐，姓；機，名。姓譜曰：漢覆姓有空桐、空相二氏。世本云：空同，子姓，蓋因崆峒山也。皆傳首洛陽，夷三族。

8 立襄陽王尚爲皇太孫。

9 六月，乙卯，齊王冏帥衆入洛陽，帥，讀曰率。頓軍通章署，甲士數十萬，威震京都。晉避景帝諱，謂京師曰京都。

10 戊辰，赦天下。

11 復封賓徒王晏爲吳王。晏貶見上卷永康元年。考異曰：晏傳：「自賓徒徙封代王。倫誅，復本封。」今從帝紀。

12 甲戌，詔以齊王冏爲大司馬，加九錫，備物典策，如宣、景、文、武輔魏故事；成都王穎爲大將軍，都督中外諸軍事，假黄鉞，錄尚書事，加九錫，入朝不趨，劍履上殿；考異曰：穎傳曰：「至鄴，詔王粹加九錫，進位大將軍，都督中外；穎拜受徽號，讓殊禮。」按穎在洛，盧志已謂穎曰：「今當與齊王共輔朝政，」明已有錄尚書之命，但穎不受歸鄴，故朝廷使粹追命之耳。且穎功大於冏，不應獨賞冏而穎未賞也。今從帝紀。河間王顒爲侍中、太尉，加三賜之禮；記王制：諸侯，賜弓矢然後征，賜鈇鉞然後殺，賜圭瓚然後爲鬯。常山王乂爲撫軍大將軍，領左軍；左軍，卽左軍將軍所統。進廣陵公漼爵爲王，領尚書，加侍中；進新野公歆爵爲王，都督荆州諸軍事，加鎭南大將軍。歆自南中郎將加鎭南。齊、成都、河間三府，各置掾屬四十人，武號森列，自東漢以來，公府皆有掾、有屬，但不帶武號耳。掾，以絹翻。文官備員而已，識者知兵之未戢也。己卯，以梁王肜爲太宰，領司徒。肜以太師領丞相之職。

光祿大夫劉蕃女爲趙世子荂妻，故蕃及二子散騎侍郎輿、冠軍將軍琨皆爲趙王倫所委任。冠，古玩翻。大司馬冏以琨父子有才望，特宥之，以輿爲中書郎，中書郎，卽中書侍郎。琨爲尚書左丞。又以前司徒王戎爲尚書令，劉暾爲御史中丞，暾，他昆翻。王衍爲河南尹。

新野王歆將之鎭，將出鎭荆州也。與冏同乘謁陵，乘，繩正翻。因說冏曰：「成都王至親，帝弟之親，故曰至親。説，輸芮翻。同建大勳，今宜留之與輔政；若不能爾，當奪其兵權。」常山王乂與成都王穎俱拜陵，乂謂穎曰：「天下者，先帝之業，王宜維正之。」聞其言者莫不憂懼。憂懼者，以冏與乂、穎必阻兵相圖，將罹其禍也。盧志謂穎曰：「齊王衆號百萬，與張泓等相持不能決；大王逕前濟河，功無與貳。今齊王欲與大王共輔朝政。志聞兩雄不俱立，宜因太妃微疾，求還定省，穎母程才人冊爲成都太妃。記曲禮：凡爲人子者，冬溫而夏凊，昏定而晨省。省，悉景翻。委重齊王，以收四海之心，委朝政之重於齊王，則四海之人謂穎功大不居，將歸心於穎。此計之上也。」穎從之。帝見穎于東堂，慰勞之。勞，力到翻。穎拜謝曰：「此大司馬冏之勳，臣無豫焉。」因表稱冏功德，宜委以萬機，自陳母疾，請歸藩。卽辭出，不復還營，便謁太廟，出自東陽城門，洛陽城東面北頭第二門曰東陽門。遂歸鄴。遣信與冏別，冏大驚，馳出送穎，至七里澗，及之。水經註：鴻臺陂在洛陽東北二十里，其水東流，左合七里澗。武帝泰始十年，立城東七里澗石橋。穎住車言別，流涕滂沱，滂沱，淚下如雨也。惟以太妃疾苦爲憂，不及時事。由是士民之譽皆歸穎。

冏辟新興劉殷爲軍諮祭酒，洛陽令曹攄爲記室督，漢建安三年，曹公置軍謀祭酒。晉制：文武官公及諸方面征鎮府，皆置軍諮祭酒。漢三公及大將軍府，皆有記室令史，主上章表奏報書記。曹公輔漢，以陳琳、阮瑀管記室。晉諸公府皆有記室督。攄，抽居翻。尚書郎江統、陽平太守河内荀晞參軍事，晉諸公、諸從公爲持節都督，增參軍爲六員。吳國張翰爲東曹掾，孫惠爲戶曹掾，前廷尉正顧榮及順陽王豹爲主簿。晉制：東曹在倉曹之上，戶曹在倉曹之下。廷尉屬官有正、監、平。魏分南陽立南鄉郡，武帝太康中，更名順陽郡。掾，俞絹翻。豹，補教翻。惠，賁之曾孫；孫賁，吳主權從兄。榮，雍之孫也。顧雍，吳相也。殷幼孤貧，養曾祖母以孝聞，養，羊亮翻。人以穀帛遺之，遺，于季翻。殷受而不謝，直云：「待後貴當相酧耳。」及長，博通經史，性倜儻有大志，長，知兩翻。倜，他歷翻。倜儻，卓異也。劉殷後事劉聰貴顯，女充聰後宮，何足尚也！儉而不陋，清而不介，望之頹然而不可侵也。冏以何勗爲中領軍，董艾典樞機，又封其將佐有功者葛旟、路秀、衞毅、劉眞、韓泰皆爲縣公，委以心膂，號曰「五公」。葛旟，牟平公。路秀，小黃公。衞毅，陰平公。劉眞，安鄉公。韓泰，封丘公。旟，音輿。考異曰：「路秀」，帝紀作「路季」，今從齊王冏傳。

成都王穎至鄴，詔遣使者就申前命；穎受大將軍，讓九錫殊禮。表論興義功臣，皆封公侯。穎亦表封盧志、和演、董洪、王彥、趙驤等。又表稱：「大司馬前在陽翟，與賊相持既久，百姓困敝，乞運河北邸閣米十五萬斛，以賑陽翟饑民。」造棺八千餘枚，以成都國秩爲衣服，斂祭黃橋戰士，斂，力贍翻。旌顯其家，加常戰亡二等。又命溫縣瘗趙王倫戰士萬四千餘人。此溴水之戰也。溫縣屬河內郡；周司寇蘇忿生之國也。瘗，於計翻。皆盧志之謀也。穎貌美而神昏，不知書，然氣性敦厚，委事於志，故得成其美焉。詔復遣使諭穎入輔，并使受九錫。復，扶又翻。穎嬖人孟玖不欲還洛，嬖，卑義翻，又博計翻。又，程太妃愛戀鄴都，故穎終辭不拜。

初，大司馬冏疑中書郎陸機爲趙王倫撰禪詔，收，欲殺之；大將軍穎爲之辯理，得免死，爲，于僞翻。因表爲平原内史，以其弟雲爲清河内史。機友人顧榮及廣陵戴淵，以中國多難，難，乃旦翻。勸機還吳；機以受穎全濟之恩，且謂穎有時望，可與立功，遂留不去。爲陸機、陸雲爲穎所殺張本。

13 秋，七月，復封常山王乂爲長沙王，武帝太康十年，封乂爲長沙王；楚王瑋之誅，乂以同母貶爲常山王；今復舊封。遷開府、驃騎將軍。

14 東萊王蕤，凶暴使酒，數陵侮大司馬冏，數，所角翻。又從冏求開府不得而怨之，密表冏專權，與左衞將軍王輿謀廢冏。事覺，八月，詔廢蕤爲庶人，誅輿三族，徙蕤於上庸，上庸内史陳鍾承冏旨潛殺之。考異曰：帝紀：「六月庚午，蕤與王輿謀廢冏，事覺得罪。甲戌，冏爲大司馬。」按誅輿詔已稱冏爲大司馬，則輿事覺不應在冏爲大司馬前。今從三十國春秋在八月。

15 赦天下。

16 東武公澹坐不孝徙遼東。九月，徵其弟東安王繇復舊爵，繇廢徙，見八十二卷元康元年。拜尚書左僕射。繇舉東平王楙爲【章：甲十一行本「爲」下有「平東將軍」四字；乙十一行本同；孔本同；張校同；退齋校同。】都督徐州諸軍事，鎭下邳。考異曰：帝紀：「八月，楙爲平東，督徐州；九月，繇復爵。」按楙傳，「繇爲僕射，舉楙爲平東」，故移在繇還後。

17 初，朝廷符下秦、雍州，使召還流民入蜀者，下，遐嫁翻。雍，於用翻。又遣御史馮該、張昌督之。李特兄輔自略陽至蜀，言中國方亂，不足復還。特然之，累遣天水閻式詣羅尚求權停至秋，又納賂於尚及馮該；尚、該許之。朝廷論討趙廞功，拜特宣威將軍，弟流奮武將軍，皆封侯。璽書下益州，條列六郡流民與特同討廞者，將加封賞。廣漢太守辛冉欲以滅廞爲己功，寢朝命，寢封拜特、流之命也。下，遐嫁翻。朝，直遙翻。不以實上；所條列者，不以實上。上，時掌翻；下同。衆咸怨之。六郡之衆也。

羅尚遣從事督遣流民，限七月上道。上，時掌翻。時流民布在梁、益，爲人傭力，聞州郡逼遣，人人愁怨，不知所爲；且水潦方盛，年穀未登，無以爲行資。特復遣閻式詣尚，求停至冬；復，扶又翻；下日復、復値同。辛冉及犍爲太守李苾以爲不可。犍，居言翻。苾，毗必翻。尚舉別駕杜【章：甲十一行本「杜」上有「蜀都」二字；乙十一行本同；孔本同；張校同。】弢秀才，式爲弢說逼移利害，弢亦欲寬流民一年；弢，他刀翻。爲，于僞翻；下數爲同。尚用冉、苾之謀，不從；弢乃致秀才板，出還家。送至爲致。冉性貪暴，欲殺流民首領，取其資貨，乃與苾白尚，言：「流民前因趙廞之亂，多所剽掠，宜因移設關以奪取之。」剽，匹妙翻。移，卽移書也。流民安於蜀土，雖以朝命驅使還本，猶恐其不去，況欲設關以奪取其資財，是速之爲亂也。尚移書梓潼太守張演，於諸要施關，搜索寶貨。蜀劉氏分廣漢立梓潼郡。諸要者，凡路所通，其地當往來之津要者。施關者，先未嘗立關，今特設之。

特數爲流民請留，數，所角翻。流民皆感而恃之，多相帥歸特。特乃結大營於綿竹以處流民，帥，讀曰率。處，昌呂翻。移辛冉求自寬。冉大怒，遣人分牓通衢，購募特兄弟，許以重賞。特見之，悉取以歸，與弟驤改其購云：「能送六郡酋【章：甲十一行本「酋」作「之」；乙十一行本同；孔本同。】豪李、任、閻、趙、上【章：甲十一行本「上」上有「楊」字；乙十一行本同；孔本同；張校同。】官及氐、叟侯王一首，賞百匹。」蜀叟自是一種。酋，慈由翻。任，音壬。於是流民大懼，歸特者愈衆，旬月間過二萬人。流亦聚衆數千人。

特又遣閻式詣羅尚求申期，申，重也；求重爲期限，使流民得自寬也。式見營柵衝要，謀揜流民，歎曰：「民心方危，今而速之，亂將作矣。」又知辛冉、李苾意不可回，乃辭尚還緜竹。尚謂式曰：「子且以吾意告諸流民，今聽寬矣。」式曰：「明公惑於姦說，恐無寬理。弱而不可輕者民也，今趣之不以理，趣，讀曰促。衆怒難犯，左傳鄭子產之言。恐爲禍不淺。」尚曰：「然。吾不欺子，子其行矣！」式至緜竹，言於特曰：「尚雖云爾，然未可信也。何者？尚威刑不立，冉等各擁強兵，一旦爲變，亦非尚所能制，深宜爲備。」特從之。閻式已覘知冉等之情。冬，十月，特分爲二營，特居北營，流居東營，繕甲厲兵，戒嚴以待之。

冉、苾相與謀曰：「羅侯貪而無斷，斷，丁亂翻。日復一日，令流民得展姦計。李特兄弟並有雄才，吾屬將爲所虜矣！宜爲決計，欲一戰以決之也。羅侯不足復問也。」復，扶又翻。乃遣廣漢都尉曾元、牙門張顯、劉並等潛帥步騎三萬襲特營；帥，讀曰率。羅尚聞之，亦遣督護田佐助元。元等至，特安臥不動，待其衆半入，發伏擊之，死者甚衆。殺田佐、曾元、張顯，傳首以示尚、冉。尚謂將佐曰：「此虜成去矣，謂特雖求申行期，而去計已成也。而廣漢不用吾言以張賊勢，辛冉爲廣漢太守，故稱之。尚言冉輕用兵，爲特所敗，使其勢愈張也。張，知亮翻。今若之何！」

於是六郡流民【章：甲十一行本「民」下有「李含等」三字；乙十一行本同；孔本同；張校同；退齋校同。】共推特行鎭北大將軍，承制封拜；以其弟流行鎭東大將軍，號東督護，以相鎭統；又以兄輔爲驃騎將軍，弟驤爲驍騎將軍。驃，匹妙翻。驍，堅堯翻。進兵攻冉於廣漢。廣漢郡治廣漢縣，後宋置遂寧郡，齊、梁加「東」字。後魏改廣漢縣爲方義縣；後周改東遂寧爲遂州，方義爲遂州治所。尚遣李苾、費遠帥衆救冉，費，扶沸翻。畏特，不敢進。冉出戰屢敗，潰圍奔德陽。德陽縣，後漢置，屬廣漢郡；至唐，屬劍州。特入據廣漢，以李超爲太守，進兵攻尚於成都。尚以書諭閻式，式復書曰：「辛冉傾巧，曾元小豎，李叔平非將帥之才。李苾，字叔平。將，卽亮翻。帥，所類翻。式前爲節下及杜景文論留、徙之宜。晉人稱方面專征之將率曰節下。杜弢，字景文。爲，于僞翻。人懷桑梓，桑梓，祖父之所樹以遺子孫者；故謂懷故鄉者爲懷桑梓。孰不願之！但往日初至，隨穀庸賃，謂往日流民初至蜀之時，無以自給，隨所往逐糧，出力爲人傭作。賃，女禁翻，亦傭也。一室五分，復值秋潦，潦，魯皓翻，雨水大貌。復，扶又翻。乞須冬熟，而終不見聽。繩之太過，窮鹿抵虎，流民不肯延頸受刀，以致爲變。

即聽式言，寬使治嚴，即，就也。治嚴，猶云治裝也。治，直之翻。不過去九月盡集，日月已過者爲去。十月進道，令達鄉里，何有如此也！」

特以兄輔、弟驤、子始、蕩、雄及李含、含子國、離、任回、李攀、攀弟恭、上官晶、任臧、楊褒、上官惇等爲將帥，閻式、李遠等爲僚佐。羅尚素貪殘，爲百姓患。特與蜀民約法三章，施捨賑貸，杜預曰：施恩惠，捨勞役。禮賢拔滯，軍政肅然，蜀民大悅。尚頻爲特所敗，敗，補邁翻。乃阻長圍，緣郫水作營，連延七百里，水經註：緜水西出緜竹縣，又與湔水合，亦謂之郫江。載記曰：尚緣水作營，自都安至犍爲七百里。師古曰：郫，音疲。與特相拒，求救於梁州及南夷校尉。南夷校尉統南中諸郡。

18 十二月，潁昌康公何劭薨。

19 封大司馬冏子冰爲樂安王，英爲濟陽王，超爲淮南王。

太安元年（壬戌、三〇二）是年十二月，齊王冏死，方改元太安；此猶是永寧二年。

1 春，三月，沖太孫尚薨。沖，謚也。

2 夏，五月，己【章：甲十一行本「己」作「乙」；乙十一行本同；孔本同。】酉，梁孝王肜薨。

3 以右光祿大夫劉寔爲太傅，尋以老病罷。

4 河間王顒遣督護衙博討李特，姓譜：秦穆公子食采於衙，因氏焉。衙縣，漢屬馮翊。軍于梓潼；

梓潼縣，漢屬廣漢郡；劉蜀分廣漢置梓潼郡。唐劍州之梓潼、普安、黃安、永歸、武連、臨津、劍門皆漢梓潼縣地。潼，音同。朝廷復以張微爲廣漢太守，軍于德陽；復，扶又翻；下同。羅尚遣督護張龜軍于繁城。繁縣，屬蜀郡。劉昫曰：唐彭州九隴縣，漢繁縣地。宋白曰：益州新繁縣，本漢繁縣。特使其子鎮軍將軍蕩等襲博；而自將擊龜，破之。蕩敗博兵於陽沔，敗，補邁翻；下所敗同。梓潼太守張演委城走，巴西丞毛植以郡降。蕩進攻博於葭萌，巴西郡，唐爲閬、果二州之地。劉蜀改漢葭萌縣爲漢壽縣，晉又改爲晉壽。此本之漢舊縣名而書之。唐爲利州之緜谷、葭萌二縣地。博走，其衆盡降。降，戶江翻。河間王顒更以許雄爲梁州刺史。特自稱大將軍、益州牧、都督梁·益二州諸軍事。

5 大司馬冏欲久專大政，以帝子孫俱盡，太子遹死，帝無子矣；虨、臧、尚死，帝無孫矣。大將軍穎有次立之勢；穎於帝諸弟之次當及。清河王覃，遐之子也，方八歲，乃上表請立之。癸卯，立覃爲皇太子，以冏爲太子太師，東海王越爲司空，領中書監。

6 秋，八月，李特攻張微，微擊破之，遂進攻特營。李蕩引兵救之，山道險陿，陿，與狹同。蕩力戰而前，遂破微兵。特欲還涪，蕩及司馬王幸諫曰：「微軍已敗，智勇俱竭，宜乘銳氣遂禽之。」特復進攻微，殺之，生禽微子存，以微喪還之。

特以其將蹇碩守德陽。蹇，九件翻，姓也。李驤軍毗橋，今懷安軍西北有中江，源從漢州彌牟、雒水、毗橋水三水會爲一江。懷安軍，漢廣漢新都縣之地。羅尚遣軍擊之，屢爲驤所敗。驤遂進攻成都，燒其門。李流軍成都之北。尚遣精勇萬人攻驤，驤與流合擊，大破之，還者什一二。許雄數遣軍攻特，不勝，數，所角翻。特勢益盛。

建寧大姓李叡、毛詵逐太守許【章：甲十一行本「許」作「杜」；乙十一行本同；孔本同；退齋校同。】俊，建寧，古滇王國之地，漢開置益州郡，劉蜀更名建寧郡，唐爲昆州之地。朱提大姓李猛逐太守雍約以應特，朱提縣，前漢屬犍爲郡，後漢屬犍爲屬國都尉，劉蜀分置朱提郡，唐爲曲州之地。朱提，蘇林音銖時。雍，於用翻。衆各數萬。南夷校尉李毅討破之，斬詵；李猛奉牋降，而辭意不遜，毅誘而殺之。冬，十一月，丙戌，復置寧州，罷寧州見八十一卷武帝太康五年。以毅爲刺史。

7 齊武閔王冏既得志，頗驕奢擅權，大起府第，壞公私廬舍以百數，壞，音怪。制與西宮等，中外失望。侍中嵇紹上疏曰：「存不忘亡，易之善戒也。易大傳：子曰：危者有其安者也，亡者保其存者也，亂者有其治者也。君子安而不忘危，存而不忘亡，治而不忘亂，然後身安而國家可保也。易曰：其亡其亡，繫于苞桑。臣願陛下無忘金墉，大司馬無忘潁上，大將軍無忘黃橋，則禍亂之萌無由而兆矣。」齊桓公與鮑叔牙、管夷吾、甯戚飲酒酣，叔牙爲壽曰：「願君無忘在莒時，願管子無忘束縛於魯時，甯子無忘飯牛車下時。」嵇紹之言祖其意。又與冏書，以爲：「唐、虞茅茨，夏禹卑宮。唐、虞采椽不斲，茅茨不翦。禹卑宮室。今大興第舍及爲三王立宅，爲，于僞翻。豈今日之急邪！」冏遜辭謝之，然不能從。冏耽於宴樂，不入朝見；樂，音洛。朝，直遙翻。見，賢遍翻。坐拜百官，坐受百官之拜也。一說天子用三公、九卿、諸將軍，猶引而拜之；今冏安坐府第，拜授百官也。符敕三臺，選用不均，以私意選用，符敕三臺使奉行，不均之大者也。嬖寵用事。凡史書其人將敗，必先敘其致敗之由，此左氏傳例。殿中御史桓豹奏事，不先經冏府，卽加考竟。魏制：蘭臺遣二御史居殿中，伺察非法；及晉，置四人。史言冏但欲專權，考竟殿中御史，不知無君之迹愈著。南陽處士鄭方處，昌呂翻。上書諫冏曰：「今大王安不慮危，宴樂過度，一失也。樂，音洛。宗室骨肉，當無纖介，今則不然，二失也。蠻夷不靜，大王謂功業已隆，不以爲念，三失也。蠻夷不靜，謂李特等寇亂梁、益也。兵革之後，百姓窮困，不聞賑救，四失也。此一失蓋指成都王穎運米以收河南人心，而不敢察察言之耳。大王與義兵盟約，事定之後，賞不踰時，而今猶有【章：甲十一行本「有」上重「有」字；乙十一行本同；張校同。】功未論者，五失也。」兵法曰：賞不踰時，欲民速得爲善之利也。此言潁上之功猶有未敍者。冏謝曰：「非子，孤不聞過。」

孫惠上書曰：「天下有五難、四不可，而明公皆居之：冒犯鋒刃，一難也；冒，莫北翻。聚致英豪，二難也；與將士均勞苦，三難也；將，卽亮翻。以弱勝強，四難也；興復皇業，五難也。大名不可久荷，荷，下可翻。大功不可久任，大權不可久執，大威不可久居。大王行其難而不以爲難，謂在潁上時也。處其不可而謂之可，惠之此言，婉而切。處，昌呂翻。惠竊所不安也。明公宜思功成身退之道，老子曰：功成、名遂、身退，天之道。崇親推近，委重長沙、成都二王，長揖歸藩，則太伯、子臧不專美於前矣。吳太伯以天下讓，曹子臧以國讓。今乃忘高亢之可危，亢，口浪翻；高極爲亢。貪權勢以受疑，雖遨遊高臺之上，逍遙重墉之內，重，直龍翻。愚竊謂危亡之憂，過於在潁、翟之時也。」潁、翟，謂潁川、陽翟也。冏不能用，惠辭疾去。冏謂曹攄曰：「或勸吾委權還國，何如？」攄曰：「物禁太盛，大王誠能居高慮危，褰裳去之，斯善之善者也。」冏不聽。

張翰、顧榮皆慮及禍，翰因秋風起，思菰菜、蓴羹、鱸魚鱠，菰，一名蔣。本草曰：菰，又謂之茭，歲久，中心生白臺，謂之菰米，其臺中有黑者，謂之茭，至後結實，乃雕胡黑米也。蓴生水中，葉似鳧茨，春夏細長肥滑，三月至八月爲絲蓴，九月至十一月爲猪蓴。鱸魚出吴松江者佳，吴人以爲鱠，甚美。蓴，殊倫翻。歎曰：「人生貴適志耳，富貴何爲！」即引去。榮故酣飲，不省府事，省，悉景翻。長史葛旟以其廢職，白冏徙榮爲中書侍郎。潁川處士庾衮姓譜：庾姓，堯時爲掌庾大夫，因氏焉。處，昌呂翻；下處要同。聞冏朞年不朝，歎曰：「晉室卑矣，禍亂將興！」帥妻子逃於林慮山中。帥，讀曰率。慮，音廬。

王豹致牋於冏曰：「伏思元康以來，宰相在位，未有一人獲終者，元康元年，楊駿誅，繼而汝南王亮死。永康元年，張華、裴頠死。乃事勢使然，非皆爲不善也。今公克平禍亂，安國定家，乃復尋覆車之軌，復，扶又翻。欲冀長存，不亦難乎！今河間樹根於關右，成都盤桓於舊魏，曹魏以鄴都基王業，故謂之舊魏。新野大封於江、漢，三王方以方剛強盛之年，並典戎馬，處要害之地，而明公以難賞之功，挾震主之威，獨據京都，專執大權，進則亢龍有悔，易乾上九爻辭。象曰：亢龍有悔，盈不可久也。退則據于蒺藜，易困六三爻辭。陶弘景曰：蒺藜多生道上，而葉布地，子有刺，狀若菱而小，有三角。長安最饒，人以故多著木屐。今軍家乃鑄鐵作之，以布敵路，亦呼爲蒺藜。易云：據于蒺藜，言其凶傷也。爾雅翼：茨，蒺藜。詩曰：牆有茨。蒺，昨失翻。藜，力脂翻，又力兮翻。冀此求安，未見其福也。」因請悉遣王侯之國，豹因此語掇長沙王乂之怒，以殺其身。依周、召之法，召，讀曰邵。以成都王爲北州伯，治鄴；冏自爲南州伯，治宛；分河爲界，各統王侯，以夾輔天子。周之時，周、召分陝而治，爲二伯，以夾輔王室，故王豹欲依以爲法。宛，於元翻。冏優令答之。長沙王乂見豹牋，謂冏曰：「小子離間骨肉，何不銅駞下打殺！」冏乃奏豹讒内間外，間，古莧翻。坐生猜嫌，不忠不義，鞭殺之。豹將死，曰：「縣吾頭大司馬門，見兵之攻齊也！」縣，讀曰懸。昔伍子胥爲吳王夫差所殺，將死，曰：「縣吾目於吳東門，見越之入吳也。」豹倣此語。

冏以河間王顒本附趙王倫，心常恨之。梁州刺史安定皇甫商，與顒長史李含不平。含被徵爲翊軍校尉，時商參冏軍事，夏侯奭兄亦在冏府。含心不自安，顒附趙王倫，奭爲顒所殺，事並見上永寧元年。又與冏右司馬趙驤有隙，遂單馬奔顒，詐稱受密詔，使顒誅冏，因說顒曰：說，輸芮翻。「成都王至親，有大功，推讓還藩，甚得衆心。推，吐雷翻。齊王越親而專政，朝廷側目。今檄長沙王使討齊，齊王必誅長沙，吾因以爲齊罪而討之，必可禽也。去齊立成都，去，羌呂翻。除逼建親，以安社稷，大勳也。」顒從之。是時，武帝族弟范陽王虓都督豫州諸軍事。虓，宣帝弟東武城侯馗之少子。虓，虛交翻。顒上表陳冏罪狀，且言：「勒兵十萬，欲與成都王穎、新野王歆、范陽王虓共會洛陽，請長沙王乂廢冏還第，以穎代冏輔政。」顒遂舉兵，以李含爲都督，帥張方等趨洛陽；復遣使邀穎，帥，讀曰率。趨，七喻翻。復，扶又翻。穎將應之，盧志諫，不聽。

十二月，丁卯，顒表至；冏大懼，會百官議之，曰：「孤首唱義兵，臣子之節，信著神明。今二王信讒作難，將若之何？」二王，謂河間王顒、成都王穎。難，乃旦翻。尚書令王戎曰：「公勳業誠大，然賞不及勞，故人懷貳心。今二王兵盛，不可當也。若以王就第，委權崇讓，庶可求安。」冏從事中郎葛旟怒曰：「三臺納言，不恤王事。謂尚書也。賞報稽緩，賞以報功，故曰賞報。稽，留也；緩，遲也。責不在府。自謂過不在齊府也。讒言逆亂，當共誅討，柰何虛承僞書，遽令公就第乎！漢、魏以來，王侯就第，寧有得保妻子者邪！議者可斬！」百官震悚失色，戎僞藥發墮廁，得免。

李含屯陰盤，魏收地形志：陰盤縣，漢屬安定郡，晉屬京兆郡；鴻門、戲水皆在縣界。余按漢京兆與馮翊以渭水爲界。安定在馮翊之北，晉安得割安定之陰盤以屬京兆邪！此魏收之誤也。水經註：泠水逕陰盤、新豐兩原之間，北流注于渭。漢靈帝建寧三年，改新豐爲都鄉，封段熲爲侯國。後立陰槃城，其水際城北出，謂是水爲陰槃水。又北絕漕槃溝，注于渭，是則李含所屯之陰盤也。五代史志：隋廢後魏平涼郡，入陰盤縣。地形志，涇州有平涼郡，治陰盤縣。一志之間，兩陰盤並載而不覺其誤，以是見史學之難精也。劉昫曰：唐涇州良原縣，隋陰盤縣，是卽漢安定之陰盤縣。宋白曰：京兆昭應縣東十三里，有漢新豐縣故城，亦謂之陰盤城。後漢靈帝末，移安定陰盤縣寄理於此，是卽京兆之陰盤也。張方帥兵二萬軍新安，新安縣，漢屬弘農郡，晉屬河南郡。帥，讀曰率。檄長沙王乂使討冏。冏遣董艾襲乂，乂將左右百餘人馳入宮，閉諸門，奉天子攻大司馬府，董艾陳兵宮西，縱火燒千秋神武門。千秋神武門，宮西門也。東漢曰神虎，晉及南、北諸史，皆唐羣臣所定，唐太祖諱虎，避之，改爲「武」。冏使人執騶虞幡唱云：「長沙王乂【章：甲十一行本無「乂」字；乙十一行本同；孔本同。】矯詔。」乂又稱「大司馬謀反」。是夕，城內大戰，飛矢雨集，火光屬天。屬，之欲翻。帝幸上東門，此上東門非洛城之上東門，宮城之上東門也。矢集御前，羣臣死者相枕。枕，職鴆翻。連戰三日，冏衆大敗，大司馬長史趙淵殺何勗，因執冏以降。何勗與冏同起兵，時爲中領軍。降，戶江翻。冏至殿前，帝惻然，欲活之。乂叱左右趣牽出，趣，讀曰促。斬於閶闔門外，水經註曰：按禮，王有五門，謂皋門、庫門、雉門、應門、路門。魏明帝上法太極，於洛陽南宮起太極殿于漢崇德殿之故處，改雉門曰閶闔門。余按天門曰閶闔，法以名門。又按晉志，洛陽城西有廣陽、西明、閶闔三門，未知孰是。此時怱怱，奚暇牽冏出都城西門乎！此必宮城之閶闔門也。徇首六軍，同黨皆夷三族，死者二千餘人。囚冏子超、冰、英於金墉城，廢冏弟北海王寔。赦天下，改元。改元太安。李含等聞冏死，引兵還長安。

長沙王乂雖在朝廷，事無巨細，皆就鄴諮大將軍穎。穎以孫惠爲參軍，陸雲爲右司馬。

8是歲，陳留王薨，謚曰魏元皇帝。晉受魏禪，奉魏帝爲陳留王。

9鮮卑宇文單于莫圭部衆強盛，遣其弟屈雲攻慕容廆，廆擊其別帥素怒延，破之。單，音禪。帥，所類翻。素怒延恥之，復發兵十萬，圍廆於棘城。復，扶又翻。廆衆皆懼，廆曰：「素怒延兵雖多而無法制，已在吾算中矣，諸君但爲力戰，爲，于僞翻。無所憂也！」遂出擊，大破之，追奔百里，俘斬萬計。考異曰：載記作「素延」，下云「素延怒，率衆圍棘城」。按燕書紀傳皆謂之「素怒延」，然則怒延是其名也。遼東孟暉，先沒於宇文部，帥其衆數千家降於廆，帥，讀曰率。降，戶江翻。廆以爲建威將軍。廆以其臣慕輿句勤恪廉靖，使掌府庫；句心計默識，識，音志，記也。不按簿書，始終無漏。以慕輿河明敏精審，使典獄訟，覆訊清允。慕輿蓋亦鮮卑之種，別爲一姓。史言慕容廆善用人。

資治通鑑卷第八十五

端明殿學士兼翰林侍讀學士朝散大夫右諫議大夫充集賢殿修撰權判西京留司御史臺上柱國河內郡開國侯食邑一千三百戶食實封四百戶賜紫金魚袋臣司馬光奉敕編集

後學天台胡三省音註

晉紀七 起昭陽大淵獻（癸亥），盡閼逢困敦（甲子），凡二年。

孝惠皇帝中之下

大【章：甲十一行本「大」作「太」；乙十一行本同；熊校同。】安二年（癸亥、三〇三）

1 春，正月，李特潛渡江擊羅尚，水上軍皆散走。郫水上軍也。蜀郡太守徐儉以少城降，少，詩照翻。降，戶江翻；下同。特入據之，惟取馬以供軍，餘無侵掠；赦其境內，改元建初。考異曰：帝紀：「太安元年五月，特自號大將軍。」載記：「太安元年，特稱大將軍，改元。」後魏書李雄傳云：「昭帝七年，特稱大將軍，號年建初。」昭帝七年，太安元年也。祖孝徵修文殿御覽云：「太安二年，特大赦，改年建初元年。」特見殺。」三十國、晉春秋云：「太安二年正月，特僭位改年。」今從御覽等書。羅尚保太城，遣使求和於特。蜀民相聚爲塢者，皆送款於特，特遣使就撫之；使，疏吏翻。以軍中糧少，少，詩沼翻。乃分六郡流民於諸塢就食。李流言於特曰：「諸塢新附，人心未固，宜質其大姓子弟，質，音致。聚兵自守，以備不虞。」又與特司馬上官惇書曰：「納降如受敵，不可易也。」恐其詐降，當嚴爲之備，如待敵然。易，以豉翻。前將軍雄亦以爲言。特怒曰：「大事已定，但當安民，何爲更逆加疑忌，使之離叛乎！」

朝廷遣荆州刺史宗岱、建平太守孫阜帥水軍三萬以救羅尚。朝，直遥翻。守，式又翻。帥，讀曰率；下同。岱以阜爲前鋒，進逼德陽；特遣李蕩及蜀郡太守李璜就德陽太守任臧共拒之。李特蓋又分廣漢立德陽郡。任，音壬；下同。岱、阜軍勢甚盛，諸塢皆有貳志。益州兵曹從事蜀郡任叡言於尚曰：「李特散衆就食，驕怠無備，此天亡之時也。宜密約諸塢，刻期同發，内外擊之，破之必矣！」尚使叡夜縋出城，任，音壬。縋，馳僞翻。宣旨於諸塢，期以二月十日同擊特。叡因詣特詐降，特問城中虛實，叡曰：「糧儲將盡，但餘貨帛耳。」叡求出省家，特許之，遂還報尚。考異曰：載記作「任明」。羅尚傳作「任鋭」。今從華陽國志。省，悉景翻。二月，尚遣兵掩襲特營，諸塢皆應之，特兵大敗，斬特及李輔、李遠，皆焚尸，傳首洛陽，流民大懼。李【章：甲十一行本「李」上有「李流」二字；乙十一行本同；退齋校同；張校同，云無註本亦無。】蕩、李雄收餘衆還保赤祖。赤祖，地名，當在緜竹東。祖，子邪翻。流自稱大將軍、大都督、益州牧，保東營，蕩、雄保北營。孫阜破德陽，獲寋碩，寋，姓也；與蹇同。任臧退屯涪陵。此涪陵，乃漢廣漢郡之涪縣，晉梓潼郡之涪城縣，非涪陵郡之涪陵。廣漢梓潼之涪，今緜州，今人猶謂緜州爲涪陵，涪陵郡之涪陵，則今涪州涪陵縣也。

三月，羅尚遣督護何沖、常深攻李流，涪陵民藥紳亦起兵攻流。流與李驤拒【章：甲十一行本「拒」下有「深使李蕩李雄拒」七字；乙十一行本同；退齋校同；張校同，云無註本亦脱此八字。按「八」當爲「七」字之誤。】紳，何沖乘虚攻北營，氐苻成、隗伯在營中，叛應之。蕩母羅氏擐甲拒戰，擐，音宦。伯手刃傷其目，羅氏氣益壯；【章：甲十一行本「壯」下有「營垂破」三字；乙十一行本同；張校同；退齋校同。】會流等破深、紳，引兵還，與沖戰，大破之。成、伯率其黨突出詣尚。流等乘勝進抵成都，尚復閉城自守。復，扶又翻。蕩馳馬逐北，中矛而死。中，竹仲翻。

朝廷遣侍中劉【章：甲十一行本「劉」上有「燕國」二字；乙十一行本同；張校同；退齋校同。】沈假節統羅尚、許雄等軍，羅尚帥益州兵，許雄帥梁州兵。沈，持林翻。討李流。行至長安，河間王顒留沈爲軍師，遣席薳代之。薳，羽委翻。

李流以李特、李蕩繼死，宗岱、孫阜將至，甚懼。李含勸流降，流從之；李驤、李雄迭諫，不納。夏，五月，流遣其子世及含子胡爲質於阜軍；質，音致。胡兄離爲梓潼太守，聞之，自郡馳還，欲諫不及。退，與雄謀襲阜軍，雄曰：「爲今計，當如是；而二翁不從，柰何？」二翁，謂李流、李含也。離曰：「當劫之耳！」雄大喜，乃共説流民曰：説，輸芮翻。「吾屬前已殘暴蜀民，今一旦束手，便爲魚肉，惟有同心襲阜以取富貴耳！」衆皆從之。雄遂與離襲擊阜軍，大破之。會宗岱卒於墊江，墊，音疊。墊江縣自漢來屬巴郡，唐爲合州之地。荆州軍遂退。

流甚懟，由是奇雄才，軍事悉以任之。

2新野莊王歆，爲政嚴急，失蠻夷心，義陽蠻張昌聚黨數千人，欲爲亂。劉昫曰：義陽本漢平氏縣之義陽鄉。魏文帝黄初中，分立義陽縣，蓋治石城；後分南陽郡立義陽郡，治安昌城，領安昌、平林、平氏、義陽、平春五縣，唐爲〔申州義陽縣〕。荆州以壬午詔書發武勇赴益州討李流，號「壬午兵」。民憚遠征，皆不欲行。詔書督遣嚴急，所經之界停留五日者，二千石免官。由是郡縣官長皆親出驅逐；長，知兩翻。展轉不遠，輒復屯聚爲羣盜。復，扶又翻；下同。時江夏大稔，民就食者數千口。張昌因之誑惑百姓，夏，戶雅翻。誑，居況翻。更姓名曰李辰，更，工衡翻。募衆於安陸石巖山，晉書張昌傳云：石巖山去安陸郡八十里。水經註：溳水過江夏安陸縣西，又南逕石巖山北。今德安府南十里有石巖山。諸流民及避戍役者多從之。太守弓欽遣兵討之，不勝。姓譜：弓姓，魯大夫叔弓之後。余按孔子弟子有仲弓，又有馯臂子弓，而獨以魯叔弓後，殊爲未通。昌遂攻郡，欽兵敗，與部將朱伺奔武昌。伺，相吏翻。歆遣騎督靳滿討之，滿復敗走。騎，奇寄翻。靳，居焮翻。

昌遂據江夏，杜佑曰：漢江夏郡故城，在安州雲夢縣東南。造妖言云：「當有聖人出爲民主。」得山都縣吏丘沈，山都縣，漢屬南陽郡，晉屬襄陽郡，其地屬唐襄州穀城縣界。杜佑曰：山都縣故城，在襄州義清縣東南。沈，持林翻。更其姓名曰劉尼，詐云漢後，奉以爲天子，曰：「此聖人也。」昌自爲相國，詐作鳳皇、玉璽之瑞，璽，斯氏翻。建元神鳳；郊祀、服色，悉依漢故事。有不應募者，族誅之，士民莫敢不從。又流言：「江、淮已南皆反，官軍大起，當悉誅之。」互相扇動，人情惶懼，江、沔間所在起兵以應昌，沔，彌兗翻。旬月間衆至三萬，皆著絳帽，著，陟略翻。以馬尾作髯。詔遣監軍華宏討之，敗于障山。今安陸縣東四十里有章山。監，工銜翻。華，戶化翻。

歆上言：「妖賊犬羊萬計，絳頭毛面，挑刀走戟，其鋒不可當。挑，徒了翻。挑刀，舞刀也。今鄉落悍民，兩手運雙刀，坐作進退，爲擊刺之勢，擲刀空中，高一二丈，以手接之。又善舞戟，左奔右赴，爲刺敵之勢；又環身盤戟，回轉如縈，又以戟矜柱地，跳過矜上，特爲儇捷，此所謂走戟也。妖，於嬌翻。請臺敕諸軍三道救助。」朝廷以屯騎校尉劉喬爲豫州刺史，寧朔將軍沛國劉弘爲荆州刺史。寧朔將軍始見於此。又詔河間王顒遣雍州刺史劉沈將州兵萬人并征西府五千人出藍田關以討昌。藍田關在京兆藍田縣，即秦之嶢關也。雍，於用翻。沈，持林翻。顒不奉詔；沈自領州兵至藍田，顒又逼奪其衆。於是劉喬屯汝南，劉弘及前將軍趙驤、平南將軍羊伊屯宛。宛，於元翻。昌遣其將黄林帥二萬人向豫州，劉喬擊卻之。帥，讀曰率。

初，歆與齊王冏善，事見上卷永寧元年。冏敗，歆懼，自結於大將軍穎。及張昌作亂，歆表請討之。時長沙王乂已與穎有隙，疑歆與穎連謀，不聽歆出兵，昌衆日盛。從事中郎孫洵謂歆曰：「公爲岳牧，古有四岳、十二牧，各統其方諸侯之國，故後人謂專方面者爲岳牧。受閫外之託，拜表輒行，有何不可！而使姦凶滋蔓，禍釁不測，豈藩翰王室、鎮靜方夏之義乎！」毛萇曰：

藩，樊也，籬也。翰，幹也。夏，戶雅翻。歆將出兵，王綏曰：「昌等小賊，偏裨自足制之，何必違詔命，親矢石也！」昌至樊城，歆乃出拒之，衆潰，爲昌所殺。詔以劉弘代歆爲鎭南將軍、都督荆州諸軍事。六月，弘以南蠻長史陶【章：甲十一行本「陶」上有「廬江」二字；乙十一行本同。】侃爲大都護，南蠻校尉有長史、司馬。參軍蒯恒爲義軍督護，義軍，蓋民兵也。督護之官，蓋創置於此時。蒯，苦怪翻。牙門將皮初爲都戰帥，進據襄陽。杜佑曰：襄陽，漢中廬縣也。張昌幷軍圍宛，敗趙驤軍，殺羊伊。劉弘退屯梁。梁縣屬汝南郡，唐爲汝州治所。敗，補邁翻。昌進攻襄陽，不克。

3 李雄攻殺汶山太守陳圖，汶，音民。考異曰：華陽國志作「陳旹」，今從載記。遂取郫城。郫縣屬蜀郡。李膺益州記：郫縣故城在今縣北。劉昫曰：唐益州溫江縣，漢郫縣地。郫，音疲。

秋，七月，李流徙屯郫。蜀民皆保險結塢，或南入寧州，或東下荆州，城邑皆空，野無煙火，流虜掠無所得，士衆飢乏。唯涪陵千餘家，依青城山處士范長生；青城山，在汶山郡都安縣，今在永康軍青城縣北三十二里。杜光庭作青城山記曰：岷山連峯接岫，千里不絕，青城乃第一峯也。范長生，涪陵人，率衆保之。處，昌呂翻。考異曰：華陽國志作「范賢」。今從載記。平西參軍涪陵徐轝說羅尙，求爲汶山太守，邀結長生，與共討流。尙爲平西將軍，以徐轝爲參軍。考異曰：華陽國志作「徐輿」。今從載記。尙不許，轝怒，出降於流，降，戶江翻。流以轝爲安西將軍。轝說長生，使資給流軍糧，說，輸芮翻；下含說同。長生從之；流軍由是復振。

4 初，李含以長沙王乂微弱，必爲齊王冏所殺，因欲以爲冏罪而討之，遂廢帝，立大將軍穎，以河間王顒爲宰相，己得用事。既而冏爲乂所殺，事見上卷上年。穎、顒猶守藩，不如所謀。穎恃功驕奢，百度弛廢，甚於冏時；猶嫌乂在内，不得逞其欲，欲去之。去，羌呂翻。時皇甫商復爲乂參軍，商兄重爲秦州刺史。含說顒曰：「商爲乂所任，重終不爲人用，宜早除之。商、含不平事見上卷元年。可表遷重爲内職，因其過長安執之。」重知之，露檄上尚書，上，時掌翻。發隴上兵以討含。自隴以西六郡統於秦州。乂以兵方少息，遣使詔重罷兵，徵含爲河南尹。考異曰：含傳云：「河間王顒表含爲河南尹。」今從皇甫重傳。含就徵而重不奉詔，顒遣金城太守游楷、隴西太守韓稚等合四郡兵攻之。秦州刺史鎮冀城。顒密使含與侍中馮蓀、中書令卞粹謀殺乂；皇甫商以告乂，收含、蓀、粹，殺之。蓀，音孫。驃騎從事琅邪諸葛玫、前司徒長史武邑牽秀皆出奔鄴。驃，匹妙翻。從事，從事中郎也。玫，莫杯翻。武邑縣，前漢屬信都郡，後漢、晉屬安平國，武帝分立武邑郡，唐爲縣，屬冀州。

5 張昌黨石冰寇揚州，敗刺史陳徽，敗，補邁翻。諸郡盡沒；又攻破江州，別將陳貞攻武陵、零陵、豫章、武昌、長沙，皆陷之，臨淮人封雲起兵寇徐州以應冰。江州時治豫章。漢置臨淮郡，章帝以合下邳國，晉太康元年，復置臨淮郡。姓譜：封姓，夏封父之後。將，即亮翻。於是荆、江、徐、揚、豫五州之境，多爲昌所據。昌更置牧守，更，工衡翻。守，式又翻。皆桀盜小人，專以劫掠爲務。

劉弘遣陶侃等攻昌於竟陵，竟陵縣屬江夏郡。孫宗鑑曰：自蔡州南至信陽軍，始有山路，迤邐至安陸；又兩驛至復州，皆平地，南至大江，並無丘陵之阻。渡江至石首，始有淺山。謂之竟陵者，陵至此而竟；謂之石首，石至此而首也。古竟陵，今復州。劉喬遣其將李楊等向江夏。侃等屢與昌戰，大破之，前後斬首數萬級，昌逃于下儁山，其衆悉降。長沙下儁縣之山也。師古曰：儁，字兗翻，又辭兗翻。考異曰：帝紀：「八月庚申，劉弘及張昌戰于清水，斬之。」昌傳云：「昌敗，竄于下儁山。明年秋，禽斬之。」按弘斬張奕表云：「張昌姦黨初平，昌未梟首。」故從昌本傳。

初，陶侃少孤貧，少，詩照翻。爲郡督郵，長沙太守萬嗣過廬江，見而異之，命其子結友而去。後察孝廉，至洛陽，豫章國郎中令楊晫薦之於顧榮，帝弟熾，封豫章王。晫，丁角翻。侃由是知名。既克張昌，劉弘謂侃曰：「吾昔爲羊公參軍，羊公，謂羊祜也。謂吾後當居身處。晉人多自謂爲身。今觀卿，必繼老夫矣。」

弘之退屯於梁也，征南將軍范陽王虓遣前長水校尉張奕領荆州。范陽王虓鎮豫州。弘至，奕不受代，舉兵拒弘；弘討奕，斬之。時荆部守宰多缺，守，式又翻；下同。弘請補選，詔許之。弘敍功銓德，銓，量也，選也。隨才授任，人皆服其公當。當，丁浪翻。弘表皮初補襄陽太守，姓譜：皮姓，樊仲皮之後。朝廷以初雖有功而望淺，更以弘壻前東平太守夏侯陟爲襄陽太守。弘下教曰：「夫治一國者，宜以一國爲心，必若親姻然後可用，則荆州十郡，按晉志，荆州統二十二郡，時已分桂陽、武昌、安成三郡屬江州，尚統十九郡。又分新城、魏興、上庸三郡屬梁州，尚統十六郡。至懷帝，分長沙、衡陽、湘東、零陵、邵陵、桂陽六郡屬湘州，此時荆州猶統十一郡。此蓋言當時缺守者十郡也。治，直之翻。安得十女壻然後爲政哉！」乃表：「陟姻親，舊制不得相監；監，古銜翻。皮初之勳，宜見酬報。」詔聽之。弘於是勸課農桑，寬刑省賦，公私給足，百姓愛悦。

6 河間王顒聞李含等死，卽起兵討長沙王乂。大將軍穎上表請討張昌，許之；聞昌已平，因欲與顒共攻乂。盧志諫曰：「公前有大功而委權辭寵，時望美矣。事見上卷永寧元年。今若【章：甲十一行本「若」作「宜」；乙十一行本同。】頓軍關外，關外，謂郊關之外。文服入朝，此霸主之事也。」朝，直遙翻。參軍魏郡邵續曰：「人之有兄弟，如左右手。明公欲當天下之敵而先去其一手，可乎！」去，羌呂翻。穎皆不從。八月，顒、穎共表：「乂論功不平，與右僕射羊玄之、左將軍皇甫商專擅朝政，殺害忠良，謂殺李含等。朝，直遙翻。請誅玄之、商，遣乂還國。」詔曰：「顒敢舉大兵，内向京輦，吾當親率六軍以誅姦逆。其以乂爲太尉、都督中外諸軍事以禦之。」考異曰：帝紀：「太安元年十二月，乂誅齊王冏，卽以乂爲太尉、都督中外。」晉春秋：「二年七月，顒、穎起兵，乃以乂爲太尉、都督以討之。」按齊王死後，穎懸執朝政，乂未應都督中外。又顒見爲太尉，乂不應更爲太尉。今從晉春秋。

顒以張方爲都督，將精兵七萬，自函谷東趨洛陽。將，卽亮翻。趨，七喻翻。穎引兵屯朝歌，以平原内史陸機爲前將軍、前鋒都督，督北中郎將王粹、冠軍將軍牽秀、沈約曰：楚懷王以宋義爲卿子冠軍，冠軍之號自此始。魏以文欽爲冠軍將軍。冠，古玩翻。中護軍石超等軍二十餘萬，南向洛陽。機以羇旅事穎，一旦頓居諸將之右，王粹等心皆不服。白沙督孫惠白沙，在鄴城東南。與機親厚，勸機讓都督於粹。機曰：「彼將謂吾首鼠兩端，首鼠兩端，漢田蚡語。服虔曰：首鼠，一前一卻也。陸佃埤雅曰：舊說，鼠性疑，出穴多不果，故持兩端謂之首鼠。適所以速禍也。」遂行。穎列軍自朝歌至河橋，鼓聲聞數百里。河橋，卽富平津河橋。聞，音問。

乙丑，帝如十三里橋。橋在洛城西，去城十三里，因以爲名。太尉乂使皇甫商將萬餘人拒張方於宜陽。己巳，帝還軍宣武場。水經註：大夏門東宣武觀，憑城結構，南望天淵池，北矚宣武場；場西故賈充宅。庚午，舍于石樓。九月，丁丑，屯于河橋。壬子，【嚴：「子」改「午」。】張方襲皇甫商，敗之。敗，補邁翻；下敗牽同。甲申，帝軍于芒山。丁亥，帝幸偃師；偃師縣，漢屬河南郡，晉省，隋復置，在洛城東北。辛卯，舍于豆田。據晉書五行志，洛陽城東有豆田壁。大將軍穎進屯河南，阻清水爲壘。此河南，謂黃河之南，非河南縣也。清水，蓋清濟之水。癸巳，羊玄之憂懼而卒，帝旋軍城東；丙申，幸緱氏，擊牽秀，走之。緱，工侯翻。大赦。張方入京城，大掠，死者萬計。

7 李流疾篤，謂諸將曰：「驍騎仁明，固足以濟大事；然前軍英武，殆天所相，可共受事於前軍。」李特以弟驤爲驍騎將軍，少子雄爲前將軍。相，息亮翻。驍，堅堯翻。流卒，衆推李雄爲大都督、大將軍、益州牧，治郫城。郫，音皮。雄使武都朴泰紿羅尙，朴，姓也，板楯七姓蠻之一也。孫盛曰：

朴，音浮。使襲鄴城，云已爲内應。尙使隗伯將兵攻鄴，泰約舉火爲應，李驤伏兵於道，泰出長梯於外。隗伯兵見火起，爭緣梯上，隗，五罪翻。上，時掌翻。驤縱兵擊，大破之。追奔夜至城下，詐稱萬歲，曰：「已得鄴城矣！」入少城，尙乃覺之，退保太城。隗伯創甚，雄生獲之，赦不殺。隗伯本亦流民之豪帥，叛歸羅尙。創，初良翻。李驤攻犍爲，斷尙運道。犍，居言翻。斷，丁管翻。獲太守龔恢，殺之。

8 石超進逼緱氏。緱，工侯翻。冬，十月，壬寅，帝還宮。丁未，敗牽秀於東陽門外。水經註曰：東陽門，漢洛陽城之中東門也。敗，補邁翻。大將軍穎遣將軍馬咸助陸機。戊申，太尉乂奉帝與機戰于建春門。水經註：建春門，漢雒城之上東門也。穀水逕其前，水上有石橋。考異曰：陸機傳云「戰于鹿苑」，今從帝紀。乂司馬王瑚使數千騎繫戟於馬，以突咸陳，騎，奇計翻。陳，讀曰陣。咸軍亂，執而斬之。機軍大敗，赴七里澗，死者如積，水爲之不流。爲，于僞翻。斬其大將賈崇等十六人，石超遁去。

初，宦人孟玖有寵於大將軍穎，玖欲用其父爲邯鄲令，邯鄲縣，漢屬趙國，魏、晉屬廣平郡，隋、唐屬磁州。邯鄲，音寒丹。左長史盧志等皆不敢違，右司馬陸雲固執不許，曰：「此縣，公府掾資，言歷此縣者，其資級可得公府掾。掾，以絹翻。豈有黃門父居之邪！」玖深怨之。玖弟超，領萬人爲小督，機爲都督，與黃門之弟共事，可以辭去矣。未戰，縱兵大掠，陸機錄其主者；錄，收也。超將鐵騎百餘人直入機麾下，奪之，顧謂機曰：「貉奴，能作督不！」楊正衡曰：貉，音鶴，獸名，善睡，似狐。余謂超蓋詈機爲貉奴。不，讀曰否。機司馬吳郡孫拯勸機殺之，機不能用。使機能用孫拯之言斬孟超，是穰苴之戮莊賈也，由此爲穎所殺，豈不光明俊偉哉！超宣言於衆曰：「陸機將反。」又還書與玖，言機持兩端，故軍不速決。及戰，超不受機節度，輕兵獨進，敗沒。玖疑機殺之，譖之於穎曰：「機有二心於長沙。」牽秀素諂事玖，將軍王闡、郝昌、帳下督陽平公師藩諸王公領兵及任方面者，皆有帳下督，統帳下兵。魏文帝黄初二年，分魏郡置陽平郡。公師，複姓也。皆玖所引用，相與共證之。穎大怒，使秀將兵收機。參軍事王彰諫曰：「今日之舉，强弱異勢，庸人猶知必克，況機之明達乎！但機吳人，殿下用之太過，北土舊將皆疾之耳。」穎不從。機聞秀至，釋戎服，著白帢，著，陟略翻。帢，苦洽翻，帽也。弁缺四隅謂之帢。晉志曰：魏武以天下凶荒，資財乏匱，擬古皮弁，裁縑帛以爲帢，以色辨其貴賤。本施軍飾，非爲國容。徐爰曰：俗說帢本未有岐，荀文若巾之行，觸樹枝成岐，謂之爲善。今通爲慶弔服。與秀相見，爲牋辭穎，既而歎曰：「華亭鶴唳，可復聞乎！」機發此言，有咸陽市上歎黄犬之意。華亭時屬吳郡。嘉興縣界有華亭谷、華亭水，至唐始分嘉興縣爲華亭縣。今縣東七十里，其地出鶴，土人謂之曰鶴窠。復，扶又翻。秀遂殺之。穎又收機弟清河内史雲、平東祭酒耽及孫拯，皆下獄。按晉書陸雲傳：雲自清河内史轉大將軍右司馬。此當書右司馬雲。下，戶嫁翻。考異曰：「孫拯」，晉春秋作「孫承」。今從晉書傳。

記室江統、陳留蔡克、穎川棗嵩等上疏，以爲：「陸機淺謀致敗，殺之可也。至於反逆，則衆共知其不然。宜先檢校機反狀，若有徵驗，誅雲等未晚也。」統等懇請不已，穎遲迴者三日。蔡克入，至穎前，叩頭流血曰：「雲爲孟玖所怨，遠近莫不聞；今果見殺，竊爲明公惜之！」竊爲，于僞翻；下爲陳同。僚屬隨克入者數十人，流涕固請，穎惻然，有宥雲色。孟玖扶穎入，催令殺雲、耽，夷機三族。獄吏考掠孫拯數百，兩踝骨見，掠，音亮。踝，戶瓦翻。腿兩旁曰內外踝。見，賢遍翻。終言機冤。吏知拯義烈，謂拯曰：「二陸之枉，誰不知之！君可不愛身乎？」拯仰天歎曰：「陸君兄弟，世之奇士，吾蒙知愛。今既不能救其死，忍復從而誣之乎！」復，扶又翻。玖等知拯不可屈，乃令獄吏詐爲拯辭。穎既殺機，意常悔之，及見拯辭，大喜，謂玖等曰：「非卿之忠，不能窮此姦。」遂夷拯三族。拯門人費慈、宰意二人詣獄明拯冤，費，扶沸翻。宰，以官爲氏，春秋周有宰咺，孔子弟子有宰予。拯譬遣之譬，喻也。曰：「吾義不負二陸，死自吾分；分，扶問翻。卿何爲爾邪！」曰：「君既不負二陸，僕又安可負君！」固言拯冤，玖又殺之。

太尉乂奉帝攻張方，方兵望見乘輿，皆退走，乘，繩證翻。方遂大敗，死者五千餘人。方退屯十三里橋，考異曰：河間王顒傳云「駃水橋」。今從帝紀。衆懼，欲夜遁，方曰：「勝負兵家之常，善用兵者能因敗爲成。今我更前作壘，出其不意，此奇策也。」乃夜潛逼洛城七里，築壘數重，重，直龍翻。外引廩穀以足軍食。乂既戰勝，以爲方不足憂。聞方壘成，十一月，引兵攻之，不利。朝議以爲乂、穎兄弟，可辭說而釋，朝，直遥翻。乃使中書令王衍等往說穎，令與乂分陝而居，周公、召公分陝爲二伯。陝在弘農。此言分陝，引周、召事，欲令穎、乂爲二伯耳，非分陝地而居也。往說，輸芮翻。陝，式冉翻。穎不從。乂因致書於穎，爲陳利害，欲與之和解。穎復書，「請斬皇甫商等首，則引兵還鄴。」乂不可。

穎進兵逼京師，張方決千金堨，水經註：河南縣城東十五里有千金堨。洛陽記曰：千金堨舊堰穀水，魏時更修此堰，謂之千金堨。堨，阿葛翻。水碓皆涸。碓，都内翻。乃發王公奴婢手舂給兵，一品已下不從征者，男子十三以上皆從役，又發奴助兵；公私窮踧，踧，與蹙同，子六翻。米石萬錢。詔命所行，一城而已。京師危蹙如此，乂雖戰勝，安得久邪！驃騎主簿范陽祖逖乂爲驃騎將軍，以逖爲主簿。驃，匹妙翻。言於乂曰：「劉沈忠義果毅，雍州兵力足制河間，雍，於用翻。宜啓上爲詔與沈，使發兵襲顒。顒窘急，必召張方以自救，此良策也。」窘，渠隕翻。乂從之。沈奉詔馳檄四境，諸郡多起兵應之。沈合七郡之衆凡萬餘人，趣長安。雍州統七郡，治安定；或曰，時治新平。沈，持林翻。趣，七喻翻。

乂又使皇甫商間行，齎帝手詔，命游楷等罷兵，敕皇甫重進軍討顒。商間行至新平，遇其從甥；從甥素憎商，以告顒，間，古莧翻。從，才用翻。顒，魚容翻。顒捕商，殺之。

9 十二月，議郎周玘、前南平内史長沙王矩吳置南郡於江南，晉平吳，改曰南平，以別江北之南郡。玘，口紀翻。起兵江東以討石冰，推前吳興太守吳郡顧祕都督揚州九郡諸軍事，揚州統郡十八；

帝割豫章、鄱陽、廬陵、臨川、建安、南康、晉安屬江州，揚州統十一郡。今止推祕督丹陽、宣城、毗陵、吳、吳興、會稽、東陽、新安、臨海九郡；淮南、廬江在江北，不與也。傳檄州郡，殺冰所署將吏。將，卽亮翻。於是前侍御史賀循起兵於會稽，會，工外翻。廬江內史廣陵華譚及丹陽葛洪、甘卓皆起兵以應祕。華，戶化翻。玘，處之子；循，邵之子；卓，寧之曾孫也。周處見八十二卷元康六年、七年。賀邵事吳主晧，爲晧所殺。甘寧事吳主權，爲將以勇聞。三家皆吳之強宗也。

冰遣其將羌毒姓譜：羌，姓也。帥兵數萬拒玘，玘擊斬之。冰自臨淮趨壽春。帥，讀曰率。趨，七喻翻。征東將軍劉準聞冰至，惶懼不知所爲。廣陵度支廬江陳敏統衆在壽春，陳敏自尚書令史出爲合肥度支，漕運南方米穀以濟中州，遷廣陵度支。度，徒洛翻。謂準曰：「此等本不樂遠戍，逼迫成賊，烏合之衆，其勢易離，敏請督運兵爲公破之。」樂，音洛。易，以豉翻。爲，于僞翻；下爲叡同。準乃益敏兵，使擊之。

閏月，李雄急攻羅尚。尚軍無食，留牙門張羅守城，考異曰：載記作「羅特」，今從華陽國志。夜，由牛鞞水東走，水經曰：牛鞞水在犍爲牛鞞縣。劉昫曰：洛水，一名牛鞞水。杜佑曰：簡州陽安縣，漢牛鞞縣地。孟康曰：鞞，音髀。師古曰：音必爾翻。羅開門降。降，戶江翻。雄入成都，軍士飢甚，乃帥衆就穀於郪，帥，讀曰率。郪縣，漢屬廣漢郡，晉省立。五代史志：郪縣舊曰伍城，隋大業改曰郪縣，唐爲梓州治所。宋白曰：漢舊郪縣城在今縣南九十里，臨江，郪王城基址見在，以郪江爲縣名。郪，音妻，又千私翻。掘野芋而食之。芋，羊遇翻。所謂嵋山之下有蹲鴟也。許雄坐討賊不進，徵卽罪。許雄刺梁州，見上卷太安元年。卽，就也。

11安北將軍、都督幽州諸軍事王浚，以天下方亂，欲結援夷狄，乃以一女妻鮮卑段務勿塵，一女妻素怒延，妻，七細翻。宇文國有別帥曰素奴延。又表以遼西郡封務勿塵爲遼西公。爲王浚用段氏以攻成都王穎及石勒張本。浚，沈之子也。王沈比晉以弒魏高貴鄉公。

12毛詵之死也，事見上卷太安元年。李叡奔五苓夷帥于陵丞，于陵丞詣李毅爲叡請命，五苓夷，寧州附塞部落之名。帥，所類翻。爲，于僞翻。毅許之。叡至，毅殺之。于陵丞怒，帥諸夷反攻毅。

13尙書令樂廣女爲成都王妃，或譖諸太尉乂；乂問廣，廣神色不動，徐曰：「廣豈以五男易一女哉！」謂附穎則五男被誅。乂猶疑之。

永興元年（甲子、三〇四）長沙王乂之死，改元永安；西遷長安，方改元永興。

1春，正月，丙午，樂廣以憂卒。

2長沙厲王乂屢與大將軍穎戰，破之，長沙王乂不得其死，穎、顒之黨加以惡謚耳。前後斬獲六、七萬人。而乂未嘗虧奉上之禮；城中糧食日窘，而士卒無離心。窘，渠隕翻。張方以爲洛陽未可克，欲還長安。而東海王越慮事不濟，癸亥，潛與殿中諸將夜收乂送別省。考異曰：越傳云：「殿中諸將及三部司馬，疲於戰守，密與左衞將軍朱默夜收乂別省，逼越爲主。」今從乂傳。甲子，越啓帝，下詔免乂官，置金墉城。大赦，改元。改元永安。考異曰：帝紀：「太安二年十二月甲子，大赦。」「永興元年正月，大赦改元。」疑是一事。城既開，殿中將士見外兵不盛，悔之，更謀劫出乂以拒穎。越懼，欲殺乂以絕衆心。黄門侍郎潘滔曰：「不可，將自有静之者。」乃遣人密告張方。丙寅，方取乂於金墉城，至營，炙而殺之，方軍士亦爲之流涕。爲，于僞翻。考異曰：帝紀、三十國、晉春秋云：「太安二年十二月，殺乂。」又傳曰：「初，乂執權之始，洛下謠曰：『草木萌芽，殺長沙。』乂以正月二十五日廢，二十七日死，如謠言焉。」樂廣傳云：「成都王穎，廣之壻也，及與長沙王乂遘難，而廣既處朝望，羣小讒謗之，廣以憂卒。」惠帝紀：「永興元年，正月，丙午，樂廣卒。」若廣卒時乂未死，即乂傳正月二十五日廢爲是，合移在永興元年正月。而晉春秋：「太安二年，八月，樂廣自裁。」按帝紀，今年正月，以穎爲丞相，遣兵屯城門代宿衛者，疑此皆乂初死時事。又今年正月末，亦有甲子、丙寅。今從乂傳。

公卿皆詣鄴謝罪；大將軍穎入京師，復還鎮于鄴。詔以穎爲丞相；加東海王越守尚書令。穎遣奮武將軍石超等率兵五萬屯十二城門，洛陽城東有建春、東陽、清明三門，南有開陽、津陽、平昌、宣陽四門，西有廣陽、西明、閶闔三門，北有大夏、廣莫二門，凡十二門。帥，讀曰率。殿中宿所忌者，穎皆殺之；悉代去宿衛兵。去，羌吕翻。表盧志爲中書監，留鄴，參署丞相府事。

河間王顒頓軍於鄭，鄭縣，屬京兆郡，周宣王弟鄭桓公封邑；唐屬華州。爲東軍聲援，聞劉沈兵起，還鎮渭城，渭城縣，故秦咸陽也；前漢屬扶風，後漢省，而地名猶在；石勒置石安縣；唐復爲咸陽縣，屬京兆。遣督護虞夔逆戰於好畤。好畤縣，前漢屬扶風，後漢、晉省；唐武德二年，復分醴泉置好畤縣，屬京兆。夔兵敗，顒懼，退入長安，急召張方。方掠洛中官私奴婢萬餘人而西。軍中乏食，殺人雜牛馬肉食之。

劉沈渡渭而軍，與顒戰，顒屢敗。沈使安定太守衙【張：「衙」作「衞」。】博、功曹皇甫澹以精甲五千襲長安，入其門，力戰至顒帳下。沈兵來遲，馮翊太守張輔見其無繼，引兵橫擊之，殺博及澹，澹，徒覽翻，又徒濫翻。兵【章：甲十一行本「兵」上有「沈」字；乙十一行本同；孔本同；張校同；退齋校同。】遂敗，收餘卒而退。張方遣其將敦偉夜擊之，敦，徒渾翻，姓也。沈軍驚潰，沈與麾下南走，追獲之。沈謂顒曰：「知己之惠輕，顒留沈爲軍師，遂爲雍州刺史。君臣之義重，沈不可以違天子之詔，量強弱以苟全。量，音良。投袂之日，期之必死，左傳：宋殺楚使，楚子聞之，投袂而起。葅醢之戮，其甘如薺。」詩云：誰謂荼苦，其甘如薺。薺，在禮翻。顒怒，鞭之而後腰斬。新平太守江夏張光數爲沈畫計，夏，戶雅翻。數，所角翻。爲，于僞翻。顒執而詰之，光曰：「劉雍州不用鄙計，故令大王得有今日！」顒壯之，引與歡宴，表爲右衞司馬。

3 羅尚逃至江陽，華陽國志曰：瀘州瀘川縣，本漢江陽縣。又江安縣，亦漢江陽縣也。遣使表狀；詔尚權統巴東、巴郡、涪陵以供軍賦。三郡，本屬梁州，尚權統之。涪，音浮。尚遣別駕李興詣鎮南將軍劉弘求糧，弘綱紀以運道阻遠，綱紀，謂弘參佐操持一府之綱紀者。且荆州自空乏，欲以零陵米五千斛與尚。弘曰：「天下一家，彼此無異，吾今給之，則無西顧之憂矣。」謂尚在巴、涪，則爲荆州屛蔽，無西顧之憂。遂以三萬斛給之，尚賴以自存。李興願留爲弘參軍，弘奪其手版而遣之。

手版，卽古笏也。参佐施敬府公，故持手版。今奪輿手版遣之，不許其去尚而事己也。又遣治中何松領兵屯巴東爲尚後繼。于時流民在荆州者十餘萬戶，羈旅貧乏，多爲盜賊，弘大給其田及種糧，種，章勇翻。擢其賢才，隨資敍用，流民遂安。

4 三【章：甲十一行本「三」作「二」；乙十一行本同；孔本同；張校同。】月，乙酉，丞相穎表廢皇后羊氏，幽于金墉城；廢皇太子覃爲淸河王。羊后立見八十三卷永康元年。覃立見上卷太安元年。

5 陳敏與石冰戰數十合，冰衆十倍於敏，敏擊之，所向皆捷，遂與周玘合攻冰於建康。三月，冰北走，投封雲，封雲，徐州賊應冰者。雲司馬張統斬冰及雲以降，揚、徐二州平。周玘、賀循皆散衆還家，不言功賞。朝廷以陳敏爲廣陵相。

6 河間王顒表請立丞相穎爲太弟。戊申，詔以穎爲皇太弟，都督中外諸軍事，丞相如故。大赦。乘輿服御皆遷于鄴，天子在洛而建儲于鄴，則旣非矣；乘輿服御亦遷而就之，何居！乘，繩正翻。制度一如魏武帝故事。以顒爲太宰、大都督、雍州牧；雍，於用翻。前太傅劉寔爲太尉。寔以老，固讓不拜。

7 太弟穎僭侈日甚，嬖倖用事，大失衆望。時人望穎以匡輔帝室，今乃若此，故大失衆望。嬖，卑義翻，又博計翻。司空東海王越，與右衞將軍陳眕楊正衡曰：眕，止忍翻，又音眞。及長沙故將上官巳等謀討之。秋，七月，丙申朔，陳眕勒兵入雲龍門，以詔召三公百僚及殿中，殿中者，三部諸將也。戒嚴討穎。石超奔鄴。戊戌，大赦，復皇后羊氏及太子覃。己亥，越奉帝北征。以越爲大都督。徵前侍中嵇紹詣行在。長沙王乂當國，以紹爲侍中；乂死，紹黜免爲庶人。今討穎，故復徵詣行在。侍中秦準謂紹曰：「今往，安危難測，卿有佳馬乎？」紹正色曰：「臣子扈衞乘輿，死生以之，佳馬何爲！」

越檄召四方兵，赴者雲集，比至安陽，晉志：安陽縣，屬魏郡。魏土地記曰：鄴城南四十里有安陽城。乘，繩證翻。比，必寐翻。衆十餘萬，鄴中震恐。穎會羣僚問計，東安王繇曰：「天子親征，宜釋甲縞素出迎請罪。」穎不從，遣石超帥衆五萬拒戰。帥，讀曰率。折衝將軍喬智明勸穎奉迎乘輿，穎怒曰：「卿名曉事，投身事孤；今主上爲羣小所逼，卿柰何欲使孤束手就刑邪！」

陳眕二弟匡、規自鄴赴行在，云鄴中皆已離散，由是不甚設備。己未，石超軍奄至，乘輿敗績於蕩陰，蕩陰縣，漢屬河內郡，晉屬魏郡，唐爲相州蕩陰縣。按水經註：湯陰縣因湯水爲名。宋白曰：古湯陰縣在湯水南，漢初廢安陽縣入湯陰，隋又廢湯陰入安陽，則安陽、湯陰二縣接境也。師古曰：蕩，音湯。帝傷頰，中三矢，中，竹仲翻。百官侍御皆散。嵇紹朝服，下馬登輦，以身衞帝，兵人引紹於轅中斫之。轅，輈也。方言曰：楚、衞謂之輈。朝，直遙翻。帝曰：「忠臣也，勿殺！」對曰：「奉太弟令，惟不犯陛下一人耳。」遂殺紹，血濺帝衣。濺，子賤翻。帝墮於草中，亡六璽。石超奉帝幸其營，帝餒甚，超進水，左右奉秋桃。桃以夏熟者進御；秋桃非所以奉至尊，而奉之，恤所無也。穎遣盧志迎帝，庚申，入鄴。大赦，改元曰建武。左右欲浣帝衣，浣，戶管翻，濯也。帝曰：「嵇侍中血，勿浣也！」孰謂帝爲戇愚哉！

陳眕、上官巳等奉太子覃守洛陽。司空越奔下邳，徐州都督東平王楙不納，越徑還東海。太弟穎以越兄弟宗室之望，越、騰、略、模，皆有聲稱於諸宗室中。下令招之，越不應命。前奮威將軍孫惠上書勸越要結藩方，要，一遙翻。同奬王室，越以惠爲記室參軍，與參謀議。北軍中候苟晞奔范陽王虓，虓承制以晞行兗州刺史。范陽王虓時鎮許昌。虓，許交翻。

8 初，三王之起兵討趙王倫也，事見上卷永寧元年。王浚擁衆挾兩端，禁所部士民不得赴三王召募。太弟穎欲討之而未能，使穎兄弟不自內相圖，聲浚之罪而討之，固有餘力矣，何未能邪！浚心亦欲圖穎。穎以右司馬和演爲幽州刺史，和演與穎謀起兵討趙王倫，穎之腹心也。密使殺浚。演與烏桓單于審登謀與浚游薊城南清泉，因而圖之。單，音蟬。會天暴雨，兵器霑濕，不果而還。還，從宣翻，又如字；下同。審登以爲浚得天助，乃以演謀告浚。浚與審登密嚴兵，約并州刺史東嬴公騰共圍演，殺之，自領幽州營兵。幽州刺史營兵也。騰，越之弟也。太弟穎稱詔徵浚，浚與鮮卑段務勿塵、烏桓羯朱及東嬴公騰同起兵討穎，羯，居謁翻。穎遣北中郎將王斌及石超擊之。斌，音彬。

9 太弟穎怨東安王繇前議，怨其使己縞素迎天子請罪也。八月，戊辰，收繇，殺之。初，繇兄琅邪恭王覲薨，子睿嗣。睿沈敏有度量，沈，持林翻。爲左將軍，與東海參軍王導善。導參東海王越軍事。導，敦之從父弟也；從，才用翻；下從者之從同。識量清遠，以朝廷多故，每勸睿之國。及繇死，睿從帝在鄴，恐及禍，將逃歸。穎先敕關津，無得出貴人，關立於經塗要會處，以譏出入。津者，濟渡江河所必由之處。睿至河陽，爲津吏所止。從者宋典自後來，以鞭拂睿而笑曰：「舍長，舍長，守舍之長也。長，丁丈翻。今知兩翻。官禁貴人，汝亦被拘邪？」被，皮義翻。吏乃聽過。至洛陽，迎太妃夏侯氏俱歸國。元帝中興事始此。夏，戶雅翻。

10 丞相從事中郎王澄發孟玖姦利事，勸太弟穎誅之，穎從之。

11 上官巳在洛陽，殘暴縱橫。橫，戶孟翻。守河南尹周馥，浚之從父弟也，周浚從王渾伐吳有戰功。與司隸滿奮等謀誅之，事洩，奮等死，馥走，得免。司空越之討太弟穎也，太宰顒遣右將軍、馮翊太守張方將兵二萬救之，聞帝已入鄴，因命方鎮洛陽。巳與別將苗願拒之，大敗而還。太子覃夜襲巳、願，巳、願出走；方入洛陽。覃於廣陽門迎方而拜，洛城西面南頭第一門曰廣陽門。方下車扶止之，復廢覃及羊后。

12 初，太弟穎表匈奴左賢王劉淵爲冠軍將軍，監五部軍事，楊駿輔政，以劉淵爲五部大都督；元康末，坐部人叛出塞，免官；穎鎮鄴，表監五部軍事。冠，古玩翻。監，工銜翻。使將兵在鄴。淵子聰，驍勇絕人，博涉經史，善屬文，驍，堅堯翻。屬，之欲翻。彎弓三百斤；弱冠游京師，記曲禮曰：人生十年曰幼學，二十曰弱冠。冠，古玩翻。名士莫不與交。穎以聰爲積弩將軍。

淵從祖右賢王宣謂其族人曰：「自漢亡以來，我單于徒有虛號，無復尺土；事見六十七卷漢獻帝建安二十一年。從，才用翻。單，音蟬。自餘王侯，降同編戶。編，相聯次也。民謂之編民，亦謂之編戶者，言比屋聯次而居，編於民籍，無高下之差。今吾衆雖衰，猶不減二萬，奈何斂首就【章：甲十一行本作「手受」二字；乙十一行本同；孔本同。】役，奄過百年！奄，忽也，遽也。左賢王英武超世，天苟不欲興匈奴，必不虛生此人也。今司馬氏骨肉相殘，四海鼎沸，復呼韓邪之業，此其時矣！」漢宣帝時，稽侯狦來朝，稱呼韓邪單于；光武時日逐王比內附，亦稱呼韓邪單于。乃相與謀，推淵爲大單于，使其黨呼延攸詣鄴告之。師古曰：漢書匈奴中貴種有呼衍氏，卽今之呼延氏。

淵白穎，請歸會葬，穎弗許。淵令攸先歸，告宣等使招集五部及雜胡，聲言助穎，實欲叛之。及王浚、東嬴公騰起兵，淵說穎曰：「今二鎭跋扈，衆十餘萬，二鎭，謂幽、幷。說，輸芮翻；下同。恐非宿衞及近郡士衆所能禦也，請爲殿下還說五部以赴國難。」爲，于僞翻。說，輸芮翻。難，乃旦翻。穎曰：「五部之衆，果可發否？就能發之，鮮卑、烏桓，未易當也。易，以豉翻。吾欲奉乘輿還洛陽以避其鋒，乘，繩證翻。徐傳檄天下，以逆順制之，言見力不足以制二鎭，欲檄徵天下兵，杖順制逆。君意何如？」淵曰：「殿下武皇帝之子，有大勳於王室，威恩遠著，四海之內，孰不願爲殿下盡死力者！爲，于僞翻；下請爲同。何難發之有！王浚豎子，東嬴疏屬，東嬴公騰、宣帝弟東武侯馗之孫，故云疏屬。豈能與殿下爭衡邪！殿下一發鄴宮，示弱於人，洛陽不可得而至；雖至洛陽，威權不復在殿下也。穎奔敗而失權，卒如淵之言。願殿下撫勉士衆，靖以鎮之，淵請爲殿下以二部摧東嬴，三部梟王浚，梟，堅堯翻。二豎之首，可指日而懸也。」穎悅，拜淵爲北單于、參丞相軍事。

淵至左國城，左國城，蓋匈奴左部所居城也。據晉書載記，光武建武之初，南單于入居西河之美稷，今離石左國城，單于所徙庭也。水經註曰：左國城在汾州之右，介休縣西南。杜佑曰：左國城在石州離石縣。宋白曰：離石縣東北有離石水，因以爲名。劉宣等上大單于之號，上，時掌翻。二旬之間，有衆五萬，都於離石，離石縣自漢以來屬西河郡。以聰爲鹿蠡王。師古曰：蠡，音盧奚翻。鹿蠡王，卽仍漢時谷蠡王號也。谷、鹿字雖不同，而音則同耳。遣左於陸王宏帥精騎五千，帥，讀曰率。騎，奇寄翻；下同。會穎將王粹拒東嬴公騰。粹已爲騰所敗，敗，補邁翻；下敗石同。宏無及而歸。

王浚、東嬴公騰合兵擊王斌，大破之。浚以主簿祁弘爲前鋒，姓譜：祁姓，黃帝二十五子之一也；又晉獻侯四世孫奚食邑於祁，曰祁奚。敗石超于平棘，平棘縣，漢屬常山郡，晉屬趙國。劉昫曰：漢平棘縣在今趙州平棘縣南。乘勝進軍。候騎至鄴，鄴中大震，百僚奔走，士卒分散。盧志勸穎奉帝還洛陽。時甲士尚有萬五千人，志夜部分，分，扶問翻。至曉將發，而程太妃戀鄴不欲去，穎狐疑未決。俄而衆潰，穎遂將帳下數十騎與志奉帝御犢車晉制：皁輪犢車，諸公乘之。南奔洛陽。倉猝上下無齎，中黄門被囊中齎私錢三千，詔貸之，貸，惕德翻，又敵德翻，又他代翻，假借也。於道中買飯，夜則御中黄門布被，食以瓦盆。至溫，將謁陵，帝之先，河内溫縣孝敬里人，自京兆尹防以上，皆葬于溫。帝喪履，納從者之履，喪，息浪翻。從，才用翻。下拜流涕。及濟河，張方自洛陽遣其子羆帥騎三千，以所乘車奉迎帝。至芒山下，方自帥萬餘騎迎帝。帥，讀曰率。方將拜謁，帝下車自止之。甚於夷王下堂而見諸侯矣。帝還宫，奔散者稍還，百官粗備。粗，坐五翻。辛巳，大赦。

王浚入鄴，士衆暴掠，死者甚衆。使烏桓羯朱追太弟穎，至朝歌，不及。浚還薊，以鮮卑多掠人婦女，命：「敢有挾藏者斬！」於是沈於易水者八千人。王浚進不成勤王，而縱鮮卑、烏桓猾夏亂華，其死於石勒之手，晚矣。沈，持林翻。

13 東嬴公騰乞師於拓跋猗㐌以擊劉淵，猗㐌與弟猗盧合兵擊淵於西河，破之，與騰盟于汾東而還。自此拓跋氏屢以兵助并州。㐌，徒河翻。還，從宣翻，又如字。

劉淵聞太弟穎去鄴，歎曰：「不用吾言，逆自奔潰，眞奴才也！然吾與之有言矣，不可以不救。」將發兵擊鮮卑、烏桓，劉宣等諫曰：「晉人奴隸御我，今其骨肉相殘，是天棄彼而使我復呼韓邪之業也。鮮卑、烏桓，我之氣類，鮮卑、烏桓，東胡之種，與匈奴同稟北方剛強之氣，又同類也。可以爲援，柰何擊之！」淵曰：「善！大丈夫當爲漢高、魏武，呼韓邪何足效哉！」宣等稽首曰：「非所及也！」稽，音啓。

14 荊州兵擒斬張昌，同黨皆夷三族。去年昌逃于下儁山，至是方禽滅。

15 李雄以范長生有名德，爲蜀人所重，欲迎以爲君而臣之，長生不可。諸將固請雄卽尊位，冬，十月，雄卽成都王位，大赦，改元建興。除晉法，約法七章。以其叔父驤爲太傅，兄始爲太保，李離爲太尉，李雲爲司徒，李璜爲司空，李國爲太宰，閻式爲尚書令，楊褒爲僕射。尊母羅氏爲王太后，追尊父特爲成都景王。雄以李國、李離有智謀，凡事必咨而後行，然國、離事雄彌謹。史言諸李守君臣之分以相保固，所謂盜亦有道也。

16 劉淵遷都左國城。考異曰：下云「離石大饑，遷于黎亭」，則是淵猶在離石也。按杜佑通典：離石有南單于庭左國城。然則淵雖遷左國，猶在離石縣境內也。胡、晉歸之者愈衆。淵謂羣臣曰：「昔漢有天下久長，恩結於民。吾，漢氏之甥，約爲兄弟；兄亡弟紹，不亦可乎！」乃建國號曰漢。劉宣等請上尊號，上，時掌翻。淵曰：「今四方未定，且可依高祖稱漢王。」於是卽漢王位，劉淵，字元海。考異曰：帝紀，李雄、劉淵稱王，皆在十一月惠帝入長安後。華陽國志，李雄十月稱王，一本作十二月。三十國、晉春秋、十六國鈔皆在十月。今從之。大赦，改元曰元熙。追尊安樂公禪爲孝懷皇帝，樂，音洛。作漢三祖、五宗神主而祭之。淵以漢高祖、世祖、昭烈爲三祖，太宗、世宗、中宗、顯宗、肅宗爲五宗。立其妻呼延氏爲王后。以右賢王宣爲丞相，崔游爲御史大夫，左於陸王宏爲太尉，范隆爲大鴻臚，臚，陵如翻。朱紀爲太常，上黨崔懿之、後部人陳元達皆爲黃門郎，劉淵皆用漢官制。後部，卽匈奴北部也，居新興。族子曜爲建武將軍；游固辭不就。崔游，淵之師也；范隆、朱紀，同門生。崔游既能以師道不爲淵屈，且又得不變於夷之義。沈約志，魏置建武將軍。

元達少有志操，少，詩照翻。淵嘗招之，元達不答。及淵爲漢王，或謂元達曰：「君其懼乎？」元達笑曰：「吾知其人久矣，彼亦亮吾之心；但恐不過三、二日，驛書必至。」其暮，淵果徵元達。元達事淵，屢進忠言，退而削草，雖子弟莫得知也。草，奏藁也。

曜生而眉白，目有赤光，幼聰慧，有膽量，早孤，養於淵。及長，儀觀魁偉，性拓落高亮，拓，恢拓也。落，磊落也。長，知兩翻。觀，古玩翻。與衆不羣，好讀書，善屬文，好，呼報翻。屬，之欲翻。鐵厚一寸，射而洞之。厚，胡茂翻。射，而亦翻。洞，貫也。常自比樂毅及蕭、曹，時人莫之許也；惟劉聰重之，曰：「永明，漢世祖、魏武之流，數公何足道哉！」劉曜，字永明。數公，謂樂毅、蕭、曹。

17 帝既還洛陽，張方擁兵專制朝政，朝，直遙翻；下同。太弟穎不得復豫事。復，扶又翻。豫州都督范陽王虓、徐州都督東平王楙等上言：「穎弗克負荷，宜降封一邑，特全其命。荷，下可翻，又如字。考異曰：虓傳云：「與鎭東將軍周馥同上言。」按馥傳：「帝自長安還，馥出爲平東將軍，都督揚州，代劉準爲鎭東。」據此表，張方猶存，蓋自鄴還洛陽時也。太宰宜委以關右之任，河間王顒時爲太宰，故稱之。自州郡以下，選舉授任，一皆仰成；朝之大事，廢興損益，每輒疇咨。言關右州郡，聽顒選舉，朝政亦咨而後行。仰，牛向翻。孔安國曰：疇，誰也。顏師古曰：疇，誰也。咨，謀也。言謀於衆人，誰可爲事也。余按此所謂疇咨，恐非孔、顔註義。蓋疇，類也。咨，問也。言朝之大事，類以問顒。朝，直遙翻。張方爲國效節，而不達變通，未即西還，宜遣還郡，方本爲馮翊太守。爲，于僞翻。所加方官，請悉如舊。司徒戎、司空越，並忠國小心，宜幹機事，委以朝政。幹，讀曰管，又如字。王浚有定社稷之勳，謂舉兵討穎也。宜特崇重，遂撫幽朔，長爲北藩。臣等竭力扞城，藩屏皇家，屏，必郢翻。則陛下垂拱，四海自正矣。」

張方在洛既久，兵士剽掠殆竭，衆情喧喧，無復留意，剽，匹妙翻。衆情，謂方之軍情也。議欲奉帝遷都長安；恐帝及公卿不從，欲須帝出而劫之。須，待也。乃請帝謁廟，帝不許。十一月，乙未，方引兵入殿，以所乘車迎帝，帝馳避後園竹中。軍人引帝出，逼使上車，上，時掌翻。帝垂泣從之。方於馬上稽首曰：「今寇賊縱橫，宿衞單少，稽，音啓。縱，子容翻。少，詩沼翻。願陛下幸臣壘，臣盡死力以備不虞。」時羣臣皆逃匿，唯中書監盧志侍側，曰：「陛下今日之事，當一從右將軍。」張方時爲右將軍。帝遂幸方壘，令方具車載宮人、寶物。軍人因妻略後宮，分爭府藏，藏，徂浪翻。割流蘇、武帳爲馬帴，毛晃曰：流蘇，盤線繪繡之毬，五采錯爲之，同心而下垂者是也。蘇，猶鬚也；又散貌，以其縈下垂，故曰蘇。今人謂絛頭縈爲蘇。孟康曰：今御武帳置兵，闌五兵於帳中。帴，將先翻，馬藉也。魏、晉以來蓄積，掃地無遺。方將焚宗廟、宮室以絕人返顧之心，盧志曰：「董卓無道，焚燒洛陽，事見五十九卷漢獻帝初平元年。怨毒之聲，百年猶存，何爲襲之！」乃止。

帝停方壘三日，方擁帝及太弟穎、豫章王熾等趨長安，趨，七喻翻。王戎出奔郟。郟縣，前漢屬潁川郡，後漢省，晉屬襄城郡，隋、唐爲汝州郟城縣。郟，音夾。太宰顒帥官屬步騎三萬迎于霸上，帥，讀曰率。顒前拜謁，帝下車止之。帝入長安，以征西府爲宮。征西府，征西將軍府，顒所居也。唯尚書僕射荀藩、司隸劉暾、河南尹周馥在洛陽爲留臺，承制行事，號東、西臺。洛陽爲東臺，長安爲西臺。暾，他昆翻。藩，勗之子也。荀勗朋比賈充，貴顯於晉初。丙午，留臺大赦，改元復爲永安。辛丑，復皇后羊氏。

[18]羅尚移屯巴郡，遣兵掠蜀中，獲李驤妻昝氏及子壽。昝，子感翻，姓也。

[19]十二月，丁亥，詔太弟穎以成都王還第；更立豫章王熾爲皇太弟。更，工衡翻。帝兄弟二十五人，時存者惟穎、熾及吳王晏。晏材資庸下，熾沖素好學，好，呼報翻。故太宰顒立之。詔以司空越爲太傅，與顒夾輔帝室，王戎參録朝政。朝，直遥翻。又以光禄大夫王衍爲尚書左僕射。高密王略爲鎮南將軍，領司隸校尉，權鎮洛陽。考異曰：惠紀作「高密王簡」。按宗室傳，高密孝王略，字元簡，時都督青州，後遷都督荆州，未嘗鎮洛陽。蓋簡卽略也，時雖有朝命而略不至，或嘗鎮洛陽而本傳遺脱耳。以余觀之，時朝廷命令不行於方鎮，略蓋未嘗赴洛也。東中郎將模爲寧北將軍，都督冀州諸軍事，鎮鄴。晉書帝紀作「東中郎將」，模傳作「北中郎將」。又按晉制，方面之任，有四征、四鎮、四安、四平，無四寧也。「寧」，恐當作「安」。百官各還本職。令州郡蠲除苛政，愛民務本，清通之後，當還東京。

謂阻兵者解兵，道路清通之後也。帝時在長安，故謂洛陽爲東京。大赦，改元。改元永興。略、模，皆越之弟也。王浚既去鄴，越使模鎮之。顒以四方乖離，禍難不已，故下此詔和解之，冀獲少安。顒欲和解兄弟，當在乂、穎搆隙之時，及事不可爲，而顒亦不免矣。難，乃旦翻。越辭太傅不受。又詔以太宰顒都督中外諸軍事。張方爲中領軍、錄尚書事，領京兆太守。時帝在長安，京兆太守實掌輦轂下。張方握兵，顒所親倚，故使領京兆。

20東嬴公騰遣將軍聶玄擊漢王淵，戰於大陵，大陵縣，自漢以來屬太原郡。魏收地形志：太原郡統內受陽縣有大陵城，其地蓋在唐遼、并二州界。杜佑曰：文水縣，漢大陵縣。聶，尼輒翻。玄兵大敗。

淵遣劉曜寇太原，取泫氏、屯留、長子、中都。泫氏、屯留、長子屬上黨郡；中都屬太原郡。賢曰：泫氏，今澤州高平縣。劉昫曰：澤州陵川縣，漢泫氏縣。高平，漢泫氏縣地。屯留、長子，唐皆屬潞州。師古曰：泫，音工玄翻。屯，音純。長，讀如長短之長，陸德明讀如長幼之長。又遣冠軍將軍喬晞寇西河，取介休。介休令賈渾不降，晞殺之；介休縣，漢屬太原郡，晉屬西河郡，唐屬汾州。冠，古玩翻。降，戶江翻。將納其妻宗氏，宗氏罵晞而哭，晞又殺之。淵聞之，大怒曰：「使天道有知，喬晞望有種乎！」種，章勇翻。追還，降秩四等，收渾屍，葬之。

王崇武標點容肇祖聶崇岐覆校

資治通鑑卷第八十六

端明殿學士兼翰林侍讀學士朝散大夫右諫議大夫充集賢殿修撰權判西京留司御史臺上柱國河內郡開國侯食邑一千三百戶食實封四百戶賜紫金魚袋臣司馬光　奉敕編集
後學天台胡三省　音註

晉紀八

起旃蒙赤奮若（乙丑），盡著雍執徐（戊辰），凡四年。

孝惠皇帝下

永興二年（乙丑、三〇五）

1 夏，四月，張方廢羊后。

2 游楷等攻皇甫重，累年不能克，游楷等自太安二年攻皇甫重，至是，首尾三年。重遣其養子昌求救於外。昌詣司空越，越以太宰顒新與山東連和，事見上卷上年。不肯出兵。昌乃與故殿中人楊篇故殿中人，舊屬二衛部曲者。詐稱越命，迎羊后於金墉城。入宮，以后令發兵討張方，奉迎大駕。是年四月，張方廢羊后。其時方已奉帝入關，蓋以威令遙脅留臺百官，使廢羊后耳。今皇甫昌迎后入宮，欲發兵討方，特以是起兵，非因方在洛而討之也。事起倉猝，百官初皆從之；俄知其詐，相與誅昌。顒請遣御史宣詔喻重令降。降，戶江翻；下同。重不奉詔。先是城中不知長沙厲王及皇甫商已死，長沙厲王死，見上卷上年。皇甫商死，見上卷太安二年。先，悉薦翻。重獲御史騶人，因御史來宣詔，獲其騶人。騶，側鳩翻，廄御也。晉制，諸公給騶八人，下至御史，各有差。齊王融曰：「車前無八騶，何得稱丈夫！」則騶蓋辟車之卒。問曰：「我弟將兵來，欲至未？」騶人曰：「已爲河間王所害。」重失色，立殺騶人。於是城中知無外救，共殺重以降。顒以馮翊太守張輔爲秦州刺史。顒以破劉沈之功用張輔。

3 六月，甲子，安豐元侯王戎薨于郟。王戎奔郟，見上卷上年。郟，音夾。

4 張輔至秦州，殺天水太守封尚，欲以立威；又召隴西太守韓稚，守，式又翻。稚子朴勒兵擊輔，輔軍敗，死。涼州司馬楊胤言於張軌曰：「韓稚擅殺刺史，明公杖鉞一方，不可不討。」軌從之，遣中督護氾瑗帥衆二萬討稚，稚詣軌降。中督護，中軍督護也。氾，音凡。瑗，于眷翻。帥，讀曰率；下同。未幾，幾，居豈翻。鮮卑若羅拔能寇涼州，軌遣司馬宋配擊之，斬拔能，俘十餘萬口，威名大振。史言張軌能尊主攘夷以致強盛。

5 漢王淵攻東嬴公騰，騰復乞師於拓跋猗㐌，復，扶又翻。㐌，徒河翻。衛操勸猗㐌助之。猗㐌帥輕騎數千救騰，斬漢將綦毋豚。毋，音無。綦毋，複姓。北狄傳：匈奴國人有綦毋氏、勒氏，皆勇健，好反叛。考異曰：後魏書桓帝紀及劉淵傳，皆云「淵南走蒲子」。按晉載記，淵無走蒲子事，下云「自離石遷黎亭」，蓋後魏書令誕妄言耳。詔假猗㐌大單于，單，音蟬。加操右將軍。甲申，猗㐌卒，子普根代立。

6 東海中尉劉洽以張方劫遷車駕，晉諸王國有郎中令、中尉、大農爲三卿。張方劫遷車駕事見上卷上年。勸司空越起兵討之。秋，七月，越傳檄山東征、鎮、州、郡云：「欲糾帥義旅，奉迎天子，還復舊都。」舊都，謂洛陽。東平王楙聞之，懼；長史王脩說楙曰：「東海，宗室重望；今興義兵，公宜舉徐州以授之，則免於難，說，輸芮翻。難，乃旦翻。且有克讓之美矣。」楙從之。越乃以司空領徐州都督，楙自爲兗州刺史；詔卽遣使者劉虔授之。楙督徐州，始八十四卷永寧元年。去年，范陽王虓以苟晞行兗州，晞留許昌，未及至州，而楙自領之。是時，越兄弟並據方任，越弟略都督青州，模都督冀州。於是范陽王虓虓，虛交翻。及王浚等共推越爲盟主，越輒選置刺史以下，輒，專也。朝士多赴之。朝士赴越者，不從帝在長安者也。朝，直遙翻。

7 成都王穎旣廢，穎廢見上卷上年。河北人多憐之。穎鎭鄴，初有時譽；後雖以驕侈致禍，河北之人厭亂而思舊，故多憐之。穎故將公師藩等自稱將軍，起兵於趙、魏，衆至數萬。初，上黨武鄉羯人石勒，有膽力，善騎射。武鄉縣，晉置，屬上黨郡；後石勒分置武鄉郡。劉昫曰：唐潞州武鄉縣，漢河東之垣縣也。唐遼州榆社縣，分晉武鄉縣置。載記曰：勒，匈奴別部羌渠之胄。又匈奴傳曰：北狄入居塞內者，有十九種，羯其一也。羯，居謁翻。并州大饑，建威將軍閻粹說東嬴公騰說，輸芮翻。執諸胡於山東，賣充軍實。勒亦被掠，賣爲茌平人師懽奴，茌平縣，前漢屬東郡，後漢屬濟北國，晉屬平原國。應劭曰：在茌山之平地者也。意其地當在唐齊州、博州界。劉昫曰：茌平縣併入唐博州聊城縣。被，皮義翻。師古曰：茌，音仕疑翻。懽奇其狀貌而免之。懽家鄰於馬牧，勒乃與牧帥汲桑結壯士爲羣盜。帥，所類翻。及公師藩起，桑與勒帥數百騎赴之。帥，讀曰率。桑始命勒以石爲姓，勒爲名。石勒始此。藩攻陷郡縣，殺二千石、長吏，長，知兩翻。轉前，攻鄴。平昌公模甚懼；范陽王虓遣其將苟晞救鄴，與廣平太守譙國丁紹共擊藩，走之。漢武帝置平干國，宣帝改爲廣平國；後漢光武省屬鉅鹿郡；魏文帝黄初二年復置廣平郡；唐爲洺州之地。

8八月，辛丑，大赦。

9司空越以琅邪王睿爲平東將軍，監徐州諸軍事，留守下邳。監，工銜翻。睿請王導爲司馬，委以軍事。考異曰：導傳曰：「元帝鎮下邳，請導爲安東司馬。」按元帝時爲平東，及徙揚州，乃爲安東耳。或者「平」字誤爲「安」，或後爲安東司馬，故但云司馬。越帥甲士三萬，西屯蕭縣；蕭縣，自漢以來屬沛郡，唐屬徐州。范陽王虓自許屯于滎陽。許，卽許昌。越承制以豫州刺史劉喬爲冀州刺史，以范陽王虓領豫州刺史；喬以虓非天子命，發兵拒之。虓以劉琨爲司馬，越以劉蕃爲淮北護軍，劉輿爲潁川太守。輿、琨，蕃之子也。喬上尚書，列輿兄弟罪惡，因引兵攻許，豫州刺史時治項。上，時掌翻。遣長子祐將兵拒越於蕭縣之靈壁，長，知兩翻。越兵不能進。東平王楙在兗州，徵求不已，郡縣不堪命。范陽王虓遣苟晞還兗州，虓用苟晞爲兗州刺史，見上卷上年。徙楙都督青州。楙不受命，背山東諸侯，與劉喬合。背，蒲妹翻。

太宰顒聞山東兵起，甚懼。以公師藩爲成都王穎起兵，壬午，表穎爲鎮軍大將軍、都督河北諸軍事，給兵千人；以盧志爲魏郡太守，隨穎鎮鄴，欲以撫安之。又遣建武將軍呂朗屯洛陽。

顒發詔，令東海王越等各就國，越等不從。會得劉喬上事，上事者，言東海王越等起兵及喬攻許拒越之事。上，時掌翻。冬，十月，丙子，下詔稱：「劉輿迫脅范陽王虓，造構凶逆。其令鎮南大將軍劉弘、劉弘都督荆州。平南將軍彭城王釋、彭城王釋蓋代羊伊屯宛。征東大將軍劉準，劉準都督揚州。各勒所統，與劉喬并力；以張方爲大都督，統精卒十萬，與呂朗共會許昌，誅輿兄弟。」釋，宣帝弟子穆王權之孫也。權，宣帝弟東武城侯馗之子。考異曰：劉喬傳「釋」作「繹」。帝紀、宗室傳皆作「釋」，蓋喬傳誤。帝紀：「八月，車騎大將軍劉弘逐平南將軍彭城王釋于宛。」弘、釋傳及衆書皆無之。弘傳但云彭城前東奔有不善之言。按弘，晉室純臣，劉喬與范陽搆難，弘猶以書和解之，以安天下，尊王室。釋受王命鎮宛，而弘肯更自逐之乎！據此詔，令弘、釋共討劉輿，疑無弘逐釋事。帝紀必誤。丁丑，顒使成都王穎領將軍劉【章：甲十一行本「劉」作「樓」；乙十一行本同；孔本同；退齋校同。】褒等，前車騎將軍石超領北中郎將王闡等據河橋，爲劉喬繼援；進喬鎮東將軍，假節。

劉弘遺喬及司空越書，遺，于季翻。欲使之解怨釋兵，同奬王室，皆不聽。弘又上表曰：

「自頃兵戈紛亂，猜禍鋒生，疑隙搆於羣王，災難延于宗子。難，乃旦翻。今日爲忠，明日爲逆，翩其反而，言是非反覆之易，冏、乂、穎、顒之事誠如此。互爲戎首。言迭爲興戎之首也。載籍以來，骨肉之禍未有如今者也，臣竊悲之！今邊陲無備豫之儲，中華有杼軸之困，詩曰：小東大東，杼軸其空。杼，持緯器。「軸」，亦作「柚」。皆織具也。而股肱之臣，不惟國體，職競尋常，惟，思也。職，主也。競，爭也。八尺曰尋，倍尋曰常。言所爭者尋丈之間，不足爲長短也。左傳曰：爭尋常以盡其民。自相楚剥。楚，痛也。萬一四夷乘虛爲變，此亦猛虎交鬭自效於卞莊者矣。劉、石之禍，劉弘蓋知之矣。臣以爲宜速發明詔詔越等，令兩釋猜嫌，各保分局。分，扶問翻。自今以後，其有不被詔書，擅興兵馬者，天下共伐之。」被，皮義翻；下同。時太宰顒方拒關東，倚喬爲助，不納其言。喬乘虛襲許，破之。劉琨將兵救許，不及，遂與兄輿及范陽王虓俱奔河北；琨父母爲喬所執。劉弘以張方殘暴，知顒必敗，乃遣參軍劉盤爲都護，盡護行營諸將爲都護，督護則止督一軍耳。帥諸軍受司空越節度。帥，讀曰率。

時天下大亂，弘專督江、漢，威行南服。南服，南方也；謂之服者，責以服事天子爲職。謀事有成者，則曰「某人之功」，如有負敗，則曰「老子之罪」。每有興發，興發，謂興師動衆，調發財賦。手書守相，守，手又翻。相，息亮翻。丁寧款密。所以人皆感悅，爭赴之，咸曰：「得劉公一紙書，賢於十部從事。」州有部從事，部管內諸郡。前廣漢太守辛冉說弘以從橫之事，弘怒，斬之。

益州之破，辛冉去羅尚從劉弘，冉以事尚者事弘，猶將不免於誅，況以從横說之邪！史言劉弘忠純。說，輸芮翻。從，子容翻。

11 有星孛于北斗。孛，蒲内翻。

12 平昌公模遣將軍宋胄趣河橋。模自鄴遣胄進兵。趣，七喻翻。

13 十一月，立節將軍周權，詐被檄，詐，言被司空越檄也。自稱平西將軍，復立羊后。洛陽令何喬攻權，殺之，復廢羊后。太宰顒矯詔，以羊后屢爲姦人所立，遣尚書田淑敕留臺賜后死。時荀藩、劉暾、周馥居留臺。復，扶又翻。詔書屢至，司隸校尉劉暾等上奏，暾，他昆翻。上，時掌翻。固執以爲：「羊庶人門戶殘破，廢放空宮，門禁峻密，無緣得與姦人搆亂；衆無愚智，皆謂其冤。今殺一枯窮之人，而令天下傷慘，何益於治！」治，直吏翻。顒怒，遣呂朗收暾；考異曰：暾傳云：「顒遣陳顔、呂朗帥騎五千收暾。」按暾匹夫，安用五千騎！蓋朗時在洛，顒敕使收暾耳。說者欲大其事，故云爾。暾奔青州，依高密王略。然羊后亦以是得免。

14 十二月，呂朗等東屯滎陽，成都王穎進據洛陽。

15 劉琨說冀州刺史太原溫羨，使讓位於范陽王虓。魏收曰：袁紹、曹操爲冀州，治鄴；魏、晉治信都。杜佑曰：治房子。說，輸芮翻。虓領冀州，遣琨詣幽州乞師於王浚；浚以突騎資之，突騎，天下精兵。燕人致梟騎，助漢高祖以破項羽。光武得漁陽、上谷突騎以平河北。考異曰：琨傳曰：「得突騎八百人。」按劉喬傳云：「琨率突騎五千濟河攻喬。」疑八百太少，或因下文迎東海王之數，致有此誤。今闕疑。擊王闡於河上，殺之。琨遂與虓引兵濟河，斬石超於滎陽。劉喬自考城引退。考城縣屬陳留郡，前漢梁國之菑縣也，章帝更名；晉省。後魏置考陽縣及北梁郡；北齊郡縣並廢，爲城安縣；隋改曰考城縣，屬梁郡；至唐，屬曹州。虓遣琨及督護田徽東擊東平王楙於廩丘，廩丘縣，前漢屬東郡，後漢屬濟陰，晉屬濮陽郡，爲兗州刺史治所。賢曰：廩丘故城在今濮州雷澤縣北。楙走還國。琨、徽引兵東迎越，擊劉祐於譙；祐敗死，喬衆遂潰，喬奔平氏。考異曰：帝紀云：「喬奔南陽。」按地理志：南陽無平氏縣。武帝分南陽置義陽郡，有西平氏縣。或者南陽有東平氏而非縣與！今按前漢書地理志：平氏縣屬南陽郡。晉書地理志，平氏縣屬義陽郡。平氏之上有厥西縣。沈約宋書地理志：南義陽太守領厥西、平氏二縣。且曰：厥西令，二漢無；晉太康地志屬義陽。以此證之，蓋後人傳寫晉書者，誤以厥西之「西」字聯平氏而書之。其實晉義陽之平氏，卽漢南陽之平氏也。帝紀所謂「喬奔南陽」，以漢古郡大界書之也。劉昫曰：唐申州義陽縣，漢南陽郡平氏縣之義陽鄉與唐州之桐柏、平氏二縣，皆漢南陽平氏縣地。司空越進屯陽武，陽武縣，漢屬河南郡，晉屬滎陽郡，唐屬鄭州。王浚遣其將祁弘帥突騎鮮卑、烏桓爲越先驅。帥，讀曰率；下同。

16 初，陳敏既克石冰，事見上卷太安二年。自謂勇略無敵，有割據江東之志。其父怒曰：「滅我門者，必此兒也！」遂以憂卒。敏以喪去職。司空越起敏爲右將軍、前鋒都督。越爲劉祐所敗，敗，補邁翻。敏請東歸收兵，遂據歷陽叛。歷陽縣，漢屬九江郡，魏改九江曰淮南，晉因之。今和州，卽歷陽縣之地。宋白曰：縣南有歷水，故曰歷陽。吳王常侍甘卓，棄官東歸，晉諸王國，大國置左、右常侍各一人。考異曰：卓傳云：「州舉秀才，爲吳王常侍。討石冰，以功賜爵都亭侯。東海王越引爲參軍，出補離狐令。棄官東歸，遇陳敏。」敏傳云：「吳王常侍甘卓自洛至。」按卓爲常侍，不應討石冰；爲離狐令，不應自洛至。今從敏傳。至歷陽，敏爲子景娶卓女，爲，于僞翻。使卓假稱皇太弟令，拜敏揚州刺史。敏使弟恢及別將錢端等南略江州，弟斌東略諸郡，斌，音彬。揚【章：甲十一行本「揚」上有「江州刺史應邈」六字；乙十一行本同；孔本同；張校同；退齋校同。】州刺史劉機、丹楊太守王曠皆棄城走。時揚州刺史蓋與丹楊太守同治秣陵。

敏遂據有江東，以顧榮爲右將軍，賀循爲丹楊內史，周玘爲安豐太守，安豐縣，後漢屬廬江郡。魏分廬江爲安豐郡，其地爲唐之壽州安豐、霍丘縣。玘，墟里翻。凡江東豪傑、名士，咸加收禮，爲將軍、郡守者四十餘人；或有老疾，就加秩命。循詐爲狂疾，得免；乃以榮領丹楊內史。玘亦稱疾，不之郡。敏疑諸名士終不爲己用，欲盡誅之。榮說敏曰：「中國喪亂，胡夷內侮，觀今日之勢，不能復振，百姓將無遺種。說，輸芮翻。喪，息浪翻。種，章勇翻。江南雖經石冰之亂，人物尚全，榮常憂無孫、劉之主孫、劉，謂孫權、劉備。有以存之。今將軍神武不世，勳效已著，帶甲數萬，舳艫山積，漢武帝紀：舳艫千里。註云：舳，船後持柂處。艫，船前刺櫂處。又漢律名船方長爲舳艫。此言山積，蓋取漢律之義。若能委信君子，使各盡懷，散蔕芥之嫌，張晏曰：蔕芥，刺鯁也。師古曰：蔕，音丑介翻。塞讒諂之口，則上方數州，可傳檄而定；上方數州，謂揚州以西荆、江、豫、梁、益等州也。塞，悉則翻。不然，終不濟也。」【章：甲十一行本「也」下有「敏乃止」三字；乙十一行本同；孔本同；張校同；退齋校同。】敏命僚佐推己爲都督江東諸軍事、大司馬、楚公，加九錫，列上尚書，上，時掌翻。稱被中詔，被，皮義翻。自江入沔、漢，奉迎鑾駕。

太宰顒以張光爲順陽太守，順陽縣，前漢曰博山，後漢明帝更名順陽，屬南陽郡；至建安中，割南陽右壤爲南鄉郡；晉太康中，立順陽郡，以南鄉爲縣；唐鄧州之臨湍、菊潭縣，皆順陽郡地。帥步騎五千詣荆州討敏。劉弘遣江夏太守陶侃、武陵太守苗光屯夏口，夏，戶雅翻。又遣南平太守汝南應詹督水軍以繼之。

侃與敏同郡，侃與敏皆廬江人。又同歲舉吏。同歲舉赴京師。隨郡内史扈懷隨縣，漢屬南陽郡，春秋之隨國也。晉武帝分南陽立義陽國，後又分義陽立隨郡，隋爲漢東郡，唐爲隋州。言於弘曰：「侃居大郡，統強兵，脫有異志，則荆州無東門矣！」弘曰：「侃之忠能，吾得之已久，必無是也。」侃聞之，遣子洪及兄子臻詣弘以自固，弘引爲參軍，資而遣之。既引爲參軍，又以貨物資送而遣其歸。曰：「賢叔征行，君祖母年高，便可歸也。匹夫之交，尚不負心，況大丈夫乎！」

敏以陳恢爲荆州刺史，寇武昌，弘加侃前鋒督護以禦之。侃以運船爲戰艦，艦，戶黯翻。或以爲不可。侃曰：「用官船擊官賊，何爲不可！」侃與恢戰，屢破之；又與皮初、張光、苗光共破錢端於長岐。據張光傳，長岐之戰，光設伏於步路，苗光爲水軍，藏舟船於沔水，則長岐當在江夏郡界。

南陽太守衛展說弘曰：「張光，太宰腹心，公既與東海，宜斬光以明向背。」背，蒲妹翻。弘曰：「辛輔得失，豈張光之罪！危人自安，君子弗爲也。」乃表光殊勳，乞加遷擢。

17是歲，離石大饑，漢王淵徙屯黎亭，續漢志：上黨郡壺關縣有黎亭，書西伯戡黎卽此。就邸閣穀；留太尉宏守離石，使大司農卜豫運糧以給之。

光熙元年（丙寅、三〇六）六月，帝還洛陽，始改元；此猶是永興三年。

1春，正月，戊子朔，日有食之。

2初，太弟中庶子蘭陵繆播繆，靡幼翻，又莫六翻，姓也。有寵於司空越；播從弟右衛率胤，太宰顒前妃之弟也。越之起兵，遣播、胤詣長安說顒，令奉帝還洛，說，輸芮翻；下因說、復說、迎說同。約與顒分陝爲伯。陝，失冉翻。顒素信重播兄弟，卽欲從之。張方自以罪重，恐爲誅首，以剽掠洛都，劫天子西遷也。謂顒曰：「今據形勝之地，國富兵強，奉天子以號令，誰敢不從，柰何拱手受制於人！」顒乃止。及劉喬敗，顒懼，欲罷兵，與山東和解，恐張方不從，猶豫未決。

方素與長安富人郅輔親善，以爲帳下督。方傳云：初，方從山東來，甚微賤，郅輔厚相供給；及貴，甚親昵之。顒參軍河間畢垣，嘗爲方所侮，因說顒曰：「張方久屯霸上，聞山東兵盛，盤桓不進，顒遣方與呂朗會劉喬攻許，方屯霸上未進而劉喬敗。馬融曰：盤桓，旋也。宜防其未萌。其親信郅輔具知其謀。」繆播、繆胤復說顒：「宜急斬方以謝，山東可不勞而定。」復，扶又翻。顒使人召輔，垣迎說輔曰：「張方欲反，人謂卿知之。王若問卿，何辭以對？」輔驚曰：「實不聞方反，爲之柰何？」垣曰：「王若問卿，但言爾爾；爾爾，猶言如此如此也。不然，必不免禍。」輔入，顒問之曰：「張方反，卿知之乎？」輔曰：「爾。」顒曰：「遣卿取之，可乎？」又曰：「爾。」顒於是使輔送書於方，因殺之。輔既昵於方，昵，尼質翻。持刀而入，守閤者不疑。方火下發函，輔斬其頭。還報，顒以輔爲安定太守。送方頭於【章：甲十一行本「於」下有「司空」二字；乙十一行本同；孔本同；張校同；退齋校同。】越以請和；越不許。

宋胄襲河橋，樓褒西走。平昌公模遣前鋒督護馮嵩會宋胄逼洛陽。成都王穎西奔長安，至華陰，華陰縣，前漢屬京兆，後漢、晉屬弘農郡，唐屬華州。華，戶化翻。聞顒已與山東和親，留不敢進。呂朗屯滎陽，劉琨以張方首示之，遂降。降，戶江翻。司【章：甲十一行本「司」上有「甲子」二字；乙十一行本同；孔本同；張校同。】空越遣祁弘、宋胄、司馬纂帥鮮卑西迎車駕，帥，讀曰率。以周馥爲司隸校尉、假節，都督諸軍，屯澠池。澠，彌兗翻。

3 三月，惤令劉伯【章：甲十一行本「伯」作「柏」；乙十一行本同；孔本同；張校同。】根反，惤縣，自漢以來屬東萊郡，拓跋魏省。魏收地形志：東牟郡黃縣有惤城。師古曰：惤，音堅。衆以萬數，自稱惤公。王彌帥家僮從之，帥，讀曰率。柏根以彌爲長史，彌從父弟桑爲東中郎將。從，才用翻。柏根寇臨淄，青州都督治所。青州都督高密王略使劉暾將兵拒之；暾兵敗，奔洛陽，暾，他昆翻。略走保聊城。聊城縣，漢屬東郡，晉屬平原郡，唐爲博州治所。王浚遣將討柏根，斬之。將，卽亮翻。王彌亡入長廣山爲羣盜。長廣縣，前漢屬琅邪郡，後漢屬東萊郡。晉武帝咸寧三年，置長廣郡，長廣縣屬焉。隋廢長廣郡及縣，更名膠水縣；唐屬萊州。

4 寧州頻歲饑疫，死者以十萬計。五苓夷強盛，州兵屢敗。五苓夷反，事始上卷太安二年。苓，力丁翻。吏民流入交州者甚衆，夷遂圍州城。李毅疾病，救援路絕，乃上疏上，時掌翻。言：「不能式遏寇虐，坐待殄斃。若不垂矜恤，乞降大使，及臣尚存，加臣重辟；使，疏吏翻。辟，毗亦翻。若臣已死，陳尸爲戮。」朝廷不報。積數年，子釗自洛往省之，省，悉景翻。未至，毅卒。毅女秀，明達有父風，衆推秀領寧州事。秀獎厲戰士，嬰城固守。城中糧盡，炙鼠拔草而食之。伺夷稍怠，輒出兵掩擊，破之。伺，相吏翻。考異曰：懷帝紀：「永嘉元年五月，建寧郡夷攻陷寧州，死者三千餘人。」李雄載記曰：「南夷李毅固守不降，雄誘建寧夷使討之。毅病卒，城陷，殺壯士三千餘人，送婦女千口於成都。」王遜傳云：「李毅卒，城中奉毅女固守經年。」華陽國志有毅卒年月及女秀守城事，今從之。

5 范長生詣成都，自青城山詣成都也。成都王雄門迎，執版，拜爲丞相，尊之曰范賢。

6 夏，四月，己巳，司空越引兵屯溫。初，太宰顒以爲張方死，東方兵必可解。既而東方兵聞方死，爭入關，顒悔之，乃斬郅輔，遣弘農太守彭隨、北地太守刁默將兵拒祁弘等於湖。

五月，壬辰，弘等擊隨、默，大破之，遂西入關，又敗顒將馬瞻、郭偉於霸水，敗，補邁翻。顒單馬逃入太白山。三秦記：太白山，在武功縣南，去長安三百里。俗云「武功太白，去天三百。」新唐書地理志：太白山在鳳翔府郿縣。弘等入長安，所部鮮卑大掠，殺二萬餘人，百官奔散，入山中，拾橡實食之。橡，似兩翻，栩實也。爾雅曰：柞實謂之橡。賢曰：橡，櫟實也。己亥，弘等奉帝乘牛車東還。晉志曰：古之貴者不乘牛車。漢武帝推恩之後，諸侯寡弱，至乘牛車，其後稍見貴重，自靈帝以來，天子至士，遂以爲常乘。夫天子出入有大駕、法駕、鹵簿，帝自鄴奔洛，則乘犢車，自長安還洛，則乘牛車，無復出警入蹕之制矣。以太弟太保梁柳爲鎭西將軍，守關中。六月，丙辰朔，帝至洛陽，復羊后。考異曰：后傳曰：「張方首至洛陽，卽日復后位。」按方傳首已久，不至今日。今從帝紀。辛未，大赦，改元。改元光熙。

7 馬瞻等入長安，殺梁柳，與始平太守梁邁共迎太宰顒於南山。武帝泰始二年，分扶風，置始平郡，領槐里、始平、武功、鄠、蒯城等縣。南山卽太白山。中南、太白，本一山也。弘農太守裴廙、廙，羊至翻，又逸職翻。秦國內史賈龕、安定太守賈疋等起兵擊顒，斬馬瞻、梁邁。疋，詡之曾孫也。帝卽位，改扶風爲秦國，以封秦王柬。龕，苦含翻。疋，音雅。賈詡生於漢末，始從李傕、郭汜，中從張繡，後歸魏。司空越遣督護麋晃將兵擊顒，考異曰：牽秀傳云：「顒密遣使就東海王越求迎，越遣將麋晃等迎顒。」今從顒傳。至鄭，顒使平北將軍牽秀屯馮翊。顒長史楊騰，詐稱顒命，使秀罷兵，騰遂殺秀，關中皆服於越，顒保城而已。顒僅保長安城。

8成都王雄卽皇帝位，雄，字仲儁，特第三子。大赦，改元曰晏平，國號大成。考異曰：晉帝紀、三十國、晉春秋，皆云：「永興二年六月，雄卽帝位。」華陽國志：「光熙元年，雄卽帝位。」後魏書序紀及李雄傳，皆云「昭帝十二年，雄稱帝，」卽光熙元年也。十六國春秋鈔：「晏平元年六月，雄卽帝位。」十六國春秋目錄，雄年號，建興二，晏平五，與華陽國志同，今從之。諸書，雄改元晏平，無大武年號；惟晉載記改元大武，無晏平年號。按雄國號大成。魏書雄傳云：「雄稱帝，號大成，改元晏平。」故三十國春秋誤云「改年大成」，載記轉寫，誤爲「大武」。今從諸書去「大武」之號。追尊父特曰景皇帝，廟號始祖；尊王太后曰皇太后。雄母羅氏，尊爲王太后，見上卷永興元年。以范長生爲天地太師；太師乃有天地之號，侯景未足多怪也。羣盜私立名字以相署置，可勝言哉！考異曰：華陽國志：「尊長生曰四時八節天地太師。」今從晉載記。復其部曲，皆不豫征稅。復，方目翻。諸將恃恩，互爭班位，將，卽亮翻。尚書令閻式上疏，請考漢、晉故事，立百官制度；從之。

9秋，七月，乙酉朔，日有食之。

10八月，以司空越爲太傅，錄尚書事；范陽王虓爲司空，鎭鄴；考異曰：虓傳「爲司徒」，今從帝紀。平昌公模爲鎭東大將軍，鎭許昌；王浚爲驃騎大將軍、都督東夷、河北諸軍事，領幽州刺史。浚恃鮮卑、烏桓以爲羽翼，故使并督東夷諸軍。驃，匹妙翻。越以吏部郎庾【章：甲十一行本「庾」上有「潁川」二字；乙十一行本同；孔本同；張校同；退齋校同。】敳爲軍諮祭酒，敳，魚開翻。漢、魏之間，兵興，始置軍諮祭酒。前太弟中庶子胡母輔之爲從事中郎，黄門侍郎郭【章：甲十一行本「郭」上有「河南」二字；乙十一行本同；孔本同；張校同；退齋校同。】象爲主簿，鴻臚丞阮脩爲行參軍，臚，陵如翻。晉列卿各置丞。行參軍，在參軍事之下。沈約志：晉太傅司馬越府有行參軍、兼行參軍，後加「長兼」字。除拜則爲參軍事，府版則爲行參軍。行參軍始於蜀丞相諸葛亮府。謝鯤爲掾。掾，以絹翻。輔之薦樂安光逸於越，姓譜：光姓，燕人田光之後，秦末，子孫避地，因以爲氏。越亦辟之。敳等皆尙虚玄，不以世務嬰心，縱酒放誕；敳殖貨無厭，厭，於鹽翻。象薄行，好招權；越皆以其名重於世，故辟之。史言越所辟置，采虚名而無實用。行，下孟翻。好，呼到翻。

11 祁弘之入關也，成都王穎自武關奔新野。新野縣，漢屬南陽郡，晉屬義陽郡。會新城元公劉弘卒，司馬郭勱作亂，欲迎穎爲主；郭【章：甲十一行本「郭」上有「治中順陽」四字；乙十一行本同；孔本同；張校同；退齋校同。】舒奉弘子璠以討勱，斬之。璠，孚袁翻。勱，莫敗翻。詔南中郎將劉陶收穎。穎北渡河，奔朝歌，收故將士，得數百人，欲赴公師藩。頓【章：甲十一行本「頓」上有「九月」二字；乙十一行本同；孔本同；張校同。】丘太守馮嵩執之，送鄴；頓丘縣，漢屬東郡；武帝泰始元年，分置郡。范陽王虓不忍殺而幽之。公師藩自白馬南渡河，白馬縣，漢屬東郡，晉屬濮陽國，唐爲滑州治所。兗州刺史苟晞討斬之。

12 進東嬴公騰爵爲東燕王，燕，於賢翻。平昌公模爲南陽王。

13冬，十月，范陽王虓薨。長史劉輿以【章：甲十一行本「以」下有「成都王」三字；乙十一行本同；孔本同；張校同；退齋校同。】穎素爲鄴人所附，祕不發喪，僞令人爲臺使稱詔，夜，賜穎死，使，疏吏翻。并殺其二子。穎官屬先皆逃散，惟盧志隨從，至死不怠，收而殯之。從，才用翻。太傅越召志爲軍諮祭酒。

越將召劉輿，或曰：「輿猶膩也，近則汚人。」膩，女利翻。皮膚之垢，其肥滑者爲膩。汚，烏故翻。及至，越疏之。輿密視天下兵簿及倉庫、牛馬、器械、水陸之形，皆默識之。識，音志，記也。時軍國多事，每會議，自長史潘滔以下，莫知所對，輿應機辨畫，辨者，辨析事宜；畫者，爲之區畫也。越傾膝酬接，卽以爲左長史，軍國之務，悉以委之。輿說越遣其弟琨鎭并州，以爲北面之重；說，輸芮翻。越表琨爲并州刺史，以東燕王騰爲車騎將軍、都督鄴城諸軍事，鎭鄴。

14十一月，己巳，夜，帝食䴵中毒，䴵，必郢翻，麪餈也。釋名：䴵，并也，溲麪使合并也。蒸䴵、湯䴵之屬，隨形而名。食䴵中毒，或云越鴆之也。中，竹仲翻。庚午，崩于顯陽殿。年四十八。羊后自以於太弟熾爲嫂，恐不得爲太后，將立清河王覃。侍中華混諫曰：「太弟在東宮已久，熾立爲皇太弟，見上卷永興元年。華，戶化翻。民望素定，今日寧可易乎！」卽露版馳召太傅越，召太弟入宮。后已召覃至尚書閤，疑變，託疾而返。癸酉，太弟卽皇帝位，大赦，尊皇后曰惠皇后，居弘訓宮；追尊母王才人曰皇太后；立妃梁氏爲皇后。

懷帝始遵舊制，於東堂聽政。東堂，太極殿東堂也。每至宴會，輒與羣官論衆務，考經籍。黄門侍郎傅宣歎曰：「今日復見武帝之世矣！」復，扶又翻。

15 十二月，壬午朔，日有食之。

16 太傅越以詔書徵河間王顒爲司徒，顒乃就徵。南陽王模遣其將梁臣邀之於新安，車上扼殺之，并殺其三子。模，越之弟也。意謂殺顒父子則兄弟身安而無患矣，而不知石勒、趙染之禍已伏於冥冥之中矣。新安縣，漢屬弘農郡，晉屬河南郡。考異曰：三十國、晉春秋云「東海王越殺顒」，今從顒傳。

17 辛丑，以中書監溫羨爲左光祿大夫，領司徒；尚書左僕射王衍爲司空。

18 己酉，葬惠帝于太陽陵。

19 劉琨至上黨，東燕王騰卽自井陘東下。時并州饑饉，數爲胡寇所掠，胡寇，謂劉淵之黨也。數，所角翻。郡縣莫能自保。州將田甄、甄弟蘭、任祉、祁濟、李惲、薄盛等州將，謂并州諸將也。將，卽亮翻。甄，稽延翻。任，音壬。惲，於粉翻。及吏民萬餘人，悉隨騰就穀冀州，號爲「乞活」，所餘之戶不滿二萬；寇賊縱橫，道路斷塞。縱，子容翻。塞，悉則翻。琨募兵上黨，得五百人，轉鬭而前。至晉陽，府寺焚毁，府寺，府舍也。邑野蕭條，聚居城市爲邑。散居在外爲野。琨撫循勞徠，流民稍集。勞，力到翻。徠，力代翻。

孝懷皇帝上諱熾，字豐度，武帝第二十五子也。謚法：慈仁短折曰懷。

永嘉元年（丁卯、三〇七）

1 春，正月，癸丑，大赦，改元。

2 吏部郎周穆，太傅越之姑子也，與其妹夫御史中丞諸葛玫玫，謨杯翻。說越曰：「主上之爲太弟，張方意也。成都王穎之廢，河間王顒立帝爲皇太弟，故以爲張方之意。清河王本太子，清河王，齊王冏立爲太子，經廢者數矣。公宜立之。」越不許。重言之，重，直用翻。越怒，斬之。

3 二月，【張：「月」下脫「東萊」二字。】王彌寇青、徐二州，自稱征東大將軍，攻殺二千石。太傅越以公車令東萊鞠羨爲本郡太守，晉志，公車令，屬衞尉。以討彌，彌擊殺之。

4 陳敏刑政無章，不爲英俊所附；子弟凶暴，所在爲患；顧榮、周玘等憂之。廬江內史華譚遺榮等書曰：「陳敏盜據吳、會，命危朝露。言若朝露之棲草上，見日卽晞，不得久也。華，戶化翻。遺，于季翻。諸君或剖符名郡，或列爲近臣，而更辱身姦人之朝，朝，直遙翻；下同。降節叛逆之黨，不亦羞乎！吳武烈父子皆以英傑之才，繼承大業。吳謚孫堅曰武烈皇帝。今以陳敏凶狡，七弟頑冗，欲躡桓王之高蹤，蹈大皇之絕軌，孫策追謚長沙桓王，孫權謚大皇帝。冗，而隴翻。躡，尼輒翻。遠度諸賢，猶當未許也。度，徒洛翻。皇輿東返，謂自長安還洛陽也。俊彥盈朝，才過千人曰俊。彥，美士也。將舉六師以清建業，諸賢何顏復見中州之士邪！」復，扶又翻。榮等素有圖敏之心，及得書，甚慚，密遣使報征東大將軍劉準，使，疏吏翻。使發兵臨江，己爲內應，剪髮爲信。準遣揚州刺史劉機等出歷陽討敏。

敏使其弟廣武將軍昶將兵數萬屯烏江，沈約志：廣武將軍，晉江左置。蓋始於此時。晉置烏江縣，屬淮南郡，卽烏江亭長艤船待項羽之地以名縣。宋白曰：烏江縣，漢東城縣地，晉太康六年，始於東城界置烏江縣。昶，丑兩翻。歷陽太守宏屯牛渚。敏弟處知顧榮等有貳心，勸敏殺之，敏不從。考異曰：敏傳云：「弟昶勸殺榮。」按晉春秋：「敏臨死謂處曰：『我負卿！』」時昶已先死。今從晉春秋。

昶司馬錢廣，周玘同郡人也，玘密使廣殺昶，宣言州下已殺敏，揚州刺史治建業，故謂建業爲州下。敢動者誅三族。廣勒兵朱雀橋南；朱雀橋在建業宮城之南，跨秦淮水。世傳晉孝武建朱雀門，上有兩銅雀，故橋亦以此得名。余謂朱雀橋自吳以來有之，蓋取前朱雀之義，非晉孝武之時始有此名也。朱雀橋，亦曰大桁。敏遣甘卓討廣，堅甲精兵悉委之。顧榮慮敏之疑，故往就敏。敏曰：「卿當四出鎭衞，謂鎭安人心，乃所以衞敏也。豈得就我邪！」榮乃出，與周玘共說甘卓曰：說，輸芮翻。「若江東之事可濟，當共成之。然卿觀茲事勢，當有濟理不？不，讀曰否。敏既常才，政令反覆，計無所定，其子弟各已驕矜，其敗必矣。而吾等安然坐受其官祿，事敗之日，使江西諸軍函首送洛，江西諸軍謂劉準所遣臨江者也。題曰『逆賊顧榮、甘卓之首』，此萬世之辱也！」卓遂詐稱疾，迎女，斷橋，收船南岸，橋，卽朱雀橋也。建業城在秦淮水北，故卓收船傍南岸。斷，丁管翻。與玘、榮及前松滋侯相丹楊紀瞻共攻敏。松滋縣，屬廬江郡，後漢省；晉屬安豐郡。劉昫曰：唐壽州霍山縣，漢松滋縣地。今江陵府松滋縣，乃是吳樂鄉之地，晉氏南渡後，以松滋流民僑立松滋縣，非古松滋也。

敏自帥萬餘人討卓，軍人隔水語敏衆曰：「本所以戮力陳公者，正以顧丹楊、周安豐耳；敏以顧榮爲丹楊太守，周玘爲安豐太守，故以稱之。帥，讀曰率。語，牛倨翻。今皆異矣，汝等何爲！」敏衆狐疑未決，榮以白羽扇揮之，白羽扇，編白羽爲之。衆皆潰去。敏單騎北走，騎，奇寄翻。追獲之於江乘，歎曰：「諸人誤我，以至今日！」謂弟處曰：「我負卿，卿不負我！」謂不用處言殺顧榮等也。遂斬敏於建業，夷三族。於是會稽等郡盡殺敏諸弟。會，工外翻。

時平東將軍周馥代劉準鎮壽春。三月，己未朔，馥傳敏首至京師。詔徵顧榮爲侍中，紀瞻爲尚書郎。太傅越辟周玘爲參軍，陸玩爲掾。玩，機之從弟也。掾，以絹翻。從，才用翻。榮等至徐州，聞北方愈亂，疑不進，越與徐州刺史裴盾書曰：「若榮等顧望，以軍禮發遣！」榮等懼，逃歸。盾，楷之兄子，越妃兄也。楊正衡曰：盾，徒損翻。

西陽夷寇江夏，西陽縣，春秋弦子之國，漢爲縣，屬江夏郡，晉屬弋陽郡。漢和帝永元末，巫蠻反，討降之，徙置江夏，西陽諸蠻是也。沈約曰：晉惠帝分弋陽爲西陽國。劉昫曰：吳分江夏，置蘄春郡，晉改爲西陽郡，唐蘄州即其地。宋白曰：光州光山縣，本漢西陽縣。夏，戶雅翻。太守楊珉請督將議之。諸將爭獻方略，騎督朱伺獨不言。將，即亮翻。騎，奇寄翻。伺，相吏翻。珉曰：「朱將軍何以不言？」伺曰：「諸人以舌擊賊，伺惟以力耳。」琨又問：「將軍前後擊賊，何以常勝？」伺曰：「兩敵共對，惟當忍之；彼不能忍，我能忍，是以勝耳。」琨善之。凡戰非有智巧以出奇取勝，而以力角力者，莫過於朱伺之說矣。

6 詔追復楊太后尊號；丁卯，改葬之，謚曰武悼。楊后遇禍，見八十二卷惠帝元康元年。

7 庚午，立清河王覃弟豫章王詮爲皇太子。詮，且緣翻。辛未，大赦。

8 帝觀【章：甲十一行本「觀」作「親」；乙十一行本同；張校同。】覽大政，留心庶事；太傅越不悅，固求出藩。庚辰，越出鎮許昌。爲越殺繆播等張本。

9 以高密王略爲征南大將軍，都督荊州諸軍事，鎮襄陽；南陽王模爲征西大將軍，都督秦、雍、梁、益諸【章：甲十一行本「諸」上有「四州」二字；乙十一行本同；孔本同；張校同。】軍事，鎮長安；東燕王騰爲新蔡王，都督司、冀二州諸軍事，仍鎮鄴。去年騰自并州徙鎮鄴。

10 公師藩既死，汲桑逃還苑中，在平牧苑也，桑於此起兵赴公師藩，藩死，逃還。更聚衆劫掠郡縣，自稱大將軍，聲言爲成都王報仇；爲，于僞翻；下燕爲同。以石勒爲前驅，所向輒克，署勒討【章：甲十一行本「討」作「掃」；乙十一行本同；孔本同；張校同。】虜將軍，遂進攻鄴。時鄴中府庫空竭，而新蔡武哀王騰資用甚饒。騰性吝嗇，無所振惠，臨急，乃賜將士米各數升，帛各丈尺，以是人不爲用。夏，五月，桑大破魏郡太守馮嵩，長驅入鄴，騰輕騎出奔，爲桑將李豐所殺。

桑出成都王穎棺，穎之死也，盧志收殯之，今桑出而載之。載之車中，每事啓而後行。遂燒鄴宮，火旬日不滅；袁紹據鄴，始營宮室，魏武帝又增而廣之，至是悉爲灰燼矣。殺士民萬餘人，大掠而去。濟自延津，南擊兗州。太傅越大懼，使苟晞及將軍王讚討之。

11 秦州流民鄧定、訇氏等據成固，楊正衡曰：訇，呼宏翻；余謂訇姓，氏名。寇掠漢中，梁州刺史張殷遣巴西太守張燕討之。鄧定等飢窘，詐降於燕，且賂之，燕爲之緩師。窘，渠隕翻。降，戶江翻。爲，于僞翻。定密遣訇氏求救於成，成主雄遣太尉離、司徒雲、司空璜將兵二萬救定，與燕戰，大破之，張殷及漢中太守杜孟治棄城走。積十餘日，離等引還，盡徙漢中民於蜀。漢中人句方、白落帥吏民還守南鄭。句，古侯翻，姓也。梁州刺史、漢中太守俱治南鄭。杜佑曰：漢漢中郡故城，在唐梁州南鄭縣東北。

12 石勒與苟晞等相持於平原、陽平間數月，大小三十餘戰，互有勝負。秋，七月，己酉朔，太傅越屯官渡，爲晞聲援。

13 己未，以琅邪王睿爲安東將軍、都督揚州江南諸軍事、假節，鎮建業。時周馥鎮壽春，督揚州之江北，故睿督揚州之江南。考異曰：元帝紀曰：「東海王越之收兵下邳，以帝都督揚州；越西迎大駕，留帝居守。永嘉初，用王導計，始鎮建業。」按既都督揚州，不當猶鎮下邳。又懷帝紀，明言「七月己未，睿都督揚州，鎮建業」，今從之。

14 八月，己卯朔，苟晞擊汲桑於東武陽，東武陽縣，漢屬東郡，魏、晉屬陽平郡，後魏去「東」字爲武陽縣。唐貞觀初，廢武陽入魏州莘縣，開元七年，復置，改爲朝城縣。杜佑曰：魏郡莘縣南有東武陽城。大破之。桑退保清淵。清淵縣，漢屬魏郡。應劭曰：清河在縣西北。晉屬陽平郡，後魏分置臨清縣；後齊廢臨清縣入清淵。唐避高祖諱，改清淵爲臨清，屬貝州。

15 分荊州、江州八郡爲湘州。晉志：帝分荊州之衡陽、長沙、湘東、零陵、邵陽、桂陽及廣州之始安、始興、臨賀九郡，置湘州。帝紀曰：分荊、江八郡爲湘州。紀、志自相抵牾。此從紀。沈約亦曰：分荊州之長沙、衡陽、湘東、邵陵、零陵、營陽、建昌，江州之桂陽八郡，立湘州。

16 九月，戊申，琅邪王睿至建業。睿以安東司馬王導爲謀主，推心親信，每事咨焉。睿名論素輕，吳人不附，居久之，士大夫莫有至者，導患之。會睿出觀禊，導使睿乘肩輿，具威儀，禊，胡計翻，祓除不祥也。漢儀：季春上巳，官及百姓皆禊於東流水上。應劭風俗通曰：按周禮，女巫掌歲時以祓除疾病。禊者，潔也，於水上盥潔之也。肩輿，平肩輿也，人以肩舉之而行。導與諸名勝皆騎從，騎，奇寄翻。從，才用翻。紀瞻、顧榮等見之驚異，相帥拜於道左。帥，讀曰率。導因說睿曰：「顧榮、賀循，此土之望，宜引之以結人心；二子既至，則無不來矣。」睿乃使導躬造循、榮，二人皆應命而至。說，輸芮翻。造，七到翻。考異曰：導傳曰：「元帝鎭建康，居月餘，士庶莫有至者。會從兄敦來朝，導謂之曰：『琅邪王仁德雖厚，而名論猶輕；兄威風已振，宜有以匡濟者。』會三月上巳，帝觀禊，敦、導皆騎從。」王敦傳：「東海王越誅繆播後，乃以敦爲揚州刺史，其後徵拜尚書，不就。」周玘傳：「錢璯聞劉聰逼洛陽，不敢進，乃謀反。時王敦遷尚書，與璯俱西，欲殺敦，敦奔告元帝。」懷帝紀：「永嘉元年七月，琅邪王睿鎮建業。三年三月，殺繆播。四年二月，錢璯反。」是時睿在建業已三年矣，安得言月餘！又睿名論雖輕，安有爲都督數年而士庶莫有至者！陳敏得江東，猶首用周、顧以收人望；導爲睿佐，豈得待數年然後薦之乎！然則導傳所云，難以盡信，今刪去導語及敦名而已。以循爲吳國內史；榮爲軍司，軍司，軍司馬也。加散騎常侍，職爲軍司，此加官也。凡軍府政事，皆與之謀議。又以紀瞻爲軍【張：「軍」下脫「諮」字。】祭酒，卞壼爲從事中郎，壼，苦本翻。周玘爲倉曹屬，琅邪劉超爲舍人，晉諸王國有謁者四人，中大夫六人，舍人十人。張闓及魯國孔衍爲參軍。闓，可亥翻，又音開。壼，粹之子；卞粹見上卷惠帝太安二年。闓，昭之曾孫也。張昭輔吳爲元臣。王導說睿：「謙以接士，儉以足用，以清靜爲政，撫綏新舊；」新，謂自中原來者；舊，謂江東人。說，輸芮翻。故江東歸心焉。睿初至，頗以酒廢事；導以爲言。睿命酌，引觴覆之，於此遂絕。史言元帝能用王導所以興於江左。

17 苟晞追擊汲桑，破其八壘，死者萬餘人。桑與石勒收餘衆，將奔漢，冀州刺史譙國丁紹邀之於赤橋，又破之。桑奔馬牧，在平馬牧也。勒奔樂平。晉志，陽平郡有樂平縣，前漢東郡之清縣也，後漢章帝改曰樂平。但石勒欲奔漢，則非此樂平也。又幷州有樂平郡，武帝泰始中置，唐之遼州也；勒奔于此。太傅越還許昌，加苟晞撫軍將軍、都督青、兗諸軍事，丁紹寧北將軍、監冀州諸軍事，皆假節。

晞屢破強寇，威名甚盛，善治繁劇，治，直之翻。用法嚴峻。其從母依之，晞奉養甚厚。從母子求爲將，晞不許，曰：「吾不以王法貸人，從才用翻。將，子亮翻。貸，他代翻。將無後悔邪！」固求之，晞乃以爲督護；後犯法，晞杖節斬之，從母叩頭救之，不聽。既而素服哭之曰：「殺卿者，兗州刺史；哭弟者，苟道將也。」苟晞，字道將。

18 胡部大張訇督、馮莫突等，胡人一部之長，呼爲部大。楊正衡曰：訇，音背。擁衆數千，壁于上黨，石勒往從之，因說訇督等曰：「劉單于舉兵擊晉，劉單于，謂劉淵也。說，輸芮翻。單，音蟬。部大拒而不從，自度終能獨立乎？」度，徒洛翻。曰：「不能。」勒曰：「然則安可不早有所屬！今部落皆已受單于賞募，往往聚議，欲叛部大而歸單于矣。」訇督等以爲然。冬，十月，訇督等隨勒單騎歸漢，騎，奇寄翻。漢王淵署訇督爲親漢王，莫突爲都督部大，以勒爲輔漢將軍、平晉王，以統之。

烏桓張伏利度有衆二千，壁于樂平，淵屢招，不能致。勒僞獲罪於淵，往奔伏利度，伏利度喜，結爲兄弟，使勒帥諸胡寇掠，帥，讀曰率；下同。所向無前，諸胡畏服。勒知衆心之附己，乃因會執伏利度，謂諸胡曰：「今起大事，我與伏利度誰堪爲主？」諸胡咸推勒。勒於是釋伏利度，帥其衆歸漢。淵加勒督山東征討諸軍事，以伏利度之衆配之。史言石勒之衆浸盛。

19 十一月，戊申朔，日有食之。

20 甲寅，以尚書右僕射和郁爲征北將軍，鎮鄴。

21 乙亥，以王衍爲司徒。衍說太傅越曰：說，輸芮翻；下同。「朝廷危亂，當賴方伯，宜得文武兼資以任之。」乃以弟澄爲荆州都督，族弟敦爲青州刺史，考異曰：晉春秋：「王衍言於太傅越，以王澄爲荆州，敦爲揚州，據吳、楚以爲形援，越從之。於是澄、敦同發，越餞之。」敦傳，自青州入爲中書監，東海王越誅繆播後，始出爲揚州。播死在永嘉三年三月，此年越在許昌，不在洛，故以晉書爲定。語之曰：「荆州有江、漢之固，青州有負海之險，卿二人在外而吾居中，足以爲三窟矣。」戰國策：馮煖謂孟嘗君曰：「狡兔有三窟，僅得免其死耳。」其後敦、澄自相魚肉，衍亦死於石勒，三窟安在哉！是以忠臣國爾忘家，蓋國安則家亦安也。陸佃埤雅曰：俗云兔營窟，必背丘相通，所謂狡兔三窟。語，牛倨翻。澄至鎮，以郭舒爲別駕，委以府事。澄日夜縱酒，不親庶務，雖寇戎交急，不以爲懷。舒常切諫，以爲宜愛民養兵，保全州境，澄不從。爲王澄不能保荆州張本。

22 十二月，戊寅，乞活田甄、田蘭、薄盛等起兵，爲新蔡王騰報讎，斬汲桑于樂陵。樂陵縣，漢屬平原郡，晉分爲樂陵國，唐爲縣。宋白曰：棣州陽信縣，魏屬樂陵國，晉斬汲桑於此，屬滄州。爲，于僞翻。棄成都王穎棺於故井中，穎故臣收葬之。

23 甲午，以前太傅劉寔爲太尉，寔以老固辭；不許。庚子，以光祿大夫高光爲尚書令。

24 前北軍中候呂雍、度支校尉陳顔等度支校尉，蓋當時所置，以督漕運者也。度，徒洛翻。謀立清河王覃爲太子；事覺，太傅越矯詔囚覃於金墉城。

25 初太傅越與苟晞親善，引升堂，結爲兄弟。司馬潘滔說越曰：「兗州衝要，魏武以之創業。事見六十卷、六十一卷。苟晞有大志，非純臣也，久令處之，則患生心腹矣。處，昌呂翻。若遷于青州，厚其名號，晞必悅。公自牧兗州，經緯諸夏，藩衛本朝，此所謂爲之於未亂者也。」老子曰：其安易持，其未兆易謀，其脆易破，其微易散；爲之於未有，治之於未亂。緯，于貴翻。夏，戶雅翻。朝，直遥翻。越以爲然。癸卯，越自爲丞相，領兗州牧，都督兗、豫、司、冀、幽、幷諸軍事。杜佑曰：晉司徒與丞相通職，更置迭廢，未嘗並立，至永嘉元年始兩置焉，王衍爲司徒，東海王越爲丞相。以晞爲征東大將軍、開府儀同三司，加侍中、假節、都督青州諸軍事，領青州刺史，封東平郡公。越、晞由是有隙。爲後晞馳檄罪狀越張本。

晞至青州，以嚴刻立威，日行斬戮，州人謂之「屠伯」。鄧展曰：言殺人若屠兒之殺六畜。伯，長也。頓丘太守魏植爲流民所逼，衆五六萬，大掠兗州，晞出屯無鹽以討之。無鹽縣，屬東平國，唐屬濟州界。以弟純領青州，刑殺更甚於晞。晞討植，破之。

初，陽平劉靈，少貧賤，少，詩照翻。力制奔牛，走及奔馬，時人雖異之，莫能舉也。靈撫膺歎曰：膺，胸也。「天乎，何當亂也！」及公師藩起，靈自稱將軍，寇掠趙、魏。會王彌爲苟純所敗，靈亦爲王讚所敗，遂俱遣使降漢。敗，補邁翻。考異曰：彌傳曰：「彌逼洛陽，敗於七里澗，乃與其黨劉靈謀歸漢。」按十六國春秋：靈爲王讚所逐，彌爲苟純所敗，乃謀降漢。今年春，靈已在淵所，五月，彌乃如平陽。然則二人先降漢已久矣，彌傳誤也。漢拜彌鎮東大將軍、青·徐二州牧、都督緣海諸軍事，封東萊公；以靈爲平北將軍。

26 李釗至寧州，光熙元年，李毅卒，釗今乃至寧州。釗，音昭。州人奉釗領州事。治中毛孟詣京師，求刺史，屢上奏，不見省。上，時掌翻。省，悉景翻。孟曰：「君亡親喪，幽閉窮城，謂李毅已死，寧州受圍不解也。喪，息浪翻。萬里訴哀，精誠無感，生不如死！」欲自刎，刎，扶粉翻。朝廷憐之，以魏興太守王遜爲寧州刺史，考異曰：華陽國志以廣漢太守王遜爲寧州。按時廣漢已爲李雄所陷。今從遜傳。仍詔交州出兵救李釗。交州刺史吾彥遣其子咨將兵救之。將，卽亮翻。

27 慕容廆自稱鮮卑大單于。廆，乎罪翻。

28 拓跋祿官卒，弟猗盧總攝三部，與廆通好。祿官分國爲三部，事見上八十二卷惠帝元康五年。好，呼到翻。

二年（戊辰、三〇八）

1 春，正月，丙午朔，日有食之。考異曰：帝紀、天文志云「丙子朔」。誤。今從長曆。

2 丁未，大赦。

3 漢王淵遣撫軍將軍聰等十將南據太行，行，戶剛翻。輔漢將軍石勒等十將東下趙、魏。考異曰：石勒載記曰：「元海使劉聰攻壺關，命勒帥所統七千爲前鋒都督。劉琨遣護軍黃秀等救壺關，勒敗秀於白田，殺之，遂陷壺關。」事在明年。今從十六國春秋。

4 二月，辛卯，太傅越殺清河王覃。

5 庚子，石勒寇常山，王浚擊破之。

6 涼州刺史張軌病風，口不能言，使其子茂攝州事。隴西內史晉昌張越，涼州大族，惠帝分敦煌、酒泉置晉昌郡。杜佑曰：晉昌，漢冥安縣地。欲逐軌而代之，與其兄酒泉太守鎮及西平太守曹袪袪，丘於翻。考異曰：晉春秋作「曹祗」。今從張軌傳。謀遣使詣長安使，疏吏翻。告南陽王模，稱軌廢疾，請以秦州刺史賈龕代之。龕將受之，其兄讓龕曰：「張涼州一時名士，威著西州，汝何德以代之！」龕乃止。龕，口含翻。鎮、袪上疏，更請刺史，未報；遂移檄廢軌，以軍司杜耽攝州事，使耽表越爲刺史。

軌下教，欲避位，歸老宜陽。軌少隱於宜陽女几山，故下教欲歸老於宜陽。長史王融、參軍孟暢蹋折鎮檄，蹋，徒臘翻。折，而設翻。排閤入言曰：「晉室多故，明公撫寧西夏，此西夏，謂河西之地。夏，戶雅翻。張鎮兄弟敢肆凶逆，當鳴鼓誅之。」遂出，戒嚴。會軌長子寔自京師還，乃以寔爲中督護，將兵討鎮。遣鎮甥太府主簿令狐亞按張軌傳，有太府司馬、主簿，又有少府主簿。蓋以都督府爲太府，涼州府爲少府也。先往說鎮，爲陳利害，說，輸芮翻。爲，于僞翻。鎮流涕曰：「人誤我！」乃詣寔歸罪。寔南擊曹祛，走之。

朝廷得鎮、祛疏，以侍中袁瑜爲涼州刺史。治中楊澹馳詣長安，考異曰：晉春秋作「張澹」，今從張軌傳。澹，徒覽翻，又徒濫翻。割耳盤上，訴軌之被誣。被，皮義翻。南陽王模表請停瑜，武威太守張琠亦上表留軌；字林：琠，他殄翻。詔依模所表，且命誅曹祛。軌於是命寔帥步騎三萬討祛，斬之。帥，讀曰率；下同。張越奔鄴，涼州乃定。

7 三月，太傅越自許昌徙鎮鄄城。鄄，音絹。

8 王彌收集亡散，兵復大振。復，扶又翻。分遣諸將攻掠青、徐、兗、豫四州，所過攻陷郡縣，多殺守令，有衆數萬；苟晞與之連戰，不能克。夏，四月，丁亥，彌入許昌。

太傅越遣司馬王斌帥甲士五千人入衛京師，張軌亦遣督護北宮純將兵衛京師。五月，彌入自轘轅，轘，音環。敗官軍于伊北，伊北，伊水之北也。敗，必邁翻；下同。京師大震，宮城門晝閉。壬戌，彌至洛陽，屯于津陽門。津陽門洛陽城南面東頭第二門。詔以王衍都督征討諸軍事。北【章：甲十一行本「北」上有「甲子，衍與王斌等出戰」九字；乙十一行本同；孔本同；張校同；退齋校同。】宮純募勇士百餘人突陳，陳，讀曰陣。彌兵大敗。乙丑，彌燒建春門而東，衍遣左衛將軍王秉追之，戰于七里澗，又敗之。

彌走渡河，與王桑自軹關如平陽。軹關在河內軹縣。軹，音只。漢王淵遣侍中兼御史大夫郊迎，令曰：「孤親行將軍之館，行，下孟翻。拂席洗爵，敬待將軍。」及至，拜司隸校尉，加侍中、特進；以桑爲散騎侍郎。

北宮純等與漢劉聰戰於河東，敗之。

9 詔封張軌西平郡公，軌辭不受。時州郡之使，莫有至者，軌獨遣使貢獻，歲時不絕。使，疏吏翻。

10 秋，七月，甲辰，漢王淵寇平陽，太守宋抽棄郡走，河東太守路述戰死；淵徙都蒲子。蒲子縣，卽晉公子重耳所居蒲城也；漢屬河東郡，晉屬平陽郡。劉昫曰：唐隰州治隰川縣，漢蒲子縣地。杜佑曰：隰州隰川、蒲縣，漢蒲子縣地。考異曰：劉琨答太傅府書曰：「潛遣使驛離間其部落，淵遂怖懼，南奔蒲子，雜虜歸降，萬有餘落。」琨傳亦然。按時淵強琨弱，豈因畏琨而徙都！蓋琨爲自大之辭，史因承以爲實耳。上郡鮮卑陸逐延、氐酋單徵並降於漢。酋，慈由翻。單，上演翻。降，戶江翻。考異曰：載記作「氐酋大單于徵」。按當時戎狄酋長，皆謂之「大」。徵，卽光文單后之父。「于」衍字也。

11 八月，丁亥，太傅越自鄄城徙屯濮陽；濮陽，衞墟，漢屬東郡，晉初分置濮陽國，唐鄄城、濮陽二縣，皆屬濮州。鄄，音絹。濮，音卜。未幾，又徙屯滎陽。幾，居豈翻。

12 九月，漢王彌、石勒寇鄴，和郁棄城走。詔豫州刺史裴憲屯白馬以拒彌，車騎將軍王堪屯東燕以拒勒，漢東郡燕縣，古南燕國，晉省，而故城猶在，曰東燕城；後魏立東燕縣，屬陳留郡。劉昫曰：唐滑州胙城縣，漢南燕縣。燕，於賢翻。平北將軍曹武屯大陽以備蒲子。大陽縣，屬河東郡。地理志曰：北虢也。應劭曰：在大河之陽，唐併入陝州河北縣界。憲，楷之子也。裴楷仕武帝、惠帝時。

13 冬，十月，甲戌，漢王淵卽皇帝位，大赦，改元永鳳。十一月，以其子和爲大將軍，聰爲車騎大將軍，族子曜爲龍驤大將軍。驤，思將翻。

14 壬寅，并州刺史劉琨使上黨太守劉惇帥鮮卑攻壺關，杜佑曰：唐潞州治上黨。漢壺關縣，後魏移壺關縣當羊腸阪羊頭之阨。帥，讀曰率；下同。漢鎭東將軍綦毋達戰敗亡歸。

15 丙午，漢都督中外諸軍事、【章：甲十一行本「事」下有「大司馬」三字；乙十一行本同；孔本同；退齋校同。】領丞相、右賢王宣卒。

16 石勒、劉靈帥衆三萬寇魏郡、汲郡、頓丘，汲縣，漢屬河內郡，武帝泰始二年，分置汲郡；唐之衞州卽其地。百姓望風降附者五十餘壘；降，戶江翻。皆假壘主將軍、都尉印綬，綬，音受。簡其強壯五萬爲軍士，老弱安堵如故。己酉，勒執魏郡太守王粹于三臺，殺之。三臺註見後八十八卷永嘉六年。

17 十二月，辛未朔，大赦。

18 乙亥，漢主淵以大將軍和爲大司馬，封梁王；尚書令歡樂爲大司徒，封陳留王；樂，音洛。后父御史大夫呼延翼爲大司空，封鴈門郡公；宗室以親疏悉封郡縣王，異姓以功伐悉封郡縣公侯。

19成尚書令楊褒卒。考異曰：載記云「丞相楊褒」。今從晉春秋。褒好直言，好，呼到翻。成主雄初得蜀，用度不足，諸將有以獻金銀得官者，褒諫曰：「陛下設官爵，當網羅天下英豪，何有以官買金邪！」雄謝之。雄嘗醉，推中書令杖太官令，褒進曰：「天子穆穆，諸侯皇皇。禮記曲禮言。安有天子而爲酗也！」陸德明曰：酗，況具翻。以酒爲凶曰酗。雄慚而止。

20成平寇將軍李鳳屯晉壽，葭萌縣，漢屬廣漢郡，蜀改爲漢壽縣，屬梓潼郡；晉又改漢壽曰晉壽。屢寇漢中，漢中民東走荆沔。沔水自梁州入荆州界爲荆沔。詔以張光爲梁州刺史。荆州寇盜不禁，詔起劉璠爲順陽内史，江、漢間翕然歸之。璠父弘之喪未終，起之於苫塊；荆州之民懷其父，故翕然歸其子。璠，扶元翻。

資治通鑑卷第八十七

端明殿學士兼翰林侍讀學士朝散大夫右諫議大夫充集賢殿修撰權判西京留司御史臺上柱國河內郡開國侯食邑一千三百戶食實封四百戶賜紫金魚袋臣 司馬光 奉敕編集

後學天台 胡三省 音註

晉紀九 起屠維大荒落（己巳），盡重光協洽（辛未），凡三年。

孝懷皇帝中

永嘉三年（己巳、三〇九）

1 春，正月，辛丑朔，熒惑犯紫微。紫微，卽紫宮也。漢太史令宣于脩之，考異曰：晉春秋作「鮮于脩之」。今從載記、十六國春秋。余按姓氏諸書，有鮮于而無宣于。言於漢主淵曰：「不出三年，必克洛陽。蒲子崎嶇，難以久安；崎，丘奇翻。嶇，丘于翻。平陽氣象方昌，請徙都之。」淵從之。大赦，改元河瑞。時汾水得玉璽，淵因改元河瑞。

2 三月，戊申，高密孝王略薨。以尚書左僕射山簡爲征南將軍、都督荊、湘、交、廣四州諸軍事，鎮襄陽。代略也。簡，濤之子也，嗜酒，不恤政事；表「順陽內史劉璠得衆心，恐百姓劫璠爲主」。詔徵璠爲越騎校尉。璠，扶元翻。南州由是遂亂，父老莫不追思劉弘。史言劉弘父子得江、漢間民心。

3 丁巳，太傅越自滎陽入京師。越自去年徙屯滎陽。中書監王敦謂所親曰：「太傅專執威權，而選用表請，尚書猶以舊制裁之，今日之來，必有所誅。」

帝之爲太弟也，與中庶子繆播親善，及即位，以播爲中書監，繆胤爲太僕卿，太僕，九卿也；但晉官未有「卿」字，「卿」字衍。委以心膂；帝舅散騎常侍王延、尚書何綏、太史令高堂沖，並參機密。越疑朝臣貳於己，散，悉亶翻。騎，奇寄翻。朝，直遥翻。劉輿、潘滔勸越悉誅播等。越乃誣播等欲爲亂，乙丑，遣平東將軍王秉，帥甲士三千入宮，執播等十餘人於帝側，付廷尉，殺之。越因繆播兄弟以克河間，今又殺之，權勢之爭可畏哉！帥，讀曰率。帝歎息流涕而已。

綏，曾之孫也。初，何曾侍武帝宴，退，謂諸子曰：「主上開創大業，吾每宴見，見，賢遍翻。未嘗聞經國遠圖，惟說平生常事，非貽厥孫謀之道也；及身而已，後嗣其殆乎！嗣，祥吏翻。汝輩猶可以免；」指諸孫曰：「此屬必及於難。」難，乃旦翻。及綏死，兄嵩哭之曰：「我祖其殆聖乎！」曾日食萬錢，猶云無下箸處。箸，遲據翻，梜也。子劭，日食二萬。綏及弟機、羨，汰侈尤甚；與人書疏，詞禮簡傲。河內王尼見綏書，謂人曰：「伯蔚居亂世而矜豪乃爾，其能免乎！」人曰：「伯蔚聞卿言，必相危害。」尼曰：「伯蔚比聞我言，自已死矣！」何綏，字伯蔚。比，必寐翻，及也。蔚，紆勿翻。及永嘉之末，何氏無遺種。種，章勇翻。

臣光曰：何曾議【章：甲十行本「議」作「譏」；乙十一行本同；孔本同。】武帝偷惰，取過目前，不爲遠慮；知天下將亂，子孫必與其憂；與，讀曰預。何其明也！然身爲僭侈，使子孫承流，卒以驕奢亡族，卒，子恤翻。其明安在哉！且身爲宰相，知其君之過，不以告而私語於家，非忠臣也。

4 太傅越以王敦爲揚州刺史。爲敦亂東晉張本。

5 劉寔連年請老，朝廷不許。尚書左丞劉坦上言：「古之養老，以不事爲優，不事，謂不使任事也。不以吏之爲重，謂宜聽寔所守。」丁卯，詔寔以侯就第。以王衍爲太尉。

太傅越解兗州牧，領司徒。越以頃來興事，多由殿省，謂誅楊駿，廢賈后，誅趙王倫、齊王冏及討成都王穎，及羊后、太子覃屢廢屢立，皆殿中人爲之。乃奏宿衛有侯爵者皆罷之。時殿中武官並封侯，由是出者略盡，皆泣涕而去。更使右衛將軍何倫、左衛將軍王秉領東海國兵數百人宿衛。自是帝左右皆越私人。

6 左積弩將軍朱誕奔漢，武帝泰始四年，罷振威、揚威護軍，置左右積弩將軍。具陳洛陽孤弱，勸漢主淵攻之。淵以誕爲前鋒都督，以滅晉大將軍劉景爲大都督，將兵攻黎陽，克之；又敗王堪於延津，沈男女三萬餘人於河。敗，補邁翻。沈，持林翻。淵聞之，怒曰：「景何面復見朕！

復，扶又翻。且天道豈能容之！吾所欲除者，司馬氏耳，細民何罪！」黜景爲平虜將軍。劉淵之識略，非聰、曜所能及也。

7夏，大旱，江、漢、河、洛皆竭，可涉。川竭，亡國之徵。

8漢安東大將軍石勒寇鉅鹿、常山，衆至十餘萬，集衣冠人物，別爲君子營。石勒起於胡羯餓隸而能如此，此其所以能跨有中原也。以趙郡張賓爲謀主，刁膺爲股肱，夔安、孔萇、支雄、桃豹、逯明爲爪牙。姓譜：夔子之後，以國爲姓。後趙支雄傳云，其先，月支胡人也。桃，春秋魯邑，以邑爲姓；一曰古高士左伯桃之後。逯，盧谷翻。并州諸胡羯多從之。羯，居謁翻。

初，張賓好讀書，好，呼到翻。闊達有大志，常自比張子房。及石勒徇山東，賓謂所親曰：「吾歷觀諸將，無如此胡將軍者，勒，本胡也，故謂之胡將軍。可與共成大業！」乃提劍詣軍門，大呼請見，勒亦未之奇也。賓數以策干勒，呼，火故翻。數，所角翻。已而皆如所言；勒由是奇之，署爲軍功曹，動靜咨之。

9漢主淵以王彌爲侍中、都督青·徐·兗·豫·荆·揚六州諸軍事、征東大將軍、青州牧，與楚王聰共攻壺關，以石勒爲前鋒都督。劉琨遣護軍黄肅、韓述救之，聰敗述於西澗，勒敗肅於封田，皆殺之。西澗、封田，皆當在壺關東南。敗，補邁翻。考異曰：石勒載記「肅」作「秀」，「封」作「白」。今從十六國春秋及劉琨集。

太傅越遣淮南内史王曠、考異曰：十六國春秋作「王廣」，今從帝紀。將軍施融、曹超將兵拒聰等。曠濟河，欲長驅而前，融曰：「彼乘險間出，間，古莧翻。我雖有數萬之衆，猶是一軍獨受敵也。且當阻水爲固以量形勢，量，音良。然後圖之。」曠怒曰：「君欲沮衆邪！」沮，在呂翻。融退曰：「彼善用兵，曠闇於事勢，吾屬今必死矣！」曠等於【章：甲十一行本「於」作「踰」；乙十一行本同；孔本同；張校同；退齋校同。】太行，行，戶剛翻。與聰遇，戰於長平之間，曠兵大敗，融、超皆死。

聰遂破屯留、長子，屯，音純。凡斬獲萬九千級。上黨太守龐淳以壺關降漢。降，戶江翻。考異曰：十六國春秋作「劉惇」，劉琨傳作「龔醇」。今從帝紀。劉琨以都尉張倚領上黨太守，據襄垣。襄垣縣，屬上黨郡。宋白曰：襄垣，趙襄子所築，因以爲名。

初，匈奴劉猛死，見七十九卷武帝泰始八年。右賢王去卑之子誥升爰代領其衆。誥升爰卒，子虎立，居新興，號鐵弗氏，鐵弗氏之後爲赫連勃勃。與白部鮮卑皆附於漢。考異曰：劉琨集作「百部」，今從後魏書、晉書。劉琨自將擊虎，將，即亮翻。考異曰：帝紀：「七月，劉聰及王彌圍壺關，琨使兵救之，爲聰所敗。王廣等及聰戰，又敗。龐惇以郡降賊。」十六國春秋：「淵五月，遣聰攻壺關，敗韓述、黃肅。六月，晉遣王廣等來討。七月，戰於長平，晉師敗，劉惇以壺關降。」按劉琨集載六月癸巳，琨答太傅府書曰：「聰、彌入上黨，龐惇不能禦。」又曰：「安居失利，韓述授首，封田之敗，黃肅不還，浹辰之間，名將仍殄。」又曰：「即重遣江陶都尉張倚領上黨太守，疾據襄垣；續遣鷹揚將軍趙擬、梁余都尉李茂與倚併力，輕行夜襲。賊捐棄輜車，宵遁而退，追尋討截，獲三分之二。當聰、彌之未走，烏丸、劉虎構爲變逆，西招白部，遣使致任，稱臣於淵，殘州困弱，内外受敵，輒背聰而討虎，自四月八日攻圍。」然則琨討虎以上事，皆在四月以前也。蓋晉、漢二史，皆據奏報，事畢而言之；今依琨集爲定。劉聰遣兵襲晉陽，不克。

10 五月，漢主淵封子裕爲齊王，隆爲魯王。

11 秋，八月，漢主淵命楚王聰等進攻洛陽；詔平北將軍曹武等拒之，皆爲聰所敗。敗，補邁翻。聰長驅至宜陽，自恃驟勝，怠不設備。九月，弘農太守垣延詐降，垣，姓；延，名。降，戶江翻。夜襲聰軍，聰大敗而還。

王浚遣祁弘與鮮卑段務勿塵擊石勒于飛龍山，隋地理志，恆山郡石邑縣有飛龍山。括地志：封龍山，一名飛龍山，在恆山鹿泉縣南四十五里。大破之，勒退屯黎陽。

12 冬，十月，漢主淵復遣楚王聰、王彌、始安王曜、汝陰王景帥精騎五萬寇洛陽，復，扶又翻。帥，讀曰率。騎，奇寄翻。大司空鴈門剛穆公呼延翼帥步卒繼之。北狄傳，匈奴四姓，有呼延氏、卜氏、蘭氏、喬氏，而呼延氏最貴。丙辰，聰等至宜陽。朝廷以漢兵新敗，不意其復至，大懼。辛酉，聰屯西明門。西明門，洛城西面南頭第二門也。北宮純等夜帥勇士千餘人出攻漢壁，斬其征虜將軍呼延顥。壬戌，聰南屯洛水。洛水，過洛城南。乙丑，呼延翼爲其下所殺，其衆自大陽潰歸。淵敕聰等還師；聰表稱晉兵微弱，不可以翼、顥死故還師，固請留攻洛陽，淵許之。太傅越嬰城自守。戊寅，聰親祈嵩山，嵩山，在河南陽城縣。留平晉將軍安陽哀王厲、冠軍將軍呼延朗督攝留軍；冠，古玩翻。太傅參軍孫詢說越乘虛出擊朗，斬之。說，輸芮翻。厲赴水死。王彌謂聰曰：「今軍既失利，洛陽守備猶固，運車在陝，糧食不支數日。聰自宜陽而東，又南進，屯于洛水，既爲晉所敗，運車在陝，糧道隔絶。陝，失冉翻。殿下不如與龍驤還平陽，淵以族子曜爲龍驤大將軍。驤，思將翻。裹糧發卒，更爲後舉；下官亦收兵穀，待命於兗、豫，不亦可乎！」聰自以請留，未敢還。宣于脩之言於淵曰：「歲在辛未，乃得洛陽。今晉氣猶盛，大軍不歸，必敗。」淵乃召聰等還。

13 天水人訇琦等訇，呼宏翻。殺成太尉李離、尚書令閻式，以梓潼降羅尚；降，戶江翻。成主雄遣太傅驤、司徒雲、司空璜攻之，不克，雲、璜戰死。

初，譙周有子居巴西，成巴西太守馬脫殺之，其子登詣劉弘請兵以復讎。弘表登爲梓潼內史，使自募巴、蜀流民，得二千人；西上，上，時掌翻。至巴郡，從羅尚求益兵，不得。登進攻宕渠，宕渠縣，漢屬巴郡，自蜀以來，屬巴西郡。賢曰：宕渠故城，在今渠州流江縣東北。宕，徒浪翻。斬馬脫，食其肝。會梓潼降，登進據涪城；涪，音浮。雄自攻之，爲登所敗。敗，補邁翻。

14 十一月，甲申，漢楚王聰、始安王曜歸于平陽。王彌南出轘轅，轘，音環。流民之在潁川、襄城、汝南、南陽、河南者數萬家，襄陽縣，漢屬潁川郡，武帝泰始二年分立襄城郡。素爲居民所苦，皆燒城邑，殺二千石、長吏以應彌。長，知兩翻。

15 石勒寇信都，信都縣，漢屬信都國，後漢屬安平國，晉同。殺冀州刺史王斌。斌，音彬。王浚自領冀州。詔車騎將軍王堪、北中郎將裴憲將兵討勒，勒引兵還，拒之；魏郡太守劉矩以郡降勒。降，戶江翻。勒至黎陽，裴憲棄軍奔淮南，王堪退保倉垣。倉垣城，在陳留浚儀縣。水經：汴水出浚儀縣北，東逕倉垣城南，卽大梁縣之倉垣亭也，城臨汴水。

16 十二月，漢主淵以陳留王歡樂爲太傅，樂，音洛。楚王聰爲大司徒，江都王延年爲大司空。遣都護大將軍曲陽王賢與征北大將軍劉靈、安北將軍趙固、平北將軍王桑，東屯內黃。內黃縣，屬魏郡。應劭曰：陳留有外黃，故加「內」云。王彌表左長史曹嶷行安東將軍，東徇青州，且迎其家；淵許之。嶷，魚力翻。爲曹嶷據青州張本。王彌家在東萊。

17 初，東夷校尉勃海李臻，與王浚約共輔晉室，浚內有異志，臻恨之。和演之死也，見八十五卷惠帝永興元年。別駕昌黎王誕亡歸李臻，說臻舉兵討浚。臻遣其子成將兵擊浚。考異曰：燕書王誕傳，「成」作「咸」，今從李洪傳。說，輸芮翻。遼東太守龐本，素與臻有隙，乘虛襲殺臻，遣人殺成於無慮。無慮縣，前漢屬遼東，後漢屬遼東屬國，晉省。應劭曰：慮，音閭，周禮所謂「其山醫巫閭」是也。誕亡歸慕容廆。詔以勃海封釋代臻爲東夷校尉，龐本復謀殺之；廆，乎罪翻。復，扶又翻。釋子悛勸釋伏兵請本，收斬之，悉誅其家。悛，七倫翻，又且緣翻。

四年（庚午、三一〇）

1春，正月，乙丑朔，大赦。

2漢主淵立單徵女爲皇后，單徵，氐酋也，歸漢見上卷二年。單，音善。梁王和爲皇太子，大赦；封子乂爲北海王；以長樂王洋爲大司馬。樂，音洛。

3漢鎭東大將軍石勒濟河，拔白馬，王彌以三萬衆會之，共寇徐、豫、兗州。二月，勒襲鄄城，鄄，音絹。殺兗州刺史袁孚，遂拔倉垣，殺王堪。復北濟河，攻冀州諸郡，復，扶又翻。民從之者九萬餘口。

4成太尉李國鎭巴西，帳下文石殺國，以巴西降羅尙。降，戶江翻。

5太傅越徵建威將軍吳興錢璯吳分吳郡、丹陽置吳興郡，以自烏程興故也。璯，黃外翻。及揚州刺史王敦。璯謀殺敦以反，敦奔建業，告琅邪王睿。璯遂反，進寇陽羨，陽羨縣，前漢屬會稽郡，後漢屬吳郡，自吳以來，分屬吳興郡。賢曰：陽羨故城，在今常州義興縣南。睿遣將軍郭逸等討之；周玘糾合鄉里，與逸等共討璯，斬之。玘三定江南，惠帝永興元年討石冰，永嘉元年討陳敏，今又誅璯，是三定江南。睿以玘爲吳興太守，於其鄉里置義興郡以旌之。時分吳興之陽羨及長城縣之西鄉、丹陽之永世爲義興郡。

6曹嶷自大梁引兵而東，所至皆下，遂克東平，進攻琅邪。

7 夏，四月，王浚將祁弘敗漢冀州刺史劉靈於廣宗，殺之。將，即亮翻，下同。廣宗縣，漢屬鉅鹿郡，晉屬安平國。敗，補邁翻。

8 成主雄謂其將張寶曰：「汝能得梓潼，吾以李離之官賞汝。」寶乃先殺人而亡奔梓潼，訇琦等信之，委以心腹。會羅尚遣使至梓潼，使，疏吏翻。琦等出送【嚴：「送」改「迎」。】之；寶從後閉門，琦等奔巴西。雄以寶爲太尉。

9 幽、并、司、冀、秦、雍六州大蝗，食草木，牛馬毛皆盡。雍，於用翻。

10 秋，七月，漢楚王聰、始安王曜、石勒及安北大將軍趙國【嚴：「國」改「固」。】圍河內太守裴整于懷，詔征虜將軍宋抽救懷。勒與平北大將軍王桑逆擊抽，殺之；河內人執整以降，降，戶江翻。漢主淵以整爲尚書左丞。河內督將郭默收整餘衆，自爲塢主，城之小者曰塢。天下兵爭，聚衆築塢以自守；未有朝命，故自爲塢主。將，即亮翻。劉琨以默爲河內太守。

11 羅尚卒於巴郡，詔以長沙太守下邳皮素代之。姓譜：皮姓，樊仲皮之後。

12 庚午，漢主淵寢疾；辛未，以陳留王歡樂爲太宰，長樂王洋爲太傅，樂，音洛。江都王延年爲太保，楚王聰爲大司馬、大單于，並錄尚書事。置單于臺於平陽西。單，音蟬。以齊王裕爲大司徒，魯王隆爲尚書令，北海王乂爲撫軍大將軍、領司隸校尉，始安王曜爲征討大都督、領單于左輔，廷尉喬智明爲冠軍大將軍、領單于右輔，光祿大夫劉殷爲左僕射，王育爲右僕射，任顗爲吏部尚書，任，音壬。顗，魚豈翻。朱紀爲中書監，護軍馬景領左衛將軍，永安王安國領右衛將軍，安昌王盛、安邑王欽、西陽王璿皆領武衛將軍，分典禁兵。璿，旬緣翻。初，盛少時，不好讀書，少，詩照翻。好，呼到翻。唯讀孝經、論語，曰：「誦此能行，足矣，安用多誦而不行乎！」李熹見之，歎曰：「望之如可易，易，弋豉翻，慢易也。及至，肅如嚴君，可謂君子矣！」淵以其忠篤，故臨終委以要任。丁丑，淵召太宰歡樂等入禁中，受遺詔輔政。己卯，淵卒；考異曰：十六國春秋：「八月丁丑，淵召太宰歡樂等受遺詔，己卯卒，辛未葬。」按長曆，七月壬戌朔，十六日丁丑，十八日己卯，八月辛卯朔，無丁丑、己卯及辛未。辛未乃九月十一日。蓋淵以七月卒，九月葬。十六國春秋誤也。太子和卽位。和，字玄泰，淵之嫡子。

和性猜忌無恩。宗正呼延攸，翼之子也，淵以其無才行，終身不遷官；侍中劉乘，素惡楚王聰；衛尉西昌王銳，恥不預顧命；乃相與謀，說和曰：「先帝不惟輕重之勢，使三王總強兵於內，惟，思也。三王，謂安昌王盛，安邑王欽，西陽王璿也；或曰：三王，謂齊王裕，魯王隆，北海王乂。行，下孟翻。惡，烏路翻。說，輸芮翻。大司馬擁十萬衆屯於近郊，謂聰屯平陽西也。陛下便爲寄坐耳。言大權非己出，託位於臣民之上，勢同寄寓也。坐，徂臥翻。宜早爲之計。」和，攸之甥也，深信之。辛巳夜，召安昌王盛、安邑王欽等告之。盛曰：「先帝梓宮在殯，四王未有逆節，聰，淵之第四子，故曰四王。或曰：謂聰、裕、隆、乂也。一旦自相魚肉，天下謂陛下何！且大業甫爾，陛下勿信讒夫之言以疑兄弟；兄弟尚不可信，他人誰足信哉！」攸、銳怒之曰：「今日之議，理無有二，領軍是何言乎！」命左右刃之。盛既死，欽懼曰：「惟陛下命。」壬午，銳帥馬景攻楚王聰于單于臺，單，音蟬。攸帥永安王安國攻齊王裕于司徒府，乘帥安邑王欽攻魯王隆，使尚書田密、武衛將軍劉璿攻北海王乂。密、璿挾乂斬關歸于聰，聰命貫甲以待之。貫甲，擐甲也。帥，讀曰率。銳知聰有備，馳還，與攸、乘共攻隆、裕。攸、乘疑安國、欽有異志，殺之；是日，斬裕，癸未，斬隆。甲申，聰攻西明門，克之；劉淵都平陽，諸城門皆用洛陽諸城門名。銳等走入南宮，前鋒隨之。乙酉，殺和於光極西室，劉淵起光極殿於平陽。收銳、攸、乘，梟首通衢。梟，堅堯翻。羣臣請聰卽帝位；聰以北海王乂，單后之子也，以位讓之。考異曰：載記作「又」。按十六國春秋作「乂」，今從之。乂涕泣固請，聰久而許之，曰：「乂及羣公正以禍難尚殷，貪孤年長故耳。難，乃旦翻。長，知兩翻。此家國之事，孤何敢辭！俟乂年長，當以大業歸之。」遂卽位。聰，字玄明，淵第四子。大赦，改元光興。尊單氏曰皇太后，其母張氏曰帝太后。以乂爲皇太弟、領大單于、大司徒。立其妻呼延氏爲皇后。呼延氏，淵后之從父妹也。從，才用翻。封其子粲爲河內王，易爲河間王，翼爲彭城王，悝爲高平王；悝，苦回翻。仍以粲爲撫軍大將軍、都督中外諸軍事。以石勒爲幷州刺史，封汲郡公。

13 略陽臨渭氐酋蒲洪，驍勇多權略，羣氐畏服之。晉志，略陽郡有臨渭縣，蓋魏所置也。載記曰：

氏之先，蓋有扈氏之苗裔，世爲西戎酋長。洪家池中生蒲，長五丈五，節如竹形，時咸謂之「蒲家」，因以爲氏。其後，洪以讖文有「草付應王」，又其孫堅背文有「艸付」字，遂改姓苻氏。漢主聰遣使拜洪平遠將軍，洪不受，自稱護氏校尉、秦州刺史、略陽公。蒲洪事始此。

14 九月，辛未，葬漢主淵于永光陵，諡曰光文皇帝，廟號高祖。

15 雍州流民多在南陽，詔書遣還鄉里。流民以關中荒殘，皆不願歸；征南將軍山簡、南中郎將杜蕤各遣兵送之，促期令發。京兆王如遂潛結壯士，夜襲二軍，破之。二軍，山簡及杜蕤所遣之軍也。於是馮翊嚴嶷、嶷，魚力翻。京兆侯脫各聚衆攻城鎮，殺令長以應之，長，知兩翻。未幾，衆至四五萬，幾，居豈翻。自號大將軍、領司・雍二州牧，雍，於用翻。稱藩于漢。

16 冬，十月，漢河内王粲、始安王曜及王彌帥衆四萬寇洛陽，石勒帥騎二萬會粲于大陽，敗監軍裴邈于澠池，帥，讀曰率。敗，補邁翻；下同。澠，彌兗翻。遂長驅入洛川。粲出轘轅，掠梁、陳、汝、潁間。轘，音還。勒出成皋關，晉志，河南成皋縣有關。壬寅，圍陳留太守王讚於倉垣，爲讚所敗，退屯文石津。據帝紀，文石津在河北。又據永嘉六年，勒自葛陂北行，至東燕，使孔萇自文石津潛渡枋頭，取向水船，則文石津在東燕之東北，枋頭之東南。

17 劉琨自將討劉虎及白部，白部，鮮卑也。琨以劉虎及白部皆附漢，故討之。遣使卑辭厚禮說鮮卑拓拔猗盧以請兵。說，輸芮翻。猗盧使其弟弗之子鬱律帥騎二萬助之，遂破劉虎、白部，屠其營。琨與猗盧結爲兄弟，表猗盧爲大單于，以代郡封之爲代公。時代郡屬幽州，王浚不許，遣兵擊猗盧，猗盧拒破之。浚由是與琨有隙。

猗盧以封邑去國懸遠，民不相接，乃帥部落萬餘家自雲中入鴈門，從琨求陘北之地。陘北，石陘關之北也。陘，音刑。琨不能制，且欲倚之爲援，乃徙樓煩、馬邑、陰館、繁時、崞五縣民於陘南，樓煩，匈奴之所居，其地在北河之南；今嵐州樓煩郡，非古樓煩也。漢馬邑縣，唐之大同軍是其地。漢陰館縣，在句注西北。繁時縣，在武州川。崞縣，爲北齊北顯州平寇縣。今五縣雖存，皆非古縣地矣。陘，謂陘嶺。陘，音刑。以其地與猗盧；考異曰：懷帝紀：「永嘉五年，十一月，猗盧寇太原，劉琨徙五縣居之。六年，八月，辛亥，劉琨乞師于猗盧，表盧爲代公。」宋書索虜傳在永嘉三年。晉春秋在永嘉四年，且云：「猗盧率萬餘家避難，自雲中入鴈門。」後魏序紀在穆帝三年，卽永嘉四年也。琨集，永嘉四年，六月，癸巳，上太傅府牋，云「盧感封代之恩」，故知在四年六月之前。又琨與丞相牋曰：「昔車騎感猗㐌救州之勳，表以代郡封㐌爲代公，見聽。時大駕在長安，會值戎事，道路不通，竟未施行。盧以封事見託，琨實爲表上，追述車騎前意，卽蒙聽許，遣兼謁者僕射拜盧，賜印及符冊，浚以此見責。戎狄封華郡，誠爲失禮；然蓋以救弊耳，亦猶浚先以遼西封務勿塵。此禮之失，浚實啓之。浚遂與盧爭代郡，舉兵擊盧，爲所破，紛錯之由，始結於此。鴈門郡有五縣在陘北，盧新幷塵官，國甚強盛，從琨求陘北地，以並遣三萬餘家，散在五縣間，既非所制；又於琨殘弱之計，得相聚集，未爲失宜，卽徙陘北五縣著陘南。盧因移，頗侵逼浚西陲圍塞諸軍營，浚不復見恕危弱而見罪責。」以此觀之，盧非避難而來也。由是猗盧益盛。

琨遣使言於太傅越，請出兵共討劉聰、石勒；越忌苟晞及豫州刺史馮嵩，越、晞有隙，事見上卷二年。嵩蓋亦不心附越者。恐爲後患，不許。琨乃謝猗盧之兵，遣歸國。考異曰：後魏序紀曰：「劉琨乞師救洛，穆帝遣步騎二萬助之，東海王越以洛陽饑荒，不許。」按琨與丞相牋曰：「琨傾身竭辭，北和猗盧，遂引大衆，躬啓戎行。卽具白太傅，切陳愚見，取賊之計，聰宜時討，勒不可縱。而宰相意異，所慮不同；更憂苟晞、馮嵩之徒而稽二寇之誅，遣使節抑，挫臣銳氣。臣卽解甲，遣盧衆歸國。」若猗盧果遣衆赴洛，琨牋安得不言也！

劉虎收餘衆，西渡河，居朔方肆盧川，肆盧川，在朔方塞內，後拓跋氏於其地置肆盧郡，眞君七年，併入秀容郡。魏收地形志，秀容郡秀容縣有肆盧城。漢主聰以虎宗室，封樓煩公。

18 壬子，以劉琨爲平北大將軍，王浚爲司空，進鮮卑段務勿塵爲大單于。單，音蟬。

19 京師饑困日甚，太傅越遣使以羽檄徵天下兵，使入援京師。帝謂使者曰：「爲我語諸征、鎭，今日尙可救，後則無及矣！」旣而卒無至者。爲，于僞翻。語，牛倨翻。卒，子恤翻。征南將軍山簡遣督護王萬將兵入援，軍于涅陽，涅陽縣，屬南陽郡。應劭曰：在涅水之陽。師古曰：涅，音乃結翻。爲王如所敗。敗，補邁翻。如遂大掠沔、漢，進逼襄陽，簡嬰城自守。荆州刺史王澄澄時治江陵。自將，欲援京師，至沶口，水經註：零水上通梁州沔陽縣，東逕新城郡之沶鄉縣，謂之沶水；又東歷宜城西山，謂之沶溪；東流合於夷水，謂之沶口。楊正衡曰：沶，音怡。聞簡敗，衆散而還。還，從宣翻，又如字。朝議多欲遷都以避難，朝，直遙翻。難，乃旦翻。王衍以爲不可，賣車牛以安衆心。山簡爲嚴嶷所逼，自襄陽徙屯夏口。夏，戶雅翻。

20石勒引兵濟河，將趣南陽，趣，七喻翻。王如、侯脫、嚴嶷等聞之，遣衆一萬屯襄城以拒勒。勒擊之，盡俘其衆，進屯宛北。是時，侯脫據宛，宛，於元翻。王如據穰。穰縣，漢屬南陽郡，晉屬義陽郡。如素與脫不協，遣使重賂勒，結爲兄弟，說勒使攻脫。說，輸芮翻。勒攻宛，克之；嚴嶷引兵救宛，不及而降。降，戶江翻。勒斬脫；囚嶷，送于平陽，盡幷其衆。遂南寇襄陽，攻拔江西壘壁三十餘所。勒既南寇襄陽，循漢而下，攻掠江西。還，趣襄城，王如遣弟璃襲勒；勒迎擊，滅之，復屯江西。復，扶又翻。江西，大江之西也。趣，七喻翻。

21太傅越既殺王延等，見上永嘉三年。大失衆望；又以胡寇益盛，內不自安，乃戎服入見，見，賢遍翻。請討石勒，且鎮集兗、豫。帝曰：「今胡虜侵逼郊畿，人無固志，朝廷社稷，倚賴於公，豈可遠出以孤根本！」對曰：「臣出，幸而破賊，則國威可振，猶愈於坐待困窮也。」十一月，甲戌，越帥甲士四萬向許昌，留妃裴氏、世子毗及龍驤將軍李惲、右衛將軍何倫守衛京師，帥，讀曰率。惲，於粉翻。防察宮省；以潘滔爲河南尹，總留事。越表以行臺自隨，用太尉衍爲軍司，朝賢素望，悉爲佐吏，名將勁卒，咸入其府。朝，直遙翻。將，卽亮翻。於是宮省無復守衛，荒饉日甚，殿內死人交橫；盜賊公行，府寺營署，並掘塹自守。塹，七豔翻。越東屯項，以馮嵩爲左司馬，自領豫州牧。

竟陵王楙白帝遣兵襲何倫，不克；帝委罪於楙，楙逃竄，得免。楙，卽東平王楙；帝踐阼，改封竟陵王。

22 揚州都督周馥以洛陽孤危，上書請遷都壽春。太傅越以馥不先白己而直上書，大怒，召馥及淮南太守裴碩。馥不肯行，令碩帥兵先進。帥，讀曰率。碩詐稱受越密旨，襲馥，爲馥所敗，敗，補邁翻。退保東城。東城縣，漢屬九江郡，後漢屬下邳國，晉屬淮南郡。宋白曰：濠州定遠縣，漢東城縣地。

23 詔加張軌鎮西將軍、都督隴右諸軍事。考異曰：帝紀云「安西」。按惠帝永興二年，已加軌安西將軍。今從本傳。光祿大夫傅祗、太常摯虞遺軌書，遺，于季翻。告以京師飢匱。軌遣參軍杜勳獻馬五百匹，毯布三萬匹。毯布，織毳爲布也。毯，吐敢翻。

24 成太傅驤攻譙登於涪城。羅尚子宇及參佐素惡登，不給其糧。涪，音浮。惡，烏路翻。益州刺史皮素怒，欲治其罪；治，直之翻。十二月，素至巴郡，羅宇使人夜殺素，建平都尉暴重殺宇，巴郡亂。驤知登食盡援絕，攻涪愈急。士民皆熏鼠食之，餓死甚衆，無一人離叛者。驤子壽先在登所，登乃歸之。永興元年，羅尚掠得驤妻及其子壽，因在登所。三府官屬表巴東監軍南陽韓松爲益州刺史，三府，平西將軍府、益州刺史府、西戎校尉府，皆羅尚兼領者也。監，古銜翻。治巴東。

25 初，帝以王彌、石勒侵逼京畿，詔苟晞督帥州郡討之。帥，讀曰率。會曹嶷破琅邪，嶷，魚力翻。北收齊地，兵勢甚盛，苟純閉城自守。晞還救青州，與嶷連戰，破之。永嘉元年，苟晞討魏植，留弟純守青州。

26是歲，寧州刺史王遜到官，表李釗爲朱提太守。朱提，音銖時。時寧州外逼於成，內有夷寇，城邑丘墟。遜惡衣菜食，招集離散，勞來不倦，勞，力到翻。來，力代翻。數年之間，州境復安。誅豪右不奉法者十餘家；以五苓夷昔爲亂首，見八十五卷惠帝太安二年。苓，力丁翻。擊滅之，內外震服。

27漢主聰自以越次而立，忌其嫡兄恭；因恭寢，穴其壁間，刺而殺之。刺，七亦翻。

28漢太后單氏卒；單，音善。漢主聰尊母張氏爲皇太后。單氏年少美色，聰烝焉。下淫上曰烝，上淫下曰報。少，詩照翻。太弟乂屢以爲言，單氏慙恚而死。恚，於避翻。乂寵由是漸衰，然以單氏故，尚未之廢也。呼延后言於聰曰：「父死子繼，古今常道。陛下承高祖之業，劉淵，廟號高祖。太弟何爲者哉！陛下百年後，粲兄弟必無種矣。」種，章勇翻。聰曰：「然，吾當徐思之。」呼延氏曰：「事留變生。太弟見粲兄弟浸長，長，知兩翻，下齒長同。必有不安之志；萬一有小人交構其間，未必不禍發于今日也。」言乂將殺聰。聰心然之。爲元帝建武元年聰殺乂張本。乂舅光祿大夫單沖泣謂乂曰：「疏不間親。主上有意於河內王矣，殿下何不避之！」乂曰：「河瑞之末，主上自惟嫡庶之分，間，古莧翻。分，扶問翻。惟，思也。以大位讓乂。乂以主上齒長，故相推奉。天下者，高祖之天下，兄終弟及，何爲不可！粲兄弟既壯，猶今日也。且子弟之間，親疏詎幾，主上寧可有此意乎！」聰讓乂事見上。乂此言必不發於是年，通鑑因呼延氏之言，遂連書之。幾，居豈翻。

五年（辛未、三一一）

1春，正月，壬申，苟晞爲曹嶷所敗，敗，補邁翻。棄城奔高平。高平縣，舊屬梁國，晉爲高平國。泗水逕其西，有高平山。山東西十里，南北五里，高四里。其山最高，頂上方平，故謂之高平山，縣亦取名焉。

2石勒謀保據江、漢，參軍都尉張賓以爲不可。會軍中飢疫，死者太半，乃渡沔，寇江夏，夏，戶雅翻。癸酉，拔之。

3乙亥，成太傅驤拔涪城，涪，音浮。獲譙登；太保始拔巴西，殺文石。於是成主雄大赦，改元玉衡。譙登至成都，雄欲宥之；登詞氣不屈，雄殺之。

4巴蜀流民布在荊、湘間，數爲土民所侵苦，數，所角翻。蜀人李驤聚衆據樂鄉反，此又一李驤也，非成太傅之李驤。南平太守應詹與醴陵令杜弢共擊破之。醴陵縣，屬長沙郡。弢，土刀翻。王澄使成都內史王機討驤，惠帝時蜀亂，割南郡之華容、州陵、監利三縣，別立豐都一縣，置成都郡爲成都王穎國。驤請降，降，戶江翻。澄僞許而襲殺之，以其妻子爲賞，沈八千餘人於江；流民益怨忿。沈，持林翻。

蜀人杜疇等復反，復，扶又翻。湘州參軍馮素與蜀人汝班有隙，汝，姓也。商有汝鳩、汝方，晉有汝寬、汝齊。言於刺史荀眺曰：「巴、蜀流民皆欲反。」眺信之，眺，他弔翻。欲盡誅流民。流民大懼，四五萬家一時俱反，以杜弢州里重望，弢，蜀郡人，以才學著稱於西州。弢，他刀翻。共推爲主。弢自稱梁·益二州牧、領湘州刺史。

5 裴碩求救於琅邪王睿，睿使揚威將軍甘卓等攻周馥於壽春。馥衆潰，奔項，考異曰：帝紀：「戊寅，睿使卓攻馥於壽春，馥衆潰。」未知其爲命卓之日與攻日、潰日，故闕之。豫州都督、新蔡王確執之，馥憂憤而卒。確，騰之子也。

6 揚州刺史劉陶卒。琅邪王睿復以安東軍諮祭酒王敦爲揚州刺史，尋加都督征討諸軍事。去年敦奔建業。

7 庚辰，平原王幹薨。

8 二月，石勒攻新蔡，殺新蔡莊王確於南頓；進拔許昌，殺平東將軍王康。

9 氐苻成、隗文復叛，苻成等歸羅尚，見八十五卷惠帝太安二年。復，扶又翻。自宜都趣巴東；趣，七喻翻。建平都尉暴重討之。重因殺韓松，自領三府事。

10 東海孝獻王越既與苟晞有隙，事始上卷永嘉二年。河南尹潘滔、尚書劉望等復從而譖之。復，扶又翻。晞怒，表求滔等首，揚言：「司馬元超爲宰相不平，東海王越，字元超。使天下淆亂，苟道將豈可以不義使之！」乃移檄諸州，自稱功伐，陳越罪狀。帝亦惡越專權，多違詔命；所留將士何倫等，抄掠公卿，逼辱公主；抄，楚交翻。密賜晞手詔，使討之。晞數與帝文書往來，惡，烏路翻。數，所角翻。越疑之，使遊騎於成皋間伺之，騎，奇寄翻；下同。伺，相吏翻。果獲晞使及詔書。使，疏吏翻。乃下檄罪狀晞，以從事中郎楊瑁爲兗州刺史，瑁，莫報翻。使與徐州刺史裴盾共討晞。盾，徒損翻。晞遣騎收潘滔，滔夜遁，得免；執尚書劉曾、侍中程延，斬之。越憂憤成疾，以後事付王衍；三月，丙子，薨于項，考異曰：帝紀：「五年正月，帝密詔苟晞討越。乙未，越遣楊瑁、裴盾共擊晞。三月，戊午，詔下越罪狀，告方鎮討之，以晞爲大將軍。丙子，越薨。」晞傳：「晞移告諸州，陳越罪狀。帝惡越專權，乃詔晞施檄六州，協同大舉。晞移諸征鎮，帝又密詔晞討越。晞復上表稱李初至，奉被手詔，卷甲長驅，次于倉垣。五年，帝復詔晞，陳越罪惡，詔至之日，宣告天下，率齊大舉。晞表稱，輒遣王讚將兵詣項。越使騎於成皋間獲晞使，遂大搆嫌隙。」晉春秋：「五年，正月，上遣李初詔晞討越。」按：越若已得晞使，則帝亦不能自安，潘滔、何倫等不容晏然在洛。且滔等未去，則帝亦不敢明言使晞討越。年月事迹，既前後參差如此，今並置於越薨之時，庶爲不失。祕不發喪。衆共推衍爲元帥，帥，所類翻。衍不敢當；以讓襄陽王範，範亦不受。範，瑋之子也。於是衍等相與奉越喪還葬東海。何倫、李惲等聞越薨，奉裴妃及世子毗自洛陽東走，城中士民爭隨之。帝追貶越爲縣王，以苟晞爲大將軍、大都督，督青、徐、兗、豫、荆、揚六州諸軍事。

11 益州將吏共殺暴重，表巴郡太守張羅行三府事。羅與隗文等戰死，文等驅掠吏民，西降於成。降，戶江翻。三府文武共表平西司馬蜀郡王異行三府事，益州殘兵自不足以進取，未及朞年而五易帥，適爲秦氏兼幷之資耳。領巴郡太守。

12 初，梁州刺史張光會諸郡守於魏興，共謀進取。張燕唱言：「漢中荒敗，迫近大賊，近，其靳翻。克復之事，當俟英雄。」光以燕受鄧定賂，致失漢中，事見上卷永嘉元年。今復沮衆，復，扶又翻。沮，在呂翻。呵出，斬之。呵，虎何翻。治兵進戰，治，直之翻。累年乃得至漢中，綏撫荒殘，百姓悅服。光爲梁州刺史，見上卷二年。

13 夏，四月，石勒率輕騎追太傅越之喪，及於苦縣寧平城，苦縣，屬陳郡。水經註：寧平城在沙水北，本前漢淮陽國之寧平縣也；後漢改淮陽爲陳國。晉省寧平縣，而故城猶在。賢曰：寧平故城，在今亳州谷陽縣西南。騎，奇寄翻；下同。大敗晉兵，縱騎圍而射之，敗，補邁翻。射，而亦翻。將士十餘萬人相踐如山，無一人得免者。執太尉衍、襄陽王範、任城王濟、武陵莊王澹、任，音壬。澹，徒覽翻，又徒濫翻。西河王喜、梁懷王禧、齊王超、西河王喜，宣帝弟西河繆王斌之後。超，齊王冏之子。吏部尚書劉望、廷尉諸葛銓、豫州刺史劉喬、太傅長史庾敳等，敳，魚開翻。坐之幕下，問以晉故。衍具陳禍敗之由，云計不在己；且自言少無宦情，不豫世事；因勸勒稱尊號，冀以自免。勒曰：「君少壯登朝，名蓋四海，身居重任，何得言無宦情邪！破壞天下，非君而誰！」少，詩照翻。壞，音怪。命左右扶出。衆人畏死，多自陳述。獨襄陽王範神色儼然，顧呵之曰：「今日之事，何復紛紜！」復，扶又翻。勒謂孔萇曰：「吾行天下多矣，未嘗見此輩人，當可存乎？」勒欲存之，以諸人儀觀之清楚耳。萇曰：「彼皆晉之王公，終不爲吾用。」勒曰：「雖然，要不可加以鋒刃。」夜，使人排牆殺之。濟，宣帝弟子景王陵之子；禧，澹之子也。剖越柩，焚其尸，曰：「亂天下者此人也，吾爲天下報之，故焚其骨以告天地。」

何倫等至洧倉，水經，洧水，東南過潁川長社縣，分一枝東流過許昌縣，又東入汶倉城內。俗以是水爲汶水，故有汶倉之名，蓋洧水之邸閣耳。遇勒，戰敗，東海世子及宗室四十八王皆沒於勒，考異曰：東海王越傳云「三十六王」。今從帝紀。何倫奔下邳，李惲奔廣宗。惲，於粉翻。裴妃爲人所掠賣，久之，渡江。初，琅邪王睿之鎮建業，裴妃意也，故睿德之，厚加存撫，以其子沖繼越後。

14 漢趙固、王桑攻裴盾，殺之。盾時在彭城。盾，徒損翻。

15 杜弢攻長沙。五月，荀眺棄城奔廣州，弢追擒之。於是弢南破零、桂，東掠武昌，殺二千石長吏甚衆。弢，土刀翻。

16 以太子太傅傅祗爲司徒，尚書令荀藩爲司空，加王浚大司馬、侍中、大都督、督幽、冀諸軍事，南陽王模爲太尉、大都督，張軌爲車騎大將軍，琅邪王睿爲鎮東大將軍，兼督揚、江、湘、交、廣五州諸軍事。

初，太傅越以南陽王模不能綏撫關中，時關中饑荒疾癘，盜賊公行，模不能制。表徵爲司空。

將軍淳于定說模使不就徵，說，輸芮翻。模從之；表遣世子保爲平西中郎將，鎮上邽，秦州刺史裴苞拒之。模使帳下都尉陳安攻苞，苞奔安定，太守賈疋納之。疋，音雅。

17 苟晞表請遷都倉垣，使從事中郎劉會將船數十艘、艘，蘇刀翻。宿衞五百人、穀千斛迎帝。帝將從之，公卿猶豫，左右戀資財，遂不果行。既而洛陽饑困，人相食，百官流亡者什八九。帝召公卿議，將行而衞從不備。從，才用翻，下導從同。帝撫手歎曰：「如何曾無車輿！」乃使傅祗出詣河陰，治舟楫，河陰，本漢平陰縣，魏文帝改曰河陰，在洛陽東北，屬河南郡。治，直之翻。朝士數十人導從。從，才用翻。帝步出西掖門，至銅駝街，水經註：洛陽城中太尉、司徒兩坊間，謂之銅駝街，魏明帝置銅駝於閶闔南街，卽此。陸機洛陽記曰：洛陽有銅駝街，漢鑄銅駝二枚，在宮南四會道相對。俗語曰：「金馬門外集衆賢，銅駝陌上集少年。」爲盜所掠，不得進而還。藉使帝得至倉垣，亦遭石勒禽矣。度支校尉東郡魏浚率流民數百家保河陰之峽石，水經註：河南新安縣東有千秋亭，亭東有雍谷溪，回岫縈紆，石路阻峽，故亦有峽石之稱。時劫掠得穀麥，獻之，帝以爲揚威將軍、平陽太守，度支如故。度，徒洛翻。

18 漢主聰使前軍大將軍呼延晏將兵二萬七千寇洛陽，比及河南，河南縣，屬河南尹，周東都王城郟鄏也。比，必寐翻。晉兵前後十二敗，死者三萬餘人。始安王曜、王彌、石勒皆引兵會之，未至，晏留輜重於張方故壘，張方故壘在洛陽西七里。重，直用翻。癸未，先至洛陽，甲申，攻平昌門，平昌門，洛城南面東頭第一門。丙戌，克之，遂焚東陽門及諸府寺。六月，丁亥朔，晏以外繼不至，俘掠而去。帝具舟於洛水，將東走，晏盡焚之。庚寅，荀藩及弟光禄大夫組奔轘轅。轘，音環。辛卯，王彌至宣陽門；宣陽門，洛城南面東來第四門，亦謂之謻門。壬辰，始安王曜至西明門；丁酉，王彌、呼延晏克宣陽門，入南宫，升太極前殿，縱兵大掠，悉收宫人、珍寶。帝出華林園門，欲奔長安，漢兵追執之，幽於端門。曜自西明門入屯武庫。戊戌，曜殺太子詮、吳孝王晏、竟陵王楙、右僕射曹馥、尚書閭丘沖、河南尹劉默等，士民死者三萬餘人。遂發掘諸陵，焚宫廟、官府皆盡。曜納惠帝羊皇后，遷帝及六璽於平陽。璽，斯氏翻。石勒引兵出轘轅，屯許昌。光禄大夫劉蕃、尚書盧志奔幷州。從劉琨也。蕃，琨之父也。

丁未，漢主聰大赦，改元嘉平。以帝爲特進左光禄大夫，封平阿公，考異曰：帝紀：「聰以帝爲會稽公」。載記、三十國春秋云「平阿公」。晉春秋云「平河公」。「河」字蓋誤。十六國、三十國、晉春秋：「明年二月，乃封帝會稽公。」蓋先封平阿，後進會稽。帝紀闕略，今從諸書。以侍中庾珉、王儁爲光禄大夫。珉，敳之兄也。敳，魚開翻。

初，始安王曜以王彌不待己至，先入洛陽，怨之。彌說曜曰：說，輸芮翻；下暾說同。「洛陽天下之中，山河四塞，城池、宫室不假修營，宜白主上自平陽徙都之。」曜以天下未定，洛陽四面受敵，不可守，不用彌策而焚之。彌罵曰：「屠各子，豈有帝王之意邪！」晉書曰：北狄以部落爲類，其入居塞內者，有屠各等十九種，皆有部落，不相雜錯。屠各最豪貴，故得爲單于，統理諸種。屠，直於翻。杜佑曰：頭曼、冒頓，卽屠各種也。遂與曜有隙，引兵東屯項關。陳郡項縣有項關。前司隸校尉劉暾說彌曰：暾，他昆翻。「今九州糜沸，羣雄競逐，將軍於漢建不世之功，又與始安王相失，將何以自容！不如東據本州，彌，青州東萊人。徐觀天下之勢，上可以混壹四海，下不失鼎峙之業，策之上者也。」彌心然之。

19 司徒傅祗建行臺於河陰，司空荀藩在陽城，陽城縣，漢屬潁川郡，晉屬河南郡。河南尹華薈在成皋，汝陰太守平陽李矩爲之立屋，輸穀以給之。薈，歆之曾孫也。華，戶化翻。汝陰縣，漢屬汝南郡，魏分置汝陰郡，後廢，武帝泰始二年復爲郡。薈，烏外翻。爲，于僞翻。藩與弟組、族子中護軍崧，薈與弟中領軍恆建行臺於密，密縣，漢屬河南郡，晉屬滎陽郡。傳檄四方，推琅邪王睿爲盟主。藩承制以崧爲襄城太守，矩爲滎陽太守，前冠軍將軍河南褚翜爲梁國內史。冠，古玩翻。翜，山立翻，又所甲翻。揚威將軍魏浚屯洛北石梁塢，劉琨承制假浚河南尹。浚詣荀藩諮謀軍事，藩邀李矩同會，矩夜赴之。矩官屬皆曰：「浚不可信，不宜夜往。」矩曰：「忠臣同心，何所疑乎！」遂往，相與結歡而去。浚族子該，聚衆據一泉塢，水經註：洛水過盧丘縣南，又東逕一合塢南。城在川北原上，高二十丈，南北東三箱，天險峭絕，惟築西面，卽爲全固，一合之名，起於是矣。劉曜之攻河南也，晉將軍魏該奔於此。該傳曰，一泉塢在宜陽。藩以爲武威將軍。沈約志，魏置將軍四十號，威武第十，無武威。

豫章王端，太子詮之弟也，詮，且緣翻。東奔倉垣，荀晞率羣官奉以爲皇太子，置行臺。端承制以晞領太子太傅、都督中外諸軍、錄尚書事，自倉垣徙屯蒙城。蒙縣，屬梁國。

撫軍將軍秦王業，吳孝王之子，荀藩之甥也，年十二，南奔密，考異曰：晉書，愍帝諱鄴，又改建鄴爲建康。按三十國、晉春秋，愍帝，名子業，或作「鄴」。又吳志，孫權改秣陵爲建業，取興建基業爲名，皆不爲「鄴」字。今從之。藩等奉之，南趣許昌。趣，七喻翻。前豫州刺史天水閻鼎，聚西州流民數千人於密，欲還鄉里。荀藩以鼎有才而擁衆，用鼎爲豫州刺史，以中書令李絙、絙，居登翻。考異曰：閻鼎傳作「李恆」。今從王浚傳。司徒左長史彭城劉疇、鎮軍長史周顗、東海王越子毗，爲鎮軍將軍，以顗爲長史。顗，魚豈翻。司馬李述等爲之參佐。顗，浚之子也。

時海內大亂，獨江東差安，中國士民避亂者多南渡江。鎮東司馬王導說琅邪王睿，收其賢俊，與之共事。睿從之，辟掾屬百餘人，自漢以來，公府有掾，有屬。職官分紀曰：掾屬常敦明信義，肅清風俗，非禮不言，非法不行，以訓羣吏。說，輸芮翻。掾，以絹翻；下同。時人謂之百六掾。以前潁川太守勃海刁協爲軍諮祭酒，前東海太守王承、廣陵相卞壼爲從事中郎，江寧令諸葛恢、壼，苦本翻。吳孫權改秣陵爲建業，晉平吳，復曰秣陵。武帝太康二年，分秣陵立江寧縣。歷陽參軍陳國陳頵爲行參軍，頵，居筠翻。前太傅掾庾亮爲西曹掾。承，渾之子；恢，靚之子；靚，疾正翻。亮，兖【章：甲十一行本「兖」作「袞」；乙十一行本同；張校同。】之弟子也。

20 江州刺史華軼，華，戶化翻。軼，音逸。歆之曾孫也，自以受朝廷之命軼，永嘉中除江州。而爲琅邪王睿所督，多不受其教令。郡縣多諫之，軼曰：「吾欲見詔書耳。」及睿承荀藩檄，承制署置官司，改易長吏，長，知兩翻。軼與豫州刺史裴憲皆不從命。睿遣揚州刺史王敦、歷陽內史甘卓與揚烈將軍廬江周訪合兵擊軼。軼兵敗，奔安成，吳孫皓寶鼎二年，分豫章、廬陵、長沙立安成郡。宋白曰：吉州安福縣，本漢安成縣，今縣西六十里有安成故城。訪追斬之，及其五子。裴憲奔幽州。睿以甘卓爲湘州刺史，周訪爲尋陽太守，又以揚武將軍陶侃爲武昌太守。吳孫權改鄂曰武昌；晉武帝太康元年，復立鄂縣，而武昌如故；改吳之江夏曰武昌郡。漢尋陽縣，屬廬江郡，其地在江北。惠帝永興元年，分廬江武昌立尋陽郡，治豫章之柴桑，尋陽遂在江南。

21 秋，七月，王浚設壇告類，告類，祭也，以事類告天及五帝也。立皇太子，考異曰：晉書初無其名，劉琨與丞相牋曰：「浚設壇場，有所建立，稱皇太子，」不知爲誰。布告天下，稱受中詔承制封拜，備置百官，列署征、鎮，以荀藩爲太尉，琅邪王睿爲大將軍。浚自領尚書令，以裴憲及其壻棗嵩爲尚書，以田徽爲兖州刺史，李惲爲青州刺史。惲，於粉翻。

22 南陽王模使牙門趙染戍蒲坂，劉聰在平陽，欲窺關中；蒲坂，兵衝也。坂，音反。染求馮翊太守不得而怒，帥衆降漢，帥，讀曰率。降，戶江翻。漢主聰以染爲平西將軍。八月，聰遣染與安西將軍劉雅帥騎二萬攻模于長安，河內王粲、始安王曜帥大衆繼之。染敗模兵於潼關，長驅至下邽。敗，補邁翻。下邽縣，前漢屬京兆；後漢省，併入鄭縣；桓帝復置；晉屬馮翊郡。應劭曰：有上邽，故稱下，秦武公伐邽戎置。宋白曰：四夷縣道記：下邽縣東南二十五里有下邽故城，在渭水北。師古曰：邽音圭。涼州將北宮純自長安帥其衆降漢。將，卽亮翻。漢兵圍長安，模遣淳于定出戰而敗。模倉庫虛竭，士卒離散，遂降於漢。趙染送模於河內王粲；九月，粲殺模。考異曰：帝紀：「八月，模遇害。」按：劉琨上丞相牋曰：「平昌以九月遇禍，世子時鎭隴右，故得無恙。」今以爲據。關西饑饉，白骨蔽野，士民存者百無一二。聰以始安王曜爲車騎大將軍、雍州牧，更封中山王，鎭長安。雍，於用翻。以王彌爲大將軍，封齊公。

23 苟晞驕奢苛暴，前遼西太守閻亨，纘之子也，數諫晞，晞殺之。數，所角翻。從事中郎明預有疾，姓譜：明，秦大夫孟明之後，爲平原望姓。自轝入諫。晞怒曰：「我殺閻亨，何關人事，而轝病罵我！」轝，羊茹翻。預曰：「明公以禮待預，故預以禮自盡。今明公怒預，其如遠近怒明公何！桀爲天子，猶以驕暴而亡，況人臣乎！願明公且置是怒，思預之言。」晞不從。由是衆心離怨，加以疾疫、饑饉。石勒攻王讚於陽夏，擒之；陽夏縣，屬陳郡，夏，音賈。遂襲蒙城，執晞及豫章王端，鎖晞頸，以爲左司馬。漢主聰拜勒幽州牧。

王彌與勒，外相親而內相忌，劉暾說彌使召曹嶷之兵以圖勒。說，輸芮翻。彌爲書，使暾召嶷，且邀勒共向青州。曒至東阿，東阿縣，漢屬東郡，晉屬濟北國。勒游騎獲之，勒潛殺曒而彌不知。會彌將徐邈、高梁輒引所部兵去，彌兵漸衰。將，卽亮翻。彌聞勒擒苟晞，心惡之，惡，烏路翻。以書賀勒曰：「公獲苟晞而用之，何其神也！使晞爲公左，彌爲公右，天下不足定也。」勒謂張賓曰：「王公位重而言卑，其圖我必矣。」賓因勸勒乘彌小衰，誘而取之。誘，音酉。時勒方與乞活陳午相攻於蓬關，蓬關，在陳留浚儀縣。班志曰：蓬澤在河南開封縣東北。臣瓚曰：今浚儀有蓬陂是也。彌亦與劉瑞相持甚急。彌請救於勒，勒未之許。張賓曰：「公常恐不得王公之便，今天以王公授我矣。陳午小豎，不足憂；王公人傑，當早除之。」勒乃引兵擊瑞，斬之。彌大喜，謂勒實親己，不復疑也。冬，十月，勒請彌燕于己吾。己吾縣，後漢屬陳留郡，魏、晉省。陳留風俗傳曰：縣，故宋地，雜以陳、楚之地，故梁國寧陵縣之徙種龍鄉也。以成、哀之世，戶至八九千，冠帶之士求置縣。永元十一年，陳王削地，以大棘鄉、直陽鄉自隱隸之，命以嘉名曰己吾，猶有陳、楚之俗焉。彌將往，長史張嵩諫，不聽。酒酣，勒手斬彌而并其衆，表漢主聰，稱彌叛逆。聰大怒，遣使讓勒「專害公輔，有無君之心」；然猶加勒鎮東大將軍、督并・幽二州諸軍事、領并州刺史，以慰其心。苟晞、王讚潛謀叛勒，勒殺之，并晞弟純。

勒引兵掠豫州諸郡，臨江而還，還，從宣翻，又如字。屯于葛陂。續漢書郡國志，汝南郡鮦陽縣有葛陂。賢曰：葛陂，在今豫州新蔡縣西北。

初，勒之爲人所掠賣也，事見上卷惠帝永興二年。與其母王氏相失。劉琨得之，【章：甲十一行本「之」下有「遣使」二字；乙十一行本同；孔本同；張校同。】并其從子虎送於勒，因遺勒書曰：從，才用翻。遺，于季翻；下同。「將軍用兵如神，所向無敵，所以周流天下而無容足之地，百戰百勝而無尺寸之功者，蓋得主則爲義兵，附逆則爲賊衆故也。成敗之數，有似呼吸，吹之則寒，噓之則溫。今相授侍中、車騎大將軍、領護匈奴中郎將、襄城郡公，將軍其受之！」勒報書曰：「事功殊途，非腐儒所知。君當逞節本朝，吾自夷難爲效。」勒書意度雄爽，此必張賓爲之。難，乃旦翻。遣琨名馬、珍寶，厚禮其使，謝而絕之。

時虎年十七，殘忍無度，爲軍中患。勒白母曰：「此兒凶暴無賴，應劭曰：賴者，恃也。晉灼曰：許愼曰，賴，利也，無利入於家也。或曰：江、淮之間，謂小兒多詐狡獪爲無賴。師古曰：晉說是也。使軍人殺之，聲名可惜，不若自除之。」母曰：「快牛爲犢，多能破車，汝小忍之！」及長，便弓馬，勇冠當時。勒以爲征虜將軍，每屠城邑，鮮有遺類。長，知兩翻。冠，古玩翻。鮮，息淺翻。然御衆嚴而不煩，莫敢犯者，指授攻討，所向無前，勒遂寵任之。石虎始此。爲虎誅夷勒諸子張本。勒攻滎陽太守李矩，矩擊卻之。

24 初，南陽王模以從事中郎索綝爲馮翊太守。綝，靖之子也。模死，綝與安夷護軍金城麴允、頻陽令梁肅，俱奔安定。索，昔各翻，姓也。綝，丑林翻。頻陽縣，屬馮翊郡，秦厲公置。應劭曰，在頻水之陽。杜佑曰，京兆同官縣，漢祋祤縣，晉爲頻陽縣。時綝等自京兆南山奔安定。安夷護軍蓋亦置司於長安。時安定太守賈疋與諸氐、羌皆送任子於漢，綝等遇之於陰密，擁還臨涇，陰密縣，屬安定郡，商之密國，詩所謂「密人不恭，敢距大邦」者也。臨涇縣時爲安定郡治所。與疋謀興復晉室，疋從之。乃共推疋爲平西將軍，率衆五萬向長安。雍州刺史麴特、新平太守竺恢皆不降於漢，特與恢同守新平。雍，於用翻。聞疋起兵，與扶風太守梁綜帥衆十萬會之。帥，讀曰率。綜，肅之兄也。漢河內王粲在新豐，使其將劉雅、趙染攻新平，不克。索綝救新平，大小百戰，雅等敗退。中山王曜與疋等戰於黃丘，黃丘，在馮翊雲陽縣黃嶔山下。曜衆大敗。疋遂襲漢梁州刺史彭蕩仲，殺之。蕩仲，安定盧水胡也，據後蕩仲子天護，漢以爲涼州刺史，此「梁」當作「涼」。麴特等擊破粲於新豐，粲還平陽。於是疋等兵勢大振，關西胡、晉翕然響應。

閻鼎欲奉秦王業入關，據長安以號令四方；河陰令傅暢，祗之子也，亦以書勸之，鼎遂行。荀藩、劉疇、周顗、李述等，皆山東人，不欲西行，中塗逃散；鼎遣兵追之，不及，殺李絚等。絚，居登翻。鼎與業自宛趣武關，遇盜於上洛，上洛縣，漢屬弘農郡，漢元鼎四年置，居洛水上，因以爲名；晉初，改爲京兆南部；武帝泰始二年，分京兆南部置上洛郡。杜佑曰：上洛，漢長利縣。宛，於元翻。趣，七喻翻。士卒敗散，收其餘衆，進至藍田，使人告賈疋，疋遣兵迎之；十二月，入于雍城，雍，於用翻。使梁綜將兵衛之。

周顗奔琅邪王睿，睿以顗爲軍諮祭酒。前騎都尉譙國桓彝亦避亂過江，見睿微弱，謂顗曰：「我以中州多故，來此求全，而單弱如此，將何以濟！」既而見王導，共論世事，退，謂顗曰：「向見管夷吾，無復憂矣！」以王導比管仲也。

諸名士相與登新亭遊宴，金陵覽古曰：新亭，在江寧縣十里，近臨江渚。按：新亭蓋近勞勞亭。周顗中坐歎曰：「風景不殊，舉目有江河之異！」言洛都遊宴，多在河濱，而新亭臨江渚也。坐，徂臥翻。因相視流涕。王導愀然變色曰：愀，七小翻。「當共戮力王室，克復神州，戰國時，騶衍以爲中國者，於天下乃八十一分居其一分耳。中國名曰赤縣神州。赤縣神州內自有九州，禹之所序九州是也。孔穎達曰：按地統書括地象云：地中央曰崐崘。又云：其東南方五千里曰神州。以此言之，崐崘在西北，別統四方九州，其神州者，是崐崘東南一州耳，於一州中更分九州，則禹貢之九州是也。又，隋祭北郊，有神州、迎州、冀州、戎州、拾州、柱州、宮州、咸州、揚州從祀，其崐崘所統之四方九州歟。何至作楚囚對泣邪！」衆皆收淚謝之。

陳頵遺王導書曰：頵，紆倫翻，又居筠翻。「中華所以傾弊者，正以取才失所，先白望而後實事，白望，猶虛名也。浮競驅馳，互相貢薦，言重者先顯，言輕者後敍，遂相波扇，以水爲譬也。波者，水之動也，風起則波生，相扇而動。乃至陵遲。加有莊、老之俗，傾惑朝廷，養望者爲弘雅，政事者爲俗人，王職不卹，法物墜喪。喪，息浪翻。夫欲制遠，先由近始。今宜改張，漢董仲舒論政曰：譬猶琴瑟，必改而更張之，乃可鼓也。明賞信罰，拔卓茂於密縣，事見四十卷漢光武建武元年。顯朱邑於桐鄉，朱邑爲舒桐鄉嗇夫，廉平不苛，以愛利爲行，漢宣帝舉而用之，官至大司農。然後大業可舉，中興可冀耳。」導不能從。

25 劉琨長於招懷而短於撫御，一日之中，雖歸者數千，而去者亦相繼。琨遣子遵請兵於代公猗盧，又遣族人高陽內史希合衆於中山，幽州所統代郡、上谷、廣寧之民多歸之，廣寧縣，漢屬上谷郡，晉武帝太康中，分立廣寧郡；唐屬嬀州界。衆至三萬。王浚怒，遣燕相胡矩督諸軍，燕，於賢翻。相，息亮翻。與遼西公段疾陸眷共攻希，殺之，驅略三郡士女而去。疾陸眷，務勿塵之子也。猗盧遣其子六脩將兵助琨戍新興。考異曰：晉春秋作「利孫」。按利孫卽六脩也，胡語訛轉耳。余按孔穎達曰：聲相近者，聲轉字異。

琨牙門將邢延以碧石獻琨，琨以與六脩，六脩復就延求之，復，扶又翻。不得，執延妻子。延怒，以所部兵襲六脩，六脩走，延遂以新興附漢，請兵以攻幷州。

26 李【張：「李」上脫「初東夷校尉」五字。】臻之死也，事見上永嘉三年。遼東附塞鮮卑素喜連、木丸津託爲臻報仇，素喜連、木丸津二部也。爲，于僞翻。攻陷諸縣，殺掠士民，屢敗郡兵，敗，補邁翻。連年爲寇。東夷校尉封釋不能討，請與連和，連、津不從。民失業，歸慕容廆者甚衆，廆稟給遣還，願留者卽撫存之。

廆少子鷹揚將軍翰廆，戶罪翻。據載記，翰於皝爲庶兄；皝，廆第三子，則翰非少子也。少，詩照翻。言於廆曰：「自古有爲之君，莫不尊天子以從民望，成大業。今連、津外以龐本爲名，內實幸災爲亂。封使君已誅本請和，誅龐本見上永嘉三年。龐，皮江翻。而寇暴不已。中原離亂，州師不振，州師，謂平州之兵、東夷校尉所統者是也。遼東荒散，莫之救恤，單于不若數其罪而討之。廆自稱鮮卑大單于。上則興復遼東，下則并吞二部，二部，謂素喜連及木丸津也。忠義彰於本朝，朝，直遙翻。私利歸於我國，此霸王之基也。」廆笑曰：「孺子乃能及此乎！」遂帥衆東擊連、津，帥，讀曰率。以翰爲前鋒，破斬之，盡併二部之衆。得所掠民三千餘家，及前歸廆者悉以付郡，遼東賴以復存。復，扶又翻。

封釋疾病，屬其孫奕於廆。屬，之欲翻。釋卒，廆召奕與語，說之，曰：「奇士也！」補小都督。釋子冀州主簿悛、幽州參軍抽來奔喪。說，與悅同。悛，丑緣翻，又七倫翻。廆見之曰：「此家抎抎千斤犍也。」抎，羽敏翻；說文：從高而下也。犍，居言翻，犗牛也。言千斤之犍，人間不可多得，若從天而下也。以道不通，喪不得還，皆留仕廆，廆以抽爲長史，悛爲參軍。史言封氏諸子遂爲慕容佐命之臣。

王浚以妻舅崔毖爲東夷校尉。毖，琰之曾孫也。爲毖與慕容氏搆怨張本。崔琰，事曹公。毖，音祕。

何茲全標點容肇祖聶崇岐覆校

資治通鑑卷第八十八

端明殿學士兼翰林侍讀學士朝散大夫右諫議大夫充集賢殿修撰權判西京留司御史臺上柱國河内郡開國侯食邑一千三百户食實封四百户賜紫金魚袋臣司馬光奉敕編集
後學天台胡三省音註

晉紀十 起玄黓涒灘（壬申），盡昭陽作噩（癸酉），凡二年。

孝懷皇帝下

永嘉六年（壬申、三一二）

1 春，正月，漢呼延后卒，謚曰武元。

2 漢鎮北將軍靳沖、平北將軍卜珝寇并州；靳，居焮翻，姓也。珝，況羽翻。辛未，圍晉陽。

3 甲戌，漢主聰以司空王育、尚書令任顗女爲左、右昭儀，任，音壬。顗，魚豈翻。中軍大將軍王彰、中書監范隆、左僕射馬景女皆爲夫人，右僕射朱紀女爲貴妃，皆金印紫綬。綬，音受。聰將納太保劉殷女，太弟乂固諫。聰以問太宰延年、太傅景，皆曰：「太保自云劉康公之後，與陛下殊源，劉康公，周之卿士，食采於劉，其後因以爲氏。劉聰，匈奴之後，以漢之甥冒姓劉氏，故云殊源。

納之何害！」聰悅，拜殷二女英、娥爲左右貴嬪，位在昭儀上；嬪，毗賓翻。又納殷女孫四人皆爲貴人，位次貴妃。於是六劉之寵傾後宮，聰希復出外，復，扶又翻。事皆中黃門奏決。

4 故新野王歆牙門將胡亢聚衆於竟陵，亢，音剛。自號楚公，寇掠荊土，以歆南蠻司馬新野杜曾爲竟陵太守。曾勇冠三軍，能被甲游於水中。爲曾亂荊州張本。冠，古玩翻。被，皮義翻。

5 二月，壬子朔，日有食之。

6 石勒築壘於葛陂，皇覽曰：汝南郡鮦陽縣有葛陂。賢曰：葛陂，在今豫州新蔡縣西北。課農造舟，將攻建業。琅邪王睿大集江南之衆於壽春，以鎮東長史紀瞻爲揚威將軍，都督諸軍以討之。睿爲鎮東大將軍，署瞻長史。

會大雨，三月不止，勒軍中飢疫，死者太半，聞晉軍將至，集將佐議之。右長史刁膺請先送款於睿，求掃平河朔以自贖，俟其軍退，徐更圖之，勒愀然長嘯。愀，子小翻。中堅將軍夔安請就高避水，中堅將軍，蓋石勒所置。姓譜：夔姓，春秋夔子之後。勒曰：「將軍何怯邪！」孔萇等三十餘將請各將兵分道夜攻壽春，斬吳將頭，據其城，食其粟，要以今年破丹陽，定江南。勒笑曰：「是勇將之計也！」言其不逆計勝敗，但勇於赴敵耳。將，卽亮翻。各賜鎧馬一疋。鎧，可亥翻。疋，僻吉翻。顧謂張賓曰：「於君意何如？」賓曰：「將軍攻陷京師，囚執天子，殺害王公，妻略妃主，擢將軍之髮，不足以數將軍之罪，擢，拔也；拔其髮以數其罪猶不足，言其罪多也。數，所具翻。奈何復相臣奉乎！復，扶又翻。去年既殺王彌，不當來此；今天降霖雨於數百里中，示將軍不應留此也。鄴有三臺之固，水經註：鄴城西北有三臺，皆因城爲之基，漢建安十五年魏武所起。中曰銅臺，高十丈，其後石虎更增二丈；南則金雀臺，高八丈；北則冰井臺，亦高八丈。西接平陽，謂近漢都，可以壯聲援。山河四塞，宜北徙據之，以經營河北，河北既定，天下無處將軍之右者矣。處，昌呂翻。晉之保壽春，畏將軍往攻之耳；彼聞吾去，喜於自全，何暇追襲吾後，爲吾不利邪！自古國於東南，率多爲自保之計，亦自量其力之不足以進也，賓料之審矣。將軍宜使輜重從北道先發，將軍引大兵向壽春。輜重既遠，重，直用翻。大兵徐還，何憂進退無地乎！」勒攘袂鼓髯曰：「張君計是也！」責刁膺曰：「君既相輔佐，當共成大功，奈何遽勸孤降！降，戶江翻。此策應斬！然素知君怯，特相宥耳。」於是黜膺爲將軍，擢賓爲右長史，號曰「右侯」。

勒引兵發葛陂，遣石虎帥騎二千向壽春，帥，讀曰率。騎，奇寄翻。遇晉運船，虎將士爭取之，爲紀瞻所敗。敗，補邁翻。瞻追奔百里，前及勒軍，勒結陳待之；陳，讀曰陣。瞻不敢擊，退還壽春。

7 漢主聰封帝爲會稽郡公，會，工外翻。加儀同三司。聰從容謂帝曰：「卿昔爲豫章王，朕與王武子造卿，武子稱朕於卿，從，千容翻。王濟，字武子。造，七到翻。卿言聞其名久矣，贈朕柘弓銀研；研，與硯同。卿頗記否？」帝曰：「臣安敢忘之！但恨爾日不早識龍顏！」聰曰：

「卿家骨肉何相殘如此？」帝曰：「大漢將應天受命，故爲陛下自相驅除，爲，于僞翻。此殆天意，非人事也！且臣家若能奉武皇帝之業，九族敦睦，陛下何由得之！」聰喜，以小劉貴人妻帝，妻，七細翻。曰：「此名公之孫也，卿善遇之。」

8 代公猗盧遣兵救晉陽，三月，乙未，漢兵敗走。卜珝之卒先奔，靳沖擅收珝，斬之；聰大怒，遣使持節斬沖。使，疏吏翻。

9 聰納其舅子輔漢將軍張寔二女徽光、麗光爲貴人，此別一張寔，非河西張軌之子。太后張氏之意也。張氏，淵之側室，生聰，尊爲太后。

10 涼州主簿馬魴說張軌：魴，符方翻。說，輸芮翻。「宜命將出師，翼戴帝室。」軌從之，馳檄關中，共尊輔秦王；且言「今遣前鋒督護宋配帥步騎二萬，徑趨長安；帥，讀曰率。趨，七喻翻。西中郎將寔帥中軍三萬，武威太守張琠帥胡騎二萬，絡繹繼發。」琠，他典翻。絡繹，相繼不絕之意。

11 夏，四月，丙寅，征南將軍山簡卒。

12 漢主聰封其子敷爲渤海王，驥爲濟南王，鸞爲燕王，鴻爲楚王，勱爲齊王，勱，音邁。權爲秦王，操爲魏王，持爲趙王。

13 聰以魚蟹不供，斬左都水使者襄陵王攄；襄陵縣，漢屬河東郡，晉屬平陽郡。觀後所謂亟斬王公，則攄亦劉氏也。攄，抽居翻。作溫明、徽光二殿未成，斬將作大匠望都公靳陵。觀漁於汾水，昏夜不歸。中軍大將軍王彰諫曰：「比觀陛下所爲，臣實痛心疾首。比，毗至翻。今愚民歸漢之志未專，思晉之心猶盛，劉琨咫尺，刺客縱橫；謂平陽去晉陽不遠也。縱，子容翻。帝王輕出，一夫敵耳。願陛下改往修來，則億兆幸甚！」聰大怒，命斬之；王夫人叩頭乞哀，乃囚之。王夫人，彰女也。太后張氏以聰刑罰過差，三日不食；太弟乂、單于粲輿櫬切諫。聰怒曰：「吾豈桀、紂，而汝輩生來哭人！」太宰延年、太保殷等公卿、列侯百餘人，皆免冠涕泣曰：「陛下功高德厚，曠世少比，少，詩沼翻。往也唐、虞，今則陛下。而頃來以小小不供，亟斬王公；直言忤旨，遽囚大將。王公，謂劉攄、靳陵；大將，謂王彰。亟，欺冀翻。忤，五故翻。此臣等竊所未解，解，戶買翻，曉也。故相與憂之，忘寢與食。」聰慨然曰：「朕昨大醉，非其本心，微公等言之，朕不聞過。」各賜帛百匹，使侍中持節赦彰曰：「先帝賴君如左右手，君著勳再世，朕敢忘之！此段之過，希君蕩然。君能盡懷憂國，朕所望也。今進君驃騎將軍、定襄郡公，驃，匹妙翻。後有不逮，幸數匡之！」數，所角翻。

14王彌既死，事見上卷上年。漢安北將軍趙固、平北將軍王桑恐爲石勒所并，欲引兵歸平陽，軍中乏糧，士卒相食，乃自硍磽津西渡。硍，丘交翻。磽，牛交翻。劉【章：甲十一行本「劉」上有「攻掠河北郡縣」六字；乙十一行本同；孔本同；張校同；退齋校同。】琨以兄子演爲魏郡太守，鎮鄴，

【章：甲十一行本「鄴」下有「固」字；乙十一行本同；孔本同；張校同；退齋校同。】桑恐演邀之，遣長史臨深爲質於琨。姓譜：臨姓，大臨之後。質，音致。琨以固爲雍州刺史，雍，於用翻；下同。桑爲豫州刺史。

15 賈疋等圍長安數月，漢中山王曜連戰皆敗，驅掠士女八萬餘口，奔于平陽。秦王業自雍入于長安。雍，於用翻。五月，漢主聰貶曜爲龍驤大將軍，行大司馬。驤，思將翻。聰使河內王粲攻傅祗於三渚，據祗傳，祗屯盟津小城。盟津河平侯祠有二渚，又有淘渚，故亦曰三渚。右將軍劉參攻郭默於懷；會祗病薨，城陷，粲遷祗子孫幷其士民二萬餘戶于平陽。

16 六月，漢主聰欲立貴嬪劉英爲皇后；張太后欲立貴人張徽光，聰不得已，許之。英尋卒。

17 漢大昌文獻公劉殷卒。宋白曰：隰州隰川縣，漢蒲子縣；劉淵僭亂，置大昌郡。殷爲相，不犯顏忤旨，忤，五故翻。然因事進規，補益甚多。漢主聰每與羣臣議政事，殷無所是非；羣臣出，殷獨留，爲聰敷暢條理，商榷事宜，商，度也；榷者，舉其略也。爲，于僞翻。榷，古岳翻。聰未嘗不從之。殷常戒子孫曰：「事君當務幾諫。凡人尚不可面斥其過，況萬乘乎！夫幾諫之功，無異犯顏，但不彰君之過，所以爲優耳。」幾諫者，見微而諫也。侯希聖曰：事君，有顯諫者，有幾諫者。然而溫柔忠厚者，其說多行，訐直強勁者，其說多忤，夫是以貴幾諫也。幾，居希翻。乘，繩證翻。官至侍中、太保、錄尚書，賜劍履上殿、入朝不趨、乘輿入殿。然殷在公卿間，常恂恂有卑讓之色，故能處驕暴之國，保其富貴，不失令名，以壽考自終。處，昌呂翻。

18漢主聰以河間王易爲車騎將軍，彭城王翼爲衞將軍，並典兵宿衞。高平王悝爲征南將軍，鎮離石；悝，苦回翻。濟南王驥爲征西將軍，築西平城以居之；西平城，當築於平陽西。濟，子禮翻。魏王操爲征東將軍，鎮蒲子。

19趙固、王桑自懷求迎於漢，漢主聰遣鎮遠將軍梁伏疕將兵迎之。未至，長史臨深、將軍牟穆帥衆一萬叛歸劉演。固隨疕而西，疕，疾移翻。帥，讀曰率；下同。桑引其衆東奔青州，固遣兵追殺之於曲梁，曲梁縣，屬廣平郡；曹魏置廣平郡，治曲梁城。劉昫曰：唐洺州永年縣，漢曲梁縣地也。桑將張鳳帥其餘衆歸演。聰以固爲荆州刺史、領河南太守，鎮洛陽。

20石勒自葛陂北行，所過皆堅壁清野，虜掠無所獲，軍中飢甚，士卒相食。至東燕，據水經：東燕城在酸棗縣東。河水自酸棗東北過延津，又逕東燕縣故城北。余考兩漢志，東郡有燕縣，無東燕縣，其即是歟？魏收地形志，東燕縣，晉屬濮陽國。賢曰：東燕故城，今滑州胙城縣。燕，於賢翻。聞汲郡向冰聚衆數千壁枋頭，水經：淇水至黎陽入河，在遮害亭西十八里。漢建安九年，魏武於水口下大枋木以成堰，遏淇水東入白溝，以通漕運，故時人號其處曰枋頭。杜佑曰：枋頭在今汲郡衞縣界。宋白曰：枋頭城，在今衞縣南，去河八里。向，式亮翻，姓也。枋，音方。勒將濟河，恐冰邀之。張賓曰：「聞冰船盡在瀆中未上，未上者，未上岸。船不用，則推之登陸，使遠水而燥，他日輕，便於駕用。上，時掌翻。宜遣輕兵間道襲取，以濟大軍，間，古莧翻。大軍既濟，冰必可擒也。」秋，七月，勒使支雄、孔萇自文石津縛筏潛渡，取其船。勒引兵自棘津濟河，水經：河水逕東燕縣故城北，河水於是有棘津之名。擊冰，大破之，盡得其資儲，軍勢復振，遂長驅至鄴。劉演保三臺以自固，臨深、牟穆等復帥其衆降於勒。復，扶又翻；帥，讀曰率；並下同。降，戶江翻；下同。

諸將欲攻三臺，張賓曰：「演雖弱，衆猶數千，三臺險固，攻之未易猝拔，易，以豉翻。捨而去之，彼將自潰。方今王彭祖、劉越石，公之大敵也，王浚，字彭祖；劉琨，字越石。宜先取之，演不足顧也。且天下饑亂，明公雖擁大兵，遊行羈旅，人無定志，非所以保萬全，制四方也。不若擇便地而據之，廣聚糧儲，西稟平陽以圖幽、并，幽，王浚；并，劉琨。此霸王之業也。邯鄲、襄國，形勝之地，邯鄲縣，漢屬趙國，晉屬廣平。襄國縣，秦爲信都，項羽改曰襄國，漢屬趙國，晉屬廣平。而信都別爲縣，前漢屬信都國，後漢屬安平國。邯鄲，音寒丹。宋白曰：隋改襄國爲龍岡縣，唐爲邢州所治也。請擇一而都之。」勒曰：「右侯之計是也！」遂進據襄國。

賓復言於勒曰：「今吾居此，彭祖、越石所深忌也，恐城塹未固，資儲未廣，二寇交至。塹，七豔翻。宜亟收野穀，且遣使至平陽，具陳鎮此之意。」使，疏吏翻；下同。勒從之，分命諸將攻冀州，郡縣壁壘多降，運其穀以輸襄國；且表於漢主聰，聰以勒爲都督冀、幽、并、營四州諸軍事、營州不在晉太康地志十九州之數。晉地理志：咸寧二年，分昌黎、遼東、玄菟、帶方、樂浪等郡國五，置平州；至慕容熙據和龍，始於宿軍置營州，以刺史鎮之；拓跋魏置營州於和龍。勒時未有營州也。郡國志：營州地當營室分，故曰營州。冀州牧，進封上黨公。

21 劉琨移檄州郡，期以十月會平陽，擊漢。琨素奢豪，喜聲色。喜，許記翻。河南徐潤以音律得幸於琨，琨以爲晉陽令。潤驕恣，干預政事；護軍令狐盛數以爲言，令狐之令，力丁翻。數，所角翻。且勸琨殺之，琨不從。潤譖盛於琨，琨收盛，殺之。琨母曰：「汝不能駕御豪傑以恢遠略，而專除勝己，禍必及我。」

盛子泥奔漢，具言虛實。漢主聰大喜，遣河内王粲、中山王曜將兵寇并州，以令狐泥爲鄉導。鄉，讀曰嚮。琨聞之，東出，收兵於常山及中山，使其將郝詵、張喬將兵拒粲，郝，呼各翻。且遣使求救於代公猗盧。詵、喬俱敗死。粲、曜乘虛襲晉陽，太原太守高喬、并州別駕郝聿以晉陽降漢。考異曰：劉琨傳曰：「屬龐醇降于聰，鴈門烏丸復反，琨親出禦之，粲乘虛襲取晉陽。」按：琨上太子牋曰：「聰以七月十六日復決計送死，臣即自東下，率中山、常山之卒，並合樂平、上黨諸軍，未旋之間，而晉陽傾潰。」十六國春秋亦云「琨收兵常山」。本傳誤也。八月，庚戌，琨還救晉陽，不及，帥左右數十騎奔常山。辛亥，粲、曜入晉陽。壬子，令狐泥殺琨父母。

粲、曜送尚書盧志、侍中許遐、太子右衞率崔瑋于平陽。聰復以曜爲車騎大將軍，以前將軍劉豐爲幷州刺史，鎭晉陽。九月，聰以盧志爲太弟太師，崔瑋爲太傅，許遐爲太保，高喬、令狐泥皆爲武衞將軍。

22 己卯，漢衞尉梁芬奔長安。

23 辛巳，賈疋等奉秦王業爲皇太子，考異曰：懷帝紀云：「賈疋討劉粲於三輔，走之，關中小定，奉秦王爲太子。」按：賈疋等以永嘉五年攻劉粲于新豐，粲敗，還平陽；奉秦王入雍城。六年三月，劉曜棄長安走，秦王入長安，漢兵皆已退矣。秦王爲太子時，劉粲方在晉陽。懷紀誤。建行臺於長安，登壇告類，告類，或攝，或卽位，祭天之禮。舜之攝也，肆類于上帝。孔安國註曰：類，謂攝位事類，遂以攝告天及五帝，湯黜夏命，昭告于上天神后，皆其事也。建宗廟、社稷，大赦。以閻鼎爲太子詹事，總攝百揆；太子詹事統攝宮僚。時太子建行臺，故以詹事總百揆，特位號未正，其實丞相之職也。加賈疋征西大將軍，以秦州刺史、南陽王保爲大司馬。命司空荀藩督攝遠近，光祿大夫荀組領司隸校尉、行豫州刺史，與藩共保開封。開封縣，漢屬河南郡，晉屬滎陽郡。

24 秦州刺史裴苞據險以拒涼州兵，張寔、宋配等擊破之，苞奔柔【嚴：「柔」改「桑」。】凶塢。

25 冬，十月，漢主聰封其子恆爲代王，恆，戶登翻。逞爲吳王，朗爲潁川王，皋爲零陵王，旭爲丹陽王，京爲蜀王，坦爲九江王，晃爲臨川王；以王育爲太保，王彰爲太尉，任顗爲司徒，顗，魚豈翻。馬景爲司空，朱紀爲尙書令，范隆爲左僕射，呼延晏爲右僕射。

26 代公猗盧遣其子六脩及兄子普根、將軍衞雄、范班、箕澹帥衆數萬爲前鋒以攻晉陽，澹，徒覽翻，又徒濫翻。考異曰：十六國春秋云「遣其子利孫、宥六須」，載記云「賓六須」。劉琨集云「左、右賢王」，又云「右賢王撲速根」。今從後魏書。考異又曰：「箕澹」，十六國春秋、後魏書作「姬澹」。今從劉琨傳。猗盧自帥衆二十萬繼之，劉琨收散卒數千爲之鄉導。鄉，讀曰嚮。六脩與漢中山王曜戰於汾東，曜兵敗，墜馬，中七創。中，竹仲翻。創，初良翻；下同。討虜將軍傅虎以馬授曜，曜不受，曰：「卿當乘以自免，吾創已重，自分死此。」分，扶問翻。虎泣曰：「虎蒙大王識拔至此，常思效命，今其時矣。且漢室初基，天下可無虎，不可無大王也！」乃扶曜上馬，驅令渡汾，自還戰死。曜入晉陽，夜，與大將軍粲、鎮北大將軍豐掠晉陽之民，踰蒙山而歸。五代志，太原郡石艾縣有蒙山。魏收曰：石艾縣，卽漢、晉之上艾縣也。晉志，上艾縣，屬樂平郡。又據五代志，晉陽縣有蒙山。此蓋蒙山跨晉陽、石艾二縣界也。十一月，猗盧追之，戰於藍谷，藍谷，在蒙山西南。漢兵大敗，擒劉豐，斬邢延等三千餘級，邢延叛琨，見上卷五年。伏尸數百里。猗盧因大獵壽陽山，壽陽山，在樂平壽陽縣，魏收地形志作「受陽縣」，此縣蓋晉置也。宋白曰：壽陽縣，本漢榆次縣地，晉置壽陽縣。陳閱皮肉，山爲之赤。劉琨自營門步入拜謝，固請進軍。猗盧曰：「吾不早來，致卿父母見害，誠以相愧。今卿已復州境，吾遠來，士馬疲弊，且待後舉，劉聰未可滅也。」遺琨馬、牛、羊各千餘疋，車百乘而還，遺，于季翻。乘，繩證翻。留其將箕澹、段繁等戍晉陽。

琨徙居陽曲，陽曲縣，屬太原郡，在晉陽北。招集亡散。盧諶爲劉粲參軍，亡歸琨，諶，時壬翻。漢人殺其父志考異曰：劉聰載記，「志勸太弟乂作亂，被誅。」按志勸成都王穎起義兵，諫穎攻長沙王乂，忠義敦篤，始終不虧，非勸人作亂者也。今從盧諶傳。及弟謐、詵；贈傅虎幽州刺史。

27 十二月，漢主聰立皇后張氏，以其父寔爲左光祿大夫。

28 彭仲蕩之子天護帥羣胡攻賈疋，天護陽不勝而走，疋追之，夜墜澗中，天護執而殺之。疋，音雅。疋殺彭仲蕩事見上卷五年。考異曰：帝紀曰：「疋討賊張連，遇害。」疋傳：「天護攻之，疋敗走，墜澗死。」今從十六國春秋。漢以天護爲涼【嚴：「涼」改「梁」。】州刺史。衆推始平太守麴允領雍州刺史。閻鼎與京兆太守梁綜爭權，鼎遂殺綜。麴允與撫夷護軍索綝、馮翊太守梁肅合兵攻鼎，鼎出奔雍，爲氐竇首所殺。胡、羯方強，賈、閻、麴、索降心相從，協力以輔晉室，猶懼不能全，況自相屠乎！長安之敗徵，見於此矣。雍，於用翻。

29 廣平游綸、張豺擁衆數萬，據苑鄉，姓譜：游，廣平望姓；鄭公子偃，字子游，其後以爲氏。魏收志，廣平郡任縣有苑鄉城。宋白曰：任縣，後漢南䜌縣地，後趙石氏於此置苑鄉縣，唐爲任縣，屬邢州。受王浚假署；假署者，承制權宜而補署，假以職名。石勒遣夔安、支雄等七將攻之，破其外壘。浚遣督護王昌帥諸軍及遼西公段疾陸眷、考異曰：石勒載記及後魏書作「就陸眷」。今從王浚傳。疾陸眷弟匹磾、文鴦、從弟末柸磾，丁奚翻。從，才用翻。考異曰：後魏書作「末破」。今從王浚傳。部衆五萬攻勒於襄國。

疾陸眷屯于渚陽，班固地理志，禹貢絳水在信都入海。水經註：絳瀆北逕信都城東，散入澤渚，西至信都城東，連于廣川縣張甲故瀆，同歸于海。疾陸眷蓋屯是渚之陽也。勒遣諸將出戰，皆爲疾陸眷所敗。敗，補邁翻。疾陸眷大造攻具，將攻城，勒衆甚懼。勒召將佐謀之曰：「今城塹未固，糧儲不多，彼衆我寡，外無救援，吾欲悉衆與之決戰，何如？」諸將皆曰：「不如堅守以疲敵，待其退而擊之。」張賓、孔萇曰：「鮮卑之種，種，章勇翻。段氏最爲勇悍，悍，下罕翻，又侯旰翻。而末柸尤甚，其銳卒皆在末柸所。今聞疾陸眷刻日攻北城，其大衆遠來，戰鬬連日，謂我孤弱，不敢出戰，意必懈惰，懈，古隘翻。宜且勿出，示之以怯，鑿北城爲突門二十餘道，墨子備突篇曰：城，百步一突門。突門，用車兩輪，以木束之，塗其上，維置突門內。度門廣狹之，令人入門四尺中，置窐突。門旁爲橐，充竈狀；又置艾。寇卽入，下輪而塞之，鼓橐薰之也。杜佑曰：突門，鑿城內爲闇門，多少臨事，令五六寸勿穿。或於中夜，於敵初來，營列未定，精騎從突門躍出，擊其無備，襲其不意。俟其來至，列守未定，出其不意，直衝末柸帳，彼必震駭，不暇爲計，破之必矣。末柸敗，則其餘不攻而潰矣。」勒從之，密爲突門。既而疾陸眷攻北城，勒登城望之，見其將士或釋仗而寢，乃命孔萇督銳卒自突門出擊之，見其釋仗而寢，知其懈也，乃命萇出戰，所謂見兵勢者也。城上鼓譟以助其勢。萇攻末柸帳，不能克而退。末柸逐之，入其壘門，爲勒衆所獲，疾陸眷等軍皆退走。萇乘勝追擊，枕尸三十餘里，枕，職任翻。獲鎧馬五千匹。鎧，可亥翻。疾陸眷收其餘衆，還屯渚陽。

勒質末柸，質，音致；下同。遣使求和於疾陸眷，使，疏吏翻。疾陸眷許之。文鴦諫曰：「今以末柸一人之故而縱垂亡之虜，得無爲王彭祖所怨，招後患乎！」疾陸眷不從，復以鎧馬金銀賂勒，復，扶又翻；下同。且以末柸三弟爲質而請末柸。諸將皆勸勒殺末柸，勒曰：「遼西鮮卑健國也，與我素無仇讎，爲王浚所使耳。今殺一人而結一國之怨，非計也。歸之，必深德我，不復爲浚用矣。」乃厚以金帛報之，遣石虎與疾陸眷盟于渚陽，結爲兄弟。疾陸眷引歸，王昌不能獨留，亦引兵還薊。勒召末柸，與之燕飲，誓爲父子，遣還遼西。末柸在塗，日南嚮而拜者三。由是段氏專心附勒，王浚之勢遂衰。孫武所謂「親而離之」，此其近之矣。然段氏專心附勒者，末柸也，若匹磾、文鴦，則終身與勒抗。

游綸、張豺請降於勒。降，戶江翻。勒攻信都，殺冀州刺史王象。浚復以邵舉行冀州刺史，保信都。

30 是歲大疫。

31 王澄少與兄衍名冠海內，少，詩照翻。冠，古玩翻。劉琨謂澄曰：「卿形雖散朗，而內實動俠，言其心輕易動，又豪俠自喜也。以此處世，處，昌呂翻。難得其死。」及在荊州，悅成都內史王機，謂爲己亞，使之內綜心膂，綜，機縷也，所以持經而施緯，使不失其條理者也，故謂能統理衆事者爲綜理。外爲爪牙。澄屢爲杜弢所敗，弢，土刀翻。敗，補邁翻。望實俱損，猶傲然自得，無憂懼之意，但與機日夜縱酒博弈，由是上下離心；南平太守應詹屢諫，不聽。澄自出軍擊杜弢，軍于作塘。作唐縣，後漢屬武陵郡，晉屬南平郡，五代志：澧陽郡孱陵縣，舊曰作塘。故山簡參軍王沖擁衆迎應詹爲刺史，詹以沖無賴，棄之，還南平，南平郡，治江安。沖乃自稱刺史。澄懼，使其將杜蕤守江陵，徙治孱陵，孱陵縣，漢屬武陵郡，晉屬南平郡。應劭曰：孱，音踐。師古音士連翻。劉昫曰：澧州安鄉縣，漢孱陵地。尋又奔沓中。此沓中，非姜維種麥之沓中，蓋在孱陵之東。別駕郭舒諫曰：「使君臨州雖無異政，然一州人心所繫，今西收華容之兵，足以擒此小醜，華容縣，屬南郡。柰何自棄，遽爲奔亡乎！」澄不從，欲將舒東下。舒曰：「舒爲萬里紀綱，舒爲州別駕，故自謂萬里紀綱。不能匡正，令使君奔亡，誠不忍渡江。」乃留屯沌口。水經註：沌水南通沔陽縣之太白湖，湖水東南通江，謂之沌口。沌，持兖翻。琅邪王睿聞之，召澄爲軍諮祭酒，以軍諮祭酒周顗代之，澄乃赴召。

顗始至州，顗，魚豈翻。建平流民傅密等叛迎杜弢，弢別將王貞襲沔陽，沔陽，梁武帝時方置郡。據沈約志，陶侃爲荆州刺史，初治沔陽；則是時已有沔陽城矣，當屬竟陵郡界。宋白曰：復州沔陽縣，漢縣也。郡國志曰：沔陽縣，卽楚王城。顗狼狽失據。征討都督王敦遣武昌太守陶侃、尋陽太守周訪、歷陽內史甘卓懷帝永嘉五年，睿加敦都督征討諸軍事。惠帝永興元年，分淮南之烏江、歷陽二縣，置歷陽郡。共擊弢，敦進屯豫章，爲諸軍繼援。考異曰：王澄傳曰：時王敦爲江州，鎭豫章。」按：敦時爲揚州刺史，都督征討諸軍，非爲江州也。

王澄過詣敦，自以名聲素出敦右，猶以舊意侮敦。敦怒，誣其與杜弢通信，遣壯士搤殺之。搤，乙革翻。王機聞澄死，懼禍，以其父毅、兄矩皆嘗爲廣州刺史，就敦求廣州，敦不許。會廣州將溫卲等叛刺史郭訥，迎機爲刺史，機遂將奴客門生千餘人入廣州。考異曰：王澄死，周顗敗，王敦鎮豫章，機入廣州，紀、傳皆無年月。按衞玠傳，玠依敦於豫章，以永嘉六年卒，故附於此。訥遣兵拒之，將士皆機父兄時部曲，王機父毅爲廣州刺史，甚得南越之情。不戰迎降；降，戶江翻；下同。訥乃避位，以州授之。

32 王如軍中飢乏，官軍討之，其黨多降；如計窮，遂降於王敦。考異曰：如降亦無年月，明年有如餘黨入漢中，故附此。

33 鎮東軍司顧榮、前太子洗馬衞玠皆卒。洗，悉薦翻。玠，瓘之孫也，美風神，善清談；常以爲人有不及，可以情恕，非意相干，可以理遣，故終身不見喜愠之色。見，賢遍翻。

34 江陽太守張啓江陽縣，漢屬犍爲郡，劉蜀分置江陽郡，隋併入陵州隆山縣，唐爲眉州彭山縣。殺【章：甲十一行本「殺」下有「行」字；乙十一行本同；孔本同；張校同。】益州刺史王異而代之。異行三府事見上卷五年。啓，翼之孫也，尋病卒。三府文武共表涪陵太守向沈行西夷校尉，南保涪陵。沈，持林翻。涪，音浮。

35 南安赤亭羌姚弋仲東徙榆眉，水經註：漢靈帝分獂道爲南安郡。赤亭水出郡之東山赤谷，西流逕城北，南入渭水，謂之赤亭川。榆眉，卽漢扶風之隃麋縣，晉省。宋白曰：隴州汧源縣東有隃麋澤，有古城。吳山縣，亦漢榆麋縣地。戎、夏襁負隨之者數萬，自稱護羌校尉、雍州刺史、扶風公。夏，戶雅翻。雍，於用翻。

孝愍皇帝上諱鄴，字彥旗；武帝孫，吳孝王晏之子也，出繼伯父秦王柬，後襲封秦王。諡法：禍亂方作曰愍；在國遭憂曰愍。

建興元年（癸酉、三一三）是年夏四月，方改元建興。

1 春，正月，丁丑朔，漢主聰宴羣臣於光極殿，使懷帝著青衣行酒。著，陟略翻。庾珉、王儁等不勝悲憤，因號哭；聰惡之。勝，音升。號，戶刀翻。惡，烏路翻。有告珉等謀以平陽應劉琨者，二月，丁未，聰殺珉、儁等故晉臣十餘人，永嘉三年，珉、儁與帝俱沒于虜。懷帝亦遇害。年三十。大赦，復以會稽劉夫人爲貴人。永嘉六年，聰以夫人妻帝，聰封帝爲會稽公，故曰會稽劉夫人。會，工外翻。

荀崧曰：懷帝天姿清劭，劭，高也。少著英猷，少，詩照翻。若遇承平，足爲守文佳主。而繼惠帝擾亂之後，東海專政，故無幽、厲之釁而有流亡之禍矣！

2 乙亥，漢太后張氏卒，諡曰光獻。張后不勝哀，丁丑，亦卒，諡曰武孝。張后，張太后之姪女。勝，音升。

3 己卯，漢定襄忠穆公王彰卒。

4 三月，漢主聰立貴嬪劉娥爲皇后，爲之起鴘儀殿。雄曰鳳，雌曰鴘，書曰：鳳凰來儀。爲，于僞翻；下更爲、下爲同。廷尉陳元達切諫，以爲「天生民而樹之君，使司牧之，非以兆民之命窮一人之欲也。晉氏失德，大漢受之，蒼生引領，庶幾息肩。是以光文皇帝劉淵，謚光文。幾，居希翻。身衣大布，居無重茵，衣，於既翻；下同。重，直龍翻。后妃不衣錦綺，乘輿馬不食粟，愛民故也。乘，繩證翻。陛下踐阼以來，已作殿觀四十餘所，加之軍旅數興，觀，古玩翻。數，所角翻。餽運不息，饑饉、疾疫，死亡相繼，而益思營繕，豈爲民父母之意乎！今有晉遺類，西據關中，南擅江表；李雄奄有巴、蜀；王浚、劉琨窺窬肘腋；石勒、曹嶷貢稟漸疏；嶷，魚力翻。貢，謂貢獻；稟，謂稟承詔命。陛下釋此不憂，乃更爲中宮作殿，豈目前之所急乎！爲，于僞翻。昔太宗居治安之世，粟帛流衍，猶愛百金之費，息露臺之役。事見十五卷漢文帝後七年。治，直吏翻。陛下承荒亂之餘，所有之地，不過太宗之二郡，時聰所有之地，漢河東、西河二郡耳。戰守之備，非特匈奴、南越而已。漢文帝時，惟備匈奴、南越。而宮室之侈乃至於此，臣所以不敢不冒死而言也。」聰大怒曰：「朕爲天子，營一殿，何問汝鼠子乎，乃敢妄言沮衆！沮，在呂翻。不殺此鼠子，朕殿不成！」命左右：「曳出斬之！并其妻子同梟首東市，梟，堅堯翻。使羣鼠共穴！」時聰在逍遥園李中堂，元達先鎖腰而入，即以鎖鎖堂下樹，呼曰：「臣所言者，社稷之計，而陛下殺臣。朱雲有言：『臣得與龍逢、比干遊，足矣！』」朱雲事見三十二卷漢成帝元延元年。呼，火故翻。逢，蒲江翻。左右曳之不能動。

大司徒任顗、任，音壬。顗，魚豈翻。光祿大夫朱紀、范隆、驃騎大將軍河間王易等叩頭出血曰：「元達爲先帝所知，受命之初，卽引置門下，見八十五卷惠帝永興元年。盡忠竭慮，知無不言。臣等竊祿偸安，每見之未嘗不發愧。今所言雖狂直，願陛下容之。因諫諍而斬列卿，其如後世何！」聰默然。

劉后聞之，密敕左右停刑，手疏上言：「今宮室已備，無煩更營，四海未壹，宜愛民力。廷尉之言，社稷之福也，陛下宜加封賞；而更誅之，四海謂陛下何如哉！夫忠臣進諫者固不顧其身也，而人主拒諫者亦不顧其身也。陛下爲妾營殿而殺諫臣，使忠良結舌者由妾，遠近怨怒者由妾，公私困弊者由妾，社稷阽危者由妾，爲，于僞翻。阽，服虔音反坫之坫；孟康音屋檐之檐。如淳曰：阽近邊，知墮意。天下之罪皆萃於妾，妾何以當之！妾觀自古敗國喪家，敗，補邁翻。喪，息浪翻。未始不由婦人，心常疾之，不意今日身自爲之，使後世視妾由妾之視昔人也！由，與猶通。洪氏隸釋曰：古字多以由通爲猶字，樊毅脩華嶽碑，「由復夕惕。」余謂：樊碑之由，其義尙也；此由，如也。妾誠無面目復奉巾櫛，櫛，側瑟翻；梳枇總名。復，扶又翻；下同。願賜死此堂，以塞陛下之過！」塞，悉則翻。聰覽之變色。

任顗等叩頭流涕不已。聰徐曰：「朕比年已來，微得風疾，比，毗至翻。喜怒過差，不復自制。元達，忠臣也；朕未之察。諸公乃能破首明之，誠得輔弼之義也。朕愧戢于心，戢，側立翻，藏也。何敢忘之！」命顗等冠履就坐，坐，徂臥翻。引元達上，上，時掌翻，升堂也。以劉氏表示之，曰：「外輔如公，內輔如后，朕復何憂！」賜顗等穀帛各有差，更命逍遙園曰納賢園，李中堂曰愧賢堂。更，工衡翻。聰謂元達曰：「卿當畏朕，而反使朕畏卿邪！」

5 西夷校尉向沈卒，衆推汶山太守蘭維爲西夷校尉。向，式亮翻，姓也。沈，持林翻。汶，音岷。姓譜，鄭穆公名蘭，支庶以爲氏；漢有武陵太守蘭廣。又匈奴傳亦有蘭氏，非此蘭也。維率吏民北出，欲向巴東；欲歸晉也。成將李恭、費黑邀擊，獲之。將，卽亮翻。費，扶沸翻。

6 夏，四月，丙午，懷帝凶問至長安，皇太子舉哀，因加元服；鄭樵通志略曰：魏氏，天子冠一加。其說曰：古之士禮，冠必三加彌尊，所以喻其志。至於天子、諸侯無加數之文者，將以踐阼臨人，尊極德成，不復與士以加喻勉爲義。禮，冠於廟；自魏不復在廟矣。冠，太子再加，是時蓋仍魏禮。壬申，卽皇帝位，大赦，改元。始改元建興。以衞將軍梁芬爲司徒，雍州刺史麴允爲尚書左僕射、錄尚書事，雍，於用翻。京兆太守索綝爲尚書右僕射、領吏部、京兆尹。索，昔各翻。綝，丑林翻。是時長安城中，戶不盈百，蒿棘成林；公私有車四乘，乘，繩證翻。百官無章服、印綬，唯桑版署號而已。尋以索綝爲衞將軍、領太尉，軍國之事，悉以委之。

7 漢中山王曜、司隸校尉喬智明寇長安，平西將軍趙染帥衆赴之，帥，讀曰率；下同。詔麴允屯黃白城以拒之。

8 石勒使石虎攻鄴，鄴潰，劉演奔廩丘，廩丘縣，前漢屬東郡，後漢屬濟陰郡，晉屬濮陽國。賢曰：廩丘故城，在今濮州雷澤縣北。三臺流民皆降於勒。降，戶江翻。勒以桃豹爲魏郡太守以撫之；久之，以石虎代豹鎮鄴。

初，劉琨用陳留太守焦求爲兗州刺史，荀藩又用李述爲兗州刺史；述欲攻求，琨召求還。及鄴城失守，琨復以劉演爲兗州刺史，鎮廩丘。前中書侍郎郗鑒，少以清節著名，帥高平千餘家避亂保嶧山，水經註：嶧山在鄒縣北，繹邑之所依以爲名也。山東西二十里，高秀獨出，積石相臨，殆無土壤。石間多孔穴，洞達相通，往往有如數間屋處，其俗謂之「嶧孔」。遭亂，輒將家入嶧，外寇雖衆，無所施害。晉永嘉中，郗鑒保此山。今山南有大嶧，名曰鄒公嶧，詩所謂「保有鳧繹」。復，扶又翻。少，詩照翻。帥，讀曰率。嶧，音亦。琅邪王睿就用鑒爲兗州刺史，鎮鄒山。鄒山，在魯郡鄒縣。考異曰：劉琨集，建興二年十一月，壬寅朔，與丞相牋曰：「焦求雖出寒鄉，有文武膽幹。荀晞用爲陳留太守，獨在河南距當石勒，撫綏有方。琨以求行領兗州刺史。後聞荀公以李述爲兗州，以素論門望，不可與求同日而論；至於膽幹可以處危，權一時之用，李述亦不能及求。而王玄年少，便欲共討求。琨以求已與玄構隙，便召還。而州界民物，甚不安服述；二千石及文武大姓，連遣信使求刺史，是以遣兄子演代求領兗州事。往年春正月，遣詣鄴，至是斬王桑、走趙固」云云。「今勒據襄國，逼近鄴城，故令演轉南。演今治在廩丘，而李述、郗鑒並欲爭兗州，或云爲荀公所用，或云爲明公所用。大寇未殄而自共尋干戈，此亦大潰也。輒敕演謹自守而已。」按：王桑、趙固之敗及石勒攻鄴，皆在永嘉六年。琨牋又云：「傳長安消息，主上是秦王。」又建興二年十一月丙申朔，元年十一月壬申朔，十二月壬寅朔，然則琨發牋之日，建興元年十二月壬寅朔也，傳寫誤耳。三人各屯一郡，兗州吏民莫知所從。

9 琅邪王睿以前廬江內史華譚爲軍諮祭酒。華，戶化翻。譚嘗在壽春依周馥。睿謂譚曰：「周祖宣何故反？」周馥，字祖宣。譚曰：「周馥雖死，天下尚有直言之士。馥見寇賊滋蔓，欲移都以紓國難，難，乃旦翻。執政不悅，興兵討之；馥死未踰時而洛都淪沒。若謂之反，不亦誣乎！」事見上卷永嘉四年、五年。睿曰：「馥位爲征鎮，握強兵，召之不入，危而不持，亦天下之罪人也。」譚曰：「然，危而不持，當與天下共受其責，非但馥也。」

睿參佐多避事自逸，錄事參軍陳頵錄事參軍，掌總錄衆曹，管其文案，自上佐以下，違失者彈正以法，掌凡諸司察之事。白氏六帖曰：州主簿、郡督郵，並今錄事參軍之職。余據睿以頵爲錄事參軍，自別有主簿，詳見辨誤。言於睿曰：「洛中承平之時，朝士以小心恭恪爲凡俗，以偃蹇倨肆爲優雅，流風相染，以至敗國。朝，直遙翻。敗，補邁翻。今僚屬皆承西臺餘弊，江東謂洛都爲西臺。養望自高，是前車已覆而後車又將尋之也。請自今，臨使稱疾者，皆免官。」睿不從。三王之誅趙王倫也，見八十四卷惠帝永寧元年。制己亥格以賞功，自是循而用之。頵上言：「昔趙王篡逆，惠皇失位，三王起兵討之，故厚賞以懷嚮義之心。今功無大小，皆以格斷，斷，丁亂翻，決也；言功之輕重、差次，皆以己亥格決之。乃至金紫佩士卒之身，符策委僕隸之門，非所以重名器，正紀綱也，請一切停之！」頵出於寒微，數爲正論，府中多惡之，數，所角翻。惡，烏路翻。出頵爲譙郡太守。

10吳興太守周玘，宗族強盛，玘，墟里翻。琅邪王睿頗疑憚之。睿左右用事者，多中州亡官失守之士，駕御吳人，吳人頗怨。玘自以失職，又爲刁協所輕，恥恚愈甚，恚，於避翻。乃陰與其黨謀誅執政，以諸南士代之。事泄，玘憂憤而卒，將死，謂其子勰曰：「殺我者，諸傖子也；勰，音協。傖，助庚翻；吳人謂中州人爲傖。能復之，乃吾子也。」

11石勒攻李惲於上白，斬之。惲，於粉翻。王浚復以薄盛爲青州刺史。上白城，在安平廣宗縣。李惲、薄盛皆乞活帥。復，扶又翻。

12王浚使棗嵩督諸軍屯易水，召段疾陸眷，欲與之共擊石勒，疾陸眷不至。以釋其弟末柸德石勒，故不肯會浚兵。浚怒，以重幣賂拓跋猗盧，并檄慕容廆等共討疾陸眷。廆，戶罪翻。猗盧遣右賢王六脩將兵會之，爲疾陸眷所敗。敗，補邁翻。廆遣慕容翰攻段氏，取徒河、新城，至陽樂，陽樂縣，屬遼西郡。賢曰：陽樂，在今平州東。聞六脩敗而還，翰因留鎮徒河，壁青山。

初，中國士民避亂者，多北依王浚，浚不能存撫，又政法不立，士民往往復去之。復，扶又翻。段氏兄弟專尚武勇，不禮士大夫。唯慕容廆政事脩明，愛重人物，故士民多歸之。廆舉其英俊，隨才授任，以河東裴嶷、嶷，魚力翻。北平陽耽、廬江黃泓、代郡魯昌爲謀主，廣平游邃、北海逄羡、逄，皮江翻。北平西方虔、何氏姓苑：少昊金天氏，位主西方，子孫以爲氏。西河宋奭及封抽、裴開爲股肱，平原宋該、安定皇甫岌、岌弟眞、蘭陵繆愷、繆，靡幼翻。昌黎劉斌及封奕、封裕典機要。裕，抽之子也。

裴嶷清方有幹略，爲昌黎太守，兄武爲玄菟太守。武卒，嶷與武子開以其喪歸，過廆，自玄菟西歸，道過棘城。菟，同都翻。廆敬禮之，及去，厚加資送。行及遼西，道不通，嶷欲還就廆。開曰：「鄉里在南，柰何北行！且等爲流寓，段氏強，慕容氏弱，何必去此而就彼也！」嶷曰：「中國喪亂，喪，息浪翻。今往就之，是相帥而入虎口也。帥，讀曰率。且道遠，何由可達！言昌黎去河東既遠，又路梗，無由得達。若俟其清通，又非歲月可冀。言天下方亂，道路未有清通之時。今欲求託足之地，豈可不愼擇其人。汝觀諸段，豈有遠略，且能待國士乎！慕容公修行仁義，有霸王之志，加以國豐民安，今往從之，高可以立功名，下可以庇宗族，汝何疑焉！」開乃從之。既至，廆大喜。陽耽清直沈敏，爲遼西太守，沈，持林翻。慕容翰破段氏於陽樂，獲之，廆禮而用之。游邃、逄羡、宋奭，皆嘗爲昌黎太守，逄，皮江翻。與黃泓俱避地於薊，後歸廆。王浚屢以手書召邃兄暢，暢欲赴之，邃曰：「彭祖刑政不修，華、戎離叛，以邃度之，必不能久，兄且磐桓以俟之。」易屯卦初九爻辭曰：磐桓，利居貞。王弼曰：不可以進，故磐桓也。馬曰：磐桓，旋也。度，徒洛翻。暢曰：「彭祖忍而多疑，頃者流民北來，命所在追殺之。今手書殷勤，我稽留不往，將累及卿。累，力瑞翻。且亂世宗族宜分，以冀遺種。」遂從之，卒與浚俱沒。種，章勇翻。卒，子恤翻。宋該與平原杜羣、劉翔先依王浚，又依段氏，皆以爲不足託，帥諸流寓同歸於廆。東夷校尉崔毖請皇甫岌爲長史，卑辭說諭，終莫能致；廆招之，岌與弟眞卽時俱至。古語有之：鳥則擇木，木豈能擇鳥！帥，讀曰率。說，輸芮翻。遼東張統據樂浪、帶方二郡，與高句麗王乙弗利相攻，連年不解。樂浪王遵說統帥其民千餘家歸廆，廆爲之置樂浪郡，爲，于僞翻。樂浪，音洛琅。句，如字，又音駒。麗，力知翻。以統爲太守，遵參軍事。

13 王如餘黨涪陵李運、巴西王建等自襄陽將三千餘家入漢中，涪，音浮。梁州刺史張光遣參軍晉邈將兵拒之。邈受運、建賂，勸光納其降，降，戶江翻；下同。光從之，使居成固。既而邈見運、建及其徒多珍寶，欲盡取之，復說光曰：復，扶又翻。說，輸芮翻。「運、建之徒，不修農事，專治器仗，其意難測，不如悉掩殺之，不然，必爲亂。」光又從之。將貪於下，帥闇於上，梁州之禍，復自此始。治，直之翻。五月，邈將兵攻運、建，殺之。建壻楊虎收餘衆擊光，屯于厄水；光遣其子孟萇討之，不能克。

14 壬辰，以琅邪王睿爲左丞相、大都督，督陝東諸軍事；南陽王保爲右丞相、大都督，督陝西諸軍事。所謂「分陝」也。陝，失冉翻。詔曰：「今當掃除鯨鯢，鯨鯢，大魚，鉤網所不能制，以比敵人之魁桀者。鯨，巨京翻。鯢，五兮翻。奉迎梓宮。謂懷帝遇害於平陽，梓宮未返也。令幽、并兩州勒卒三十萬直造平陽，造，七到翻；下同。右丞相宜帥秦、涼、梁、雍之師三十萬徑詣長安，左丞相帥所領精兵二十萬徑造洛陽，帥，讀曰率。雍，於用翻。同赴大期，克成元勳。」

15 漢中山王曜屯蒲坂。

16 石勒使孔萇擊定陵，殺田徽；定陵縣，漢屬潁川郡，晉屬襄城郡。田徽，王浚用爲兗州刺史。薄盛率所部降勒，山東郡縣，相繼爲勒所取。漢主聰以勒爲侍中、征東大將軍。烏桓亦叛王浚，潛附於勒。史言王浚之勢浸以孤弱。

17 六月，劉琨與代公猗盧會于陘北，謀擊漢。陘，音刑。秋，七月，琨進據藍谷，猗盧遣拓跋普根屯于北屈。北屈縣，漢屬河東郡，晉屬平陽郡，春秋晉公子夷吾所居邑也。宋白曰：慈州夾城縣，本漢北屈縣地。師古曰：屈，音居勿翻。琨遣監軍韓據自西河而南，將攻西平。西平城，在平陽西，漢主聰築以居其子濟南王驥。漢主聰遣大將軍粲等拒琨，驃騎將軍易等拒普根，蕩晉將軍蘭陽等助守西平。琨等聞之，引兵還。還，從宣翻，又如字。聰使諸軍仍屯所在，爲進取之計。

18 帝遣殿中都尉劉蜀詔左丞相睿以時進軍，殿中都尉，屬二衞。與乘輿會於中原。乘，繩證翻。八月，癸亥，蜀至建康，睿辭以方平定江東，未暇北伐。以鎮東長史刁協爲丞相左長史，從事中郎彭城劉隗爲司直，隗，五罪翻。邵陵內史廣陵戴邈爲軍諮祭酒，吳孫皓寶鼎元年，分零陵北部都尉立邵陵郡。宋白曰：邵陵，漢之昭陵縣，吳立邵陵郡，唐爲邵州。參軍丹陽張闓爲從事中郎，闓，音開，又可亥翻。尚書郎潁川鍾雅爲記室參軍，譙國桓宣爲舍人，豫章熊遠爲主簿，會稽孔愉爲掾。會，工外翻。掾，以絹翻。劉隗雅習文史，善伺候睿意，故睿特親愛之。爲刁、劉間王敦兄弟張本。伺，相吏翻。

熊遠上書，以爲：「軍興以來，處事不用律令，處，昌呂翻。競作新意，臨事立制，朝作夕改，至於主者不敢任法，每輒關諮，關，白也。非爲政之體也。愚謂凡爲駁議者，皆當引律令、經傳，駁，北角翻。傳，直戀翻。不得直以情言，無所依準，以虧舊典。若開塞隨宜，塞，悉則翻。權道制物，此是人君之所得行，非臣子所宜專用也。」睿以時方多事，不能從。

初，范陽祖逖，少有大志，漢涿郡，魏文帝更名曰范陽郡。少，詩照翻。與劉琨俱爲司州主簿，同寢，中夜聞雞鳴，蹴琨覺曰：蹴，子六翻，蹋也。覺，居效翻，寤也。「此非惡聲也！」因起舞。及渡江，左丞相睿以爲軍諮祭酒。逖居京口，吳孫權自吳徙丹徒，謂之京城，有京峴山在其東，其城因山爲壘，俯臨江津，故曰京口。糾合驍健，繩三合爲糾；糾，言合三爲一也。驍，堅堯翻；下同。言於睿曰：「晉室之亂，非上無道而下怨叛也，由宗室爭權，自相魚肉，遂使戎狄乘隙，毒流中土。今遺民既遭殘賊，人思自奮，大王誠能命將出師，使如逖者統之以復中原，郡國豪傑，必有望風嚮應者矣！」睿素無北伐之志，以逖爲奮威將軍、豫州刺史，給千人廩，布三千疋，給千人糧廩及布三千疋而已。不給鎧仗，使自召募。逖將其部曲百餘家渡江，中流，擊楫而誓曰：「祖逖不能清中原而復濟者，有如大江！」復，扶又翻。遂屯淮陰，淮陰縣，前漢屬臨淮郡，後漢屬下邳國，晉屬廣陵郡。起治鑄兵，募得二千餘人而後進。

19 胡亢性猜忌，殺其驍將數人。杜曾懼，潛引王沖之兵使攻亢。王沖，荊州賊也。亢悉精兵出拒之，城中空虛，曾因殺亢而幷其衆。

20 周顗屯潯水城，廬山記曰：尋陽縣，在大江之北，尋水之陽。潯水城，無乃古之尋陽城乎！爲杜弢所困；陶侃使明威將軍朱伺救之，弢退保泠口。沈約志：魏置將軍四十號，明威第三。弢，吐刀翻。水經註：泠水南出九疑山，北流逕泠道縣西南，又北流注于都溪水，又西北入于營水，所謂泠口也。楊正衡曰：泠，郎丁翻。余考此泠口去武昌甚遠，又水經註，江水自蘄春故城南，又東得銅零口，此無乃是乎！侃曰：「弢必步向武昌。」乃自徑道還郡以待之，徑道，捷出之路。弢果來攻。侃使朱伺逆擊，大破之，弢遁歸長沙。周顗出潯水投王敦於豫章，敦留之。陶侃使參軍王貢告捷於敦，敦曰：「若無陶侯，便失荊州矣！」乃表侃爲荊州刺史，屯沔江。水經註：沌水上承沔陽之白湖，東南流，逕沔陽縣南注于江，謂之沌口。陸游曰：江陵之建寧鎮，蓋沌口也。王敦以陶侃爲荊州，鎮此，明年徙林鄣。侃傳云：初鎮沌口，移入沔江。水經註，林障故城，在沔南。沔江，謂林障也。左丞相睿召周顗，復以爲軍諮祭酒。

21 初，氐王楊茂搜之子難敵，遣養子販易於梁州，私賣良人子一人，張光鞭殺之。難敵怨曰：「使君初來，大荒之後，兵民之命仰我氐活，氐有小罪，不能貰也？」貰，始制翻；貸也，恕也；又神夜翻。及光與楊虎相攻，各求救於茂搜，茂搜遣難敵救光。難敵求貨於光，光不與。楊虎厚賂難敵，且曰：「流民珍貨，悉在光所，謂晉邈所殺奪者。今伐我，不如伐光。」難敵大喜。光與虎戰，使張孟萇居前，難敵繼後。難敵與虎夾擊孟萇，大破之，孟萇及其弟援皆死。光嬰城自守。九月，光憤激成疾，僚屬勸光退據魏興。光按劍曰：「吾受國重任，不能討賊，今得死如登仙，何謂退也！」聲絕而卒。張光雖以信用晉邈致寇，其氣烈亦可尚也。州人推其少子邁領州事，少，詩照翻。又與氐戰沒，衆推始平太守胡子序領梁州。

22 荀藩薨于開封。荀藩、傳祇相繼而沒，陝東二行臺，惟荀組在耳。考異曰：帝紀曰「薨於滎陽」。今從藩傳。

23 漢中山王曜、趙染攻麴允于黃白城，允累戰皆敗；詔以索綝爲征東大將軍，將兵助允。

24 王貢自王敦所還，至竟陵，矯陶侃之命，以杜曾爲前鋒大都督，擊王沖，斬之，悉降其衆。降，戶江翻。侃召曾，曾不至。貢恐以矯命獲罪，遂與曾反擊侃。冬，十月，侃兵大敗，僅以身免。敦表侃以白衣領職。侃復帥周訪等進擊杜弢，大破之，復，扶又翻。敦乃奏復侃官。

25 漢趙染謂中山王曜曰：「麴允帥大衆在外，長安空虛，可襲也。」曜使染帥精騎五千襲長安，帥，讀曰率；下同。庚寅夜，入外城。帝奔射鴈樓。染焚龍尾及諸營，龍尾者，依城築道，陂陁而漸高，登陴所由之路也。又水經曰：秦時有黑龍，從南山出，飲渭水，其行道因山成跡，長六十餘里，頭臨渭水，尾達樊川。漢蕭何起未央宮，斬龍首山而營之，頭高二十丈，尾漸下，高五六丈。所謂龍尾者，此山之尾也。殺掠千餘人；辛卯旦，退屯逍遙園。水經註：沈水，上承皇子陂於樊川，北逕長安城西，與昆明池水合。沈水又東北流，逕鄧艾祠南，又東分爲二水，一水東入逍遙園。壬辰，將軍麴鑒自阿城帥衆五千救長安。阿城，卽秦阿房宮城也。癸巳，染引還，鑒追之，與曜遇於零武，鑒兵大敗。前漢北地郡有靈武縣，後漢、晉省；至後魏置咸陽郡，池陽、靈武二縣並屬焉。黃白城在池陽。則此零武爲前漢北地郡、魏咸陽郡之靈武明矣。

26 楊虎、楊難敵急攻梁州，胡子序棄城走，難敵自稱刺史。

27 漢中山王曜恃勝而不設備，十一月，麴允引兵襲之，漢兵大敗，殺其冠軍將軍喬智明；冠，古玩翻。曜引歸平陽。

28 王浚以其父字處道，自謂應「當塗高」之讖，謀稱尊號。王浚，又一袁術也。前勃海太守劉亮、北海太守王摶、摶，徒官翻。司空掾高柔切諫，掾，于絹翻。此又一高柔，非魏之高柔。浚皆殺之。燕國霍原，志節清高，屢辭徵辟。浚以尊號事問之，原不答。浚誣原與羣盜通，殺而梟其首。梟，堅堯翻。於是士民駭怨，而浚矜豪日甚，不親政事，所任皆苛刻小人，棗嵩、朱碩，貪橫尤甚。橫，戶孟翻。北州謠曰：「府中赫赫，朱丘伯；十囊、五囊，入棗郎。」朱丘伯，朱碩字也。嵩，浚之壻，故曰棗郎。調發殷煩，下不堪命，多叛入鮮卑。調，徒弔翻。從事韓咸監護柳城，柳城縣，前漢屬遼西郡，後漢、晉省。監，工銜翻。盛稱慕容廆能接納士民，欲以諷浚；浚怒，殺之。

浚始者唯恃鮮卑、烏桓以爲強，既而皆叛之。加以蝗旱連年，兵勢益弱。石勒欲襲之，未知虛實，將遣使覘之，使，疏吏翻。覘，癡廉翻，又丑豔翻。參佐請用羊祜、陸抗故事，致書於浚。欲用敵國交鄰之禮。勒以問張賓，賓曰：「浚名爲晉臣，實欲廢晉自立，但患四海英雄莫之從耳；其欲得將軍，猶項羽之欲得韓信也。將軍威振天下，今卑辭厚禮，折節事之，猶懼不信，況爲羊、陸之亢敵乎！折，而設翻。亢，口浪翻。夫謀人而使人覺其情，難以得志矣。」勒曰：「善！」十二月，勒遣舍人王子春、董肇多齎珍寶，奉表於浚曰：「勒本小胡，遭世饑亂，流離屯厄，屯，殊倫翻，難也。竄命冀州，竊相保聚以救性命。今晉祚淪夷，中原無主；殿下州鄉貴望，勒，上黨武鄉人，而浚太原人，故云州鄉。四海所宗，爲帝王者，非公復誰！復，扶又翻。勒所以捐軀起兵，誅討暴亂者，正爲殿下驅除爾。伏願陛〔殿〕下應天順人，爲，于僞翻。早登皇祚。勒奉戴殿下如天地父母，殿下察勒微心，亦當視之如子也。」又遺棗嵩書，厚賂之。遺，于季翻。

浚以段疾陸眷新叛，士民多棄己去，聞勒欲附之，甚喜，謂子春曰：「石公一時豪傑，據有趙、魏，乃欲稱藩於孤，其可信乎？」子春曰：「石將軍才力強盛，誠如聖旨。但以殿下中州貴望，威行夷、夏，夏，戶雅翻。自古胡人爲輔佐名臣則有矣，未有爲帝王者也。石將軍非惡帝王不爲而讓於殿下，惡，烏路翻。顧以帝王自有曆數，非智力之所取，雖強取之，強，其兩翻。必不爲天人之所與故也。項羽雖強，終爲漢有。石將軍之比殿下，猶陰精之與太陽，是以遠鑒前事，歸身殿下，此乃石將軍之明識所以遠過於人也，殿下又何怪乎！」浚大悅，封子春、肇皆爲列侯，遣使報聘，以厚幣酬之。

游綸兄統，爲浚司馬，鎮范陽，遣使私附於勒；游綸保據苑鄉，僞降於勒，勒已襲禽之。勒斬其使以送浚。浚雖不罪統，益信勒爲忠誠，無復疑矣。

29 是歲，左丞相睿遣世子紹鎮廣陵，以丞相掾蔡謨爲參軍。謨，克之子也。

30 漢中山王曜圍河南尹魏浚於石梁，石梁塢，在洛水北。兗州刺史劉演、河內太守郭默遣兵救之，曜分兵逆戰於河北，敗之；河平〔北〕，大河之北，即富平津之北也。敗，補邁翻。浚夜走，獲而殺之。

31 代公猗盧城盛樂以爲北都，治故平城爲南都；又作新平城於灅水之陽，使右賢王六脩鎮之，統領南部。盛樂縣，前漢屬定襄郡，後漢屬雲中郡。平城，漢屬鴈門郡。括地志曰：朔州定襄縣，本漢平城縣。拓拔魏之盛也，置朔州於盛樂，置恆州於平城；平城，謂之代都。自高祖遷洛，其後破六韓拔陵作亂，故都爲墟，恆州寄治肆州秀容郡城，雲州寄治并州界。魏收地形志，自陘嶺以北，所記略矣。隋之盛也，北逐突厥，復漢故塞，省併後魏所置郡縣，盛樂蓋在定襄郡大利縣界，平城在馬邑郡雲內縣界。唐破突厥，北盡魏、隋之略：朔州善陽縣，則漢定襄、魏桑乾之地；單于都護府金河縣，則後魏道武所都也；雲州雲中縣，則後魏所都平城也。然自單于都護府東北至朔州三百五十七里，則盛樂距平城，其道里可知矣。杜佑曰：雲中，今馬邑郡北；平城，即今郡，隋雲內縣恆安鎮。魏書帝紀：猗盧脩故平城以爲南都，更南百里，於灅水之陽黃瓜堆築新平城，晉人謂之小平城。杜佑又曰：朔州馬邑郡，魏都平城，於郡北置懷朔鎮；及遷洛後，置朔州。後魏初，雲中在今郡北三百餘里定襄故城北；北齊置朔州，在故都西南新城，一名平城也；後移於馬邑，卽今郡城也。郡治善陽縣，亦漢定襄縣地，有秦馬邑城、武周塞，紫河發源於此。宋白曰：唐振武軍，舊單于都護府，卽漢定襄郡之盛樂縣也，在陰山之陽，黃河之北，後魏所都盛樂是也。唐平突厥，於此置雲中都督府，後改單于府。班固地理志：右北平俊靡縣，灅水南至無終，東入庚。師古曰：灅，力水翻；又音郎賄翻。酈道元水經註：庚水與鮑丘水合，俊靡在東，與平城相去甚遠，新平城不在此灅水之陽也。據魏書，道武帝西如馬邑，觀灅源；則灅水蓋出於馬邑，而東北流逕平城之南也。酈道元，魏人也，其註水經，敍代都之事宜詳，初不言平城有灅水，但言㶟水逕平城南耳。註曰：㶟水，出鴈門陰館縣㶟頭山，一曰治水，東北流，出山，逕陰館縣故城西，故樓煩鄉也。又有馬邑川水，會桑乾水而注于㶟水。㶟水東流過平城南，又東流逕廣甯下洛縣南，東至漁陽，入笥溝。又考班固地理志，鴈門陰館縣樓煩鄉累頭山，治水所出，東至泉州入海。師古曰：累，音力追翻；治，音弋之翻。竊謂水出累頭山，疑當時亦有累水之名。師古音從平聲，音相近也。意道元所謂㶟水，卽灅水也。又考丁度集韻，「漯」「灅」「㶟」三字，同註云「水出鴈門」，則亦有見於此矣。灅，類篇音魯水翻。

資治通鑑卷第八十九

端明殿學士兼侍讀學士朝散大夫右諫議大夫充集賢殿修撰權判西京留司
御史臺上柱國河內郡開國侯食邑一千三百戶食實封四百戶賜紫金魚袋臣　司馬光　奉敕編集

後學天台　胡三省　音註

晉紀十一　起閼逢閹茂（甲戌），盡柔兆困敦（丙子），凡三年。

孝愍皇帝下

建興二年（甲戌、三一四）

1 春，正月，辛未，有如日隕于地；又有三日相承，出西方而東行。天文占曰：三、四、五、六日，俱出並爭，天下兵作；又曰：三日並出，不過三旬，諸侯爭爲帝。

2 丁丑，大赦。

3 有流星出牽牛，入紫微，晉天文志，牽牛六星，在河鼓南。光燭地，墜于平陽北，化爲肉，長三十步，廣二十七步。長，直亮翻；廣，古曠翻；後放此。漢主聰惡之，惡，烏路翻。以問公卿。陳元達以爲「女寵太盛，亡國之徵。」考異曰：載記，「元達等曰：『臣恐後庭有三后之事。』」按立三后，在明年，於時未也。聰曰：「此陰陽之理，何關人事！」聰后劉氏賢明，聰所爲不道，劉氏每規正之。己丑，劉氏卒，謚曰武宣。自是嬖寵競進，後宮無序矣。嬖，卑義翻，又博計翻。

4 聰置丞相等七公；七公見下，自晉王粲至中山王曜是也。又置輔漢等十六大將軍，輔漢、都護、中軍、上軍、撫軍、鎮、衛、京、前·後·左·右·上·下軍、輔國、冠軍、龍驤、虎牙等大將軍。各配兵二千，以諸子爲之；又置左右司隸，各領戶二十餘萬，萬戶置一內史；單于左右輔，各主六夷十萬落，六夷，蓋胡、羯、鮮卑、氐、羌、巴蠻；或曰烏丸，非巴蠻也。單，音蟬。萬落置一都尉；左、右選曹尚書，並典選舉。自司隸以下六官，皆位亞僕射。以其子粲爲丞相、領大將軍、錄尚書事，進封晉王。江都王延年錄尚書六條事，錄尚書六條事始見於此。沈約志曰：晉康帝世，何充讓錄表云：「咸康中，分置三錄，王導錄其一，荀崧、陸曄各錄六條事。」然則似有二十四條；若止有十二條，則荀、陸各錄六條，導又何所司乎？若導總錄，荀、陸分掌，則不得復云導錄其一也。其後每置二錄，輒云各錄六條事，又似止有十二條；十二條者，不知悉何條也。江右張華，江左庾亮，並經關尚書七條，則亦不知皆何事也。余按：宋元嘉以後，江夏王義恭、始興王濬、南譙王義宣皆錄尚書六條事。沈氏世仕江左，歷位通顯，且不知爲何事，後之人何所取徵！杜佑曰：何充讓錄表曰：「咸康中，分置三錄，王導錄其一，荀崧、陸曄各錄二條事。」晉氏渡江，有吏部、祠部、左民、五兵、度支五尚書，是五條也。晉初有吏部、三公、客曹、駕部、屯田、度支六曹，太康有吏部、殿中、五兵、田曹、度支、左民六曹，蓋六條也。如杜佑之言，則六條蓋六曹也。沈約以何充表「各錄二條」爲「各錄六條」，致有此誤。汝陰王景爲太師，王育爲太傅，任顗爲太保，馬景爲大司徒，朱紀爲大司空，中山王曜爲大司馬。

5 壬辰，王子春等及王浚使者至襄國，石勒匿其勁卒、精甲，羸師虛府以示之，羸，倫爲翻。北面拜使者而受書。浚遺勒麈尾，遺，于季翻。麈，腫庾翻，麋屬，尾能生風辟蠅蚋，晉王公貴人多執麈尾，以玉爲柄。勒陽不敢執，懸之於壁，朝夕拜之，曰：「我不得見王公，見其所賜，如見公也。」復遣董肇奉表于浚，期以三月中旬親詣幽州奉上尊號；復，扶又翻。上，時掌翻。亦脩牋于棗嵩，求并州牧、廣平公。

勒問浚之政事於王子春，子春曰：「幽州去歲大水，人不粒食，五穀不登，故不粒食。浚積粟百萬，不能賑贍，刑政苛酷，賦役殷煩，忠賢內離，夷狄外叛。人皆知其將亡，而浚意氣自若，曾無懼心，方更置立臺閣，布列百官，自謂漢高、魏武不足比也。」勒撫几笑曰：「王彭祖眞可擒也。」浚使者還薊，薊，音計。具言「石勒形勢寡弱，款誠無二。」浚大悅，益驕怠，不復設備。

6 楊虎掠漢中吏民以奔成，梁州人張咸等起兵逐楊難敵。楊虎、楊難敵攻漢中，事始上卷上年。難敵去，咸以其地歸成，於是漢嘉、涪陵、漢中之地漢嘉，本前漢靑衣縣，屬蜀郡，後漢順帝陽嘉二年改曰漢嘉，蜀分立漢嘉郡。皆爲成有。成主雄以李鳳爲梁州刺史，任回爲寧州刺史，李恭爲荆州刺史。

雄虛己好賢，隨才授任，好，呼到翻。命太傅驤養民於內，李鳳等招懷於外，刑政寬簡，獄無滯囚。興學校，置史官。校，戶教翻。其賦，民男丁歲穀三斛，女丁半之，疾病又半之；戶調絹不過數丈，緜數兩。調，徒釣翻，賦也。事少役希，少，詩沼翻。民多富實，新附者皆給復除。

復，方目翻。是時天下大亂，而蜀獨無事，年穀屢熟，乃至閭門不閉，路不拾遺。漢嘉夷王沖歸、朱提審炤、建寧爨畺皆歸之。朱提，音銖時。炤，與照同。爨，取亂翻，夷人姓也。畺，與疆同，居良翻。巴郡嘗告急，云有晉兵。雄曰：「吾常憂琅邪微弱，遂爲石勒所滅，以爲耿耿，耿，古幸翻；耿耿，憂也。不圖乃能舉兵，使人欣然。」然雄朝無儀品，爵位濫溢；朝，直遥翻。吏無祿秩，取給於民；軍無部伍，號令不肅；此其所短也。

7 二月，壬寅，以張軌爲太尉、涼州牧，封西平郡公；王浚爲大司馬、都督幽·冀諸軍事；荀組爲司空、領尚書左僕射兼司隸校尉，行留臺事；劉琨爲大將軍、都督并州諸軍事。朝廷以張軌老病，拜其子寔爲副刺史。副刺史，前此未有也。

8 石勒纂嚴，將襲王浚，而猶豫未發。張賓曰：「夫襲人者，當出其不意。今軍嚴經日而不行，豈非畏劉琨及鮮卑、烏桓爲吾後患乎？」勒曰：「然。爲之柰何？」賓曰：「彼三方智勇無及將軍者，將軍雖遠出，彼必不敢動，且彼未謂將軍便能懸軍千里取幽州也。輕軍往返，不出二旬，藉使彼雖有心，比其謀議出師，比，必寐翻。吾已還矣。且劉琨、王浚，雖同名晉臣，實爲仇敵。若脩牋于琨，送質請和，質，音致；下同。琨必喜我之服而快浚之亡，終不救浚而襲我也。用兵貴神速，勿後時也。」勒曰：「吾所未了，右侯已了之，了，決也。吾復何疑！」復，扶又翻；下敢復同。

遂以火宵行，至柏人，柏人縣，屬趙國，唐爲邢州堯山縣。殺主簿游綸，以其兄統在范陽，恐泄軍謀故也。遣使奉牋送質于劉琨，自陳罪惡，請討浚以自效。琨大喜，移檄州郡，稱「己與猗盧方議討勒，勒走伏無地，求拔幽都以贖罪。今便當遣六脩南襲平陽，除僭僞之逆類，降知死之逋羯，逆類，謂劉聰；逋羯，謂石勒。降，戶江翻。羯，居謁翻。順天副民，翼奉皇家，斯乃曩年積誠靈祐之所致也！」浚、琨爲勒所玩弄而不自覺，宜其相繼而覆亡也。考異曰：琨集，檄首云，「三月庚午朔，五日甲戌。」按石勒以壬申克幽州，蓋時晉陽尚未知也。欲敍琨事畢，然後敍勒事，故置此。

三月，勒軍達易水，王浚督護孫緯馳遣白浚，緯，于貴翻。將勒兵拒之，游統禁之。浚將佐皆曰：「胡貪而無信，必有詭計，請擊之。」浚怒曰：「石公來，正欲奉戴我耳；敢言擊者斬！」衆不敢復言。浚設饗以待之。壬申，勒晨至薊，薊，音計。考異曰：三十國春秋，先言「癸酉，勒取幽州」，後言「壬午，勒晨至薊」。按劉琨表曰：「勒以三月三日徑掩薊城」，然則當言壬申是也。叱門者開門；猶疑有伏兵，先驅牛羊數千頭，聲言上禮，言欲以牛羊上浚以爲禮。上，時掌翻。實欲塞諸街巷。塞，悉則翻。浚始懼，或坐或起。勒既入城，縱兵大掠，浚左右請禦之，浚猶不許。勒升其聽事，中庭曰聽事，言受事察訟於是。漢、晉皆作「聽事」，六朝以來乃始加「广」作「廳」；並他經翻。浚乃走出堂皇，堂無四壁曰皇。勒衆執之。勒召浚妻，與之並坐，執浚立於前。浚罵曰：「胡奴調乃公，調，田聊翻，戲也。何凶逆如此！」勒曰：「公位冠元台，冠，古玩翻。手握強兵，坐觀本朝傾覆，朝，直遙翻；下同。曾不救援，乃欲自尊爲天子，非凶逆乎！又委任姦貪，殘虐百姓，賊害忠良，毒徧燕土，燕，於賢翻。此誰之罪也！」使其將王洛生以五百騎送浚于襄國。浚自投于水，束而出之，斬于襄國市。

勒殺浚麾下精兵萬人。浚將佐爭詣軍門謝罪，饋賂交錯；前尚書裴憲、從事中郎荀綽獨不至，勒召而讓之曰：「王浚暴虐，孤討而誅之，諸人皆來慶謝，二君獨與之同惡，將何以逃其戮乎！」對曰：「憲等世仕晉朝，荷其榮祿，荷，下可翻。浚雖凶粗，猶是晉之藩臣，故憲等從之，裴憲奔幽州，見八十七卷懷帝永嘉五年。不敢有貳。明公苟不脩德義，專事威刑，則憲等死自其分，分，扶問翻。又何逃乎！請就死。」不拜而出。勒召而謝之，待以客禮。綽，勗之孫也。勒數朱碩、棗嵩等以納賄亂政，爲幽州患，事見上卷上年。數，所具翻。責游統以不忠所事，皆斬之。以統欲以范陽私附之也。籍浚將佐、親戚家貲皆至巨萬，惟裴憲、荀綽止有書百餘袟，鹽米各十餘斛而已。袟，與帙同，直質翻；書卷編次成帙。勒曰：「吾不喜得幽州，喜得二子。」以憲爲從事中郎，綽爲參軍。分遣流民，各還鄉里。勒停薊二日，焚浚宮殿，以故尚書燕國劉翰行幽州刺史，戍薊，置守宰而還。還，從宣翻，又如字。孫緯遮擊之，勒僅而得免。

勒至襄國，遣使奉王浚首獻捷于漢；漢以勒爲大都督、督陝東諸軍事、此陝東，亦取分陝之義而授之耳。驃騎大將軍、東單于，驃，匹妙翻。單，音蟬。增封十二郡；勒固辭，受二郡而已。

劉琨請兵於拓跋猗盧以擊漢，會猗盧所部雜胡萬餘家謀應石勒，猗盧悉誅之，不果赴琨約。琨知石勒無降意，乃大懼，降，戶江翻。上表曰：「東北八州，勒滅其七；勒入鄴，殺都督東燕王騰；寇信都，殺冀州刺史王斌；襲鄄城，殺兗州刺史袁孚；攻新蔡，殺豫州刺史新蔡王確；襲蒙城，擒青州都督苟晞；克上白，斬青州刺史李惲；攻信都，殺冀州刺史王象；攻定陵，殺兗州刺史田徽；襲幽州，擒王浚；除李惲、田徽、王浚承制所授，是滅其七也。先朝所授，存者惟臣。朝，直遙翻。勒據襄國，與臣隔山，山，自太行、恆山至于幽、碣，連延不斷，襄國在山東，晉陽在山西。朝發夕至，城塢駭懼，雖懷忠憤，力不從願耳！」

劉翰不欲從石勒，乃歸段匹磾，匹磾遂據薊城。磾，丁奚翻。王浚從事中郎陽裕，躭之兄子也，逃奔令支，令支縣，漢屬遼西，故孤竹君之國，晉省，段氏據之爲國都。應劭曰：令，音鈴。裴松之曰：支，其兒翻。師古曰：令，又音郎定翻。杜佑曰：令支，今北平郡盧龍縣即其地。依段疾陸眷。會稽朱左車、魯國孔纂、泰山胡母翼自薊逃奔昌黎，依慕容廆。會，工外翻。廆，戶罪翻。是時中國流民歸廆者數萬家，廆以冀州人爲冀陽郡，據魏收地形志，冀陽郡當置於漢北平平剛縣界。豫州人爲成周郡，成周屬豫州之地，故以爲郡名。青州人爲營丘郡，前漢志：遼西臨渝縣，有渝水，首受白狼水，南流逕營丘城西，廆所置郡也。并州人爲唐國郡。并州，古唐國也，廆因以名郡。成周、唐國二郡，所置地闕。

9 初，王浚以邵續爲樂陵太守，屯厭次。厭次，本前漢平原郡之富平縣，後漢明帝更名厭次，晉分屬樂陵，爲治所。丁度集韻：厭，於琰翻。九域志曰：相傳秦始皇東遊，厭氣碣石，次舍於此，因以爲名。魏收曰：樂陵郡厭次縣有富城，邵續居之。浚敗，續附於石勒，勒以續子乂爲督護。浚所署勃海太守東萊劉胤棄郡依續，謂續曰：「凡立大功，必杖大義。君，晉之忠臣，柰何從賊以自汙乎！」汙，烏故翻。會段匹磾以書邀續同歸左丞相睿，續從之。其人皆曰：「今棄勒歸匹磾，其如乂何？」續泣曰：「我豈得顧子而爲叛臣哉！」殺異議者數人。勒聞之，殺乂。續遣劉胤使江東，使，疏吏翻。睿以胤爲參軍，以續爲平原太守。石勒遣兵圍續，匹磾使其弟文鴦救之，勒引去。

10 襄國大饑，穀二升直銀一斤，肉一斤直銀一兩。

11 杜弢將王眞襲陶侃於林障，水經註：林障在江夏沌陽縣，沔水逕沌陽縣北，又東逕林障故城北。宋白曰：晉江夏郡治林障，義熙元年方徙夏口。侃奔灄中。周訪救侃，擊弢兵，破之。灄，書涉翻。丁度曰：灄，水名，在西陽。水經註：溳水過江夏安陸縣而東南流，分爲二水，東通灄水，西入于沔。

12 夏，五月，西平武穆公張軌寢疾，遺令：「文武將佐，務安百姓，上思報國，下以寧家。」己丑，軌薨；考異曰：帝紀作「壬辰」。今從前涼錄鈔。前涼錄鈔又曰「葬建陵」，蓋張祚僭號後，追尊其墓耳。長史張璽等表世子寔攝父位。璽，斯氏翻。

13 漢中山王曜、趙染寇長安。六月，曜屯渭汭，春秋左氏傳曰：虢公敗戎于渭汭。杜預曰：水之隈曲曰汭；王肅曰：汭，入也。呂忱曰：汭者，水相入也。卽渭水入河處。汭，儒稅翻。染屯新豐，索綝將兵出拒之。索，昔各翻。綝，丑林翻。染有輕綝之色，長史魯徽曰：「晉之君臣，自知強弱不敵，將致死於我，不可輕也。」染曰：「以司馬模之強，吾取之如拉朽；事見八十七卷懷帝永嘉五年。拉，落合翻。索綝小豎，豈能汙吾馬蹄、刀刃邪！」晨，帥輕騎數百逆之，汙，烏故翻。帥，讀曰率；下同。曰：「要當獲綝而後食。」綝與戰于城西，新豐城西也。染兵敗而歸。悔曰：「吾不用魯徽之言以至此，何面目見之！」先命斬徽。徽曰：「將軍愚愎以取敗，乃復忌前害勝，復，扶又翻；下同。愎，弼力翻。忌前，忌人在前；害勝，害勝己者。誅忠良以逞忿，猶有天地，將軍其得死於枕席乎！」詔加索綝驃騎大將軍、尚書左僕射、錄尚書，承制行事。驃，匹妙翻。

曜、染復與將軍殷凱帥衆數萬向長安，考異曰：晉春秋作「段凱」。今從麴允傳。麴允逆戰於馮翊，允敗，收兵；夜，襲凱營，凱敗死。曜乃還攻河內太守郭默于懷，列三屯圍之。默食盡，送妻子爲質，請糴於曜；糴畢，復嬰城固守。曜怒，沈默妻子于河而攻之。質，音致。沈，持林翻。默欲投李矩於新鄭，新鄭縣，漢屬河南郡，晉省，其地當在滎陽郡界。周宣王弟鄭桓公本封京兆之鄭縣；其子武公邑于虢、鄶之間，遂爲鄭國。左傳鄭莊公曰「吾先君新邑于此」，後遂爲新鄭縣，以別京兆之鄭。矩使其甥郭誦迎之，兵少，不敢進。少，詩照翻。會劉琨遣參軍張肇帥鮮卑五百餘騎詣長安，道阻不通，還，過矩營，矩說肇，使擊漢兵。說，輸芮翻。漢兵望見鮮卑，不戰而走，默遂率衆歸矩。漢主聰召曜還屯蒲坂。

14 秋，趙染攻北地，麴允拒之，染中弩而死。中，竹仲翻。

15 石勒始命州郡閱實戶口，戶出帛二匹，穀二斛。

16 冬，十月，以張寔爲都督涼州諸軍事、涼州刺史、西平公。

17 十一月，漢主聰以晉王粲爲相國、大單于，總百揆。粲少有俊才，自爲宰相，驕奢專恣，遠賢親佞，嚴刻愎諫，國人始惡之。爲後粲爲靳準所弑張本。少，詩照翻。遠，于願翻。惡，烏路翻。

18 周勰以其父遺言，見上卷建興元年。勰，音協。因吳人之怨，謀作亂；使吳興功曹徐馥矯稱叔父丞相從事中郎札之命，收合徒衆，以討王導、刁協，豪傑翕然附之，孫皓族人弼亦起兵於廣德以應之。沈約曰：廣德縣，疑是吳所立，屬宣城郡。按今廣德軍卽其地。宋白曰：廣德縣，本秦障郡地，漢以爲故障縣。

三年（乙亥、三一五）

1 春，正月，徐馥殺吳興太守袁琇，琇，音秀，又音酉。有衆數千，欲奉周札爲主。札聞之，大驚，以告義興太守孔侃。勰知札意不同，不敢發。馥黨懼，攻馥，殺之；孫弼亦死。札子續亦聚衆應馥，左丞相睿議發兵討之。王導曰：「今少發兵則不足以平寇，少，詩照翻。多發兵則根本空虛。續族弟黃門侍郎莚，莚，夷然翻。忠果有謀，請獨使莚往，足以誅續。」睿從之。莚晝夜兼行，至郡，將入，遇續於門，謂續曰：「當與君共詣孔府君，有所論。」續不肯入，莚牽逼與俱。坐定，莚謂孔侃曰：「府君何以置賊在坐？」坐，徂臥翻。續衣中常置刀，卽操刀逼莚，操，千高翻。

莚叱郡傳教吳曾格殺之。傳教，郡吏也；宣傳教令者也。莚因欲誅勰，札不聽，委罪於從兄卲而誅之。莚不歸家省母，從，才用翻。省，悉景翻。遂長驅而去，母狼狽追之。睿以札爲吳興太守，莚爲太子右衛率。以周氏吳之豪望，故不窮治，撫勰如舊。率，如字。治，直之翻。

2 詔平東將軍宋哲屯華陰。華陰縣，前漢屬京兆，後漢、晉屬弘農郡。華，戶化翻。

3 成主雄立后任氏。

4 二月，丙子，以琅邪王睿爲丞相、大都督、督中外諸軍事，南陽王保爲相國，荀組爲太尉、領豫州牧，劉琨爲司空、都督幷、冀、幽三州諸軍事。琨辭司空，不受。

5 南陽王模之敗也，見八十七卷懷帝永嘉五年。都尉陳安往歸世子保於秦州，保命安將千餘人討叛羌，寵待甚厚。保將張春疾之，譖安，云有異志，請除之，保不許；春輒伏刺客以刺安。安被創，馳還隴城，隴縣城也；前漢屬天水；後漢改天水爲漢陽；晉省。以刺，七亦翻。被，皮義翻。創，初良翻。遣使詣保，貢獻不絕。使，疏吏翻。

6 詔進拓跋猗盧爵爲代王，置官屬，食代、常山二郡。常山已爲石勒所有。拓跋氏建國曰代，始此。猗盧請幷州從事鴈門莫含於劉琨，姓譜：莫姓，楚莫敖之後。琨遣之。含不欲行，琨曰：「以幷州單弱，吾之不材而能自存於胡、羯之間者，代王之力也。吾傾身竭貲，以長子爲質而奉之者，庶幾爲朝廷雪大恥也。琨以長子遵質於猗盧。長，知兩翻。幾，居希翻。卿欲爲忠臣，柰何惜共事之小誠而忘徇國之大節乎！往事代王，爲之腹心，乃一州之所賴也。」含遂行。猗盧甚重之，常與參大計。

猗盧用法嚴，國人犯法者，或舉部就誅，老幼相攜而行；人問：「何之？」曰：「往就死。」無一人敢逃匿者。

7 王敦遣陶侃、甘卓等討杜弢，前後數十戰，弢將士多死，乃請降於丞相睿，弢，土刀翻。將，即亮翻。降，戶江翻。睿不許。弢遣南平太守應詹書，遺，于季翻。自陳昔與詹「共討樂鄉，本同休戚。後在湘中，懼死求生，遂相結聚。見八十七卷懷帝永嘉五年。儻以舊交之情，爲明枉直，爲，于僞翻；下同。使得輸誠盟府，時琅邪王睿爲東南方鎮盟主，故曰盟府。廁列義徒，或北清中原，或西取李雄，以贖前愆，雖死之日，猶生之年也！」詹爲啓呈其書，且言「弢，益州秀才，羅尚刺益州，舉弢秀才。爲，于僞翻。素有清望，爲鄉人所逼。今悔惡歸善，宜命使撫納，以息江、湘之民！」使，疏吏翻。睿乃使前南海太守王運受弢降，赦其反逆之罪，以弢爲巴東監軍。監，工衡翻。弢既受命，諸將猶攻之不已。弢不勝憤怒，遂殺運復反，勝，音升。復，扶又翻。遣其將杜弘、張彥殺臨川內史謝摛，吳孫亮太平二年，分豫章東部都尉立臨川郡。摛，丑之翻。遂陷豫章。三月，周訪擊彥，斬之，弘奔臨賀。臨賀縣，漢屬蒼梧郡，吳分立臨賀郡。

8 漢大赦，改元建元。考異曰：十六國春秋，建元元年在晉建興二年。同編脩劉恕言，今晉州臨汾縣嘉泉村有漢太宰劉雄碑，云「嘉平五年，歲在乙亥，二月六日立。」然則改建元在乙亥二月後也。

9 雨血於漢東宮延明殿，太弟乂惡之，以問太傅崔瑋、太保許遐。瑋、遐說乂曰：雨，于具翻。惡，烏路翻。說，輸芮翻。「主上往日以殿下爲太弟者，欲以安衆心耳；其志在晉王久矣，聰子粲，封晉王。王公已下莫不希旨附之。今復以晉王爲相國，羽儀威重，踰於東宮，萬機之事，無不由之，諸王皆置營兵以爲羽翼，事見上年。事勢已去；殿下非徒不得立也，朝夕且有不測之危，不如早爲之計。今四衞精兵不減五千，謂東宮左、右、前、後四衞率所統兵也。相國輕佻，正煩一刺客耳。佻，他彫翻。大將軍無日不出，其營可襲而取；粲弟勃海王敷，時爲大將軍。餘王並幼，固易奪也。易，以豉翻。苟殿下有意，二萬精兵指顧可得，鼓行入雲龍門，宿衞之士，孰不倒戈以迎殿下者！大司馬不慮其爲異也。」大司馬，謂中山王曜。乂弗從。東宮舍人荀裕告瑋、遐勸乂謀反，東宮舍人，太子舍人之職。乂以太弟居東宮。漢主聰收瑋、遐於詔獄，假以他事殺之。使冠威將軍卜抽將兵監守東宮，冠，古玩翻。監，工銜翻。禁乂不聽朝會。朝，直遙翻。乂憂懼不知所爲，上表乞爲庶人，并除諸子之封，褒美晉王，請以爲嗣；抽抑而弗通。

10 漢青州刺史曹嶷盡得齊、魯間郡縣，嶷，魚力翻。自鎭臨菑，有衆十餘萬，臨河置戍。石勒表稱：「嶷有專據東方之志，請討之。」漢主聰恐勒滅嶷，不可復制，復，扶又翻；下同。弗許。

聰納中護軍靳準二女月光、月華，靳，居慽翻。立月光爲上皇后，劉貴妃爲左皇后，月華爲右皇后。左司隸陳元達極諫，聽置左右司隸。以爲「並立三后，非禮也。」聽不悅，以元達爲右光祿大夫，外示優崇，實奪其權。於是太尉范隆等皆請以位讓元達，聽乃復以元達爲御史大夫，儀同三司。月光有穢行，行，下孟翻。元達奏之，聽不得已廢之，月光慚恚自殺，恚，於避翻。聽恨元達。

11夏，四月，大赦。

12六月，盜發漢霸、杜二陵及薄太后陵，漢薄太后葬南陵，在霸陵之南。得金帛甚多；詔【章：甲十一行本「詔」上有「朝廷以用度不足」七字；乙十一行本同；孔本同；張校同；退齋校同。】收其餘以實內府。

13辛巳，大赦。

14漢大司馬曜攻上黨，八月，癸亥，敗劉琨之衆於襄垣。襄垣縣，屬上黨郡。曜欲進攻陽曲，陽曲，琨所居也。敗，補邁翻。漢主聰遣使謂之曰：使，疏吏翻。「長安未平，宜以爲先。」曜乃還屯蒲坂。

15陶侃與杜弢相攻，弢使王貢出挑戰，挑，徒了翻。侃遙謂之曰：「杜弢爲益州小吏，盜用庫錢，父死不奔喪。卿本佳人，何爲隨之！天下寧有白頭賊邪？」言爲賊者，不得至老。貢初橫腳馬上，聞侃言，斂容下腳。侃知可動，復遣使諭之，截髮爲信，貢遂降於侃。貢叛侃見上卷元年。降，戶江翻；下同。弢衆潰，遁走，道死。考異曰：弢傳云：「弢逃遁，不知所在。」晉春秋云：「城潰，弢投水死。」今從帝紀。侃與南平太守應詹進克長沙，長沙，杜弢之巢穴也。湘州悉平。丞相睿承制赦其所部，進王敦鎮東大將軍，加都督江・揚・荊・湘・交・廣六州諸軍事、江州刺史。敦始自選置刺史以下，寖益驕横。横，戶孟翻。

初，王如之降也，見上卷懷帝永嘉六年。敦從弟稜愛如驍勇，從，才用翻。驍，堅堯翻。請敦配己麾下。敦曰：「此輩險悍難畜，悍，下罕翻，又侯旰翻。畜，許六翻。汝性狷急，狷，吉掾翻。不能容養，更成禍端。」稜固請，乃與之。稜置左右，甚加寵遇。如數與敦諸將角射爭鬬，數，所角翻。稜杖之，如深以爲恥。及敦潛畜異志，稜每諫之。敦怒其異己，密使人激如令殺稜。如因閒宴，請劍舞爲歡，稜許之。如舞劍漸前，稜惡而呵之，惡，烏路翻。如直前殺稜。敦聞之，陽驚，亦捕如誅之。

16 初，朝廷聞張光死，光死，見上卷元年。以侍中第五猗爲安南將軍，考異曰：周訪傳云「征南大將軍」，今從杜曾傳。監荊・梁・益・寧四州諸軍事、荊州刺史，監，工銜翻。自武關出。杜曾迎猗於襄陽，爲兄子娶猗女，爲，于僞翻。遂聚兵萬人，與猗分據漢、沔。

陶侃既破杜弢，乘勝進擊曾，有輕曾之志。司馬魯恬諫曰：「凡戰，當先料其將。今使君諸將，無及曾者，未易可逼也。」易，以豉翻。侃不從，進圍曾於石城。水經註：沔水南逕石城西；城因山爲固，晉羊祜鎮荊州，立。晉惠帝元康九年，分江夏西部都尉置竟陵郡，治石城。今郢州長壽縣卽其地。

曾軍多騎兵，騎，奇寄翻。密開門突侃陳，陳，讀曰陣。出其後，反擊之，侃兵死者數百人。曾將趨順陽，趨，七喻翻。下馬拜侃，告辭而去。

時荀崧都督荊州江北諸軍事，屯宛，「江」，當作「沔」。宛，於元翻。曾引兵圍之。崧兵少食盡，少，詩照翻。欲求救於故吏襄城太守石覽。崧小女灌，年十三，帥勇士數十人，帥，讀曰率，下同。踰城突圍夜出，且戰且前，遂達覽所；又爲崧書，求救於南中郎將周訪。訪遣子撫帥兵三千，與覽共救崧，曾乃遁去。

曾復致牋於崧，求討丹水賊以自效，丹水縣，前漢屬弘農郡，後漢屬南陽郡，晉屬順陽郡。賢曰：丹水故城，在今鄧州內鄉縣，西南臨丹水。復，扶又翻；下同。崧許之。陶侃遺崧書曰：「杜曾凶狡，所謂『鴟梟食母之物。』梟，堅堯翻；一曰流離，爾雅作「鶹鷅」，陸璣草木疏曰：梟也，關西人謂之流離，大則食其母。爾雅有茅鴟，今鴟鳩也。似鷹而白；怪鴟，卽鴟鵂也；梟鴟，土梟也。孔穎達曰：鴞，惡聲之鳥，一名鵩，與梟一名鴟。詩瞻卬云「爲鴟爲梟」，是也，俗說以爲土梟，非也。陸璣疏云：鴞大如班鳩，綠色，惡聲之鳥也，入人家凶，賈誼所謂服鳥是也。其肉甚美，可爲羹臛，又可爲炙。漢供御物，各隨其時，唯鴞冬夏常施之，以其美故也。遺，于季翻。此人不死，州土未寧，足下當識吾言！」識，職吏翻，記也。崧以宛中兵少，藉曾爲外援，不從。曾復帥流亡二千餘人圍襄陽，數日，不克而還。

17 王敦嬖人吳興錢鳳，疾陶侃之功，屢毀之。嬖，卑義翻，又博計翻。侃將還江陵，欲詣敦自陳。朱伺及安定皇甫方回諫曰：「公入必不出。」侃不從。既至，敦留侃不遣，左轉廣州刺史，以其從弟丞相軍諮祭酒廙爲荆州刺史。從，才用翻。廙，逸職翻，又羊至翻。荆州將吏鄭攀、馬儁等詣敦，上書留侃，敦怒，不許。攀等以侃始滅大賊，而更被黜，謂滅杜弢也。衆情憤惋；惋，烏貫翻。又以廙忌戾難事，遂帥其徒三千人屯涓口，水經註：涓水出蔡陽縣東南，過隨縣，又南過江夏安陸縣，又東南分爲二水，西入于沔者謂之涓口。涓，音云。西迎杜曾。廙爲攀等所襲，奔于江安。江安縣，屬南平郡，武帝太康元年分孱陵置。杜曾與攀等北迎第五猗以拒廙。廙督諸軍討曾，復爲曾所敗。敦意攀承侃風旨，被甲持矛將殺侃，出而復還者數四。敗，補邁翻。被，皮義翻。復，扶又翻。侃正色曰：「使君雄斷，當裁天下，斷，丁亂翻。何此不決乎！」因起如廁。諮議參軍梅陶、長史陳頒言於敦曰：「周訪與侃親姻，如左右手，訪與侃結友，以女妻侃子瞻。安有斷人左手而右手不應者乎！」斷，丁管翻。敦意解，乃設盛饌以餞之，饌，雛戀翻，又雛晥翻。侃便夜發，敦引其子瞻爲參軍。

初，交州刺史顧祕卒，州人以祕子壽領州事。帳下督梁碩起兵攻壽，殺之，碩遂專制交州。王機自以盜據廣州，見上卷懷帝永嘉六年。恐王敦討之，更求交州。會杜弘詣機降，杜弘，杜弢將也，弢敗，弘走降機。降，戶江翻；下同。敦欲因機以討碩，乃以降杜弘爲機功，轉交州刺史。機至鬱林，鬱林，秦桂林郡地，漢武帝平南越，更置鬱林郡；唐潯州桂平縣，古鬱林郡所治布山縣地也。碩迎前刺史脩則子湛行州事以拒之。機不得進，乃更與杜弘及廣州將溫卲、交州秀才劉沈謀復還據廣州。陶侃至始興，吳孫晧甘露元年，分桂陽南部都尉立始興郡，治漢曲江縣，唐爲韶州。沈，持林翻。州人皆言宜觀察形勢，不可輕進；侃不聽，直至廣州，廣州，治南海郡番禺縣。諸郡縣皆已迎機矣。杜弘遣使僞降，侃知其謀，進擊弘，破之，遂執劉沈於小桂。秦置桂林郡，漢武帝改曰鬱林郡，治布山，桂林爲縣，屬焉。吳孫晧鳳凰三年，分立桂林郡，因謂桂林爲小桂。陶弘景曰：始興桂陽縣，卽是小桂。遣督護許高討王機，走之。機病死于道，高掘其尸，斬之。諸將皆請乘勝擊溫卲，侃笑曰：「吾威名已著，何事遣兵！但一函紙自定耳。」乃下書諭之。卲懼而走，追獲於始興。杜弘詣王敦降，廣州遂平。

侃在廣州無事，輒朝運百甓於齋外，甓，蒲歷翻，瓴甋也。暮運於齋內。人問其故，答曰：「吾方致力中原，過爾優逸，恐不堪事，故自勞耳。」

王敦以杜弘爲將，寵任之。

18 九月，漢主聰使大鴻臚賜石勒弓矢，策命勒爲陝東伯，陝，失冉翻。得專征伐，拜刺史、將軍、守宰，封列侯，歲盡集上。上，時掌翻。集其所授官爵及其人之姓名而上之。

19 漢大司馬曜寇北地，詔以麴允爲大都督、驃騎將軍以禦之。驃，匹妙翻。騎，奇寄翻。冬，十月，以索綝爲尚書僕射、都督宮城諸軍事。曜進拔馮翊，太守梁肅奔萬年。秦櫟陽縣，漢高祖改曰萬年，屬馮翊，晉屬京兆。曜轉寇上郡。麴允去黃白城，軍于靈武，漢北地郡之靈武縣也。以兵弱，不敢進。

帝屢徵兵於丞相保，保左右皆曰：「蝮蛇螫手，壯士斷腕。漢書，齊王曰：「蝮蠚手則斬手。」蓋以爲不如此，則流毒於一身，至於死也。螫，音釋。斷，丁管翻；下同。腕，烏貫翻。今胡寇方盛，且宜斷隴道以觀其變。」從事中郎裴詵曰：「今蛇已螫頭，頭可斷乎！」保乃以鎮軍將軍胡崧行前鋒都督，須諸軍集乃發。麴允欲奉帝往就保，索綝曰：「保得天子，必逞其私志。」乃止。於是自長安以西，不復貢奉朝廷，復，扶又翻。百官飢乏，採稆以自存。稆，音呂；禾自生曰稆。

20 涼州軍士張冰得璽，文曰「皇帝行璽」，獻於張寔，僚屬皆賀。寔曰：「是非人臣所得留。」遣使歸于長安。晉諸征、鎮能知君臣之分者，張氏父子而已。璽，斯氏翻。

四年（丙子、三一六）

1 春，正月，司徒梁芬議追尊吳王晏，右僕射索綝等引魏明帝詔以爲不可；魏明帝詔見七十一卷太和三年。乃贈太保，謚曰孝。考異曰：本傳，「晏謚敬王。」今從愍帝紀。

2 漢中常侍王沈、宣懷、中宮僕射郭猗等，沈，持林翻。皆寵幸用事。漢主聰游宴後宮，或三日不醒，或百日不出；自去冬不視朝，政事一委相國粲，唯殺生、除拜乃使沈等入白之。沈等多不白，而自以其私意決之，故勳舊或不敍，而姦佞小人有數日至二千石者。軍旅歲起，將士無錢帛之賞，而後宮之家，賜及僮僕，動至數千萬。沈等車服、第舍踰於諸王，子弟中表爲守令者三十餘人，皆貪殘爲民害。謂他姓與沈等子弟有中表親者。沈，持林翻。守，式又翻。靳準闔宗諂事之。

郭猗與準皆有怨於太弟乂，猗謂相國粲曰：「殿下光文帝之世孫，主上之嫡子，四海莫不屬心，屬，之欲翻。柰何欲以天下與太弟乎！且臣聞太弟與大將軍謀因三月上巳大宴作亂，事成，許以主上爲太上皇，大將軍爲皇太子，又許衛軍爲大單于。聰以子驥爲大將軍，子勱爲衛大將軍，皆粲弟也。又按時以子敷爲大將軍，敷卒後，乃以驥爲之。三王處不疑之地，處，昌呂翻。並握重兵，以此舉事，無不成者。然二王貪一時之利，不顧父兄，事成之後，主上豈有全理！殿下兄弟，固不待言；東宮、相國、單于，當在武陵兄弟，何肯與人也！武陵兄弟，當是乂之諸子。相，息亮翻。單，音蟬。今禍期甚迫，宜早圖之。臣屢言於主上，主上篤於友愛，以臣刀鋸之餘，終不之信，願殿下勿泄，密表其狀。殿下儻不信臣，可召大將軍從事中郎王皮、衛軍司馬劉惇，假之恩意，許其歸首，首，式救翻。以問之，必可知也。」粲許之。猗密謂皮、惇曰：「二王逆狀，主上及相國具知之矣，卿同之乎？」二人驚曰：「無之。」猗曰：「茲事已決，吾憐卿親舊并見族耳！」因歔欷流涕。歔，音虛。欷，許既翻，又音希。二人大懼，叩頭求哀。猗曰：「吾爲卿計，卿能用之乎？相國問卿，卿但云『有之』；若責卿不先啓，卿即云『臣誠負死罪。然仰惟主上寬仁，殿下敦睦，苟言不見信，則陷於誣譖不測之誅，故不敢言也。』」皮、惇許諾。粲召問之，二人至不同時，而其辭若一，粲以爲信然。

靳準復說粲曰：「殿下宜自居東宮時乂居東宮。復，扶又翻。以領相國，使天下早有所繫。今道路之言，皆云大將軍、衛將軍欲奉太弟爲變，期以季春；若使太弟得天下，殿下無容足之地矣。」粲曰：「爲之柰何？」準曰：「人告太弟爲變，主上必不信。宜緩東宮之禁，使賓客得往來；太弟雅好待士，好，呼到翻。必不以此爲嫌，輕薄小人不能無迎合太弟之意爲之謀者。然後下官爲殿下露表其罪，爲，于僞翻。殿下收其賓客與太弟交通者考問之，獄辭既具，則主上無不信之理也。」粲乃令卜抽引兵去東宮。去年聰令卜抽將兵監守東宮。

少府陳休、左衛將軍卜崇，爲人清直，素惡沈等，惡，烏路翻；下同。雖在公座，未嘗與語，沈等深疾之。侍中卜幹謂休、崇曰：「王沈等勢力足以回天地，卿輩自料親賢孰與竇武、陳蕃？」言陳蕃之賢，竇武之親，且爲宦官所困，況休、崇等乎。休、崇曰：「吾輩年踰五十，職位已崇，唯欠一死耳！死於忠義，乃爲得所；安能俛首仾眉以事閹豎乎！仾，與低同，音都黎翻。去矣卜公，勿復有言！」復，扶又翻；下同。

二月，漢主聰出臨上秋閣，殿之西閤也。命收陳休、卜崇及特進綦毋達、太中大夫公師彧、尚書王琰、田歆、大司農朱諧【嚴：「諧」改「誕」。】並誅之，皆宦官所惡也。卜幹泣諫曰：

「陛下方側席求賢，而一旦戮卿大夫七人，皆國之忠良，無乃不可乎！藉使休等有罪，陛下不下之有司，下，戶嫁翻。暴明其狀，天下何從知之！詔尚在臣所，未敢宣露，卜幹爲侍中，詔經門下，因留之而諫。願陛下熟思之！」因叩頭流血。王沈叱幹曰：「卜侍中欲拒詔乎！」聰拂衣而入，免幹爲庶人。

太宰河間王易、考異曰：晉春秋「易」作「士通」。今從載記。大將軍勃海王敷、御史大夫陳元達、金紫光祿大夫西河王延等皆詣闕表諫曰：「王沈等矯弄詔旨，欺誣日月，內諂陛下，外佞相國，威權之重，侔於人主，多樹姦黨，毒流海內。知休等忠臣，爲國盡節，爲，于僞翻。恐發其姦狀，故巧爲誣陷。陛下不察，遽加極刑，痛徹天地，徹，敕列翻，通也。賢愚傷懼。今遺晉未殄，巴、蜀不賓，石勒謀據趙、魏，曹嶷欲王全齊，嶷，魚力翻。王，于況翻。陛下心腹四支，何處無患！乃復以沈等助亂，誅巫咸，戮扁鵲，臣恐遂成膏肓之疾，馬融曰：巫咸，殷巫也。扁鵲，古良醫也。秦醫緩視晉侯曰：「疾不可爲也，居膏之上，肓之下，攻之不可，達之不及，藥不至焉。」杜預曰：心下爲膏；肓，鬲也。徐曰：肓，音荒；說文曰：心下鬲上也。扁，補典翻。後雖救之，不可及已。請免沈等官，付有司治罪。」治，直之翻。聰以表示沈等，笑曰：「羣兒爲元達所引，遂成癡也。」沈等頓首泣曰：「臣等小人，過蒙陛下識拔，得灑掃閨閤；而王公、朝士疾臣等如讎，又深恨陛下。願以臣等膏鼎鑊，膏，居號翻，潤也。則朝廷自然雍穆矣。」聰曰：「此等狂言常然，卿何足恨乎！」聰問沈等於相國粲，粲盛稱沈等忠清；聰悅，封沈等爲列侯。

太宰易又詣闕上疏極諫，聰大怒，手壞其疏。壞，音怪。三月，易忿恚而卒。易素忠直，陳元達倚之爲援，得盡諫諍。及卒，元達哭之慟，曰：「『人之云亡，邦國殄悴。』詩大雅瞻卬之辭。悴，秦醉翻。吾既不復能言，安用默默苟生乎！」歸而自殺。

3 初，代王猗盧愛其少子比延，欲以爲嗣，使長子六脩出居新平城，而黜其母。建興元年，猗盧築新平城。新平城，唐謂之新城，在朔州界。少，詩照翻。長，知兩翻。六脩有駿馬，日行五百里，猗盧奪之，以與比延。六脩來朝，朝，直遙翻。猗盧使拜比延，六脩不從。猗盧乃坐比延於其步輦，步輦，不駕馬，使人輓之。使人導從從，才用翻。出遊。六脩望見，以爲猗盧，伏謁路左；至，乃比延，六脩慙怒而去。猗盧召之不至，大怒，帥衆討之，爲六脩所敗。帥，讀曰率。敗，補邁翻。猗盧微服逃民間，有賤婦人識之，遂爲六脩所弒。拓跋普根先守外境，聞難來赴，攻六脩，滅之。難，乃旦翻。

普根代立，國中大亂，新舊猜嫌，迭相誅滅。左將軍衛雄、信義將軍箕澹，澹，徒覽翻，又徒濫翻。久佐猗盧，爲衆所附，謀歸劉琨，乃言於衆曰：「聞舊人忌新人悍戰，舊人，索頭部人也；新人，晉人及烏桓人也。悍，侯旰翻，又下罕翻。欲盡殺之，將柰何？」晉人及烏桓皆驚懼，曰：「死生隨二將軍！」乃與琨質子遵帥晉人及烏桓三萬家、馬牛羊十萬頭歸于琨。質，音致。帥，讀曰率；下同。琨大喜，親詣平城撫納之，琨兵由是復振。

夏，四月，普根卒。其子始生，普根母惟氏立之。惟氏，猗㐌之妻。

4 張寔下令：「所部吏民有能舉其過者，賞以布帛羊米。」賊曹佐高昌隗瑾曰：自漢以來，公府、方州、郡國諸曹，有掾，有屬，有佐史。前漢書西域傳，車師國有高昌壁。唐書曰：高昌國，漢車師前王庭也，後破高昌，置西州。觀此，則河西張氏固嘗於高昌之地置郡縣，至後魏時始爲高昌國也。隗，五罪翻。「今明公爲政，事無巨細，皆自決之，或興師發令，府朝不知；府朝，謂僚佐所集之處。朝，直遙翻。萬一違失，謗無所分。羣下畏威，受成而已。如此，雖賞之千金，終不敢言也。謂宜少損聰明，少，詩照翻。凡百政事，皆延訪羣下，使各盡所懷，然後采而行之，則嘉言自至，何必賞也！」寔悅，從之；增瑾位三等。

寔遣將軍王該帥步騎五千入援長安，且送諸郡貢計。貢，土物也；計，計帳也。詔拜寔都督陝西諸軍事，陝，失冉翻。以寔弟茂爲秦州刺史。

5 石勒使石虎攻劉演于廩丘，幽州刺史段匹磾使其弟文鴦救之；磾，丁奚翻。虎拔廩丘，演奔文鴦軍，虎獲演弟啓以歸。

6 寧州刺史王遜，嚴猛喜誅殺。喜，許記翻。五月，平夷太守雷炤、懷帝永嘉五年，遜表分牂柯、朱提、建寧，立平夷郡，卽漢平夷、鄨二縣之地。鄨，孟康音鱉。平樂太守董霸平樂郡，證以隋志，蓋置於越巂郡之邛部川，然不知誰所置也。樂，音洛。帥三千餘家叛，降於成。帥，讀曰率。降，戶江翻。

7 六月，丁巳朔，日有食之。

8 秋，七月，漢大司馬曜圍北地太守麴昌，晉北地郡，領泥陽、富平二縣耳。大都督麴允將步騎三萬救之。曜遶城縱火，煙起蔽天，使反間紿允曰：「郡城已陷，往無及也！」衆懼而潰。曜追敗允於磻石谷，間，古莧翻。敗，補邁翻。磻，蒲官翻。魏收地形志，北地郡銅官縣有石槃山。允奔還靈武，曜遂取北地。

允性仁厚，無威斷，斷，丁亂翻。喜以爵位悅人。喜，許記翻。新平太守竺恢、始平太守楊像、扶風太守竺爽、安定太守焦嵩，皆領征、鎮，杖節，加侍中、常侍；村塢主帥，小者猶假銀青將軍之號；征、鎮，四征、四鎮將軍號也。銀青將軍，加將軍號而假以銀印、青綬。帥，音所類翻。然恩不及下，故諸將驕恣而士卒離怨。關中危亂，允告急於焦嵩，嵩素侮允，曰：「須允困，當救之。」

曜進至涇陽，渭北諸城悉潰。涇陽縣，前漢屬安定郡。班志曰：幵頭山在縣西，禹貢涇水所出，東北至陽陵入渭，過郡三，行千六十里。此言曜至涇陽，渭北諸城悉潰，則其兵已在池陽、陽陵二縣間，言在涇水之陽，非安定之涇陽縣也。曜獲建威將軍魯充、散騎常侍梁緯、少府皇甫陽。曜素聞充賢，募生致之，既見，賜之酒曰：「吾得子，天下不足定也！」充曰：「身爲晉將，國家喪敗，不敢求生。緯，于貴翻。將，子亮翻。喪，息浪翻。若蒙公恩，速死爲幸。」曜曰：「義士也。」賜之劍，令自殺。梁緯妻辛氏，美色，曜召見，將妻之，妻，如字。辛氏大哭曰：「妾夫已死，義不獨生，且一婦人而事二夫，明公又安用之！」曜曰：「貞女也。」亦聽自殺，皆以禮葬之。

9 漢主聰立故張后侍婢樊氏爲上皇后，三后之外，佩皇后璽綬者復有七人。璽，斯氏翻。綬，音受。復，扶又翻；下同。據載記，三后，二靳氏及劉氏、樊氏爲四。考異曰：劉聰載記曰「四后之外」。按時靳上皇后已死，唯三后耳。云四，誤也。嬖寵用事，刑賞紊亂。嬖，卑義翻，又博計翻。紊，音問。大將軍敷數涕泣切諫，數，所角翻。聰怒曰：「汝欲乃公速死邪，何以朝夕生來哭人！」敷憂憤，發病卒。河東平陽大蝗，民流殍者什五六。石勒遣其將石越帥騎二萬屯并州，招納流民，殍，被表翻。餓死於中野者曰殍，散而之他方者曰流。時勒蓋遣越屯上黨，招納并州統內也。帥，讀曰率。騎，奇寄翻。民歸之者二十萬戶。聰遣使讓勒，勒不受命，潛與曹嶷相結。嶷，魚力翻。

10 八月，漢大司馬曜逼長安。

11 九月，漢主宴羣臣於光極殿，引見太弟乂。見，賢遍翻。乂容貌憔悴，鬢髮蒼然，涕泣陳謝，聰亦爲之慟哭；悴，秦醉翻。爲，于僞翻。乃縱酒極歡，待之如初。

12 焦嵩、竺恢、宋哲皆引兵救長安，散騎常侍華輯監京兆、馮翊、弘農、上洛四郡兵，屯霸上，華，戶化翻。監，古銜翻。皆畏漢兵強，不敢進。相國保遣胡崧將兵入援，擊漢大司馬曜於靈臺，破之。三輔黃圖：周文王靈臺，在長安西四十里，高二丈，周回百二十步。崧恐國威復振則麴、索勢盛，麴允、索綝也。索，昔各翻。乃帥城西諸郡兵屯渭北不進，遂還槐里。槐里縣，漢屬扶風，晉屬始平郡。

曜攻陷長安外城，麴允、索綝退保小城以自固。內外斷絕，城中飢甚，米斗直金二兩，人相食，死者太半，亡逃不可制，唯涼州義衆千人，守死不移。涼州義衆，張軌父子所遣兵也。太倉有麴數十䴵，䴵，必郢翻。麴允屑之爲粥以供帝，既而亦盡。冬，十一月，帝泣謂允曰：「今窮厄如此，外無救援，當忍恥出降，以活士民。」降，戶江翻；下同。因歎曰：「誤我事者，麴、索二公也！」使侍中宗敞送降牋於曜。考異曰：帝紀作「宋敞」，今從晉春秋。索綝潛留敞，使其子說曜曰：「今城中食猶足支一年，未易克也，說，輸芮翻。易，以豉翻。若許綝以【章：甲十一行本「以」下有「車騎」二字；乙十一行本同；張校同，云無註本亦無。】儀同、萬戶郡公者，請以城降。」曜斬而送之，曰：「帝王之師，以義行也。孤將兵十五年，未嘗以詭計敗人，敗，補邁翻。必窮兵極勢，然後取之。今索綝所言如此，天下之惡一也，輒相爲戮之。爲，于僞翻。若兵食審未盡者，便可勉強固守；強，其兩翻。如其糧竭兵微，亦宜早寤天命。」

甲午，宗敞至曜營；乙未，帝乘羊車，肉袒、銜璧、輿櫬出東門降。櫬，初覲翻。羣臣號泣，攀車執帝手，帝亦悲不自勝。號，戶刀翻。勝，音升。御史中丞馮翊吉朗歎曰：「吾智不能謀，勇不能死，何忍君臣相隨，北面事賊虜乎！」乃自殺。曜焚櫬受璧，使宗敞奉帝還宮。

丁酉，遷帝及公卿以下於其營；辛丑，送至平陽。壬寅，漢主聰臨光極殿，帝稽首於前。稽，音啓。麴允伏地慟哭，扶不能起，聰怒，囚之，允自殺。聰以帝爲光祿大夫，封懷安侯。以大司馬曜爲假黃鉞、大都督、督陝西諸軍事、太宰，封秦王。大赦，改元麟嘉。以麴允忠烈，贈車騎將軍，謚節愍侯。允則忠矣，然猶在吉朗之後乎！以索綝不忠，斬于都市。平陽都市也。尚書梁允、侍中梁濬等及諸郡守皆爲曜所殺，華輯奔南山。

干寶論曰：昔高祖宣皇帝，以雄才碩量，應時而起，性深阻有若城府，而能寬綽以容納；言胸中有城府者多不能寬容，任數用術者多不能用人，而宣帝能之也。行數術以御物，而知人善采拔。於是百姓與能，謂天下皆推其能，莫與爭也。大象始構。劉良曰：象，法也；言晉之興成，大法從此始立也。世宗承基，太祖繼業，咸黜異圖，用融前烈。謂内誅李豐、夏侯玄，外平毌丘儉、文欽、諸葛誕。至于世祖，遂享皇極，呂延濟曰：享，當也；皇極，天子位也。仁以厚下，儉以足用，和而不弛，寬而能斷，斷，丁亂翻。掩唐、虞之舊域，班正朔於八荒，八荒，謂八方之外，戎荒之地。于時有「天下無窮人」之諺，呂向曰：言百姓盡富。雖太平未洽，亦足以明民樂其生矣。樂，音洛。

武皇既崩，山陵未乾而變難繼起。宗子無維城之助，乾，音干。宗子，謂八王搆難。詩曰：宗子維城。師尹無具瞻之貴，詩曰：赫赫師尹，民具爾瞻。朝爲伊、周，夕成桀、跖；謂楊駿、衞瓘、張華等。國政迭移於亂人，禁兵外散於四方，方岳無鈞石之鎮，關門無結草之固。三十斤爲鈞，四鈞爲石。左傳：秦伐晉，晉魏顆敗秦師，獲杜回。顆夢老人結草以亢杜回，杜回躓而顛，故獲之。戎、羯稱制，二帝失尊，何哉？樹立失權，託付非才，四維不張而苟且之政多也。賈誼策曰：禮義廉恥，是謂四維，四維不張，國乃滅亡。

夫基廣則難傾，根深則難拔，理節則不亂，膠結則不遷。李周翰曰：理節，謂政教有條理，節度也。膠，固也。言君布仁惠之根基深廣，又不失理節，則人心固結而不可遷也。昔之有天下者所以能長久，用此道也。周自后稷愛民，十六王而武始君之，后稷子不窋，不窋子鞠，鞠子公劉，公劉子慶節，慶節子皇僕，皇僕子差弗，差弗子毀隃，毀隃子公非，公非子高圉，高圉子亞圉，亞圉子公叔祖類，公叔祖類子古公亶父，古公亶父子季歷，季歷子文王，文王子武王，凡十六王。其積基樹本，如此其固。今晉之興也，其創基立本，固異於先代矣。加以朝寡純德之人，鄉乏不貳之老，周官有鄉老；不貳，謂不貳過者。朝，直遙翻。風俗淫僻，恥尚失所。言所恥者非所恥，所尚者非所尚也。學者以莊、老爲宗而黜六經，談者以虛蕩爲辨而賤名檢，行身者以放濁爲通而狹節信，進仕者以苟得爲貴而鄙居正，當官者以望空爲高而笑勤恪。呂延濟曰：望空，謂不識是非，但望空署名而已。是以劉頌屢言治道，傅咸每糾邪正，頌、咸事並見武紀、惠紀。治，直吏翻。皆謂之俗吏；其倚杖虛曠，依阿無心者，皆名重海內。若夫文王日昃不暇食，仲山甫夙夜匪懈者，蓋共嗤黜以爲灰塵矣！文王自朝至于日中昃，不遑暇食，用咸和萬民。仲山甫夙夜匪懈以事一人。由是毁譽亂於善惡之實，情慝奔於貨欲之塗，選者爲人擇官，官者爲身擇利，呂延濟曰：言選者不復爲官擇賢，爲官者但擇所利而趨。譽，音余。爲，于僞翻。世族貴戚之子弟，陵邁超越，不拘資次。悠悠風塵，皆奔競之士；列官千百，無讓賢之舉。子眞著崇讓而莫之省，劉寔，字子眞；崇讓論見八十二卷武帝太康十年。省，悉景翻。子雅制九班而不得用。劉頌，字子雅。九班之制見同上。其婦女不知女工，任情而動，有逆于舅姑，有殺戮妾媵，二事皆賈后爲之倡。父兄弗之罪也，天下莫之非也。禮法刑政，於此大壞，「國之將亡，本必先顛，」其此之謂乎！左傳曰：國將亡，本必先顛，而後枝葉從之。故觀阮籍之行而覺禮教崩弛之所由，事見七十八卷魏元帝景元三年。行，下孟翻。察庾純、賈充之爭而見師尹之多僻，事見七十九卷武帝泰始七年、八年。考平吳之功而知將帥之不讓，思郭欽之謀而寤戎狄之有釁，平吳爭功及郭欽疏，並見八十一卷武帝太康元年。覽傅玄、劉毅之言而得百官之邪，傅玄、劉毅，武帝時爲司隸，前後糾核，不避貴游，因其所言而得百官之邪也。核傅咸之奏、錢神之論而覩寵賂之彰。傅咸奏見八十二卷惠帝元康四年；錢神論見八十三卷元康九年。民風國勢，旣已如此，雖以中庸之才、守文之主治之，劉良曰：中庸，謂非賢非愚之才；守文，謂守常平治世之主也。治，直之翻。猶懼致亂，況我惠帝以放蕩之德臨之哉！懷帝承亂卽位，羈以強臣；愍帝奔播之後，徒守虛名。天下之勢既去，非命世之雄材，不能復取之矣！

13石勒圍樂平太守韓據于坫城，楊正衡曰：坫，丁念翻。余按武帝泰始中，分上黨、太原置樂平郡，治沾縣。沾縣，漢屬上黨郡。魏收地形志，樂平縣有沾城。師古曰：沾，音他兼翻。載記誤作「坫」，當讀從顏音。據請救於劉琨。琨新得拓跋猗盧之衆，欲因其銳氣以討勒。箕澹、衞雄諫曰：澹，徒覽翻，又徒濫翻。「此雖晉民，久淪異域，未習明公之恩信，恐其難用。不若且內收鮮卑之餘穀，拓跋，鮮卑也。外抄胡賊之牛羊，胡，謂劉、石也。抄，禁交翻。閉關守險，務農息兵，待其服化感義，然後用之，則功無不濟矣。」琨不從，悉發其衆，命澹帥步騎二萬爲前驅，琨屯廣牧，爲之聲援。廣牧縣，漢屬朔方郡；漢末省朔方，置廣牧縣於陘南，屬新興郡，非廣牧縣故地也。帥，讀曰率。

石勒聞澹至，將逆擊之。或曰：「澹士馬精強，其鋒不可當，不若且引兵避之，深溝高壘以挫其銳，必獲萬全。」勒曰：「澹兵雖衆，遠來疲弊，號令不齊，何精強之有！今寇敵垂至，何可捨去！大軍一動，豈易中還！易，以豉翻。若澹乘我之退而逼之，顧逃潰不暇，焉得深溝高壘乎！焉，於虔翻。此自亡之道也。」立斬言者。以孔萇爲前鋒都督，令三軍：「後出者斬！」勒據險要，設疑兵於山上，前設二伏，出輕騎與澹戰，陽爲不勝而走。澹縱兵追之，入伏中。勒前後夾擊澹軍，大破之，獲鎧馬萬計。澹、雄帥騎千餘奔代郡，帥，讀曰率；下同。韓據棄城走，并土震駭。

14 十二月，乙卯朔，日有食之。考異曰：帝紀、天文志，皆誤作「甲申朔」。宋志「乙卯朔」，與長曆合。今從之。

15 司空長史李弘以并州降石勒。劉琨爲司空，以弘爲長史。并州，時治陽曲。劉琨進退失據，不知所爲，段匹磾遣信邀之，己未，琨帥衆從飛狐奔薊。恆山在常山上曲陽縣西北，有阪，號飛狐口。磾，丁奚翻。薊，音計。匹磾見琨，甚相親重，與之結婚，約爲兄弟。勒分徙陽曲、樂平民于襄國，置守宰而還。

孔萇攻箕澹于代郡，殺之。據載記，萇攻澹於桑乾，則此代郡乃後魏之代郡，非漢、晉之代郡也。

萇等攻賊帥馬嚴、馮䐗，帥，所類翻。䐗，張如翻。嚴、䐗蓋爲盜於幽、冀之間。久而不克。司、冀、并、兗流民數萬戶在遼西，迭相招引，民不安業。勒問計於濮陽侯張賓，賓曰：「嚴、䐗本非公之深仇，流民皆有戀本之志，今班師振旅，選良牧守使招懷之，則幽、冀之寇可不日而清，遼西流民將相帥而至矣。」勒乃召萇等歸，以武遂令李回爲易北督護，兼高陽太守。武遂縣，前漢屬河間國，後漢、晉屬安平國。易北，易水以北也。高陽縣，前漢屬涿郡，後漢屬河間國，武帝泰始元年分置高陽國。應劭曰：在高河之陽。馬嚴士卒素服回威德，多叛嚴歸之，嚴懼而出走，赴水死。馮䐗帥其衆降。帥，讀曰率。回徙居易京，易京，公孫瓚所築。流民歸之者相繼於道。勒喜，封回爲弋陽子，增張賓邑千戶，進位前將軍；賓固辭不受。

16 丞相睿聞長安不守，出師露次，露次者，出宿于野，上無屋宇。躬擐甲冑，擐，音宦。移檄四方，刻日北征。以漕運稽期，【章：甲十一行本「期」下有「丙寅」二字；乙十一行本同；退齋校同。】斬督運令史淳于伯。刑者以刀拭柱，血逆流上，至柱末二丈餘而下，上，時掌翻；下同。觀者咸以爲冤。丞相司直劉隗上言：「伯罪不至死，請免從事中郎周莚等官。」於是右將軍王導等上疏引咎，請解職。睿曰：「政刑失中，皆吾闇塞所致。」塞，悉則翻。一無所問。

隗性剛訐，當時名士多被彈劾，訐，居謁翻。被，皮義翻。彈，徒丹翻。劾，戶概翻，又戶得翻。睿率皆容貸，由是衆怨皆歸之。南中郎將王含，敦之兄也，以族強位顯，驕傲自恣，一請參佐及守長至二十許人，多非其才；守，式又翻。長，知兩翻。隗劾奏含，文致甚苦，深文以致其罪。事雖被寢，而王氏深忌疾之。爲王敦請誅劉隗張本。

17 丞相睿以邵續爲冀州刺史。續女壻廣平劉遐聚衆河、濟之間，濟，子禮翻。睿以遐爲平原內史。

18 托跋普根之子又卒，托，與拓通，魏收魏書本作「托跋」。國人立其從父鬱律。從，才用翻。

何茲全標點容肇祖聶崇岐覆校